TRAVEL
무작정
따라하기

홋카이도

삿포로 | 오타루 | 비에이 | 후라노 | 하코다테

VOL
1

| 테마북 |

절대 놓칠 수 없는
최신 여행 트렌드

홍수연·홍연주 지음

길벗

무작정 따라하기 홋카이도
The Cakewalk Series - HOKKAIDO

초판 발행 · 2017년 7월 12일
초판 3쇄 발행 · 2018년 1월 22일
개정판 발행 · 2018년 9월 17일
개정판 2쇄 발행 · 2018년 11월 7일
개정 2판 발행 · 2019년 5월 29일
개정 3판 발행 · 2024년 3월 28일

지은이 · 홍수연, 홍연주
발행인 · 이종원
발행처 · (주)도서출판 길벗
출판사 등록일 · 1990년 12월 24일
주소 · 서울시 마포구 월드컵로 10길 56 (서교동)
대표 전화 · 02)332-0931 | **팩스** · 02)323-0586
홈페이지 · www.gilbut.co.kr | **이메일** · gilbut@gilbut.co.kr

편집 팀장 · 민보람 | **기획 및 책임편집** · 방혜수(hyesu@gilbut.co.kr) | **디자인** · 강은경 | **제작** · 이준호, 손일순, 김우식
마케팅 · 김학흥, 박민주 | **유통혁신** · 한준희 | **영업관리** · 김명자 | **독자지원** · 윤정아

진행 · 김소영 | **본문 디자인** · 곰곰사무소 권빛나, 김영주 | **초판 교정교열** · 이정현 | **지도** · 팀맵핑
CTP 출력 · 인쇄 · 제본 · 상지사피앤비

· 잘못 만든 책은 구입한 서점에서 바꿔 드립니다.
· 이 책은 저작권법에 따라 보호받는 저작물이므로 무단전재와 무단복제를 금합니다.
  이 책의 전부 또는 일부를 이용하려면 반드시 사전에 저작권자와 출판사 이름의 서면 동의를 받아야 합니다.

© 홍수연 · 홍연주

ISBN 979-11-407-0882-6(13980)
(길벗 도서번호 020244)

정가 18,500원

독자의 1초까지 아껴주는 길벗출판사

(주)도서출판 길벗 · IT교육서, IT단행본, 경제경영서, 어학&실용서, 인문교양서, 자녀교육서 **www.gilbut.co.kr**
길벗스쿨 · 국어학습, 수학학습, 어린이교양, 주니어 어학학습, 학습단행본 **www.gilbutschool.co.kr**

✦✦✦

매거진과 가이드북을 한 권에!
여행자의 준비 패턴에 따라 내용을 분리한 최초의 가이드북
여행 무작정 따라하기

"백과사전처럼 지루하지 않고, 잡지처럼 보는 재미가 있는 가이드북은 없을까?"
"내 취향에 맞는 여행 정보만 쏙쏙 골라서 볼 수 있는 구성은 없을까?"

〈여행 무작정 따라하기〉 시리즈는 여행 작가, 편집자, 마케터가 함께
여행 가이드북 독자 100여 명의 고민을 수집한 후
그들의 불편을 해소해주기 위해 계발 과정만 수년을 거쳐서 만들었습니다.

매거진 형식의 다양한 읽을거리와 최신 여행 트렌드를 담은 테마북
꼭 가봐야 할 지역별 대표 명소와 여행 코스를 풍성하게 담은 가이드북

두 권의 정보와 재미를 한 권으로 담은
여행 무작정 따라하기 시리즈가
여러분의 여행을 응원합니다.

PROLOGUE

갑자기 어디론가 떠나고 싶다면 바로 여기, 홋카이도!

이와이 슌지의 영화 <러브레터>를 본 후 홋카이도는 저에게 가보고 싶은, 아니 꼭 가야 할 로망의 여행지가 되었습니다. 첫사랑을 추억하던 아름다운 그녀와 어우러지는 홋카이도의 풍경은 가슴속 깊숙이 파고들었고, 어느 해 겨울 결국 저는 그곳으로 떠났습니다.

세상의 많은 장소 중 '어쩌면 여기는 나와 인연의 빨간 실로 연결되어 있는 것은 아닐까'라는 생각이 드는 곳이 있는데, 홋카이도도 바로 그런 곳 중 하나입니다.

발길 닿는 곳마다 만나는, 눈이 아리고 가슴이 뛰는 풍경, 마음의 평화와 고요를 안겨주던 숲과 호수, 숨을 깊이 들이쉴수록 몸과 마음이 깨끗해지는 공기와 바람, 맛보는 순간 행복이 밀려오는 정성 가득한 음식들, 그리고 미소로 우리를 맞이해주는 착한 사람들….

보물처럼 간직하던 소중한 이곳을 여러분께 소개합니다. 낯선 여행지를 다닐 때 의지가 되는 가이드북을 선보이는 것은 언제나 힘들고 어려운 일이지만, 앞으로 더욱 좋은 책으로 발전시키고 여러분의 든든한 여행 친구가 되겠다는 약속과 다짐을 더해보며 감사한 분들을 떠올려봅니다.

언제나 함께해주시는 하나님, 항상 큰 힘과 희망이 되는 부모님과 두 동생, 그리고 세상 그 누구보다 소중한 세 조카 R&S&J, 정말 사랑하고 고맙습니다. 특히 긴 작업을 함께하며 서로에게 격려를 아끼지 않았던 동생 연주에게 수고 많이 했다는 이야기를 전합니다. 끝으로 현지에서 많은 자료와 도움을 한 아름 안겨준 여러분들, 싱그러운 그린 시즌의 즐겁고도 고된 인스펙션 기간에 동행했던 정희에게도 고마움을 전합니다.

홍수연
ttsis1@naver.com

유튜브 지오세TV, 블로그 blog.naver.com/ttsis1 운영 중이다.《교과서가 쉬워지는 한국사여행》,《아이와 함께 유럽 여행》,《무작정 따라하기 스페인·포르투갈》,《무작정 따라하기 홋카이도》,《무작정 따라하기 그리스》,《이탈리아 100배 즐기기》,《뉴욕 100배 즐기기》,《유럽 100배 즐기기》 등의 저서가 있다.

여름에는 보랏빛, 겨울에는 흰 빛깔의 로맨스를 꿈꾸게 하는 낭만 여행지!

홋카이도는 불과 몇 년 전만 해도 여행자들에게 그리 인기 있는 지역은 아니었습니다. 하지만 이제 여름이면 라벤더를, 겨울이면 신나는 스키와 스노보드를 즐길 수 있고, 온천욕과 맛있는 음식까지 먹을 수 있는 핫 플레이스라는 사실이 널리 알려졌죠.

취재를 위해 처음 홋카이도로 날아간 것은 남편, 그리고 세 살짜리 아들과 함께였습니다. 쫄깃쫄깃하고 탱탱한 털게 요리를 먹으면서 계속 입맛을 다시는 아들의 조그만 입, 싱싱한 스시와 사시미에 동그래지는 남편의 눈을 보며 행복해했던 기억이 납니다. 료칸에 있는 작은 사이즈의 유카타를 아들에게 입혀보며 마치 인형놀이를 하는 듯한 재미도 느꼈습니다. 오타루의 오르골 가게에서는 장난꾸러기 아들이 오르골을 계속 만지작거리는 바람에 깨뜨릴까 봐 조마조마했던 기억도 나고요.

제 친구는 해마다 겨울이면 스노보드 장비를 챙겨서 삿포로로 날아갑니다. 파우더 스노로 유명하고, 스키장 선택의 폭도 넓어서 갈 때마다 새롭다고 좋아합니다. 사랑하는 연인과의 이만한 데이트 장소가 또 있을까요? 부모님께는 료칸에서 즐기는 온천 여행을 선물해드리는 것은 어떨까요?

또, 음악을 들으며 라벤더 꽃밭 사이를 거닐고, 홋카이도의 와인과 맥주, 그리고 산해진미를 맛본다면 큰 위로와 힘을 얻게 될 것입니다.

이제, 망설이지 마시고 홋카이도행 비행기에 몸을 실어보세요. 필요한 것은 두근두근 설레는 마음만 있으면 준비 완료!

마지막으로 하나님과 하늘나라의 엄마, 제주도의 아버지, 그리고 내 옆에서 큰 힘을 주는 남편 원창표 씨와 귀요미 아들 원정윤 군 모두 사랑합니다. 조카 Rosie와 Samuel도 제 인생에서 큰 선물입니다. 그리고 우리 언니 홍수연 작가, 많이 그리고 항상 고맙습니다.

홍연주
op0206@hanmail.net

성균관대학교 역사교육과 졸업
유럽 단체 배낭여행 TC, 박물관 큐레이터로 활동
대한항공 사외보 <SkyNews>,
신한생명 사보 등 각종 매체에 글 기고
대우건설 등 기업 출강 및 백화점 문화센터 출강
《교과서로 쉬워지는 한국사여행》, 《무작정 따라하기 그리스》, 《아이와 함께 유럽여행》, 《Tip for Sleeping 유럽》, 《유럽 100배 즐기기》, 《핵심유럽 100배 즐기기》, 《파리 100배 즐기기》, 《홍콩 100배 즐기기》, 《제주 100배 즐기기》 공동 저자

Special Thanks to

책이 나오기까지 고마운 분들이 정말 많습니다. 길벗 출판사의 방혜수 에디터와 민보람 팀장님, 원활한 진행을 맡아주신 김소영 님, 디자인을 맡아주신 권빛나 님, 김영주 님, 현지에서 많은 자료와 도움을 한아름 안겨준 여러분, 덕분에 무사히 책을 낼 수 있었습니다. 마음 깊이 감사드립니다.

INSTRUCTIONS

이 책은 전문 여행작가 2명이 홋카이도 전 지역을 누비며 찾아낸 관광 명소와 함께, 독자 여러분의 소중한 여행이 완성될 수 있도록 테마별, 지역별 정보와 다양한 여행 코스를 소개합니다. 이 책에 수록된 관광지, 맛집, 숙소, 교통 등의 여행 정보는 2024년 2월 기준이며 최대한 정확한 정보를 싣고자 노력했습니다. 하지만 출판 후 또는 독자의 여행 시점과 동선에 따라 변동될 수 있으므로 주의하실 필요가 있습니다.

• VOL. 1 테마북 •

VOL. 1 테마북은 홋카이도의 다양한 여행 테마를 관광, 음식, 쇼핑, 체험 4가지 카테고리로 나눠 소개합니다. 잡지를 보는 듯한 시원한 화보와 흥미로운 이야기로 여행을 떠나기 전 기대감을 충족시켜 주는 테마 가이드북입니다.

추천 스폿
가이드북에서 소개하는 페이지를 명시, 여행 동선을 짤 때 참고하세요!

인덱스
홋카이도의 전반적인 이야기로 관광, 음식, 쇼핑, 체험 4개로 나눠 인덱스로 구분해 독자가 읽고 싶은 여행 테마를 쉽게 찾을 수 있도록 했습니다.

이 책은 국립국어원 외래어 표기법을 따랐습니다. 현지에서 도움이 되도록 한글 표기와 함께 일본어를 병기했습니다.

• VOL. 2 가이드북 •

VOL. 2 가이드북은 홋카이도의 인기 여행지와 현재 새롭게 뜨고 있는 핫 플레이스까지 총 18개 지역을 선정해 소개합니다. 각 지역별 대표 여행 코스와 함께 지도를 제시하니, 참고해서 알찬 여행 계획을 세우세요.

지역&교통편 한눈에 보기
놓치지 말아야 할 체크리스트와 함께 비행기, 기차, 버스 등 해당 지역으로 이동할 때 이용해야 할 교통 정보를 한눈에 보여줍니다.

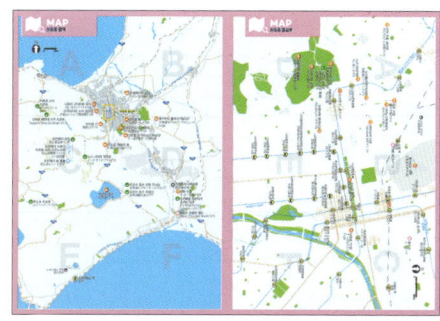

지역 상세 지도 한눈에 보기
각 지역별로 소개하는 관광, 음식, 쇼핑, 체험 장소를 실측 지도를 통해 자세히 알려줍니다. 지도에는 한글과 일어, 소개된 페이지가 함께 표시되어 있습니다.

코스 무작정 따라하기
해당 지역을 완벽하게 돌아볼 수 있는 코스를 구글 지도와 함께 소개합니다. 큐알 코드를 찍어보고 편리하게 사용하세요.

여행 정보
지역별 관광, 음식, 쇼핑, 체험 장소 정보를 역 출구나 대표 랜드마크 기준으로 구분해서 소개해 여행 동선을 쉽게 짤 수 있도록 해줍니다.

이 책에 사용된 아이콘

관광 명소	체험	산	여행 안내소	시간
유명 식당	숙소	골프클럽	VOL. 2 페이지	휴무
쇼핑명소	관공서	주유소	VOL. 2 지도	가격
체험 명소	우체국	여객선터미널	MAP	홈페이지
호텔	공원	버스터미널	VOL. 1 페이지	
관광	학교	JR	찾아가기	
식당	경찰서	전철역	주소	
쇼핑	삼림	공항	전화	

CONTENTS
VOL. 1 테마북

004 작가의 말
010 NEWS LETTER

📷 SIGHTSEEING

014 홋카이도 BEST SIGHTSEEING 11
020 최고의 풍경을 즐길 수 있는 전망 명소
026 편하게 핵심만 둘러보는 비에이 투어
028 작품 속 장면을 찾아 홋카이도 산책 영화 & 드라마 여행지

🍴 EAT

034 홋카이도 BEST EAT 10
036 홋카이도의 바다를 한 그릇에! 가이센동
038 홋카이도 여행 필식 메뉴 징기스칸
040 홋카이도의 바다를 그대로 스시
044 홋카이도의 최고 별미 게 요리
046 추운 날이면 더 생각나는 라멘
048 삿포로의 소울 푸드 수프 카레
050 너무 맛있고 고소한 '인생' 아이스크림 소프트 아이스크림
052 피곤하고 나른할 땐 스위츠
054 입에서 살살 녹는 명물 도시락 홋카이도 에키벤
058 깨끗하고 아름다운 홋카이도의 정취 술

🛍 SHOPPING

064 홋카이도 BEST SHOPPING 6
068 끝까지 놓칠 수 없는 신치토세 공항 쇼핑
069 사도 사도 또 사고 싶은 마트 쇼핑
070 또 다른 쇼핑의 재미 돈키호테
074 일상 속에서 즐기는 아기자기한 쇼핑 편의점

📍 EXPERIENCE

078 홋카이도 BEST EXPERIENCE 6
082 두근두근 이벤트 축제
086 홋카이도 최고의 힐링 온천
092 기차로 떠나는 레트로 여행 관광 열차
094 홋카이도 설원에서 즐기는 스키 & 스노보드
098 홋카이도에서 즐기는 경이로운 여행 유빙 체험
102 한 번 타면 또 타고 싶어지는 유람선 & 로프웨이

CONTENTS
VOL. 2 가이드북

INTRO

- 107 일본 국가 정보
- 108 홋카이도 한눈에 보기
- 112 홋카이도 날씨 & 축제 캘린더
- 114 홋카이도 가기
- 115 도시 간 이동하기
- 117 홋카이도 여행 상식
- 118 홋카이도 추천 여행 코스

- 126 **AREA 01** 삿포로
- 178 **AREA 02** 오타루
- 196 **AREA 03** 노보리베쓰
- 206 **AREA 04** 도야 호수
- 214 **AREA 05** 아사히카와
- 228 **AREA 06** 비에이
- 244 **AREA 07** 후라노
- 258 **AREA 08** 오비히로
- 270 **AREA 09** 하코다테
- 292 **AREA 10** 구시로
- 306 **AREA 11** 아칸 마슈 국립공원
- 316 **AREA 12** 아바시리
- 326 **AREA 13** 시레토코
- 336 **AREA 14** 왓카나이

OUTRO

- 352 Day-50 무작정 따라하기 여행 준비
- 356 홋카이도 렌터카 여행 준비
- 365 주요 명소 맵코드

- **371 INDEX**

HOKKAIDO
News Letter
2024-2025

---

1 | 일본 소비세 인상 & 지방세

일본에서 쇼핑과 식사 등을 할 때는 정가에 10%의 소비세가 더해진다. 정가와 소비세 포함 가격이 따로 표기되어 있는 경우가 많으니 함께 확인하자. 1989년 3%로 시작했던 일본 소비세는 2019년 10%까지 인상되었는데, 국제통화기금 IMF는 2030년까지는 15%로 인상할 필요가 있다고 권고하고 있다. 또한 홋카이도 내의 일부 온천료칸에 숙박할 때는 지방세가 숙박요금과는 별도로 청구된다.

2 | 일본 소비자물가 최대폭으로 상승

일본의 2022년 평균 소비자 물가지수는 전년 대비 3%가 상승해 제2차 오일쇼크의 영향을 받은 1981년 이후 최대 상승 폭을 기록했다. 주요 요인은 우크라이나 사태와 엔화 약세 영향 등이며 일본 국민은 지난 '잃어버린 30년'이라 불리는 장기 디플레이션으로 물가 상승을 경험하지 못했던 터라 더욱 충격이 크다고. 특히 신선식품을 제외한 식료품의 경우 1년 사이에 9.2%가 올랐고, 비용에 큰 부분을 차지하는 숙박료는 전년 대비 18.1%가 올랐다고 한다.

3 | 일본도 캐시리스 결제?

코로나 19를 거치면서 비대면 결제를 선호해 예전보다는 카드나 QR코드 결제가 가능한 곳이 많이 늘어나기는 했지만, 그렇다고 아직 캐시리스 사회라 하기에는 시기상조. 특히 도쿄나 오사카에 비해 홋카이도는 더욱 그렇다. 미리 환전해 가거나 현지에서 현금을 인출하는 것이 필요하다.

4 | 2031년 개통 예정 '하코다테-삿포로 신칸센'

홋카이도 신칸센은 혼슈와 홋카이도를 이어주는 일본 고속 열차로, 현재 개통된 구간은 혼슈 북쪽의 아오모리와 홋카이도 남부 도시인 하코다테 구간이다. 아오모리와 하코다테 사이의 바다는 세이칸 터널을 통해 통과하고 있다. 현재 공사가 한창 진행 중인 하코다테-삿포로 구간은 2031년 개통을 목표로 하고 있다.

| 5 | 사계 마르쉐 오픈

2022년 11월, 맛있는 음식점과 쇼핑센터가 모여 있는 JR 삿포로 역내 스텔라 플레이스에 먹거리 셀렉트 숍인 홋카이도 사계 마르쉐 北海道四季マルシェ札幌ステラプレイス店가 오픈해 인기를 끌고 있다. 홋카이도 유명 과자와 스위츠, 식재료, 술안주, 반찬류 등 품목이 다양해 먹거리와 선물을 사기에 좋다. 특히 매장에서 직접 구운 바삭한 홋카이도 우유 쿠키, 홋카이도산 버터 크림과 팥소를 샌드한 '방금 구운 쿠키 샌드 앙버터'와 삿포로 농학교 직영 목장에서 방목하며 키운 소에서 짠 우유로 만든 '방목 낙농 밀크 소프트 아이스크림'이 인기다.

| 6 | 다누키 코미치 오픈

삿포로 시내의 대표적인 아케이드인 다누키코지에는 여러 선술집과 해산물 식당, 청과물상이 모여 있는 다누키 코미치 狸COMICHI가 2022년 8월에 새롭게 오픈했다. 홋카이도 각 지방의 맛집 지점도 있고 분위기도 깔끔하다. 한 자리에 여러 곳이 모여 있어 둘러보다 마음에 드는 곳을 편리하게 선택할 수 있는 것도 장점이다.

| 7 | 삿포로는 재개발 중!

최근 삿포로 거리 재개발이 곳곳에서 진행되고 있다. 특히 쇼핑몰들이 리뉴얼 후 새롭게 오픈하고 있다. 2023년 7월 다누키코지 상점가에 들어선 모유쿠 삿포로 moyuk SAPPORO는 지상 28층, 지하 2층 규모로 유명 숍들이 지하부터 7층에 입점했다. 특히 4~6층에는 도시형 수족관인 AOAO SAPPORO가 있어 아이들을 동반한 여행에 들러보기도 좋다. 지하 2층에는 밤 늦게까지 영업하는 푸드 코트가 있는데, 오도리역과 스스키노 역 지하도와 이어져 있어 날씨에 상관없이 편하게 이동할 수 있다.

홋카이도
BEST SIGHTSEEING 11

홋카이도는 사계절마다 다른 모습으로 우리를 맞이한다.
그래서 그 다양한 모습을 보러 또 가고 싶은 곳이 바로 홋카이도다.
천혜의 자연이 선사하는 최고의 절경을 만나보자.

1 오타루 운하
小樽運河

오타루에서 가장 낭만적인 장소! 어스름 저녁에 켜진 가스등 불빛이 운하의 물결에 은은히 어른거릴 때면 제아무리 감정이 메말랐다 하더라도 심장이 말랑말랑해질 수밖에 없다.
ⓘ P.188 Ⓜ P.182

2 비에이 언덕 풍경
美瑛の丘

완만하게 이어지는 부드러운 곡선의 언덕을 따라 영화와 CF의 한 장면 같은 풍경이 눈앞에 펼쳐진다. 봄부터 겨울까지 언제나 멋지지만 특히 눈보라가 잠시 멈춘, 아무런 흔적도 없는 깨끗하고 하얀 설원 위에 오도카니 서 있는 나무들의 모습은 처연하면서도 아름답다.
ⓘ P.228 Ⓜ P.230

SIGHTSEEING

3 후라노 & 비에이
富良野 & 美瑛

여름에 홋카이도로 떠난다면 결코 빼놓을 수 없는 장소다. 보라색 라벤더가 활짝 피는 7월, 광활하고 컬러풀한 5~8월의 꽃밭은 이곳을 방문하는 모든 사람들의 기억에 영원히 남는, 잊지 못할 풍경으로 각인된다.

ⓘ P.228, 244 Ⓜ P.230, 246

4 청의 연못
清い池

도대체 어떤 미사여구로 이곳을 설명할 수 있을까? 결코 쉽게 만날 수 없는 신비로운 푸른빛의 연못은 먼 곳에서 찾아온 여행자에게 희열을 안겨준다.

ⓘ P.237 Ⓜ P.230

5 하코다테 야경
函館夜景

이 도시가 지닌 낭만적인 느낌이 정말 희한하게도 야경에 그대로 스며들어 있다. 그 어떤 화려한 야경보다 특별해 보이는 것은 혹시 내가 이 도시를 사랑하게 되어서가 아닐까?

ⓘ P.285 Ⓜ P.276

| 6 | **오호츠크 해 유빙**
オホーツク海流氷 |

혹독한 추위의 겨울에만 겨우 볼 수 있는 유빙은 머나먼 러시아에서 흘러 내려와 이곳에 도착한다. 하얀 유빙이 바다를 메우며 떠 있는 경이로운 풍경은 인생에 꼭 한번 감상해볼 만한 풍경이다.
ⓘ P.322 Ⓜ P.319

| 7 | **시레토코**
知床 |

그야말로 원시림과 동물들의 천국. 청정한 자연이 존재하는 이곳에서는 곰과 사슴, 여우와 고래까지 만날 수 있다. 스펙터클한 대자연의 풍경 덕분에 세계자연유산으로 지정되었다.
ⓘ P.326 Ⓜ P.328~329

8	**구시로 습원**
	釧路湿原

이곳이 아니고서는 쉽게 볼 수 없는 대습원의 풍경을 만끽해보자. 걷거나 보트를 타고, 때로는 전망대에서, 아니면 낭만이 넘치는 노롯코 열차를 타고 이곳을 돌아보며 대자연의 풍요로움을 느껴보자.

 P.299　Ⓜ P.294

9	**아사히야마 동물원**
	旭山動物園

작고 예스러운 동물원이 왜 이리 좋을까? 자꾸만 생각나고 또 가고 싶은 매력, 아니 마력이 있는 이곳에서 활기차게 살아가는 동물들을 만날 수 있기 때문일지도 모른다.

 P.222　Ⓜ P.216

10	**호수**
	湖

화산이 폭발해 대지에 상처를 남긴 자리에는 맑고 투명하며 푸른 물이 차올랐다. 아칸 호수, 마슈 호수, 도야 호수 등 홋카이도 곳곳에는 꼭 방문해 볼 만한 아름다운 호수가 차고 넘친다. 아주 먼 옛날부터 수많은 이야기를 간직하고 있는 여기, 홋카이도의 호수로 발길을 옮겨보자.

ⓘ P.306　Ⓜ P.308~309

11 별
星

도시 사람들이 좀처럼 볼 수 없는 것, 바로 반짝반짝 빛나는 수많은 별이다. 홋카이도를 여행하고 있는 어느 맑은 날, 마침 주변에 불빛이 없는 장소가 있다면 옷 든든히 챙겨 입고 별 구경을 가자. 어쩌면 평생 이렇게 많은 별을 다시 보기 힘들 수도 있다.

최고의 풍경을 즐길 수 있는
전망 명소

아름다운 장소를 여행할 때 빼놓을 수 없는 것,
바로 그곳 풍경을 제대로 만끽할 수 있는 전망 명소다.
많은 여행자들이 홋카이도에서 본 풍경 중
"언젠가 좋은 사람과 함께 또 가고 싶다"라고 말하는 장소를 소개한다.

+ PLUS

해는 언제 지나요?
야경을 보려면 해부터 져야 하는 법. 계절마다 일몰 시간이 달라지니 미리 확인해보고 가는 것이 좋아요. 낮 풍경부터 일몰과 야경까지 보려면 최소 일몰 1시간 전에는 올라가 있는 것이 좋죠. 사이트에서 미리 시간을 확인하세요.
· 일몰 사이트 timeanddate.com/sun

언제가 제일 멋진가요?
평상시라면 건물에 불이 많이 켜져 있는 월~금요일이 주말보다 조금 낫습니다. 시야가 제일 좋은 때는 날씨 좋은 날의 가을이며 겨울에는 눈이 내린 날 불빛이 반사되어 더 예뻐 보이죠. 여름철에는 순식간에 안개가 끼었다 걷히기를 반복할 때가 많아 나름 몽환적인 느낌도 든답니다. 특히 8월 13일 저녁은 '하코다테 야경의 날'로, 집에 있는 시민들도 모두 창문 커튼을 열어 더 예쁜 야경을 볼 수 있어요.

1 하코다테 산
函館山

홋카이도에서 가장 유명한 제1야경 명소

하코다테의 야경을 감상할 수 있는 최고의 장소는 바로 하코다테 산이다. 스스로는 홍콩, 나폴리와 더불어 '세계 3대 야경'이라고 자부한다. 해가 떨어지기 한참 전부터 야경을 보러 온 사람들로 붐빈다. 주변이 해안과 평지로 둘러싸인 곳이라 시내 어디에 있든 잘 보여 실제 높이보다 더 우뚝 솟은 듯 느껴진다.

밤에 더욱 아름다운 야경

하코다테 산에서 바라보는 야경이 유독 밝게 잘 보이는 데는 다 이유가 있다. 바로 쓰가루 해협과 하코다테 만에 둘러싸인 독특한 지형 때문인데, 밤이면 검고 어둡게 물든 듯 보이는 바다가 시내의 불빛을 상대적으로 더 밝게 보이게 하는 것이다. 여기에 마치 잘록한 허리처럼 양쪽으로 쏙 파인 독특한 지형도 야경의 아름다움을 돋보이게 한다.

ⓘ P.285 Ⓜ P.276

+ PLUS

애태우던 사랑이 이뤄진다고?
하코다테의 야경을 열심히 보고 있으면 'ハート(하트)'처럼 보이는 부분이 있는데, 이것을 발견한 사람은 사랑이 이뤄진다는 속설이 있다. 'スキ(좋아)'라고 보이는 부분도 있다고 한다.

전망대 레스토랑
2층에 있는 레스토랑 제노바 레스트랑 ジェノバ에서 전면 통유리창 너머로 야경을 즐기며 식사할 수 있다. 좋은 자리를 맡으려면 사전 예약은 필수다. 메뉴는 주로 퓨전 일식이며 점심때는 카레나 스파게티 등의 캐주얼 메뉴도 있다.
· 홈페이지 334.co.jp/restaurant

2 모이와 산 산정 전망대
藻岩山山頂展望台

삿포로 시내 서남쪽에 위치한 531m 높이의 산. 전망대에 올라가면 낮에는 울창한 활엽수 원시림과 삿포로 시내 풍경, 밤에는 반짝이는 시내 야경을 감상하기에 좋다. 대중교통으로 가기가 조금 복잡하지만 홋카이도 3대 야경 명소 중 하나로 꼽히는 곳이니 들러볼 만한 가치가 있다. 데이트 코스로도 인기! ⓘ P.172 Ⓜ P.130C

3 JR 타워 전망실 T38
JRタワー展望室

지상 160m 높이에 위치한 전망대로 삿포로 시내에서 가장 높은 전망대다. JR 삿포로 역과 연결되어 쉽게 갈 수 있다는 것도 큰 장점이다. 맑은 날에는 삿포로 시내는 물론 근교의 산과 오타루와 함께 시내 야경이 한눈에 들어오기 때문에 인기 만점인 곳이다. ⓘ P.140 Ⓜ P.136B

4 오쿠라야마 스키 점프장
大倉山ジャンプ競技場

1972년 삿포로 동계올림픽 개최 당시 건설된 것으로 오쿠라야마 산 중턱에 있다. 스키 점프장이지만 평소에는 삿포로 시내를 내려다볼 수 있는 전망대로 인기 높은 곳으로, 영화 <국가대표>의 촬영지이기도 하다. 전망대까지 리프트를 타고 가는 재미가 있으며 멀리 길고 네모나게 보이는 녹지가 오도리 공원이니 이곳을 기준으로 삿포로 풍경을 즐겨보자. 날씨 좋은 날에는 시내는 물론 이시카리 평야, 이시카리 만 등을 볼 수 있다. ⓘ P.169 Ⓜ P.130A

5 삿포로 TV 탑
さっぽろテレビ塔

파리 에펠탑과 도쿄 타워를 연상시키는 빨간색 철탑은 삿포로를 대표하는 아이콘 중 하나다. 1957년 완성 후 삿포로의 전망대 역할을 해왔는데, 총 높이는 147.2m이며 전망대는 90m 높이에 설치되어 있다. 시야가 넓지 않은 대신 오도리 공원을 중심으로 한 시내 풍경을 더 가까이에서 내려다볼 수 있으니, 해 지기 전 올라가 낮과 밤 풍경 모두 감상해보자. ⓘ P.156, 159 Ⓜ P.137C

6 삿포로 히쓰지가오카 전망대
さっぽろ羊ヶ丘展望台

1959년에 조성한 예쁜 양 목장
오래전 이곳에는 양 품종을 연구하는 기관이 자리해 약 2000마리의 양이 있었다. 그런데 태평양 전쟁이 끝난 뒤 이곳을 찾는 여행자가 많아지면서 연구에 많은 지장이 있다고 해서 개방을 제한했다가, 이후 1959년에 전망대로 만들었다. 눈이 많이 쌓이는 겨울에도 멋지지만, 푸른 잔디 위에서 양들이 노는 6~10월이 최고의 방문 시기다. 7월부터는 꽃이 피기 시작해 7월 중순이면 멋진 라벤더밭을 마음껏 감상할 수 있다.

클라크 동상 앞에서 인증숏 찰칵!
이곳의 대표 스폿은 홋카이도 대학의 전신인 삿포로 농학교의 초대 총장 윌리엄 S. 클라크 박사의 동상이다. 클라크 박사의 홋카이도 방문 100주년, 미국 건국 200주년을 기념해 이곳에 세우게 된 것이라고. '큰 뜻의 맹세 大志の誓い'라는 종이에 꿈과 계획을 적어 동상 아래 상자에 넣어보자. 이후 전망대 방문 시 상자에 넣은 날짜를 말하면 다시 볼 수 있다(유료).

삿포로 눈 축제의 모든 것, 삿포로 유키 마쓰리 자료관
오도리 공원에서 시작된 삿포로 최고의 축제 관련 자료를 전시하는 유키 마쓰리 자료관 さっぽろ雪まつり資料館도 둘러보자. 축제 자료와 사진이 전시되어 있고 전시된 눈과 얼음을 이용한 조형물의 미니어처가 눈길을 끈다.

ⓘ P.169 Ⓜ P.130C

[+ PLUS]

먹거리와 기념품
레스토랑 히츠지가오카 레스트하우스 羊ヶ丘レストハウス에서 징기스칸 정식 ジンギスカン定食을 비롯해 미소 라멘 등을 판매하고 있다. 매점과 기념품점 역할을 하는 오스트리아관 オーストリア館에서는 홋카이도 생우유로 만든 소프트아이스크림과 클라크 박사와 양을 테마로 한 다양한 식품과 인형 등 한정 아이템을 구입할 수 있다.

왓카나이 북단 풍경 稚內北端の風景

러시아 사할린과 불과 43km 거리에 위치한 왓카나이는 일본 최북단 도시다.
왓카나이와 근교에 유난히 '北' 자가 들어가는 지명이 많은 것도 이와 무관하지 않다.
왓카나이에 왔다면 '북쪽 풍경 찾아다니기'를 주제로 여행을 즐겨보자.

1 | JR 왓카나이 역 稚内驛

JR 홋카이도 철도의 소야 본선 노선의 종착역인 왓카나이 역은 일본 기차역 중 가장 북쪽에 위치한 곳이다. 그래서인지 역 앞에 있는 '최북단 노선' 표지판과 왓카나이 역을 배경으로 기념사진을 찍는 관광객들과 철도 마니아를 많이 볼 수 있다. 무심히 지나가지 말고 최북단 역을 방문했다는 인증 사진을 남겨보자! ⓘ P.346 Ⓜ P.341

2 | 소야 곶 宗谷岬

러시아 사할린 섬과 닿을 듯 맞닿아 있는 이곳은 홋카이도는 물론 일본에서도 최북단 지점이다. 1808년 사할린이 대륙이 아닌 섬이라는 사실을 알아낸 탐험가 마미야 린조 間宮林蔵의 동상이 있다. 기도의 탑 祈りの塔은 1983년 사할린 상공에서 구소련 공군 미사일이 격추한 대한항공 탑승희생자를 기리는 탑이다. ⓘ P.346 Ⓜ P.340

3 | 노샷푸 곶 ノシャップ岬

왓카나이 시내의 가장 북쪽 끝으로, '턱처럼 곶이 튀어 나온 장소라는 뜻 그대로 바다를 향해 돌출된 지형이다. 날씨가 좋으면 서쪽에 있는 리시리와 레분 섬이 잘 보인다. 또 아름다운 노을을 볼 수 있는 포인트니 날씨 맑은 날에 방문해보자. 옆에 있는 왓카나이 등대는 42.7m로 일본에서 두 번째로 높은 등대이며 영화 속 배경으로 나오기도 했다.
ⓘ P.347 Ⓜ P.340

+ PLUS

다코샤부 宗谷岬
왓카나이 근해에서 잡은 신선한 해산물로 만든 명물 요리다. 냉동 후 얇게 저며 나온 문어를 샤부샤부 방식으로 먹는 요리로, 특제 소스를 찍어 맛보면 더욱 맛있다. 오랫동안 익히면 질겨지니 살짝 익히는 것이 관건이다. 구루야마 겐지 車屋源氏 등 다코 샤부로 유명한 식당이 많으며, 참고로 문어가 맛있는 제철은 가을부터 늦은 봄까지다.

편하게 핵심만 둘러보는
비에이 투어

홋카이도를 대표하는 이미지 중 하나인 하얀 눈밭 언덕의 비에이 풍경은 당장이라도 이곳으로 떠나고 싶은 충동을 불러일으킨다. 아무도 밟지 않은 눈 쌓인 언덕 위 오롯이 서 있는 나무들이 어우러진 풍경은 엽서 속 한 장면 같다. 그러나 겨울철 홋카이도에서 렌터카 여행을 한다는 것은 쉬운 일이 아니다. 안전하게 마음 편히 다녀오고 싶다면 버스 투어나 택시 투어를 고려해보자.

+ PLUS

Q 버스 투어는 어디서 알아보나요?
각 포털 사이트에 '비에이 투어'로 검색하면 대형 버스로 단체 투어를 진행하는 많은 업체가 나와요. 그 중 마음에 드는 것을 선택하면 됩니다. 업체마다 비슷하고 27쪽의 코스를 기본으로 순서 등이 조금씩 달라지니 홈페이지 등에서 원하는 곳을 모두 방문하는지 체크한 후 예약하세요. 특히 겨울 투어는 다른 시즌보다 인기가 높아 빨리 마감되니 되도록 예약을 서두르는 것이 좋습니다.

Q 버스 투어 비용은 얼마나 되나요?
코스와 시즌, 업체마다 달라지는데 보통 비에이와 후라노 지역 1일 투어는 1인 6~10만 원(극성수기 10~15만 원)입니다.

Q 택시 투어는 어떨까요?
보통 비에이 역에서 출발하며 소형 1시간 7580¥~, 대형 점보 택시는 1시간 9640¥~ 정도 비용이 들어요. 여기에 비에이를 오가는 차비가 따로 드니 버스투어와 비용을 비교해보세요. 택시 투어는 버스 투어에 비해 비용이 비싸지만 자유롭고 편하며, 둘러보는 시간이 여유롭습니다. 또한 사진 찍을 때 단체 투어보다는 아무래도 많은 사람들로 붐비지 않을 확률이 높은 것도 장점이죠. 단, 현지인 기사와 함께 하는 일정이라 일어가 가능한 것이 아무래도 좋아요. 기본 코스에 켄과 메리의 나무, 오야코 나무, 마일드세븐 언덕, 세븐 스타의 나무 등이 포함되며 거리가 있는 크리스마스 나무 등은 추가 요금이 필요해요.

Q 프라이빗 투어도 있나요?
가족이나 단체 여행 등 일행이 4명 이상이라면 우리끼리 오붓하게 다닐 수 있는 프라이빗 투어도 고려해볼 만하죠. 한국인 가이드가 진행하며 4명 이상이면 투어 비용은 단체 버스 투어와 별 차이가 없어요. 단 2~3만¥의 차량 사용료와 유류비, 통행료, 주차료 등은 별도 지불해야 합니다.

미리 보는 투어 코스

07:00~08:00

투어 집합
대부분 삿포로 역 북쪽 출구 뒤편에 있는 지정 장소나 오도리 공원 근처에 모여 출발한다.

10:30~11:30

패치워크 로드 (세븐스타 나무, 켄과 메리의 나무, 오야코 나무 등)
비에이 투어의 주요 포인트. 멀리서 봐야 하는 곳도 있지만 배경으로 멋진 사진 찍기에 좋은 곳들이다.

11:30~13:00

비에이 역 (자유 시간, 점심 식사)
준페이 등 인기 레스토랑은 항상 대기줄이 기니 일찍 서둘러 방문하거나 테이크아웃을 하는 것이 좋다.

13:00~13:30

크리스마스 나무
겨울이면 더욱 아름다운 곳! 멀리서 봐야 하는 것이 아쉽지만 하얀 설원과 어우러져 있는 모습이 그야말로 한 폭의 그림이다.

13:30~14:30

다쿠신칸
하얀 눈이 소복이 내린 자작나무 숲길을 산책하는 코스. 파란 하늘이 어우러진 날에는 더욱 풍경이 좋다.

14:30~16:00

청의 호수 & 흰 수염 폭포
겨울철에는 대부분 흰 수염 폭포를 방문한다.

16:00~17:00

닝구르 테라스
동화책의 한 페이지에 등장할 듯 아기자기한 숲 속 오두막집 풍경을 둘러보고 삿포로로 출발한다.

19:00~20:00

스스키노 지역을 경유하여 삿포로 역 등 종점 도착
숙소 위치나 다음 여행 계획에 따라 편한 곳에서 내리면 비에이 투어는 끝!

작품 속 장면을 찾아 홋카이도 산책
영화&드라마 여행지

홋카이도는 익숙한 일본 다른 도시에 비해 뭔가 낯설게 느껴졌지만,
사실은 예전부터 여러 작품을 통해 우리 마음속에 친숙하게 스며들었던 곳이다.
인기 소설 《빙점》을 비롯해 흰 눈이 펑펑 내리던 작은 철도역 풍경과
"오겡끼데스까?"라는 명대사까지 인상적인 여운을 남긴 곳.
지금부터 우리의 가슴을 촉촉하게 적신 여러 작품을 통해 홋카이도로 떠나보자.

1 소설 《빙점》
氷点 ひょうてん

원수의 아이가 내 딸로?
미우라 아야코 三浦綾子의 작품. 아내의 불륜으로 딸을 잃었다고 생각한 병원장 게이조가 살인자의 딸인 줄 알았던 요코를 아내에게 복수하기 위해 입양하면서 이야기가 시작된다. 인간의 원죄 의식과 내면을 다룬 작품이다. 소설의 배경은 전후 아사히카와로, 작가의 연고지이자 아사히카와 미우라 아야코 기념 문학관이 자리한 곳이기도 하다.

📍 **관련 여행지**
외국 수종 견본림(P.219)
미우라 아야코 기념 문학관(P.219)

+PLUS

그밖의 홋카이도 배경 소설

· **사랑을 주세요(츠지 히토나리)**
하코다테 남자와 도쿄 여자가 서로 주고받은 편지. 작가는 소설과 영화로 너무 유명한 <냉정과 열정사이>의 저자이기도 하다.

· **양을 쫓는 모험(무라카미 하루키)**
무라카미 하루키 村上春樹의 초기 작품. 광고 회사를 운영하는 한 남자가 광고에 사용했던 사진 속 신비로운 양을 찾아 홋카이도 중북부의 오지 마을을 방문하는 것이 이야기의 시작이다. 무라카미 하루키는 이 소설로 1982년 노마 문예 신인상을 수상하기도 했다.

· **그날로 돌아가고 싶어(이누이 루카)**
아픈 기억을 가진 사람들이 '그날'로 돌아가는 신비로운 시간 여행을 담은 단편 소설집. 아사히카와 동물원과 오쿠시리 섬의 재난 등이 배경.

· **탐정은 바에 있다(아즈마 나오미)**
삿포로의 유흥가 스스키노를 배경으로 하는 소설. 뒷골목에서 일어나는 사건들의 진상을 밝혀내는 '스스키노 탐정 시리즈'는 영화로도 제작되었다.

2 소설 《철도원》
鐵道員

어느 날 찾아온 환상 같은 기적
우리에게는 영화로 인상 깊이 남은 작품으로, 아사다 지로 浅田次郎의 소설이 원작이다. 아사다 지로는 재미있는 소설을 쓰는 이야기꾼으로 유명한데, 한때는 야쿠자 생활을 한 특이한 이력이 있다. 최민식 주연의 영화 <파이란 白蘭>의 원작인 <러브레터>를 쓰기도 했다.

📍 **관련 여행지**
이쿠토라 역(P.251)

3 영화 <러브레터>
Love Letter

"잘 지내고 있나요? 나는 잘 지내고 있어요."
우리나라 사람 중에 이와이 슌지 岩井俊二 감독의 영화 <러브레터>를 모르는 사람이 있을까? 눈 덮인 산 위에서 "오겡끼데스까~"를 외치는 그 장면, 다시 생각해도 가슴이 저리는 작품이다. 여주인공 나카야마 미호의 청순한 매력과 눈 쌓인 홋카이도의 오타루가 묘하게 어우러져 최고의 첫사랑 영화로 손꼽힌다.

📍 **관련 여행지**
덴구야마(P.194)
구 일본우선 주식회사 오타루 지점(P.187)

도야 호수의 불꽃놀이

4 영화 <해피 해피 브레드>
しあわせのパン

따뜻하고 정성 듬뿍 담긴 빵 한 조각은 마음의 치료제

생각만 해도 고소한 빵 냄새가 솔솔 나는 듯한 <해피 해피 브레드>의 원작은 소설이지만 우리에게는 영화로 더 잘 알려져 깊다. 도시 생활을 정리하고 도야 호수가 바라다 보이는 홋카이도의 작은 시골 마을인 쓰키우라 ツキウラ에서 카페를 운영하며 살아가는 주인공의 이야기를 담고 있다. 부부와 이곳을 찾는 이들의 소소하지만 따뜻한 이야기가 인상적인 작품이다.

📍 **관련 여행지**
도야 호수(P.211)

> **+ PLUS**
>
> **그밖의 홋카이도 배경 영화**
>
> · **세상에서 고양이가 사라진다면**
> 카와무라 겐키의 소설을 영화화했다. 목숨을 하루 늘리는 대신 세상에 있던 것이 하나씩 사라져간다는 내용.
>
> · **그곳에서만 빛난다**
> 트라우마에 시달리던 타츠오와 치나츠와의 비극적인 사랑. 사토 야스시의 하코다테 3부작 중 하나.
>
> · **새끼 여우 헬렌**
> 도쿄에서 이사 온 외로운 소년 타이치가 듣지도 보지도 못하는 장애(그래서 이름이 헬렌)를 가진 새끼 여우를 만나면서 그려지는 내용이다.
>
> · **사랑을 쌓는 사람**
> 한 부부가 여생을 보내기 위해 도쿄에서 비에이로 이사 오면서 시작되는 이야기. 아름다운 비에이의 풍경을 배경으로 애틋한 이야기가 펼쳐진다.
>
> · **윤희에게**
> 윤희는 그녀의 편지를 몰래 읽은 딸 새봄의 제안으로 오타루 여행을 떠난다. 겨울 오타루를 배경으로 모녀의 아름다운 동행이 묘사된다.

5 영화 <해피 해피 와이너리>
ぶどうのなみだ

소박한 사람들의 따뜻한 이야기

2014년에 선보인 영화로, 영화 <해피 해피 브레드>와 같은 감독의 작품이다. 빵과 카페 대신 와인과 포도 농장이 등장한다. 홋카이도의 시골 마을인 소라치에서 터울이 큰 형제가 살며 포도를 재배하고 와인을 만들고, 밀을 재배하는 동생은 빵을 굽는다. 보기만 해도 기분이 저절로 좋아지는 힐링 영화로 강추!

📍 **관련 여행지**
소라치 空知 지방 와이너리

6 만화 《에키벤》
駅弁ひとり旅

도시락 먹으며 다니는 홋카이도 여행

하야세 준 はやせ淳의 작품으로, 일본 철도 도시락을 테마로 한 유명 만화다. 도시락 가게를 운영하는 주인공 다이스케가 일본 전국 일주 기차 여행을 하며 각 역의 유명 도시락을 사서 맛보는 것이 주된 줄거리. 지역별로 구분되어 있는데, 이 중 홋카이도 편은 한국판으로 세 권에 걸쳐 소개되었다. 이 작품의 단점은 만화를 보고 있으면 자신도 모르게 침이 꿀꺽 넘어가고 배가 고파진다는 것.

♀ **관련 여행지**
오타루 시 종합 박물관 본관 (P.188)

7 만화 《동물의사 Dr. 스쿠르》
動物のお医者さん

수의사를 꿈꾸는 학생들의 유쾌한 일상

사사키 노리코 佐佐木倫子의 작품으로, 드라마 <동물병원 선생님 動物のお医者さん>으로도 제작되었다. 작품 속 수의학과 교수가 키우는 시베리안 허스키가 엄청난 인기를 끌어 일본에 시베리안 허스키 열풍이 불었고, 홋카이도대학 수의학과 입시 경쟁률이 엄청나게 높아졌다는 사실. 작가는 홋카이도 출생에 홋카이도 교육대학 출신이기도 하다.

♀ **관련 여행지**
홋카이도 대학 (P.140, 143)

8 만화 《미스터 초밥왕》
将太の寿司

한 소년의 감동스러운 성장기 & 미식의 향연

요리 만화의 대표작 중 하나인 《미스터 초밥왕》은 홋카이도 오타루의 스시야도리가 배경으로 등장한다. 주인공 쇼타가 초밥 장인으로 성장하기까지의 과정을 다룬 것이 주요 줄거리. 만화를 보는 내내 생선 초밥의 매력에 푹 빠지게 된다. 이 책을 읽고 오타루 여행을 꿈꾼 이들도 많다.

♀ **관련 여행지**
오타루 스시야도리 (P.191)

+ PLUS

그밖의 홋카이도 배경 만화 & 애니메이션

· **너에게 닿기를**
만화, 애니메이션을 넘어 실사판까지 제작되었던 유명 작품. 배경은 삿포로에서 차로 3시간 정도 거리인 시골 하보로정이다.

· **은수저**
낙농으로 유명한 오비히로 등의 도카치 지역이 배경. 삿포로 출신 고교생 하치켄이 입시경쟁에서 벗어나 시골 농업학교로 진학한 후 성장해 나가는 이야기다.

· **바람의 검심-메이지 검객 낭만기 홋카이도 편**
막부 말기에서 메이지 유신으로 넘어가는 격동의 시절, 동료를 찾기 위해 하코다테로 떠나면서 이야기가 시작된다.

· **골든 마카무이**
홋카이도의 원래 주인, 아이누족의 문화가 담겨 있는 애니메이션. 홋카이도의 자연과 동물, 아이누족의 전통문화와 요리 등이 소개된다.

EAT

맛의 천국
홋카이도
미식 여행

홋카이도
BEST EAT 10

천혜의 자연환경을 자랑하는 홋카이도에는 다른 곳과는 차원이 다른 먹거리도 많다. 여행에서 돌아와서도 이곳의 음식들을 계속 그리워하게 될 것이다. 여기 오감 만족 홋카이도 필식 메뉴를 소개하니 하나도 놓치지 말고 모두 맛보자!

1 징기스칸
ジンギスカン

양고기와 채소를 뜨거운 불판에 구워 먹는 홋카이도 대표 요리 중 하나. 유난히 추운 홋카이도의 밤, 좋아하는 사람들과 함께 옹기종기 모여 앉아 맛있는 징기스칸을 즐겨보자. 여기에 시원한 삿포로 맥주를 곁들이면 이보다 더 완벽할 수는 없다.

2 라멘
ラーメン

라멘 왕국 일본에서도 삿포로의 미소 라멘, 하카타의 돈코쓰 라멘, 기타카타의 쇼유 라멘이 3대 라면으로 꼽힌다. 특히 삿포로 미소 라멘은 일본식 된장인 미소 みそ를 넣고 끓여 구수하고 깔끔한 것이 우리 입맛에도 딱이다.

3 게 요리
カニ

홋카이도의 게 맛은 확실히 다르다. 삿포로를 비롯해 각 지역에는 유명 게 요리 전문점이 있다. 털게와 대게, 왕게 등 다양한 게를 맛보는 재미가 남다르다.

4 가이센동
海鮮丼

가이센동은 밥 위에 연어 알과 성게 알, 새우, 참치 등 해산물을 소복이 얹은 덮밥이다. 홋카이도에서도 특히 하코다테가 유명한데, 알록달록 보기만 해도 먹음직스럽고 맛도 신선 담백 그 자체다. 함께 나오는 미소시루와 함께 천천히 홋카이도 바다의 맛을 즐겨보자.

5 수프 카레
スープカレー

수프 카레는 삿포로에서 처음 만든 것으로 알려져 있는데, 고기와 채소를 큼직하게 썰어 넣는 것이 특징이다. 닭다리나 돼지고기, 튀김 등이 들어 있어 밥과 함께 한 그릇 먹고 나면 배가 든든하다.

6 　스시 & 사시미
寿司 & 刺身

일본 어디에서나 맛있는 스시를 맛볼 수 있지만 특히 홋카이도 스시와 사시미는 단맛이 더 강하다. 그 이유는 홋카이도 바다에서 잡히는 해산물이 신선하고, 밥을 지을 때 사용하는 물이 깨끗하기 때문이라고. 홋카이도의 스시를 맛보는 것은 여행의 큰 즐거움이다.

7 　스위츠
スイーツ

하루가 힘겹게 느껴질 때, 모든 것이 짜증스러울 때는 스위츠가 정답이다. 홋카이도에서는 르타오 LeTAO와 롯카테이 六花亭, 기타카로 北菓楼, 로이스 ROYCE', 스내플스 Snaffle's 등의 간판을 꼭 기억할것.

8 　해산물 안주
海鮮居酒屋

홋카이도에는 특히 이자카야 중 하나인 로바타야키 ろばたやき가 많은데, 이곳에서 정말 맛있는 해산물 안주를 마음껏 맛볼 수 있다. 생선, 굴 등 원하는 재료를 고르면 즉석에서 바로 손질해 화로에 구워준다.

9 　유제품 & 아이스크림
乳製品 & アイスクリーム

평소 우유를 좋아하지 않는 사람에게도 홋카이도의 병 우유는 추천! 진하고 고소한 완전 업그레이드된 맛이며, 우유로 만든 버터와 생크림도 유명하다. 특히 소프트아이스크림은 홋카이도에서 꼭 맛볼 대표적인 먹거리다.

10 　술
お酒

깨끗한 자연환경에서 나온 맑은 물, 좋은 쌀로 만든 술은 홋카이도 필식 메뉴다. 맥주, 사케는 물론 와인과 위스키까지! 술 한 모금에 홋카이도의 산과 바다, 눈과 바람이 모두 담겨 있다.

홋카이도의 바다를 한 그릇에!
가이센동

평소 해산물을 사랑하는 사람이라면 가이센동을 꼭 먹어야 한다. 가이센동은 밥을 소복하게 담고 그 위에 연어 알과 성게 알, 관자, 게살, 생새우 등 신선한 해산물을 듬뿍 담아낸 한 그릇 음식이다. 생업에 바쁜 어부들이 밥 위에 갓 잡은 해산물을 그대로 올려 먹은 것이 가이센동의 기원이라고 한다. 주로 하코다테, 구시로 등 항구도시를 중심으로 수산물 시장에 가면 이른 아침부터 가이센동을 파는 가게들이 문을 연다.

+ PLUS

비리지는 않을까요?
날 해산물을 밥 위에 얹어 먹는다고 생각하면 비린 맛이 나지 않을까 걱정이 앞서는 것이 사실이에요. 하지만 해산물이 워낙 싱싱해 전혀 그렇지 않습니다. 입에 넣으면 싱싱함과 단맛이 제대로 느껴지기 때문이죠. 수산물 시장에 가서 아침부터 먹어도 좋지만, 평소 해산물을 좋아하지 않는다면 강추하지는 않을게요.

어디서 먹어야 신선한 가이센동을 맛볼 수 있을까요?
해산물은 역시 수산물 시장이 가장 싱싱해요. 삿포로의 니조 수산 시장이나 하코다테의 아침 시장 등에는 가이센동을 파는 작은 음식점이 여럿 모여 있습니다.

가이센동의 종류

알록달록 예쁜 빛깔을 뽐내는 싱싱한 해산물을 입맛에 맞게 골라 제대로 가이센동을 즐겨보자.

1 우니동
うに丼

맛도 좋고 가격도 가장 비싸다. 부드럽고 고소한 성게 알의 맛이 일품! 한번 맛보면 두고두고 생각난다.

2 이쿠라동
イクラ丼

양념간장에 절인 연어 알은 마치 보석과도 같다. 톡톡 터지는 식감이 최고지만, 호불호가 분명한 메뉴.

3 삼색동
三色丼

밥 위에 세 가지 재료를 올린 것으로, 가장 인기 많은 가이센동 메뉴다. 세 가지 재료는 정해진 것은 아니고, 가게마다 조금씩 다르다.

> **+ PLUS**
>
> **가이센동 맛있게 먹는 방법**
>
> 가이센동을 막상 앞에 두면 어떻게 먹어야 하나 고민이 된다. 간혹 비빔밥처럼 모든 재료를 밥과 함께 간장을 넣고 쓱쓱 비벼 먹는 이들도 있는데, 그러면 각 재료 고유의 맛을 느끼기 어렵다. 아래 가이센동 먹는 방법을 참고할 것.
>
> **STEP 1** 우선 가이센동에 나오는 와사비를 간장 종지에 넣고 푼다. 생새우와 생선을 먹을 때 여기에 찍어 먹으면 맛있다.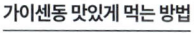
>
> **STEP 2** 밥에 올린 해산물을 맛본다. 이때 가리비 등 담백한 재료부터 먹으면 맛을 제대로 음미할 수 있다.
>
> **STEP 3** 해산물을 먹는 중간중간 밥을 떠먹어도 좋고, 해산물을 다 먹은 뒤 남은 밥을 장국이나 임연수어 구이, 오징어회 등 단품 메뉴를 추가해 함께 먹어도 좋다.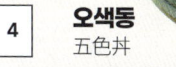

4 오색동
五色丼

해산물 마니아가 가장 많이 선택하는 메뉴. 다섯 가지 재료를 올리는데, 재료는 가게마다 다르다.

홋카이도 여행 필식 메뉴
징기스칸

홋카이도를 대표하는 양고기 요리. 양고기를 불판에 살짝 구워 먹는 것이며 '成吉思汗'라고 표기하기도 한다. 우리가 소고기 등심이나 안심 등을 양념 없이 생으로 구워 먹는 것과 비슷하다. 가게에 따라 양고기에 양념을 재어 내오거나 조금 다른 방식으로 선보이는 곳도 있으니 취향에 따라 선택해보자.

징기스칸의 역사

몽골 제국의 영웅인 '칭기즈칸'의 일본식 발음인 '징기스칸'이라 몽골에서 전해진 요리가 아닐까 싶지만, 홋카이도 전통 요리이다. 제1차 세계대전 당시 군복 소재이던 양털 수입량이 부족하자 홋카이도에 양목장을 만들어 양을 길렀고, 늙어 죽은 양들의 고기를 어떻게 처리할지 고민하다 시작된 요리이다. 원래 육식을 하지 않던 일본이 메이지 유신 이후 육식을 해야 서양인처럼 될 수 있다고 생각해 계속 고기 요리를 개발했는데, 양고기 또한 이러한 시류를 타고 본격적으로 개발된 것이다. 원래 '요나베 羊鍋'였던 이름이 징기스칸이 된 것은 당시 만주국 건설의 선봉에 섰던 일본군 장교가 생각해낸 것이라고 알려졌으며, 문헌에 징기스칸이 최초로 등장한 것은 1926년이다. 대부분 누린내가 심하게 나는 늙은 양고기라 1980년대까지도 큰 인기를 끌지 못했지만, 어린 양고기를 수입하면서 점차 인기가 높아져 지금은 일본인과 여행자 모두에게 큰 사랑을 받는 음식이 되었다.

+ PLUS

Q 징기스칸에는 어떤 양고기를 사용하나요?
A 징기스칸에 사용하는 것은 주로 성체 양고기인 마톤 マトン과 새끼 양고기인 램 ラム입니다. 마톤은 태어난 지 2년 이상이 된 양이고, 램은 태어난 지 1년이 안 된 새끼 양이에요. 그래서 마톤에 비해 좀 더 연하고 부드럽죠. 양고기는 생고기 형태, 양념에 절인 것, 냉동육을 얇게 저민 롤 형태 등으로 나와요.

Q 징기스칸의 불판 모양이 특이하네요?
A 징기스칸 불판은 여느 고기 불판과는 달리 가운데가 볼록 튀어나오고 경사가 있어요. 아래쪽에 숙주 등 채소를 놓아두면 고기를 구울 때 흘러나온 기름에 저절로 맛있게 익는답니다.

Q 양념 종류는 어떤 것이 있나요?
A 구운 양고기를 찍어 먹는 양념은 가게에 따라 달라요. 가게 주인이 자신만의 노하우로 직접 만든 수제 양념을 사용하는데, 단맛과 매운맛 등 다양하죠. 보통은 간장을 기본으로 한 타래 소스에 찍어 먹지만, 어떤 곳은 소금 소스를 내오기도 합니다.

Q 채소를 더 먹고 싶으면 어떻게 하나요?
A 보통 숙주를 기본으로 양파와 마늘종, 대파 등이 양고기에 딸려 나옵니다. 채소를 더 먹고 싶을 때는 추가 요금을 내고 주문하면 돼요.

징기스칸 먹는 법(feat. 나마비루 生ビール)
입에서 살살 녹는 맛이 특징인 징기스칸은 어느새 앉은 자리에서 2인분 정도는 뚝딱 먹어치우는 것이 기본이다. 톡 쏘는 청량한 느낌의 홋카이도산 맥주는 징기스칸과 환상적인 궁합을 자랑한다.

STEP 1 처음에는 고기를 굽기 위해 불판에 기름기가 있는 비계와 여러 채소를 함께 담는다. 채소 종류는 식당마다 조금씩 다른데, 양파나 파, 숙주 등이다. 볼록한 중앙에 비계를 놓고 채소는 끝 쪽으로 모아놓는다.

STEP 2 철판이 달궈지면서 비계가 녹아 기름이 흐를 때까지 조금 기다리자. 여러 부위의 고기가 나왔다면 지방이 적은 것부터 많은 순서대로 굽는다. 거꾸로 먹으면 지방 적은 것이 맛없게 느껴질 수 있다.

STEP 3 중앙에 고기를 올려 굽는다. 양고기는 살짝 구워 먹는 것이 좋으므로 한 번에 많이 올리지 말고 한두 점씩 올려가며 굽는 것이 좋다.

STEP 4 구운 고기와 채소를 가게마다 내놓는 특제 소스에 적셔 먹는다. 그냥 먹어도 좋지만 소스를 찍으면 풍미가 더 살아난다.

세계 각국 양고기 요리
징기스칸과는 다른 맛을 선보이는 세계 각국의 양고기 요리를 알아보자!

1. 몽골 허르헉
양을 통째로 잡아 해체하고 커다란 냄비에 고기와 채소, 돌덩어리를 올린 뒤 1~2시간 동안 익혀 먹는 것이다. 양 기름이 밴 돌덩이들은 건강에 좋은 원적외선을 뿜어낸다고 해 손으로 어루만지기도 한다.

2. 중국 훠궈 & 양꼬치
중국식 샤부샤부라 할 수 있는 훠궈의 단골 재료는 바로 얇게 저민 양고기. '양꼬치엔 칭XX'라는 유행어가 있을 정도로 우리에게 익숙한 양꼬치는 중국 옌벤 지방에서 특히 즐겨 먹는 음식이다.

3. 프랑스 양고기 스테이크
프랑스뿐 아니라 유럽이나 미국 등지에서는 양갈비 등을 이용한 스테이크가 고급 메뉴로 사랑받고 있다.

4. 터키 양고기 케밥
항아리에 담겨 있는 터키식 양고기 요리는 스튜와 비슷한 느낌인데, 밥과 먹으면 잘 어울린다.

5. 러시아 샤슬릭
전통 꼬치구이요리로 고기와 채소를 숯불에 구워먹는다.

홋카이도의 바다를 그대로
스시

스시를 좋아하는 사람이라면 홋카이도는 그야말로 천국이다.
저렴한 회전 초밥집부터 가격이 어마어마한 고급 스시까지, 취향과 예산에 따라 선택권이 다양하니
마음껏 즐겨보자. 곧 알게 될 것이다. 홋카이도 스시는 진리고 사랑이라는 사실을.

미스터 초밥왕과 오타루

지금까지도 많은 사랑을 받고 있는 요리 만화 《미스터 초밥왕》. 주인공 쇼타가 멋진 초밥 요리사로 성장하는 과정을 그렸으며, 만화 애호가들에게는 명작 중 명작으로 꼽힌다. 만화의 배경은 도쿄지만 쇼타 아버지의 가게가 있고, 쇼타가 요리사 인생을 시작했으며 다시 돌아온 곳도 바로 이곳 오타루의 스시야도리다. 오타루는 쇼타의 고향이자 그 가족의 삶의 터전이었다. 보통 요리를 테마로 한 만화는 내용이 엉성하고 후반부로 갈수록 지루해지기 쉽다. 하지만 《미스터 초밥왕》은 짜임새 있는 줄거리에 전문가 못지않은 요리 지식과 감동이 어우러졌다는 것이 사랑받는 비결이 아닐까 싶다. 특히 초밥에 대한 객관적 지식과 이해도를 높이는 데 결정적인 역할을 한 것도 빼놓을 수 없다. 실제로 이 만화를 보면서 요리사의 꿈을 키웠다는 전문 요리사들도 있을 만큼 그 영향력이 지금까지도 굉장하다. 또 일본인들의 철저하고 열정 넘치는 장인 의식도 엿볼 수 있는 작품이다. 이 만화를 좋아한다면 쇼타가 일하는 초밥집인 마사즈시를 방문해보자.

[+ PLUS]

오타루 마사즈시 おたる政寿司
만화 《미스터 초밥왕》의 주인공 쇼타가 일하는 초밥집인 마사즈시 본점이 오타루 스시야도리에 있다. 식사 시간에는 웨이팅이 있으니 서두르자. ⓘ P.191 ⓜ P.182

1 니기리즈시
握り寿司

우리가 흔히 알고 있는 가장 대중적인 것으로, 샤리(밥)를 손으로 쥐어서 만든 한 입 크기의 스시. 19세기 초에 처음으로 등장했는데, 도쿄 만 앞바다인 에도마에 江戶前에서 잡은 해산물로 만들었다고 해서 에도마에즈시 江戶前寿司라고도 한다.

2 마키즈시
巻き寿司

김 위에 소금과 식초를 넣어 양념한 밥을 편 뒤 그 위에 참치 등의 네타(초밥 위에 얹는 재료)를 올린 다음 돌돌 말아서 만든 것. 한 입 크기로 썰어서 먹는데, 밥이 보이는 한쪽 면에 간장을 살짝 찍어서 먹는다.

3 오시즈시
押し寿司

네모난 틀에 초밥을 넣고 눌러 만들어서 '누름 초밥'이라 불리기도 한다. 긴 틀에 찍어서 만든 뒤 잘라 먹는다.

4 지라시즈시
ちらし寿司

'지라스 ちらす'는 '흩뿌리다, 분산시키다'라는 뜻. 초밥 위에 해산물 등을 흩뿌려서 먹는 스시로, 숟가락으로 떠먹는다. 모양과 색깔이 화려하고 예뻐 먹기 아까울 정도.

5 보우즈시
棒寿司

흔히 봉초밥이라 부르며 김말이 같은 도구를 사용해 말고 눌러서 만든 초밥이다. 특히 고등어를 사용한 사바노보오즈시가 가장 대표적이다.

+ PLUS

Q 스시를 먹는 순서가 따로 있나요?
A 흰 살 → 붉은 살 → 단맛, 이 순서를 기억하세요. 담백한 흰 살 생선부터 시작하면 스시 맛을 제대로 느낄 수 있답니다.

Q 간장은 어느 쪽에 찍어서 먹나요?
A 정답은 생선! 간장을 밥에 찍으면 밥이 흐트러지니 생선에만 살짝 찍어서 드세요. 또 간장을 찍은 뒤에 탈탈~ 털지 말기! 간장을 찍은 다음 간장이 떨어지지 않도록 바로 옆으로 세워서 먹으면 되죠.

Q 스시는 손으로 먹으면 실례인가요?
A 아닙니다. 스시는 손으로 먹어도 된답니다. 만약 젓가락을 사용한다면 우선 스시를 옆으로 눕히고 생선과 밥을 한꺼번에 집으면 됩니다.

스시야 TOP 4

너무 많은 스시야때문에 결정 장애가 온 여행자들을 위해
홋카이도 대표 스시 맛집을 소개한다.

1 스시 미야가와
すし宮川   #삿포로 #미슐랭 #오마카세

2018년 미슐랭 3스타를 받아 큰 주목을 받은 곳이다. 삿포로의 조용한 동네인 마루야마 공원 근처에 자리한 곳으로, 한정된 손님을 받으며 최선의 맛과 서비스를 추구한다. 유명 셰프들도 인정하는 1인 28000¥의 오마카세를 선보이고 있으며 예약은 필수다. 하지만 매달 1일에만 전화로 그 달의 예약을 받고 있어 예약이 너무 어렵다.

ⓘ P.173 Ⓜ P.131D

2 하타스시
八田壽司   #오타루 #오마카세 #한국인맛집

1명의 셰프가 운영하는 작은 가게이지만 특히 우리나라 여행자들에게 인기가 높은 맛집. 신선한 재료를 사용한 스시와 바지락 된장국, 말차가 나온다. 예약은 필수로 전화나 직접 방문해 원하는 시간을 예약해두자. 식사 시간이 아니라면 간혹 운 좋게 예약 없이 식사할 수도 있다. 간단한 영어도 가능하고 재료를 우리말로 소개해 주는 것도 장점이다.

ⓘ P.191 Ⓜ P.182

3 회전 스시 네무로 하나마루
回転寿司 根室花まる   #삿포로 #회전스시 #가성비

삿포로에 3곳의 지점이 있는 인기 회전 초밥집. 그중에서도 스텔라 플레이스 백화점 6층 지점이 접근성이 좋아 특히 붐빈다. 언제나 긴 대기 줄이 있으니 도착하면 바로 입구에서 번호표부터 뽑고 기다릴 것. 삿포로 역에서 멀지 않은 미레도점은 대기가 조금 짧은 편이니 이곳으로 가도 좋다. 원하는 것을 골라 번호를 종이에 적어 주면 된다.

ⓘ P.150 Ⓜ P.136B

4 도리통
回転寿しトリトン   #삿포로 #회전스시 #가심비

저렴하고 맛 좋은 회전 초밥으로 여러 지점이 있다. 자리마다 태블릿이 있는데 한국어 주문도 가능해 편리하다. 다른 유명 회전 초밥집들에 비해 가격도 저렴하지만 맛도 좋아, 오픈 전부터 긴 대기 줄이 있는 경우가 대부분이다. 인기 메뉴를 한 접시에 모아 놓은 세트나 제철 특선 메뉴를 특히 주목해보자.

ⓘ P.173 Ⓜ P.131A

제철 생선 캘린더

봄에는 가리비, 여름에는 성게 알, 가을에는 꽁치, 겨울에는 방어!
생각만 해도 입맛 도는 제철 재료를 알아두면 더 완벽한 스시를 먹을 수 있다.

| 1월 Jan | 2월 Feb | 3월 Mar | 4월 Apr | 5월 May | 6월 Jun | 7월 Jul | 8월 Aug | 9월 Sep | 10월 Oct | 11월 Nov | 12월 Dec |

- 1~12월 **오토로**(大トロ 참치 뱃살) **기모후리**(きもふり 참치 뱃살 중심부) **호타테**(ホタテ 가리비)
- 2~10월 **아나고**(あなご 붕장어)
- 2~5월 **가즈노코**(数の子 청어 알)
- 11~4월 **다이**(たい 도미)
- 4~6월 **사몬**(サーモン 연어)
- 6~8월 **우니**(うに 성게 알)
- 10~7월 **아와비**(あわび 전복)
- 8~10월 **산마**(サンマ 꽁치)
- 8~11월 **고이카**(甲いか 갑오징어)
- 10~11월 **이쿠라**(イクラ 연어 알)
- 10~3월 **히라메**(ひらめ 광어)
- 10~4월 **아카가이**(赤貝 피조개) **사요리**(さより 학꽁치) **아마에비**(甘えび 단새우)
- 10~5월 **사바**(さば 고등어)
- 12~1월 **부리**(ぶり 방어)
- 12~2월 **고하다**(こはだ 전어)

스시 용어 모음

가니 カニ 게
가즈노코 数の子 청어 알
긴메다이 金目鯛 도미
다마고 玉子 달걀
도비코 とびこ 날치
마구로 鮪 참치
마다이 真鯛 참돔
부리 ぶり 방어

사몬 サーモン 연어
산마 サンマ 꽁치
시메사바 しめ鯖 식촛물에 절인 고등어
아나고 アナゴ 붕장어
아와비 アワビ 전복
에비 えび 새우
우나기 うなぎ 장어
우니 うに 성게 알

이카 イカ 오징어
이쿠라 いくら 소금물에 절인 연어 알
호타테 ホタテ 가리비
히라메 ひらめ 광어
가리 がり 반찬으로 나오는 생강 절임
네타 ネタ 초밥 위에 얹는 재료
샤리 シャリ 식촛물을 섞은 밥

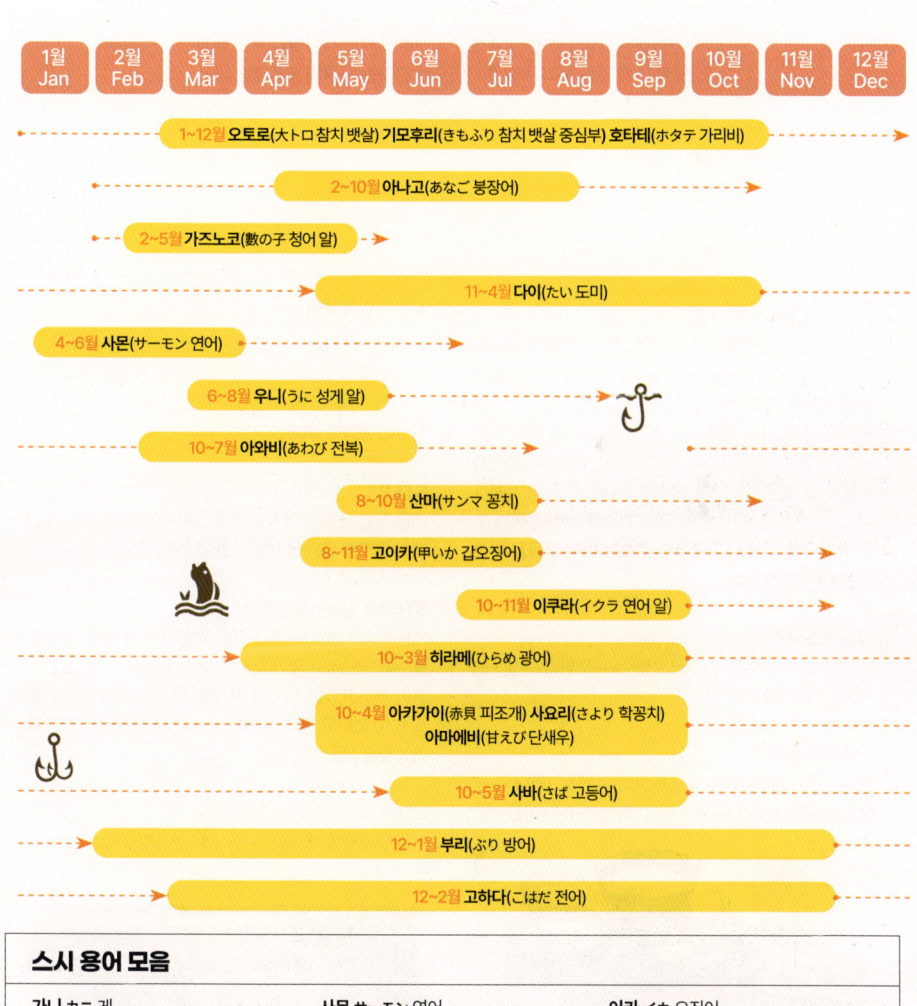

홋카이도의 최고 별미
게 요리

홋카이도를 여행한다면 게 요리는 꼭 맛보아야 한다.
북쪽 바다의 풍부한 플랑크톤과 해조류 덕분에 영양분이 응축되어 있고,
수온이 낮은 곳에서 자라 게살은 단단하면서도 살살 녹는 단맛을 띠게 된다.
게 어획량이 다른 지역보다 월등하기 때문에 가격이 저렴한 것도 장점.
오로지 게 맛을 보기 위해 홋카이도에 간다는 사람이 있을 정도다.

[+ PLUS]

코스 요리 먹기
게 요리 중 특별히 좋아하는 것이 없다면 조금 비싸더라도 코스 요리를 주문해서 먹어보자. 싱싱한 왕게와 털게 등을 이용해 여러 조리법으로 만든 다양한 요리를 한 번에 맛볼 수 있다는 것이 최고 장점. 제대로 된 코스 요리는 대략 8000¥ 내외부터 시작하지만, 오후 3시경까지 주문할 수 있는 점심 코스 요리를 선택하면 좀 더 저렴하다. 코스 요리에 제공하는 요리는 가격에 따라 종류가 모두 다르지만, 평균적인 가격의 코스는 대략 다음을 기본으로 하니 참고할 것.

점심 코스 요리
쓰키다시→대게 요리→달걀찜→새우튀김→밥+쓰케모노+맑은 국

저녁 코스 요리
쓰키다시→게살+두부→대게 요리→게살그라탱→게살 딤섬→대게튀김→왕게 김초밥+맑은 국→과일+차

직접 구입해서 먹기
너무 가격이 비싸다 싶을 때는 직접 수산 시장에서 구입한 뒤 숙소에서 조리해 먹는 방법도 있다. 찜통에 넣어 찌거나 전골, 샤부샤부로 먹는 것이 최고! 아래의 몇 가지 팁을 참고해 열심히 골라보자!

STEP 1 들어보자!
게를 직접 들었을 때 묵직하게 느껴져야 한다. 간혹 게 안에 스펀지를 넣은 불량품도 있으니 주의할 것.

STEP 2 껍데기를 살펴보자!
게는 껍데기에 따개비나 검은 알맹이 등이 많이 붙어 있을수록 단단하고 약간 더러운 듯 보일수록 더 맛있다. 껍질이 깨끗한 것은 탈피한 지 얼마 안 되었다는 뜻으로 별로 맛이 없다고 한다. 털게는 색상이 선명하면서 윤기가 흘러야 좋은 상품이다.

STEP 3 배 부분을 뒤집어보자!
게를 뒤집었을 때, 배 부분이 살짝 분홍빛을 띠는 것이 좋은 것이다.

홋카이도 게의 종류

홋카이도 게는 종류가 다양하고, 각기 다른 맛을 자랑한다.
그중에서도 대표적인 것을 몇 가지 소개해본다.

1 다라바가니
タラバガニ

왕게로 우리가 보통 '킹크랩'이라고 부르는 것. 담백한 맛이 특징으로, 구이로 먹거나 뜨끈한 전골로도 끓여 먹는다.

3~10월 제철

2 즈와이가니
ズワイガニ

대게를 말하는 것으로 바다참게라고도 부른다. 우리나라에서도 맛볼 수 있는데, 단맛이 난다. 가이세키 요리 등에 주로 사용한다.

3~11월 제철

3 게가니
毛ガニ(ケガニ)

몸 전체에 털이 난 게로, 홋카이도의 진미 중 최고로 꼽힌다. 단맛이 강한 것이 특징으로, 굽거나 쪄 먹으면 그 맛을 제대로 즐길 수 있다. 특히 털게 내장 가니미소かに味噌는 최고의 맛이다.

1년 내내 제철

4 하나사키가니
花咲ガニ(ハナサキガニ)

홋카이도 최동단 네무로 해협에서만 잡히는 희귀한 게. 게 표면 전체에 오톨도톨한 돌기가 있는데, 담백하고 진한 맛이 최고. 어획량이 적어 가격도 비싼 편이다.

7~9월 제철

추운 날이면 더 생각나는
라멘

춥기로 유명한 겨울 홋카이도에서 라멘은 몸을 따뜻하게 녹여주는 일등 공신이다.
진한 국물과 쫄깃한 면발, 먹음직스러운 고명을 얹은 홋카이도의 라멘을 뚝딱!
한 그릇 비우고 힘내서 부지런히 구경 다니자.

라멘의 시작

한때 일본은 불교의 영향으로 육식을 금기시했지만, 이후 서양 문물을 받아들이면서 고기를 먹었고, 자연스럽게 중국의 돼지고기와 기름을 이용한 음식 조리법에 많은 관심을 갖게 되었다. 이후 항구도시들에 중국인 거리가 생겼고, 이곳에서 많은 중국인들이 면 요리를 만들어서 팔게 되었다. 이런 모습을 보고 일본인들 역시 면 요리인 라멘을 만들어서 팔았다고 한다.

라멘의 어원

'라멘'의 어원에는 여러 가지 설이 있다. 우선 메이지 시대에 중국인들이 살던 동네의 포장마차에서 면 요리를 팔았는데, 광둥어로는 라오민 ラオミン이라고 불렀고 이것이 바로 라멘이라는 명칭의 기원이 되었다는 것이다. 두 번째 설은 도쿄 아사쿠사의 라이라이켄이라는 가게에서 수타 면을 만들어 팔았는데, 라미엔 拉麵이라고 불렀었다고. 마지막으로는 삿포로의 다케야쇼쿠도 竹家食堂라는 식당이 개업할 당시에 중국 면 요리가 일본이 발음하기 편하게끔 전해졌는데, 이것이 라멘과 비슷한 발음이었다는 것이다.

[+ PLUS]

홋카이도 라멘 TIP

- 라멘 한 그릇으로는 2% 부족하다면? 차슈나 아지다마를 더 추가하거나 주먹밥, 교자 등을 함께 곁들여 먹으며 더욱 든든하다.
- 카드로 결제 가능한 곳이 점점 늘어나고는 있지만, 아직까지 현금만 받는 곳이 많다.
- 주문은 좌석에서 말로 하거나 태블릿 등으로 하는 가게도 있지만, 메뉴 선택 후 결제를 마치고 티켓을 뽑아오는 자동발매기를 이용하는 가게도 많다.
- 유명 맛집이 모여 있는 곳은 삿포로 스스키노 역 근처의 라멘 요코초 ラーメン横丁, 신치토세 공항 국내선 쪽의 라멘 테마 거리 라멘 도조 ラーメン道場이다.

라멘과 잘 어울리는 고명

차슈 チャーシュー
돼지고기를 삶은 뒤 간장 등의 양념으로 조려 얇게 썰어놓은 것. 라멘의 고명 재료로 사용한다.

아지다마 味玉 あじたま
간장을 넣은 양념에 조린 삶은 달걀. 보통 차슈와 함께 라멘 고명으로 올린다.

멘마 メンマ
일본식 죽순 절임으로 국물 요리의 고명으로 많이 사용한다.

네기 ネギ
송송 썰어 얹은 파는 자칫 느끼할 수 있는 라멘 맛을 한방에 깔끔하게 정리해준다.

홋카이도의 라멘

비슷비슷한 라멘에 질렸다면,
홋카이도만의 특별한 라멘을 즐겨보자.

1
미소 라멘
味噌ラーメン

육수에 일본식 된장인 미소를 풀어서 끓인 것. 삿포로가 가장 유명하다.

2
쇼유 라멘
醬油ラーメン

일본인이 사랑하는 라멘 중 하나로 닭 뼈 육수에 일본 간장인 쇼유로 맛을 낸다. 홋카이도에서는 아사히카와 지역이 유명하다.

3
시오 라멘
しおラーメン

채소와 뼈를 넣고 우려낸 육수에 소금으로 간을 해 국물이 맑으면서도 깔끔하다. 시오 라멘의 본고장이 하코다테다.

4
리시리 라멘
利尻ラーメン

새우, 굴, 가리비 등의 신선한 해물을 듬뿍 넣어 끓인 것으로 리시리 섬의 특산품인 참마 다시마까지 올려져 있어 더욱 푸짐하다.

5
구시로 해물 라멘
釧路海鮮ラーメン

해산물이 싱싱하기로 유명한 구시로에서는 생선 소스를 기본으로 조개 라멘, 굴 라멘 등이 유명하니 꼭 맛보자.

6
콘 버터 라멘
コンバートラーメン

홋카이도의 달콤한 옥수수와 고소한 버터 맛이 어우러진 라멘으로 젊은 층에서 특히 인기다.

삿포로의 소울 푸드
수프 카레

수프 카레는 위로가 되는 맛이다. 추울 때, 외로울 때마다 항상 생각나고
한 그릇 먹고 나면 기분이 좋아진다. 그래서 삿포로 사람들은 수프 카레를 소울 푸드로 꼽는다.
삿포로에서 처음 탄생한 음식인 만큼 유명한 수프 카레 전문점이 많으니 꼭 한번 먹어볼 것.
수프 카레를 잊지 못해 삿포로에 또 가고 싶다는 사람들이 꽤 많다.

[+ PLUS]

수프 카레 주문 방법

STEP 1 원하는 수프 카레 종류를 선택한다. 고기는 보통 닭고기와 양고기, 소고기를 많이 사용한다. 물론 해산물을 넣은 수프 카레도 매우 맛있다.

STEP 2 매운맛 단계를 선택할 것. 보통 3~5단계가 있는데, 꽤 매운 맛을 선택해도 괴로울 정도는 아니다.

STEP 3 밥 양도 선택할 수 있다. 수프 카레 양이 꽤 많으니 밥은 넉넉하게 주문할 것. 식당에 따라 그냥 흰쌀밥과 버터를 넣어 지은 밥이 있는데, 칼로리를 무시한다면 버터 밥이 훨씬 더 맛있고 잘 어울린다.

STEP 4 메인 재료 외에 원하는 토핑을 추가할 수 있는데, 각종 채소나 치즈 등 재료에 따라서 100~300¥의 추가 요금이 붙는다.

수프 카레 BEST

같은 수프 카레라도 어떤 재료를 넣었는지에 따라 여러 종류로 나뉜다.
가장 많은 사랑을 받는 수프 카레를 소개하니 주문할 때 참고하자.

1 치킨 수프 카레

닭 뼈, 돼지 뼈 등과 다양한 채소를 함께 넣고 오랜 시간 끓인 국물을 베이스로 한 수프 카레. 브로콜리와 연근, 당근, 가지, 오크라 등 각종 채소와 큰 닭다리가 들어 있어 한 그릇 먹고 나면 푸짐하고 든든하다. 닭 다리는 오랫동안 잘 삶아 야들야들한 식감이 정말 일품이다.

2 포크밸리 or 함박 수프 카레

돼지고기 뱃살 부분을 두껍게 잘라 넣거나 도톰한 함박스테이크를 메인 재료로 여러 채소를 곁들여 나오는 수프 카레. 돼지고기는 닭고기와 더불어 수프 카레에서 가장 인기 높은 재료기도 하다. 국물 맛이 잘 배어있는 부드러운 고기가 입맛을 돋운다.

3 채소 수프 카레

맛있기로 유명한 홋카이도의 여러 채소들을 넣고 만든 수프 카레로 꼭 채식주의자가 아니더라도 정말 맛있게 먹을 수 있다. 식당마다 제철 채소 12~20가지 정도를 이용해 만드는데 감자, 단호박, 가지, 브로콜리 등 본연의 맛과 아삭한 식감 등이 정말 일품이다.

4 해산물 수프 카레

새우, 조개, 오징어 등 싱싱한 해산물을 넣어 끓인 해산물 수프 카레는 국물 맛이 개운하고 시원해 해장용으로 딱이다. 추운 날, 뜨뜻한 것이 당긴다면 해산물 수프 카레가 정답!

너무 맛있고 고소한 '인생' 아이스크림
소프트아이스크림

홋카이도 소프트아이스크림은 우리가 예상하는 것과는 차원이 다른 맛이다. 홋카이도에는 목초지가 많아 젖소를 방목해서 키우며, 이런 환경에서 생산한 고품질 우유로 만들기 때문이다. 이외에도 홋카이도 특산품인 멜론, 라벤더, 미역, 오징어 먹물 등으로 만든 아이스크림도 맛볼 수 있다.

1 후라노 '라벤더 소프트아이스크림'

후라노의 아름다운 라벤더밭을 소프트아이스크림으로 느낄 수 있다. 라벤더 진액을 넣어 만든 소프트아이스크림은 은은한 연보라 빛깔로 눈길을 사로잡고, 먹는 내내 라벤더 향기까지 느낄 수 있다. ⓘ P.250 Ⓜ P.246

2 후라노 '치즈 공방'

후라노의 치즈 공방 안에 있는 아이스크림 공방에서 맛 좋은 젤라토를 맛볼 수 있다. 우유 맛, 치즈 맛이 칼로리도 낮고 깔끔하다. ⓘ P.251 Ⓜ P.246

3 하코다테 '오징어 먹물 소프트아이스크림'

이지역 특산물인 오징어 먹물로 소프트아이스크림을 만들었다. 오징어 먹물 향이 강하게 나는 것은 아니니 부담 없이 시도해 보기에도 좋다. ⓘ P.279 Ⓜ P.277

4 신치토세 국제공항 '키노토야 우유 아이스크림'

공항 국내선 터미널 쪽에 있는 키토노야 매장에는 언제나 긴 줄이 늘어서 있다. 바움쿠헨과 베이크드 치즈 타르트가 유명하지만 부드럽고 진한 우유 소프트 아이스크림도 맛보자. 양이 많아 1개만 주문해 둘이 먹어도 좋을 정도. Ⓜ P.130D

| 5 | 마슈 호수 '안개 아이스크림' |

안개를 테마로 만들어 다른 아이스크림에 비해 빠른 속도로 스르르 녹아버리는 게 특징이다. 약간 셔벗 느낌도 나며 옅은 하늘색이다. 인기에 비해 맛은 호불호가 갈리는 편이다.
ⓘ P.313 Ⓜ P.308

| 6 | 아바시리 '빙하 아이스크림' |

아이스크림 위에 블루 소금을 뿌려주어 보기에도 예쁜 데다, 언제나 진리인 단짠단짠 맛이다. 아바시리의 덴토 산(오호츠크 유빙관)에서만 판매한다. ⓘ P.321 Ⓜ P.318

| 7 | 유바리 & 홋카이도 전역 '멜론 아이스크림' |

홋카이도 특산품인 유바리 멜론을 넣은 소프트아이스크림으로 진한 주황색을 띠는 경우가 많다. 싱싱한 멜론 위에 아이스크림을 얹어주기도 한다.

| 8 | 삿포로 '삿포로 농학교 아이스크림' |

JR삿포로 역의 홋카이도 시키 마르셰 안에는 다양한 특산품들이 모여 있지만 그중에서도 삿포로 농학교의 소프트 아이스크림은 꼭 맛봐야 한다. 더불어 홋카이도산 버터크림과 토카치산 팥앙금이 들어있는 삿포로 농학교 쿠키샌드 앙버터도 곁들여보자. ⓘ P.152 Ⓜ P.136B

[+ PLUS]

편의점 아이스크림도 추천!
홋카이도의 대표 편의점인 세이코 마트에서는 빵빠레 같은 자체 브랜드 우유 아이스크림을 판매한다. 소프트 아이스크림처럼 부드러운 맛은 아니지만 우유의 풍부한 맛이 일품이다. 더불어 홋카이도 멜론을 사용한 멜론 아이스크림도 인기이다.

피곤하고 나른할 땐
스위츠

먹거리가 다양한 홋카이도에서 놓칠 수 없는 것이 바로 달달한 스위츠이다.
예쁜 모양에 감탄하다 한 입 맛보는 순간의 그 행복감이란…
지금 홋카이도에 와있다는 것이 얼마나 행운인지 새삼스럽게 느낄 것이다.

1 더블 프로마주
ドゥーブル フロマージュ

고소하고 신선한 홋카이도 생크림, 이탈리아산 마스카포네 치즈와 호주산 크림치즈로 만든 더블 프로마주 치즈 케이크는 홋카이도 최고의 디저트이다. 르타오의 생초콜릿인 Royal Montagne도 기억해두자. 2160¥
ⓘ P.193 ⓜ P.183

2 마루세이 버터 샌드
マルセイバターサンド

연 매출 200억¥이 넘는다는 홋카이도 디저트 브랜드 롯카테이 六花亭의 최고 인기 상품. 쿠키 사이에 버터와 화이트 초콜릿, 그리고 건포도가 들어 있다. 달콤하고 촉촉한 과자가 입안에서 살살 녹는다. 580¥~
ⓘ P.193 ⓜ P.183

3 스트로베리 초콜릿 화이트
ストロベリーチョコホワイト

하얀 초콜릿을 한입 베어 물면 상큼한 딸기가 통째로 들어 있다. 감성적인 예쁜 포장지가 인상적인 유키야 콩코 雪やこんこ도 인기인데, 일본 동요를 모티브로 한 과자로 '눈아! 펑펑 내려라'는 뜻이라고. 130g 680¥~
ⓘ P.193 ⓜ P.183

4 산포로쿠
三方六

독일의 바움쿠헨을 모티브로 자작나무 장작 형태로 만든 것으로 1947년에 문을 열어 오랜 역사를 자랑하는 스위츠 브랜드 류게츠 柳月의 대표 상품. 홋카이도산 버터와 달걀, 도카치산 밀가루를 이용해 만든 것으로, 고급스러우면서도 촉촉한 맛이 일품이다. ⓘ P.264 ⓜ P.261

5	가이타쿠 오카키
	開拓おかき

일본풍 포장지와 과자로 유명한 스위츠 브랜드인 기타카로 北菓楼의 전통 방식 쌀과자로 고소하고 바삭한 맛이 일품이다. 단 것을 싫어하는 사람에게 좋은 선물이 될 수 있다. 기타카로는 독일식 빵인 바움쿠헨 バウムクーヘン으로도 유명해 매장에서 한 쪽씩 잘라 팔기도 한다. 590¥~

ⓘ P.193 Ⓜ P.183

6	시로이 고이비토
	白い戀人

'하얀 연인'이라는 뜻의 과자로 이시야 제과 石屋製菓의 상품이다. 얇고 바삭한 쿠키 사이로 달콤한 화이트 초콜릿이 들어있는데 우리나라에도 비슷한 것이 있어 친근한 맛이다. 삿포로에는 생산 과정과 흥미로운 여러 전시물을 볼 수 있는 시로이 고이비토 파크 白い恋人パーク도 있다. 12개입 950¥~ ⓘ P.168 Ⓜ P.130A

7	치즈 오믈렛
	チーズオムレット

치즈 케이크와 비슷한 느낌인 치즈 오믈렛은 하코다테를 대표하는 디저트 카페 스내플스 Snaffle's의 최고 인기 상품. 오믈렛과 비슷한 느낌의 수플레 타입의 케이크로 입에 넣으면 진한 치즈 맛이 퍼지면서 살살 녹아 없어진다. 밀크 크레이프 ミルクレープ도 인기! 399¥~ ⓘ P.280 Ⓜ P.277

8	로이스 생초콜릿 ROYCE
	生チョコレート

부드럽고 살살 녹은 맛이 일품인 생초콜릿으로 유명한 로이스! 일본 여행 기념품으로 꼭 하나씩 사 오게 되는 아이템이다. 종류도 셀 수 없이 다양하니 취향에 따라 선택해보자. 로이스 초콜릿으로 덮인 웨하스 チョコレートウエハース도 인기다. 생초콜릿 860¥~ ⓘ P.175 Ⓜ P.130D

9	치즈타르트
	KINOTOYA チーズタルト

고소하면서도 달콤한 맛이 일품인 키노토야 치즈타르트는 신치토세 공항의 최고 인기 상품 중 하나다. 3가지 치즈를 넣어 만든 치즈타르트는 부드러우면서도 진한 맛을 갖고 있다. 같은 회사 상품인 삿포로 농학교 쿠키도 인기다. 399¥~ Ⓜ P.130D

10	스위트 포테이토
	スイーツポテト

오비히로의 인기 스위츠 맛집인 크랑베리의 대표 상품인 스위트 포테이토는 잘 익은 군고구마 모양이다. 고구마를 으깬 다음 고구마 껍질에 담아 구워내 너무 달지 않으면서도 부드러워 많이 먹어도 부담스럽지 않다. 100g 270¥~

ⓘ P.264 Ⓜ P.261

입에서 살살 녹는 명물 도시락
홋카이도 에키벤

기차를 타면서 먹으면 가장 맛있는 음식은 무엇일까? 우리에게는 레트로 느낌 가득인 삶은 달걀과 톡 쏘는 사이다가 있다면 일본인들에게는 에키벤이 있다.
일본은 철도가 발달한 나라인 만큼 에키벤 종류가 다양한데, 이것을 맛보기 위해 작정하고 철도 여행을 하는 사람들이 있을 정도니 그들의 에키벤 사랑을 짐작해볼 수 있다.
골라 먹는 재미가 있는 홋카이도 에키벤의 세계로 떠나보자.

에키벤이란?
에키벤은 '일본의 기차역에서 파는 도시락'이다. '에키'는 '역'이고, 벤토는 '도시락'이라는 뜻으로 '에키우리벤토 駅売り弁당'의 줄임말이다. 일본은 국토 길이가 3000km에 달하는 만큼 기차가 발달해 기차로 어디든지 갈 수 있다. 일본 사람들은 각 지역 특산물로 만든 맛있는 에키벤을 하나씩 사 들고 기차를 탄다. 출장길에도, 여행길에도 에키벤 하나면 든든하게 여행을 즐길 수 있다. 달리는 기차 안에서 창밖으로 펼쳐지는 풍경을 바라보며 맛보는 에키벤은 생각만 해도 즐겁다.

해마다 열리는 에키벤 대회
매년 도쿄의 게이오 백화점에서는 에키벤 대회를 개최한다. 일본 전역의 에키벤만 약 3000개로 이 대회에 나오는 에키벤은 그 자리에서 순식간에 팔린다. 각 지역마다 특산물을 이용해 한정 도시락을 만드는데, 대회에서 40회 이상 1위를 차지한 것이 바로 홋카이도의 오징어 순대 도시락이다. 이외에도 다양한 에키벤이 많은 사람들의 사랑을 받고 있다.

만화 《에키벤》
일본의 요리 만화는 재미도 있지만 저절로 유식해지는 지식서이기도 하다. 큰 단점이라면 만화를 보는 내내 배가 너무나도 고프다는 것. 만화 《에키벤 駅弁ひとり旅》은 도쿄에서 도시락 집을 운영하던 남자 주인공 나카하라 다이스케가 기차를 타고 에키벤을 사 먹으면서 일본 전역을 여행하는 것이 줄거리다. 섬세하게 그린 에키벤과 재료에 대한 설명, 맛에 대한 묘사가 흥미롭다.

+ PLUS

Q 어디에서 살 수 있나요?
A 일본의 각 기차역에 에키벤 전문점이 있어요. 또는 역내 편의점에서도 구입할 수 있고요. 기차 안에서 파는 경우는 아주 드물고, 간단한 것만 팝니다. 제대로 된 에키벤을 맛보고 싶다면 꼭 역내 전문점에서 구입해야 해요.

Q 똑같은 에키벤을 여러 역에서 파나요?
A 아니요. 에키벤은 각 지역마다 특산물을 이용해 한정판으로 출시하기 때문에 똑같은 종류를 다른 역에서 구입할 수 없어요. 그러니 눈에 띄는 것이 있다면 그때그때 꼭 사서 맛보세요.

Q 기차 안에서 에키벤을 먹어도 되나요?
A 심한 냄새가 나는 에키벤이 아니면 기차 안에서 먹어도 됩니다.

Q 에키벤은 신선한가요?
A 에키벤은 유통기한이 매우 짧아요. 그날 만들어서 모두 팔지 않으면 버리는 게 원칙이니 안심하고 맛보세요.

Q 에키벤에 관련된 특별한 기념품이 있나요?
A 간혹 재활용이 가능한 도시락 통을 사용하는 곳도 있어요. 다 먹고 나서 깨끗하게 설거지하면 이만한 기념품이 없겠죠?

홋카이도 유명 에키벤 BEST

하코다테 역

1 성게 연어 알 도시락 うにいくら弁当

홋카이도산 쌀에 성게 국물을 더해 밥을 짓고, 그 위에 성게 알과 연어 알을 듬뿍 얹은 것이다.

하코다테 역

2 오징어순대 도시락 イカ飯

에키벤 대회에서 40회 이상 1위를 차지한 것으로, 오징어 몸통에 멥쌀과 찹쌀을 넣고 소스를 발라 구운 것. 우리의 오징어순대와 비슷하다.

오타루 역

3 바다의 반짝임 海の輝き

해산물을 듬뿍 올린 도시락으로, 빙어 알 위에 간장에 절인 연어 알과 성게 알을 얹은 것. 그 야말로 홋카이도다운 만찬이다.

하코다테 역

4 청어 토막 도시락 鰊みがき弁当

밥 위에 조린 청어와 청어 알을 올린 것으로 간단하지만 언제 먹어도 맛있는 도시락이다. 특히 청어 알의 씹히는 맛이 색다르다.

* 메뉴는 시기에 따라 변동될 수 있음.

| 5 | 돼지고기 덮밥 부타동 도시락 豚どん |

보기만 해도 푸짐해서 미소가 지어지는 도시락. 오히비로의 명물인 돼지고기 덮밥을 도시락으로 만든 것이다.

오비히로 역

구시로 역

| 6 | 소라게 초밥 たらば寿し |

구시로에서 잡은 소라게를 삶아서 얹은 것으로, 연어 알과 함께 먹으면 푸짐하고 맛도 좋다.

구시로 역

| 7 | 정어리 쌈 초밥 いわしのほつかぶり寿司 |

비린 맛을 잡아주는 식초에 절인 무로 감싼 정어리 초밥. 기름지고 고소한 생선 맛과 더욱 어우러져 감칠맛이 살아난다.

마슈 역

| 8 | 마슈의 돼지고기 덮밥 摩周の豚丼 |

숯불에 구운 돼지고기를 얹은 것으로, 양도 푸짐하고 맛도 좋아서 인기 만점.

| 10 | 세 가지 게 맛 도시락 かに三種味くらべ弁当 |

바다참게와 털게, 그리고 소라게 등 세 가지 게살을 푸짐하게 올린 도시락.

| 9 | 홋카이도 밋 기행 えぞ賞味 |

삿포로의 해산물 덮밥 도시락. 'えぞ'는 홋카이도의 옛 이름이다. 초밥 위에 성게와 연어 알, 청어 초절임 등 여러 가지 해산물을 얹어 다양한 맛을 즐길 수 있다.

| 12 | 후라노 항정살 덮밥 ふらのとんとろ丼 |

돼지고기 목살인 항정살을 얹은 것으로, 반숙 달걀과 함께 먹으면 든든하다.

| 11 | 왓카나이 게 도시락 わっかないかに弁当 |

먹기 좋게 껍질을 벗긴 게 다리 살과 큰 홍합, 연어 알 등을 올린 도시락이다.

깨끗하고 아름다운 홋카이도의 정취
술

공기 맑고 물 좋은 홋카이도에 왔다면
향기로운 술 한잔을 기울이며 여행의 감성에 푹 빠져보자.
함께 하는 사람들과 나누는 좋은 술 한잔은 평생 두고두고 기억날 소중한 추억이 될 것이다.

1 맥주
ビール

꼭 알아야 할 단어 '지비루'

일본은 1869년부터 맥주를 만들어온 아시아의 맥주 강국으로, 메이지 유신 당시 독일과 네덜란드 등의 양조 기술을 받아들이며 시작되었다. 맥주의 원료인 홉을 생산하기에 좋은 자연환경인 만큼 맥주 생산량도, 그에 비례한 일본인들의 맥주 사랑도 대단하다. 특히 우리가 일본을 여행할 때 알아두면 좋은 단어가 있다면, 그것은 바로 '지비루 地ビール(일본의 지역 맥주)'다. 우리나라 지역마다 대표적인 술이 있듯 일본에도 지역마다 생산하는 맥주가 있다. 일본에 지비루를 생산하는 소규모 맥주 회사가 약 100곳 있다고. 홋카이도 각 지역을 여행할 때마다 지비루를 찾아서 마시는 것도 여행길의 즐거운 추억이다. 대표적인 것으로는 삿포로 최초의 맥주인 '가이타쿠시 지비루 かいたくし地ビール'와 아사히카와의 '다이세쓰지 비루 大雪地ビール', 하코다테의 '사장도 자주 마시는 맥주 社長のよく飲むビール' 등이 있다. 그 밖에도 오타루, 아바시리, 이시카리 등에서 생산하는 지비루도 인기다.

놓칠 수 없는 한정판 맥주

일본에는 각종 아이템마다 '한정판'이 많다. 맥주에도 한정판이 있으니 기억해두었다가 눈에 띄면 바로 맛볼 것. 특히 '삿포로 클래식 Sapporo Classic'을 눈여겨보자. 1985년에 출시해 홋카이도에서만 팔기 때문에 최고의 한정판 맥주 자리를 지키고 있다. 홋카이도 여행 기념품으로 삿포로 클래식 캔 맥주는 최고의 아이템이기도 하다. 이외에도 '삿포로 도산소자이 셀렉트 サッポロ 道産素材' 역시 홋카이도 한정판이다. 후라노에서 생산한 홉을 원료로 한 것인데, 이것은 맥주가 아닌 발포주로, 쓴맛이 조금 덜한 편이다.

+ PLUS

일본의 인기 맥주
- **아사히 슈퍼드라이 나마죠키캔** Asahi SUPER DRY 生ジョッキ缶 : 기존 슈퍼드라이에 생맥주의 맛을 더함
- **아사히 슈퍼드라이** Asahi SUPER DRY : 아사히의 효자 상품, 전통의 강호
- **산토리 프리미엄 몰츠** SANTORY THE PREMIUM MALTS : 산토리의 프리미엄 맥주 브랜드
- **기린 라거** KIRIN LAGER BEER : 오랫동안 사랑받는 인기 맥주
- **기린 이치방 시보리** KIRIN BEER一番搾り : 처음 발효한 맥아만을 사용한 깔끔한 맛
- **삿포로 나마비루 블랙 라벨** SAPPORO 生ビル黒ラベル : 삿포로 대표 맥주 중 하나
- **삿포로 에비스 맥주** Premium YEBISU : 철저한 독일식 제조법을 지키는 프리미엄 맥주

+ PLUS

일본의 인기 위스키

1. **블랙 니카 클리어 위스키** BLACK NIKKA Clear : 은은한 단맛, 상쾌, 부드러운 식감
2. **산토리 위스키 가쿠빈** SUNTORY Whisky 角瓶 : 달콤한 향기, 하이볼 만들 때 최고 인기
3. **히비키 재패니즈 하모니** HIBIKI SUNTORY WISHKY JAPANESE HARMONY : 산토리의 프리미엄 블렌디드 위스키
4. **야마자키 12년산** THE YAMAZAKI 山崎 : 꽃향, 사과향 등 풍미 가득 위스키
5. **하쿠슈 12년산** THE HAKUSHU 白州 : 산토리 대표 싱글몰트 위스키

2	위스키
	ワイン

일본 위스키의 시작

일본 술로는 맥주와 사케가 유명하지만 위스키 역시 빼놓을 수 없는 대표적인 주류다. 스코틀랜드에서 위스키를 공부한 다케쓰루 마사타카는 산토리의 창립자 도리이 신지로를 만나 1929년에 일본에서 처음으로 위스키를 만들게 되었다. 이것이 바로 '산토리 시로후다'이다. 하지만 두 사람은 서로 위스키에 대한 생각이 달랐고, 결국 다케쓰루 마사타카는 스코틀랜드와 환경이 가장 비슷한 홋카이도의 시골 마을, 요이치로 옮겨 와 '닛카 위스키'를 탄생시켰다. 그래서인지 일본 위스키는 스코틀랜드에서 만들어지는 스카치 위스키와 많이 비슷하다. 이후 1989년에 스코틀랜드에 뒤지지 않는다고 평가받는 싱글몰트 위스키를 세상에 선보이게 되었다. 이 드라마틱한 스토리는 NHK에서 일일 드라마로 제작된 후 방영되어 큰 인기를 끌었고, 더불어 위스키의 인기가 급격히 올라가는 계기가 되었다.

몰트, 그레인, 싱글 몰트, 블렌디드?

몰트 위스키는 100% 보리 맥아만을 사용해 증류한 위스키이다. 그레인 위스키는 보리에 옥수수, 호밀 등 다른 곡물을 첨가하여 증류한 것이다. 블렌디드 위스키는 몰트와 그레인을 적절한 비율로 블렌딩한 위스키인데, 로얄살루트·조니 워커·발렌타인 등 유명 위스키가 이에 속한다. 최근 인기가 많은 싱글 몰트 위스키는 딘일 증류소의 원액으로만 만들어진 몰트 위스키로, 지역에 따라 스타일이 다양하다.

일본의 하이볼

일본 위스키 시장의 발전에는 하이볼의 역할이 컸다. 보통 위스키라고 하면 중년 이상 남성들의 전유물이라는 이미지가 강했다. 하지만 산토리에서 처음으로 위스키에 탄산수와 얼음 등을 섞은 칵테일을 선보이면서 젊은이들에게까지 위스키 소비가 확대되어 일본 위스키 시장은 물론이고, 주류 시장 자체가 성장세로 돌아섰다고 한다. 일본 드라마 <심야식당>에서도 마스터가 닭튀김인 가라아게를 주문한 젊은 여성 손님에게 위스키에 소다수를 섞은 하이볼을 권하는 장면이 나오기도 한다.

대표적인 일본 위스키

많은 것들 중에서 대표적인 것은 일본 산토리에서 만든 히비키 響와 야마자키 山崎, 하쿠슈 白州, 그리고 닛카의 요이치, 다케쓰루 竹鶴 등을 꼽을 수 있다. 만약 여행길에 위스키 선물을 사 오고 싶다면 이 중에서 고르면 후회는 없을 것이다.

3 사케
さけ

사케의 다양한 종류와 맛

사케 さけ는 일본의 대표적인 술이다. 쌀을 누룩으로 발효시킨 뒤 맑은 부분만 걸러낸 것으로, 본래 일본에서 사케는 술을 총칭하는 단어였다. 우리에게는 '정종 正宗'이라고도 알려져 있는데, 사실 이것은 사케 브랜드 중 하나일 뿐이다. 일본 사케의 종류는 셀 수 없이 다양하고 가격대도 저렴한 것부터 수백만 원대인 것까지 있을 정도다. 사케의 종류를 크게 두 가지로 나눈다면 쌀과 누룩으로 만든 사케인 준마이 純米와 나머지 것들로 나눌 수 있다. 여기에서 나머지 것들이란 양조 알코올이 들어간 것을 말한다. 양조 알코올이 들어간 것보다는 준마이가 더 고급스러운 것은 당연하다. 사케에도 등급이 있는데, 간단히 요약하자면 도정을 많이 한 쌀로 만든 것이 더 비싸고 고급스럽다. 정미율이 낮을수록 도정을 많이 했다고 보면 된다. 쌀을 많이 깎아냈기 때문에 이것으로 만든 사케가 더 깨끗하고 순수한 맛이 나는 것이다. 아래 표를 참고하면 결론은 준마이 다이긴조 純米大吟醸가 순쌀로 만든 최고의 사케라는 뜻! 이외에도 주조기술 등에 의해 사케는 여러 종류로 다시 나뉘기도 한다.

사케 등급 정미율

등급	정미율
다이긴조	50% 이하
긴조	50~60%
혼조조	60~70%
일반주	70% 미만

{ + PLUS }

홋카이도의 인기 사케

1. **치토세쓰루 千歳鶴** : 1872년에 창업한 니폰세이슈 K.K. 양조장의 술로, 홋카이도 전역에 8개의 양조장이 있으며 삿포로 주변의 유일한 양조장이다.

2. **기타노호마레 北の誉** : 오타루의 사케. 1901년에 창업한 양조장의 술로, 이곳 생산량의 65%가 준마이이며 자체 효모를 개발하기도 했다.

3. **기타노니시키 北の錦** : 1878년에 창업해 홋카이도에서 가장 오래된 양조장의 사케. 드라마의 배경으로도 종종 나오는 아름다운 적벽돌 양조장 건물로도 유명하다.

4. **고쿠시무소 国士無双** : 1975년에 탄생한 사케. 1890년에 창업한 이 양조장은 1926년에 열린 전국 사케 열전에서 금메달을 딴 최초의 홋카이도 양조장이기도 하다.

5. **구니마레 国稀** : 구니마레 양조장은 북서쪽에 있는 어촌에서 낚시꾼을 대상으로 술을 판매하다가 1882년에 창업했다. 일본 최북단의 사케 양조장이기도 하다.

6. **오토코야마(홋카이도) 男山(北海道)** : 아사히카와 지역의 유명 사케로, 같은 이름의 다른 사케와 구별하기 위해 뒤에 '北海道'를 표기한다. 사케에 사용하는 물은 다이세쓰 산의 하층토에서 뽑아내며 전통 기술로 제조한다.

이자카야 안주 BEST

홋카이도에서는 해산물과 채소 등을 즉석에서 손질해 구워주는 로바타야키 ろばたやき가 필수 코스다. 아래 안주에 어떤 술을 주문해야 할지 모르겠다면 물어보자. 가장 잘 어울리는 술을 추천해줄 것이다.

1 생선 등 해산물 구이

원하는 생선 등의 해산물을 가리키면 손님이 보는 앞에서 바로 구워준다.

2 모둠 사시미 刺身盛り合わせ

홋카이도에서 사시미는 기본 중 기본.

3 오징어회 イカ活造り

활오징어를 국수처럼 가늘게 썰어놓은 것. 오징어가 싱싱해서 단맛까지 느껴질 정도.

4 자가 버터 じゃがバター

뜨끈한 홋카이도산 감자 위에 버터를 얹어 먹는 것으로, 오징어 젓갈을 곁들여 먹으면 굿!

6 라멘 샐러드 ラーメンサラダ

라멘 면에 신선한 채소를 듬뿍 넣고 소스를 얹은 샐러드. 일본 가정에서도 자주 해 먹는 음식이다.

5 닭튀김 ザンギ

홋카이도에서는 '잔키'라 부른다.

7 게 크림 고로케 かにクリームコロッケ

보통 한 접시에 3개 정도 나오는데, 겉은 바삭하고 속은 크림처럼 부드럽고 고소하다.

8 우니기리 うにぎり

성게 알 주먹밥. 보통 김 위에 밥, 우니를 올려 직접 주먹밥으로 만들어서 먹게끔 해놓았다.

SHOPPING

여행의 추억도
함께 가져오는
행복한 쇼핑

홋카이도
BEST SHOPPING 6

보고 먹고 경험하는 홋카이도도 좋지만,
여행을 마무리하고 추억을 담아오려면 역시 쇼핑을 빼놓을 수 없다. 나를 위한 쇼핑은 물론이고
평소 감사하고 사랑하는 가족, 친구들을 위한 맞춤 아이템들을 골라보자.
특히 홋카이도에는 가심비 만점 아이템이 많아 쇼핑 만족도가 매우 높다.

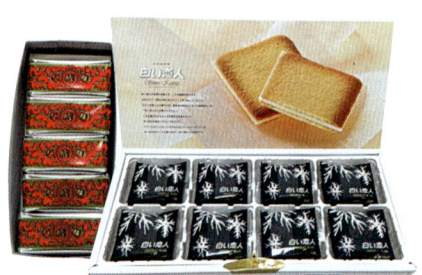

1 홋카이도 스위츠
スイーツ

'과자의 왕국'이라 불리는 홋카이도에서 품질 좋은 재료를 사용해 정성스레 만든 스위츠를 맛보고 구입해보자. 꼭 가져가고 싶은 것만 골라도 벌써 쇼핑 바구니 한 가득이다.

▶ 롯카테이 마루세이 버터 샌드
▶ 시로이 고이비토
▶ 르타오 치즈 케이크

2 주류
お酒

일본에서 구입하면 훨씬 저렴한 위스키와 와인, 우리나라에서는 구입할 수 없는 삿포로 클래식 등을 공략해보자. 다소 무게는 있지만 가져오면 보람찬 품목이다.

▶ 산토리, 닛카 등 일본 위스키
▶ 삿포로 클래식 맥주
▶ 도카치 와인 & 지방 특산품 사케

3 지역 특산품
特産品

청정 지역 홋카이도에서 길러내고 만든 지역 특산품은 평소 식재료나 요리에 관심 많은 사람들에게 선물하면 좋다. 미리 해당 지역의 대표 특산품들을 알아본 후 쇼핑에 나서자.

▶ 비에이 야키토모로코시(구운 옥수수)
▶ 후라노 채소 페이스트
▶ 하코다테 이카메시(오징어 가공식품)

| 4 | **오르골**
オルゴール |

겨울왕국 홋카이도에 잘 어울리는 소품인 오르골은 여행 추억을 담기에 가장 좋은 아이템이다. 오타루 오르골당 본관 등 예쁜 것을 파는 곳이 많다.

▶ 오르골당 증기 시계 오르골
▶ 회전목마 오르골
▶ 마네키네코 등 일본 느낌의 오르골

| 5 | **드러그 스토어**
ドラッグストア |

의약품, 미용제품, 건강 보조 식품, 생활 용품 등도 빼놓을 수 없는 일본 쇼핑 아이템. 이 모든 것을 한자리에서 해결할 수 있는 드러그 스토어에 갈 때는 면세를 위한 여권 지참은 필수!

▶ 아넷사·비오레 선크림
▶ 메구리즘 아이마스크
▶ 샤론 파스, 호빵맨 모기 패치

| 6 | **생활용품**
生活用品 |

살림이나 인테리어 등에 관심있는 사람이라면 실용적이면서도 가격도 합리적인 일본의 생활용품 쇼핑을 추천한다. 시즌별로 나오는 한정 아이템에도 주목해보자.

▶ 로프트, 프랑프랑, 애프터눈 티 리빙, 3COINS

홋카이도 쇼핑 가이드

현금과 카드 모두 준비하자!

우리나라는 카드나 간편결제인 페이 사용자의 천국이지만 홋카이도를 비롯한 일본에서는 사정이 조금 다른 경우가 꽤 있다. 고급 레스토랑이나 호텔, 백화점 등에서는 신용카드를 자유롭게 사용할 수 있지만, 작은 상점이나 식당은 아직 현금만 받는 경우가 의외로 많다. 그러니 항상 지갑 속에 1~2만¥ 정도는 가지고 다니자. 현금이 더 필요할 때 ATM에서 인출 할 수 있는 카드도 필수다. 일본 전역 어디에서나 쉽게 찾을 수 있는 세븐일레븐이나 우체국 ATM에서 한국 발행 카드로 현금을 찾을 수 있다. 요즘에는 ATM 인출 수수료를 면제해주는 외화 선불 충전카드도 많이 늘어나는 추세이다.

카드리스 간편결제, ○○○페이

일본에서도 팬데믹을 기점으로 비대면 결제 수요가 늘어나면서 도쿄, 오사카와 같은 대도시를 중심으로 현금 대신 카드나 간편결제가 가능한 캐시리스 결제가 증가하고 있다. 우리나라에서 사용하는 네이버나 카카오페이로도 일본에서 결제가 가능하다. 페이머니 형식으로 미리 금액을 충전한 후 앱에서 결제 탭을 '해외결제' 등으로 변경해 QR 또는 바코드로 표시된 것을 리더기에 스캔하여 결제하면 된다.
네이버페이와 카카오페이는 일본에서 알리페이플러스 Alipay+ 결제망에서 사용가능하니 우선 알리페이 플러스 가맹점 표시가 있는지 확인해야 한다. 혼동하기 쉬운 알리페이 Alipay 가맹점에서는 다른 결제망이라 사용할 수 없다. 카카오페이는 환전 수수료는 없지만 해외결제 수수료는 부과한다. 우리나라보다 일본에서 더 많이 보편화된 애플페이는 홋카이도에서 사용할 수 있는 교통카드인 SUICA, PASMO 등을 애플페이로 등록해 사용하면 편리하다. 우리나라 티머니처럼 교통카드 뿐 아니라 편의점이나 자판기 등에서도 사용할 수 있다. 애플페이로 일반 결제를 할 경우 페이에 등록된 신용카드로 결제되기 때문에, 일반 해외결제와 같은 수수료가 발생한다.

홋카이도에서도 Tax Free?

돈키호테나 대형 쇼핑몰은 물론이고 드러그 스토어나 편의점에서도 'Tax Free' 표시가 있으면 면세 혜택을 받을 수 있다. 유럽 등과 다른 점은 출국 시 공항에서 환급을 받는 것이 아니라, 해당 매장에서 즉각 받는다는 것! 매장마다 면세 카운터나 서비스 카운터에서 현금으로 돌려받거나 상품 결제 시 환급금을 제외하고 결제를 하는 시스템이다. 소모품의 경우 5500¥ 초과 구매 시, 의류나 가전제품 등은 1만¥ 초과 구매 시 면세를 받을 수 있다. 그래서 쇼핑할 때 여권을 꼭 지참해야 한다. 면세 카운터나 서비스 카운터에 가서 여권과 함께 물건을 보여주면 직원이 상품을 한꺼번에 밀봉한 뒤, 면세 관련 절차를 진행한다. 바로 현금으로 환급 받을 것인지, 또는 결제 카드 계좌로 후에 환급받을 것인지 선택하면 된다. 상점에 따라 면세 절차에 1~2%의 수수료를 제하는 경우도 있다.

[+ PLUS]

면세 혜택을 받고 구입해 밀봉한 상품은 일본 내에서는 개봉해 사용할 수 없다. 만약 당장 사용할 것이라면 면세가 아닌 일반 구입을 해야 한다.

홋카이도 한정품을 공략하자!
특정 지역에서만 구입할 수 있는 물건을 공략하면 만족도가 높아지는 경우가 대부분이다. 예를 들어 우리나라에서는 구입할 수 없는 삿포로 클래식 캔 맥주 등이 대표적인 아이템이다. 또 지역별로 홋카이도산 농산품이나 수산물로 만든 가공식품도 구입할 만한 가치가 높다.

의류 쇼핑도 놓치지 않기!
옷이나 패션 잡화 등의 쇼핑은 삿포로나 아사히카와에서 해결할 것. 기타 소도시에서는 아무래도 패션 관련 쇼핑 인프라는 부족하다. 의류는 우리나라보다 같은 사이즈라도 조금 작다고 생각하면 맞다. 딱 맞게 입으려면 정사이즈를, 조금 넉넉한 것을 원한다면 한 사이즈 큰 것을 선택하자. 혹독한 겨울을 대비한 방한 제품이 다양하다. 특히 눈이 많이 쌓였을 때 미끄러짐을 방지하는 다양한 신발이 잇 아이템! 더불어 털모자나 목도리, 패딩 등도 실용성과 가격은 물론 디자인이 다양하고 예쁜 것이 많다. 미리 겨울 준비를 하는 것도 추천한다.

여행 기간 내내 여권 지참!
여권을 갖고 다니지 않다가 갑자기 면세 범위 이상의 쇼핑을 하게 되면 혜택을 받지 못해 크게 아쉬울 수 있으니 되도록 갖고 다니는 것이 좋다. 참고로 여권 복사본은 사용 불가다.

세일 기간을 공략!
1년에 두 차례 정도 크게 세일을 하는데, 해마다 날짜가 다르긴 하지만 보통 1~2월과 7월 중순~8월경이다. 보통 50% 세일부터 시작해서 시간이 지날수록 크게는 90%까지 할인율이 대폭 커지는 경우도 있으니 이때를 잘 노려볼 것.

포장은 꼼꼼히, 단단히!
홋카이도에서 위스키나 사케 등을 구입할 예정이라면 포장 시 충전재에 신경 쓰자. 백화점 등에서는 충전재를 잘 챙겨 포장해주지만, 대형 슈퍼마켓이나 편의점에서 병제품을 구입하면 깨지기 쉽다. 봉투나 상자에만 넣지 말고 상품 구입 시 충전재를 좀 더 달라고 요청하거나 짐을 꾸릴 때 수건이나 옷 등으로 둘둘 말아서 잘 가져오자.

끝까지 놓칠 수 없는 신치토세 공항 쇼핑

홋카이도 여행을 마친 후 귀국할 때 주로 이용하는 삿포로의 신치토세 공항. 먹거리는 물론 즐길 거리, 쇼핑할 곳도 풍부한 이곳은 단순한 공항이 아니다. 이곳에서 홋카이도의 마지막 쇼핑을 즐겨보자.

1 로이스 초콜릿 월드
Royce' Chocolate World

생초콜릿으로 유명한 로이스의 작은 공장이 이곳에 있다. 유리 벽 너머로 초콜릿이 만들어지는 과정과 예쁜 전시물을 구경한 후 다양한 맛의 생초콜릿을 구입할 수 있다.

📍 3층 국내선-국제선 연결통로(스마일 로드)

2 헬로 키티 해피 플라이트 숍
HELLO KITTY HAPPY FLIGHT SHOP

산리오의 인기 캐릭터 헬로 키티와 다양한 캐릭터를 주제로 한 곳으로 유료존에는 극장과 더불어 세계 일주 포인트와 포토존들이 있다. 숍에서는 홋카이도 한정 기념품을 득템해보자.

📍 3층 국내선-국제선 연결통로(스마일 로드)

3 도라에몽 숍
DORAEMON SHOP

작은 테마파크 와쿠와쿠 스카이 파크와 함께 있는 숍에서는 도라에몽 관련 다양한 상품들을 구입할 수 있다. 도라에몽의 팬이라면 절대 지나칠 수 없는 곳!

📍 3층 국내선-국제선 연결통로(스마일 로드)

4 츠루와 드러그
TSURUHA DRUG

혹시라도 시내 드러그 스토어에서 구입하지 못한 것이 있다면 이곳에서 해결하자. 1만엔 이상 구입하면 할인에 면세까지 받을 수 있다. 시내보다 가격은 조금 비싼 편.

📍 3층 국내선-국제선 연결통로(스마일 로드)

5 키노토야 베이크
KINOTOYA BAKE

갓 구운 치즈 타르트를 구입하기 위해 언제나 긴 줄을 서는 곳으로, 이곳에 들릴 생각이면 공항에 여유롭게 오는 것이 좋다. 풍부하고 진한 맛의 소프트 아이스크림도 명물!

📍 국내선 2층

6 스위츠 쇼핑
Sweets Shopping

홋카이도 대표 스위츠인 르타오의 프로마주 더블, 롯카테이의 마루세이 버터 샌드, 키타카로의 바움쿠헨, 시로이 고이비토, 삿포로 농학교 쿠키 등은 모두 공항에서 구입 가능하다.

📍 국내선 2층, 국제선 출국장 내 면세점

사도 사도 또 사고 싶은
마트 쇼핑

식재료나 생활용품 등에 관심이 많다면 대형마트 쇼핑을 놓칠 수 없다.
여행자들에게 인기 있는 제품 위주로 구성되어 있는 돈키호테 보다
더 다양한 제품을 구매할 수 있는 것이 장점이다.
대형마트 체인인 AEON, COOP 등이 있으니 방문하기 편리한 곳을 찾아보자.

1 버터 & 치즈 バター&チーズ

유제품의 국내 반입은 금지다. 그렇다고 맛있기로 유명한 홋카이도의 버터와 치즈를 놓칠 수 없으니 구입해 현지에서 맛보는 것을 추천한다.

2 컵라면 & 카레우동

부피는 크지만 가져와 귀국 후 맛보면 여행의 추억이 금방 되살아난다. 여러 브랜드 중 UFO 등이 유명하다.

3 고급 수타 소면 揖保乃糸 手延べそうめん

가격은 비싸지만 이보노이토 수타 소면이 특히 인기! 쫄깃하고 쫀득한 면발이 일품이다.

4 후리카케 ふりかけ

밥에 뿌려 먹으면 반찬 걱정 없는 후리카케. 여러 맛이 있지만 김과 계란이 어우러져 있는 노리타마가 특히 인기!

5 즉석 죽 & 카레

홋카이도 명물인 게를 넣은 죽. 닭고기와 채소가 들어간 수프 카레를 즉석으로 즐길 수 있는 1인용 즉석 식품이다.

6 레이즌샌드 & 메이지 초콜릿

럼주 향기가 나는 건포도 크림 버터 샌드와 초콜릿은 부담없이 돌릴 수 있는 가벼운 선물로 좋다.

7 각종 소스

고추냉이(와사비), 유자소스 ゆずペースト きざみゆず, 시치미 七味唐辛子 등은 튜브형이나 작은 용기라 가져오기에도 좋다.

또 다른 쇼핑의 재미
돈키호테

일본 전역에 매장이 있는 돈키호테는 초저가 & 빅 세일을 캐치프레이즈로 내거는 드러그 스토어이다.
화장품이나 약품은 다른 곳들과 비교했을 때 평균 정도 가격이다.
특히 주류가 저렴하니 맥주, 위스키 등을 구입할 계획이 있다면 방문해보자.
특히 삿포로 다누키코지 매장은 규모가 큰 '메가 돈키호테'이기도 하다.

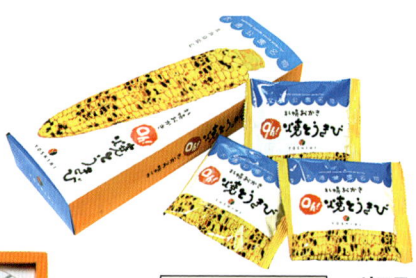

홋카이도 한정 상품

삿포로 오카키 야키도키비
Oh!Yaki-Toukibi
팝콘 느낌 구운 옥수수 과자. 간식으로 술안주로 그만!(10개입 1253¥~)

홋카이도 한정 상품

유바리 멜론 퓨어 젤리
夕張メロピュアンゼリー
최고 품질로 유명한 유바리 멜론이 첨가된 젤리 (3개입 648¥~)

홋카이도 한정 상품

삿포로 농학교 홋카이도 밀크 쿠키
札幌農学校北海道ミルククギ
맛도 좋고 포장도 깔끔(12개 650¥~)

홋카이도 한정 상품

홋카이도 유바리 멜론 카라멜
Hokkaido Yubari Melon Caramel
가벼운 선물로 주기에도 부담 없는 품목(260¥~)

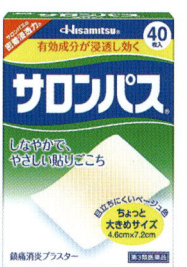

샤론파스 サロンパス
일본의 국민 파스. 파스를 아픈 부위에 붙이면 피부 속 깊이까지 느껴지는 쿨링감이 최고. 즉시 통증이 싹~사라진다.(140매 1200¥~)

캬베진 キャベジン
위장병과 소화에 큰 효과가 있어 엄청나게 팔리는 아이템. 양배추 생약 성분으로, '일본 국민 위장약'으로 통한다.(300정 1848¥~)

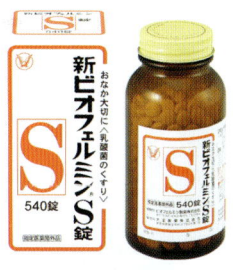

신비오페르민S 유산균
新ビオフェルミンS錠
비피더스균, 페칼리스균, 아시도필루스균 등 서로 역할이 다른 3종류의 유산균을 배합한 일본 국민 유산균 제품(350정 1579¥~)

오타이산 太田胃散
캬베진과 함께 일본 국민 소화제로 꼽히는 의약품. 과식, 소화불량, 속쓰림 등에 즉각 효과를 발휘한다.(32포 1078¥~)

고나이엔 파치 口内炎 パッチ
효과 좋은 구내염 전용 패치. 입안에 붙이는 것으로, 염증을 억제해준다. 구내염 연고보다 훨씬 더 편해 붙이고 있다는 것을 잊어버릴 정도.(10장 1099¥~)

하다라보 고쿠준
肌ラボ極潤 GOKU JYUN
보습케어로 유명한 제품으로 기존 3가지 히알루론산에 히알루론바이옴 성분을 더한 것도 출시되었다. 로션, 스킨, 수분크림, 클린징 오일이 모두 인기(로션 170ml 1378¥~)

호빵맨 모기 패치 ムヒパッチ
모기에 물렸을 때 가려움을 완화하는 제품. 냉장고에 넣어두었다가 시원하게 사용하면 효과가 더 좋다.(76개 918¥~)

페어 아크네
W PAIR ACNE W ペアアクネ
여드름 피부 등 트러블 진정 효과가 뛰어나 인기가 많다. 우리나라 여배우들이 자주 사용한다는 입소문으로 유명해지기도.(24g 1566¥~)

UV 선크림 UV サンスクリーン
1년 내내 필수품인 자외선 차단제도 인기 품목. 아넷사 ANESSA와 비오레 BIORÉ의 것이 특히 유명하다.(60ml 3240¥~)

아파가도 치약
アパガード歯磨き粉
미백 효과가 뛰어나기로 유명한 치약. 스탠더드 타입과 흡연자를 위한 타입, 그리고 충치 예방과 미백에 효능이 있는 타입 등 세 종류가 있다.(980~1600¥)

메구리즘 아이마스크
蒸気でアイマスク
눈의 피로와 긴장감을 풀어주는 안대. 포근하면서도 발열감이 있어 인기가 많다.
(5개 1047¥~)

시세이도 퍼펙트휩
資生堂パーフェクトホイップ
더 이상 설명이 필요없는 인기 절정 클렌징 폼(120g 391¥~)

비오레 사라사라 파우더 시트 휴대용
Bioreさらさらパウダーシート
시트로 땀나는 부위를 닦으면 금세 뽀송뽀송해진다. 시트러스 향과 민트&베리 향, 라임소다&복숭아 향 등 종류도 다양하다.(36장 448¥~)

나가타니엔 오차즈케
永谷園 お茶づけ
특히 나가타니엔 브랜드가 인기(8개, 214¥~)

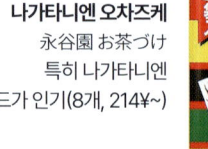

코로로 젤리
コロロゼリー
부드러우면서도 쫀쫀한 식감이 특징인 젤리(149¥~)

타마고니 카케루 오쇼유(계란간장)
たまごにかけるお醤油
계란 비빔밥에 최고!(322¥~)

바몬트·골든·자와 고형 카레
カレー
맵기 정도가 나뉘어져 있으니 원하는 것을 선택!(279¥~)

킷캣 Kit Kat
다양한 맛이 있지만 그중에서도 녹차 맛이 인기(235¥~)

산토리 위스키
Suntory Whisky
하이볼 만들때 최고!
(700ml 2288¥~)

아사히 나마죠키캔 SUPER DRY ASAHI
アサヒ スーパードライ 生ジョッキ缶
슈퍼 드라이에 생맥주의 느낌을 더해
인기(340ml 231¥~)

더 글렌리벳 12년산 싱글몰트
THE GLENLIVET 12
매혹적인 향을 풍기는
인기 위스키(750ml 3680¥~)

삿포로 클래식
SAPPORO CLASSIC
サッポロクラシック
홋카이도 한정 맥주
(350ml 320¥~)

[+ PLUS]

그 밖의 인기상품

프링글스 가리비 버터 간장 소스 맛 감자칩 Pringles Scallop Butter Soy Sauce Flavor : 맛이 없을 수가 없는 조합이지만 호불호가 갈린다. (700¥~)

홋카이도 치즈 오가키 北海道 チーズおかき : 치즈가 첨가된 바삭바삭한 단맛 나는 찹쌀로 만든 과자(95g 638¥~)

홋카이도 밀크 초콜릿 Hokkaido Milk Chocolate : 맛과 품질 좋기로 유명한 홋카이도 우유가 들어간 초콜릿

홋카이도 밀크 카라멜 Hokkaido Milk Caramel : 부드럽고 달콤해 하나씩 먹다보면 어느덧 순삭!(260¥~)

홋카이도 유명 라멘집 봉지 라면 : 여행의 추억을 떠오르게 하는 맛(230¥~)

로이히쓰보코 ロイヒつぼ膏 : 500엔짜리 동전 사이즈라 '동전 파스'라 불리며, 콕콕 쑤시는 손목, 발목, 어깨 등에 많이 붙인다. 단, 피부 화상이나 발진이 발생하는 부작용 논란이 있으니 주의(500~1000¥)

V로토 프리미엄 안약 Vロートプレミアム : 항상 피로한 눈 건강을 도와주는 안약으로 눈병 예방, 자외선 및 광선에 의한 염증, 가려움, 충혈 등에 효과가 있다.(15ml 1198¥~)

사카무케아 サカムケア : 바르는 반창고. 상처에 바른 뒤 건조시키면 끝!(10g 865¥~)

칼로리 미트 カロリーミット Calorie Meet : 다이어트를 도와주는 보조제로, 녹차 추출물인 카테킨을 주원료로 만든 것. 체내 탄수화물과 지방, 당질의 흡수를 줄여준다.(120정 1410¥~)

마유 스킨 크림 馬油スキンクリーム : 일본에는 말의 지방을 추출해서 만든 화장품 종류가 많다. 가격도 저렴하고 끈적이지 않고 흡수도 잘되어 선물용으로도 좋다.(220g 598¥~)

크라시에 마스크 팩 Kracie うるおい浸透マスク(深層美白) : 세안한 뒤 팩을 붙이고 10~15분 정도 후 떼면 된다. 보습력이 뛰어나 남녀를 불문하고 인기가 많다.(5개입 698¥~)

니노큐아 ニノキュア : 닭살 피부에 효과가 좋기로 소문난 크림(30g 1160¥~)

시세이도 뷰러 資生堂 ビューラー : 인형같이 예쁜 속눈썹을 만들려면 꼭 필요한 일등 공신(840¥~)

니베아 복숭아 향 립밤 ニベア フレーバーリップデリシャスドロップピーチの香り : 일본 한정 제품으로, 향도 좋고 용기도 예뻐 주변 지인들에게 선물용으로 좋다.(269¥~)

물의 천사 스킨 트리트먼트 젤 水の天使 スキントリートメントゲル : 빠르게 흡수되는 젤 타입의 수분 크림(150g, 1790¥~)

마죠리카 마죠르카 마스카라 マジョリカマジョルカ マスカラ : 시세이도 브랜드로, 속눈썹을 쭉쭉~ 길게 만들어주는 마스카라 종류가 최고 인기 아이템(1296¥~)

휴족시간 休足時間足すっきりシート : 오랫동안 서 있거나 많이 걸어서 다리가 퉁퉁 부었을 때 붙이고 자면 피로가 풀리는 상품(18매 1058¥~)

카이로 カイロ : 겨울철 필수 아이템인 핫팩. 붙이지 않고 손난로처럼 사용할 수 있는 것, 신발에 넣는 것 등 크기와 용도가 다양하다.(180¥~)

데오나추레 소프트 스톤 W デオナチュレソフトストーンW : 땀이 많이 나는 부위에 바르는 스틱 타입으로, 불쾌하고 신경이 쓰이는 체취 제거와 항균 효과가 있다. 구두 때문에 발에 땀이 많이 날 때도 미리 바르면 효과가 좋다. 끈적거리지 않다는 것이 최고의 장점(20g 1063¥~)

즉석 식품 : 오므라이스, 명란파스타, 가츠동 등 다양한 도시락을 구입할 수 있다. 저녁 늦은 시간에 가면 더욱 저렴한 세일 가격으로 구입 가능하며 군고구마가 맛있기로 유명하다.(100¥~)

일상 속에서 즐기는 아기자기한 쇼핑
편의점

각 편의점마다 베스트셀러가 있는데, 맛과 퀄리티가 유명 브랜드에 뒤떨어지지 않을 정도로 뛰어나다.
특히 디저트류가 수준급이다.
여행 선물로도 좋은 아이템이 많으니 천천히 둘러보자.

타마고 산도
たまごサンド
노란색 계란 샐러드가 듬뿍 들어간 타마고 샌드위치. 워낙 인기라 각 편의점마다 다 있을 정도다. 그 중에서도 세븐일레븐 것이 특히 인기.(335¥~)

캔커피
우리나라에도 들어와 있어 익숙한 브랜드들이 많다. 그 중에서도 홋카이도 한정 캔커피를 맛보자.(220¥~)

컵라면
종류가 워낙 많지만 그중 UFO의 것이 꾸준한 인기. 때론 인기 라멘집과 콜라보를 한 제품들도 보인다.(198¥~)

레몬사와 レモンサワー
레몬의 과즙향이 상큼한 맛이 좋아 코로나 이후 인기가 급상승한 품목. 도수는 6~9도까지 다양하다.(231¥~)

하이볼 ハイボール
집에서도 편리하게 하이볼을 즐길 수 있게 나온 제품! 맥주, 레몬사와와 함께 인기 만점이다.(220¥~)

1 로손
Lawson

일본 대표 편의점으로 일단 디저트 종류가 강하다. 모치 롤 케이크를 비롯해 푸딩과 각종 빵이 정말 맛있다. 주문하면 매장에서 커피 머신으로 바로 내려주는 커피도 괜찮다.

1 모치 롤 케이크 もち食感ロール
쫀득한 식감과 풍부한 생크림 맛이 최고!(343¥)

2 프리미엄 롤 케이크 プレミアムロールケーキ
편의점에서 사 먹는 롤 케이크가 이렇게 맛있다니!(246¥)

3 새우·히레카츠샌드 海老かつ·ひれかつ
든든한 한끼로 그만!(462¥)

2 세븐일레븐
7-Eleven

일본에서 가장 많은 매장을 운영하며 저출산 초고령화 시대에 맞춰 소량 포장된 PD 제품을 많이 선보인다. 특히 제품의 고급화를 위해 '세븐 골드 金の'와 '세븐 프리미엄'이라는 브랜드를 내걸고 있다.

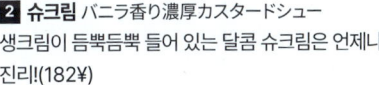

1 카리카리 콘치즈 과자 カリカリコンチーズ
세븐일레븐의 PB 상품으로 가장 잘 팔리는 과자 중 하나. 한번 맛보면 계속 손이 간다.(128¥)

2 슈크림 バニラ香り濃厚カスタードシュー
생크림이 듬뿍듬뿍 들어 있는 달콤 슈크림은 언제나 진리!(182¥)

3 멜론빵 ふんわりメロンパン
겉은 바삭하고 속은 부드러운 맛. 초콜릿과 소금을 가미한 것도 있고, 가격도 저렴한 편.(139¥)

3 세이코 마트
セイコーマート

지역 사람들은 줄여서 '세이코마 セイコマ'라고 부르기도 한다. 작은 슈퍼마켓 같은 분위기로, 판매상품에 '홋카이도산'이라는 문구가 자주 눈에 띈다. 최고 장점은 유통비 절약으로 상품 가격이 다른 곳보다 저렴하다는 것. 가츠동 등 매장에서 직접 만든 '핫 셰프 Hot Chef' 코너의 도시락도 퀼리티가 높아 인기가 많다. 지역에 따라 24시간 영업을 하지 않는 곳도 있다.

1 홋카이도 아이스크림 北海道クリーミーソフト
PB 제품으로 홋카이도산 우유를 원료로 해 출시되자마자 맛있다고 소문난 제품. 바닐라와 멜론 맛 등이 있다.(213¥)

2 러스크 ラスク RUSK
캐러멜, 갈릭, 폰타주, 설탕 등 다양한 맛이 있다. 간식이나 술안주로 그만!(130¥)

3 홋카이도 멜론 제품
대표 농산품인 멜론이 첨가된 멜론빵, 모나카, 캔디, 젤리, 다이후쿠 大複(찹쌀떡) 등 다양한 품목이 있다. 선물로 구입하기에도 좋다.

EXPERIENCE

최고의 여행으로
만들어주는
특별한 체험

홋카이도
BEST EXPERIENCE 6

아름답고 풍요로운 자연과 절경이 가득한 홋카이도에서 즐기는 체험은 여행의 큰 즐거움이다.
멋진 풍경과 볼거리, 신선하고 맛있는 음식을 경험한 후
여행의 추억으로 남을 수 있는 재미있는 체험까지 한다면 홋카이도로 떠난 여행은
그야말로 '인생 최고의 여행'이 될 것이다.

1 홋카이도의 축제

언제나 재미있는 이벤트가 끊임없이 열리는 홋카이도에서는 1년 내내 축제가 계속된다. 여행 기간 중 어떤 축제와 이벤트가 열리는지 체크해보고 더욱 알찬 코스를 계획해보자.

📌 **추천 홋카이도 축제**
1. 삿포로 유키 마쓰리 (P.165)
2. 오타루 유키아카리노미치 (P.193)
3. 홋카이도 불꽃 축제 (P.083)

2 온천욕

홋카이도에서 힐링 타임을 원한다면 온천으로 가자. 따뜻한 온천수에 온전히 몸을 맡기는 순간 무겁게 쌓여 있던 스트레스와 온갖 잡념은 모두 사라져 버린다.

📍 **추천 홋카이도 온천**
1. 노보리베쓰 온천(P.201)
2. 도야 호수 온천(P.212)
3. 도카치가와 온천(P.267)

3 특별한 기차 여행

홋카이도이기 때문에 만끽할 수 있는 아름다운 자연 풍경을 이색 기차를 타고 감상해보자.

📍 **추천 이색 기차**
1. SL 후유노시쓰겐호(P.093)
2. 후라노 비에이 노롯코호(P.093)
3. 구시로 습원 노롯코호(P.093)

4 스키&스노보드

하얀 설원 풍경, 홋카이도 특유의 파우더 스노를 즐기며 신나게 스키와 스노보드를 타는 액티비한 시간을 계획해보자.

추천 홋카이도 스키장
1. 루스쓰 리조트(P.176)
2. 니세코 유나이티드(P.176)
3. 호시노 리조트 도마무(P.176)

EXPERIENCE

5 유빙 체험

겨울에 홋카이도 여행을 갔다면, 꽁꽁 언 바다 위를 걸어보자. 색다르면서도 짜릿한 유빙 체험을 즐길 수 있다.

추천 유빙 체험
1. 아바시리 유빙 관광 쇄빙선 오로라(P.322)
2. 유빙 워크(P.335)
3. 유빙 이야기호(P.101)

6 이색 탈거리

유명 여행지라면 많이 볼 수 있는 유람선과 로프웨이지만, 홋카이도의 자연과 어우러져 더 특별하게 느껴진다.

추천 이색 탈거리
1. 도야호 하나비 유람선(P.212)
2. 하코다테 산 로프웨이(P.284)
3. 시레토코 관광선 오로라호(P.334)

두근두근 이벤트
축 제

현재 일본에서 열리는 마쓰리는 신을 모시고 기원하던
옛 의미는 점차 퇴색하고 관광 상품화된 이벤트 성격이 더 강한 느낌이다.
마쓰리가 다가오면 일본인들은 즐거운 마음으로 축제를 준비한다.
홋카이도에는 계절별, 지역별로 많은 축제가 있으니 놓치지 말고 신나게 즐겨보자.

5월 **삿포로 라일락 축제**
さっぽろライラックまつり

춥고 긴 겨울이 지나가고 따뜻한 봄이 오면 열리는 삿포로의 대표 봄 축제. 라일락은 1960년, 삿포로의 나무로 지정될 정도로 사랑받는 나무다. 축제 때 오도리 공원에서는 라일락 음악제와 차를 음미하는 야외 다회, 콘서트 등 다양한 이벤트가 열린다. 특히 라일락 향을 맡으며 홋카이도산 와인을 맛볼 수 있는 와인 가든 프로그램도 있으니 참여해보자.

지역 삿포로 | **개최 시기** 5월 중순~5월 말 | **개최 장소** 오도리 공원 | **홈페이지** lilac.sapporo-fes.com

---

[**+ PLUS**]

마쓰리 祭り의 기원

일본의 마쓰리는 '마쓰루 奉る'라는 말에 기원을 둔 것으로 종교적 의식, 즉 축제를 뜻한다. 본래는 신에게 감사하는 마음과 기원을 표현한 의식이지만 지금은 기념이나 축하를 위해 열리는 행사를 마쓰리라고 한다. 우리와 같이 농경민족인 일본에서는 계절별로 농작물을 생산하고 수확하는 과정, 그리고 악귀와 전염병을 막기 위한 행사가 많은데, 최근에는 관광 행사로 정착된 경우가 대부분이다.

6월 | 요사코이 소란 마쓰리
YOSAKOIソーラン祭り

요사코이는 일본 단체 무용의 한 종류다. TV에서도 생중계할 정도인데 축제에는 300여 팀 이상, 200만 명 이상의 사람들이 참여한다. 의상과 분장, 모든 것은 다 사비로 마련하는 것이라고. 마지막 날에는 큰 무대 위에 한 팀씩 나와 춤을 추고, 이 중 가장 잘한 팀을 뽑는다. 공연을 제대로 보고 싶다면 유료 관람석 티켓을 사는 것이 좋다.

지역 삿포로 | **개최 시기** 6월 셋째 주 또는 둘째 수 5일간 | **개최 장소** 오도리 공원과 그 주변 | **홈페이지** yosakoi-soran.jp

6~9월 | 홋카이도 불꽃 축제
北海道の人気花火大会

화려하게 하늘을 수놓은 불꽃놀이(하나비 花火)는 현지인은 물론 여행자들에게도 즐거운 이벤트. 대표적인 곳으로는 하코다테와 오비히로, 도야코, 노보리베쓰 등이 있다. 돗자리와 간식 또는 도시락을 준비해 가면 더 좋다. 장소에 따라서 해마다 날짜가 변경되니 미리 홈페이지를 참조해 여행 계획에 넣어보자.

지역 홋카이도 전역 | **개최 시기** 6월 말~9월 말 | **개최 장소** 홋카이도 전역 | **홈페이지** hanabi.walkerplus.com/list/ninki/ar0101

7~8월 | 삿포로 여름 축제
さっぽろ夏まつり

오도리 공원을 비롯해 시내 곳곳에서 열리는 재즈와 맥주 축제다. 축제의 중심인 비어 가든은 오도리 공원에 약 1km 길이로 설치되는데, 블록별로 아사히를 비롯해 삿포로·산토리·기린 등 일본 맥주 브랜드 상점이 들어선다. 더불어 기네스나 뢰벤 브로이, 칼스버그 등 다른 나라 맥주도 모두 즐길 수 있다. 각 행사장 티켓을 구매해 이용하면 된다.

지역 삿포로 | **개최 시기** 7월 중순~8월 말 | **개최 장소** 오도리 공원, 삿포로역 광장 등 | **홈페이지** hokkaido.beer-garden.info

8월 | 노보리베쓰 지옥 마쓰리
登別地獄祭り

홋카이도 유명 온천 관광지인 지옥 계곡 地獄谷에서 열리는 축제. 1년에 한 번 염라대왕이 이곳의 상징인 도깨비들과 함께 나타난다. 큰 북을 울리며 지나가는 염라대왕 행렬이 하이라이트. 오후 6시경이 되어 폭죽이 터지고 북소리가 울려 퍼지면 도깨비들의 행진이 시작된다. 도깨비 가마인 오니미코시도 등장하며, 행렬을 따라가며 축제를 즐기는 사람들로 온 마을이 활기를 띤다.

지역 노보리베쓰 | **개최 시기** 8월 마지막 주 주말 | **개최 장소** 노보리베쓰 지옥 계곡

9~10월 삿포로 오텀페스트
さっぽろオータムフェスト

홋카이도 지역 음식과 술을 마음껏 즐길 수 있는 이벤트. 삿포로는 독일 뮌헨의 자매결연 도시로, 뮌헨의 유명 맥주 축제인 옥토버페스트와 같은 행사를 1초메에서 연다. 4~11초메에는 블록마다 다양한 먹거리를 파는 노점상이 들어선다. 라멘, 수프 카레, 징기스칸, 소프트아이스크림과 해산물 구이, 홋카이도산 와인, 위스키, 사케까지 없는 것이 없다. 모두 잔 단위로 주문할 수 있어 조금씩 맛보기에도 좋다.

지역 삿포로 | **개최 시기** 9월 중순~10월 초 | **개최 장소** 오도리 공원 | **홈페이지** sapporo-autumnfest.jp

10월 아칸호 마리모 마쓰리
阿寒湖 まりも祭り

아칸호는 화산활동으로 생성된 담수호로, 천연기념물로 지정된 희귀생물 마리모의 서식지로 유명하다. 마리모는 동그란 녹색 구슬처럼 생겼는데, 북위 45도 이상의 담수호에서만 서식한다. 주요 행사 중 마리모 춤 행렬은 남녀노소 할 것 없이 전통 의상을 입은 사람들이 춤을 추며 약 1km의 거리를 행진한다. 어둠이 찾아오면 아이누 족 전통 의상을 입은 사람들의 횃불 행진도 화려한 볼거리다. 또 축제 마지막 날에는 마리모를 호수로 돌려보내는 의식도 진행한다.

지역 아칸호 | **개최 시기** 10월 초 3일간 | **개최 장소** 아칸 온천 마을 일대 | **홈페이지** lake-akan.com

11~1월 화이트 일루미네이션
さっぽろホワイトイルミネーション

오도리 공원에 52만 개의 전구가 켜지는 화려한 축제다. 보통 16:30~17:00에 불이 들어와 22:00경까지 화려한 빛의 향연이 펼쳐진다. 형태가 다양한 색상의 일루미네이션은 보고 있자면 마치 다른 세계로 빨려 들어갈 것만 같은 환상적인 분위기를 연출한다. 크리스마스 전후인 12월 23~25일에는 자정까지 불이 켜져 있어 크리스마스 분위기를 한껏 고조시킨다. 참고로 TV 탑 정면 앞쪽이 최고의 포토 존이다.

지역 삿포로 | **개최 시기** 11월 초~1월 초 | **개최 장소** 오도리 공원과 그 주변 | **홈페이지** white-illumination.jp

12월 하코다테 크리스마스 판타지
Hakodate Christmas Fantasy

아름다운 항구도시, 하코다테는 12월이 되면 18m 높이의 대형 크리스마스트리가 설치되고, 2만여 개의 전구에 불이 켜지며 온 도시에는 크리스마스캐럴이 울려 퍼진다. 행사 기간 내에 매일 18:00부터 크리스마스트리에 점등이 되고 불꽃놀이가 개최된다. 특히 19:30·20:30에는 약 15분 동안 빨간색 불이 화려하게 들어오는 레드 트리로 변해 분위기를 고조시킨다.

지역 하코다테 | **개최 시기** 12/1~19 18:00~24:00, 12/20~25 18:00~02:00(금·토요일인 경우 18:00~02:00) | **개최 장소** 가네모리 아카렌가 창고군 근처 | **홈페이지** hakodatexmas.com

2월 삿포로 유키 마쓰리
さっぽろ雪まつり

일본에서는 세계 3대 축제로 꼽는 인기 축제다. 5톤 트럭 약 7000대의 눈으로 유명 건축물이나 동화 속 장소, 유명 캐릭터 등을 만들어 오도리 공원에 전시한다. 각국 단체가 참가하며, 총 3명이 한 팀으로 3일간 조각을 완성하고 심사를 받는다. 또 스스키노 행사장에서는 홋카이도 얼음 조각회 소속 예술가들이 3일간 작품을 만들어 선보인다. 쓰도무 행사장은 얼음 미끄럼틀과 슬라이딩, 눈썰매장, 스노 래프팅 등을 즐길 수 있다. 오도리 공원과 스스키노 쪽 행사장은 축제 기간에는 밤 22:00~23:00경까지 개방한다.

지역 삿포로 | **개최 시기** 2월 첫째 주 둘째 주 7일간 | **개최 장소** 오도리 역 27번 출구, 스스키노 지역, 쓰도무 행사장 | **홈페이지** snowfes.com

2월 아사히카와 후유 마쓰리
旭川冬まつり

삿포로의 유키 마쓰리와 비슷하지만 이곳 얼음 조각은 눈 100%로만 제작한 데다가 길이 80m, 높이 20m, 폭 40m의 거대하고 웅장한 크기도 남다르다. 눈으로 만든 스노 미끄럼틀, 눈 위를 빠르게 달리는 스노 바나나, 스노래프팅, 미로 등과 함께 말이 끄는 썰매, 열기구도 탈 수 있다. 특히 열기구를 타고 20m 높이로 올라가 내려다보는 경치는 또 다른 추억이 될 것이나.

지역 아사히카와 | **개최 시기** 2월 초~중순 | **개최 장소** 이시카리 강 아사히바시 강변 회장 등 | **홈페이지** asahikawa-winterfes.jp

2월 오타루 유키아카리노미치
小樽雪あかりの路

영화 <러브레터>에도 등장한 오타루의 겨울을 제대로 즐길 수 있는 눈빛 거리 축제다. 오타루 운하 위에 떠 있는 촛불, 얼음과 눈으로 만든 산책로 등 연인들의 마음을 설레게 하는 매력 충만한 낭만 축제다. 마음에 드는 곳에 작은 눈사람도 만들고, 눈으로 토닥토닥 바람막이를 만들어 촛불도 켜보자. 연인과 함께라도 좋고 혼자라도 좋은 오타루의 겨울밤은 깊어갈수록 더 따뜻해진다.

지역 오타루 | **개최 시기** 2월 첫째 주 또는 둘째 주 7일간 | **개최 장소** 오타루 운하 또는 데미야션 手宮線 폐선 부지 | **홈페이지** yukiakarinomich.org

+ PLUS
크리스마스 분위기를 한껏 내고 싶다면?

말만 들어도 괜스레 설레고 기대되는 크리스마스! 삿포로에 머물고 있다면 무조건 삿포로 크리스마스 축제가 정답이다. 유럽 도시에 와 있는 것처럼 예쁜 것이 한가득인 오도리 공원의 크리스마스 마켓을 둘러보며 시간을 보내자. 꽁꽁 언 손 호호 불어가며 마시는 따뜻한 뱅쇼 한 잔도 잊지 못할 추억이 될 것이다. 물론 공원 한쪽에 설치된 화이트 일루미네이션도 빼놓지 말아야 한다. 반짝거리는 불빛은 긴 설명이 필요 없는 판타스틱 그 자체! 삿포로의 복합 쇼핑몰인 삿포로 팩토리에 가면 점보 사이즈 트리도 보고 화려한 장식을 해놓은 쇼핑몰도 둘러보자. 하코다테에 머문다면 크리스마스 판타지를 놓치지 말 것. 멋진 크리스마스트리를 배경으로 인증 사진을 찍어보자.

홋카이도 최고의 힐링
온천

홋카이도에는 온천지만 200개가 넘는다.
모두 규모도 다르고 온천욕을 하며 볼 수 있는 풍경도 다르다.
활화산의 강렬한 열기로 땅 밑에서 흰 연기가 모락모락 피어오르는 지옥 계곡과 아름다운 호수,
하늘을 바라보며 온천욕을 즐겨보자. 이 순간만큼은 모든 걱정과 피로는 싹 다 날아갈 것이다.
여기, 홋카이도 대표 온천을 소개한다.

1 노보리베쓰 온천
登別温泉

삿포로에서 멀지 않아 당일 온천 여행지로 적당하다. 1일 1만 톤이나 되는 용출량과 유황천, 명반천, 석고천 등 온천 성분이 수십여 종에 달해 인기가 많다. 유황천은 만성 피부염, 당뇨병, 부인병, 만성 기관지염, 동맥경화나 뇌졸중에도 좋기로 유명하다. 명반천은 주성분이 황산알루미늄으로 만성 피부 질환이나 점막 염증 완화에 좋다고 한다. 석고천은 황산이온과 칼슘이온이 주성분인데, 이 물로 목욕을 하면 류머티즘과 피부병 완화에 좋다고 한다. 그래서인지 유독 장·노년층 단체 관광객이 많다.

ⓘ P.201　Ⓜ P.199

2 조잔케이 온천
定山溪温泉

삿포로에서 1시간 정도 걸리는 근교 온천으로 연간 170만 명이 찾을 정도로 유명하다. 원시림에 둘러싸인 계곡에서 아름다운 풍경을 보며 온천욕을 즐길 수 있다. 1866년 미이즈미 조잔 美泉定山 수도승이 수행 중 상처를 치료하는 야생 사슴을 보고 온천을 발견했다고 한다. 조잔 스님이 발견한 원천이 있는 조잔 원천 공원 定山原泉公園을 둘러보고 산책하며 무료 족욕탕도 즐겨보자. 족욕탕 이용에 대비해 작은 수건이나 휴지를 갖고 다니면 센스 만점. 2월에는 눈 등불 축제인 유키토로 雪灯路가 열린다. 밤이 되면 눈으로 만든 등불로 환상적인 풍경이 펼쳐지며, 직접 자신의 소원 촛불을 만들어 장식할 수도 있다. ⓘ P.175 Ⓜ P.130C

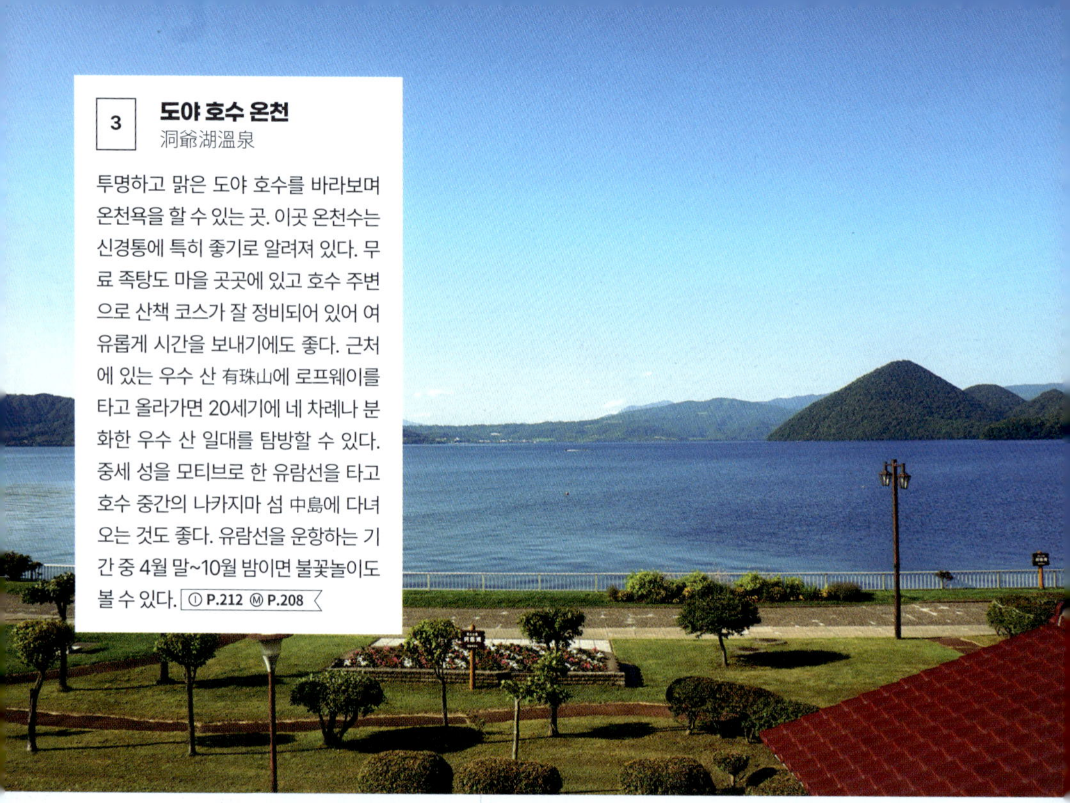

| 3 | **도야 호수 온천**
洞爺湖温泉 |

투명하고 맑은 도야 호수를 바라보며 온천욕을 할 수 있는 곳. 이곳 온천수는 신경통에 특히 좋기로 알려져 있다. 무료 족탕도 마을 곳곳에 있고 호수 주변으로 산책 코스가 잘 정비되어 있어 여유롭게 시간을 보내기에도 좋다. 근처에 있는 우수 산 有珠山에 로프웨이를 타고 올라가면 20세기에 네 차례나 분화한 우수 산 일대를 탐방할 수 있다. 중세 성을 모티브로 한 유람선을 타고 호수 중간의 나카지마 섬 中島에 다녀오는 것도 좋다. 유람선을 운항하는 기간 중 4월 말~10월 밤이면 불꽃놀이도 볼 수 있다. ⓘ P.212 Ⓜ P.208

| 4 | **유노카와 온천**
湯の川温泉 |

일본 내에서도 공항에서 가장 가깝고 이동하기 편해 이용객이 많은 온천이다. 홋카이도에서 역사가 오래된 곳으로도 유명한데, 주변 경치가 좋은 것은 아니지만, 수질이 워낙 좋고 온천 호텔도 편의시설이 완비되어 있어 이용하기에는 불편함이 없다. 일부 온천 호텔 중에는 바다를 바라보며 온천욕을 할 수 있는 시설을 갖춘 곳도 있다. 노면전차를 타고 하코다테 맛집을 가기에도 좋다. ⓘ P.288 Ⓜ P.275

5. 아칸 호수 온천
阿寒湖温泉

아칸호에 자리한 온천으로 구시로에서 버스로 약 2시간 걸린다. 홋카이도 원주민 아이누 족도 이 온천을 이용했다고 알려져 있다. 아름다운 호수와 아이누 족 마을, 온천이 함께 있는 곳이라 유명하다. 마리모 기념품 숍이 가장 인기다.

◎ P.309

---- + PLUS ----

마리모 まりも

일본에서 유일하게 홋카이도 아칸호에만 사는 담수성 녹조류. 야구공 크기 정도가 되려면 150~200년이나 걸린다고. 일본의 자연보호물이라 반출하는 것은 금지. 기념품 숍의 마리모는 모두 인공적으로 만든 것이다.

6. 도카치가와 온천
十勝川温泉

도카치가와 강과 히다카 산봉우리를 바라보며 온천욕을 즐길 수 있는 곳이다. 특히 이곳은 일본의 유일한 모르 moor 온천이기도 하다. 모르는 식물성 유기물로, 갈대 등이 오랜 시간 지하수와 함께 땅속에 퇴적된 상태에서 지열로 뜨거워지고, 그것이 온천 주변에서 솟아오른 것이다. 모르 온천은 다른 온천수에 비해 피부 보습 효과가 매우 뛰어나며, 전 세계에서 독일 바덴바덴과 일본 도카치가와에서만 즐길 수 있다.

ⓘ P.267 Ⓜ P.260

7	**소운쿄 온천**
	層雲峽温泉

소운쿄 대협곡을 바라보며 온천욕을 즐길 수 있는 곳. 로프웨이를 이용하면 다이세쓰 산 국립공원 제2봉인 해발 1984m의 구로다케의 7부 능선까지 올라갈 수 있다. 온천 마을 자체는 큰 볼거리는 없지만, 로프웨이를 타고 보는 대협곡의 웅장한 풍경이 감탄을 자아낸다. 이곳 호텔이나 료칸에서 묵지 않더라도 온천욕을 할 수 있는 곳이 있어, 등산객들이 많이 이용한다.

ⓘ P.225 Ⓜ P.216

온천 이용 팁

유카타 입는 법

유카타를 입을 때는 남녀 모두 왼쪽 자락이 위로 오도록 포개는 것이 포인트. 유카타에서 오른쪽 자락이 위로 오는 것은 죽은 사람에게 입히는 방식이니 반드시 주의하자. 남자의 경우도 기본적인 순서와 방법은 비슷하다.

1 유카타를 입은 후 옷자락을 편다.

2 유카타 좌우 옷섶이 허리뼈에 위치하도록 여민다. 이때 왼쪽이 위로 오게 맞춰 폭을 조절한다.

3 허리끈을 묶는다.

4 묶은 후 옷자락을 조금 뺀다.

5 목덜미 부분에 주먹 한 개 정도 들어갈 만큼 간격을 두고 옷깃을 정리한다.

6 가슴 아래에서 끈을 묶고 전체 매무새를 가다듬는다.

오비 묶는 법

1 오비를 펴서 적당한 위치를 잡는다.

2 한쪽 자락을 어깨 위로 빼고 다른 한쪽 자락으로만 몸 둘레에 맞춰 2바퀴 돌린다.

3 띠를 묶는다.

4 한쪽 오비 끝부분을 접는다.

5 접은 오비 자락을 몸 앞쪽에서 리본 모양으로 오므린다.

6 어깨 쪽으로 빼놓았던 자락으로 묶어서 완성한 리본 모양 매듭을 뒤쪽으로 돌린다.

일본 온천의 유카타

맨발에 일본 전통 목제 슬리퍼인 게타 下駄를 신으면 된다. '유카타'는 본래 목욕한 뒤 몸을 닦는 수건이라는 뜻의 '유카타비라 ゆかたびら'라는 단어에서 나온 것이다. 료칸과 호텔 내부를 돌아다닐 때, 유카타와 게타만 착용해도 되니 편하게 이용하자.

더 저렴하게 즐기는 온천

료칸과 호텔에서 숙박을 하며 온천을 이용할 수도 있지만, 숙박하지 않아도 돈을 내면 온천탕을 이용할 수 있는 히가에리 온센 日帰り温泉도 있으니 상황에 따라서 선택할 것. 주로 료칸에서 숙박을 하는 손님들이 체크아웃한 뒤인 10:00경부터 14:00~15:00 정도까지 이용이 가능하다. 이용 요금은 500~1000¥. 또 유명 온천 마을에는 무료 족욕을 할 수 있는 아시유 足湯가 있는 경우도 많다.

남탕 여탕을 확인할 것

날짜나 시간대에 따라 남녀 온천탕이 서로 바뀌는 경우가 있으니 입구에서 잘 보고 들어갈 것. 보통 입구에 드리운 노렌 のれん이라는 천에 색깔과 글씨로 구분한다. 남탕은 파란색, 여탕은 빨간색 계열의 천이 드리워져 있는 것이 일반적이며, 대부분 그 위에 한자로 '男', '女'가 크게 쓰여 있다.

수건을 주의할 것

수건으로 머리를 감싸거나 열이 빠져나가지 않도록 머리 위에 수건을 얹어놓고 입욕하자. 욕탕 안에 수건을 담그지 않도록 주의한다.

온천 후에 더 맛있는 가이세키 요리

가이세키 요리를 먹으려고 일본 온천 여행을 가는 사람도 꽤 많다. 이것은 본래 연회에 제공하는 정식 요리로, 다양한 재료로 만든 화려하고 맛좋은 음식을 작은 접시에 담아 코스 형태로 서비스된다. 사시미, 구이와 조림 등 여러 가지 조리법으로 지역과 계절에 맞는 재료로 만든다.

기차로 떠나는 레트로 여행
관광 열차

일본 만화와 영화에서 본, 칙칙폭폭 흰 연기를 뿜으며 달리는 증기기관차를 타보고 싶다면?
창문 없는 기차를 타고 시원한 바람 맞으며 여행하고 싶다면?
이 두 가지 로망을 모두 실현할 수 있는 기차가 바로 홋카이도에 있다.
지금은 좀처럼 경험할 수 없는 낭만을 찾아 여행을 떠나보자.

+ PLUS

증기기관차가 운행하지 않는 시즌이라면?

아쉬운 대로 찾아갈 수 있는 장소는 바로 오타루 시 종합 박물관 본관! 1909년에 제작된 증기기관차 아이안호스호 アイアンホース号를 무료로 타볼 수 있으며 휴일에는 1일 4회 운행한다. 박물관 내에서 수백 미터만 운행하긴 하지만 예쁜 장난감 같은 기차를 타볼 수 있는 것만으로도 즐겁다. 특히 아이들과 함께라면 놓치지 말자.

1	**SL 후유노시쓰겐호**
	SL 冬の湿原号

다양한 분야의 마니아가 많기로 유명한 일본에서는 '기차 덕후'가 있을 정도로 증기기관차 사랑은 남다르다 할 수 있다. 멋스러운 차체와 나무로 만든 테이블, 그리고 옛 모양의 난로는 시간 여행을 가능하게 하는 타임머신이나 마찬가지다. 홋카이도를 달리던 SL 하코다테오누마호 등의 다른 증기기관차가 운행을 중단한 후 현재 홋카이도에서 운행하는 유일한 증기기관차다. 그러니 더 희소성이 높아진 후유노시쓰겐호를 타고 구시로 습원을 달려보자. 1년 중 1~2월의 특정일만 운행하기 때문에 더 특별한 느낌이다.

운행 1~2월 특정 운행일 | **홈페이지** jrhokkaido.co.jp/travel/sl

2	**후라노 비에이 노롯코호**
	富良野美瑛ノロッコ号

여행자들에게 인기 높은 구간으로 라벤더밭과 후라노와 비에이 주변을 둘러볼 때 타면 좋다. 6~10월에 운행하며 여름에는 매일 운행한다. 특히 라벤더가 피는 계절인 7월 초는 최고로 붐비는 때라 만원 열차 탑승을 각오하는 것이 좋다. 노롯코 열차는 보통 열차보다 창이 시원하게 뚫려 있어 창밖 풍경을 보기에 아주 그만이다.

운행 6~10월 | **홈페이지** jrhokkaido.co.jp/train/tr027_01.html

3	**구시로 습원 노롯코호**
	釧路湿原ノロッコ号

시원한 바람을 맞으며 구시로 습원을 여행할 수 있는 구간이라 인기가 많다. 성수기 주말에는 되도록 예약하는 것도 좋다. JR 구시로 역을 출발해 구시로 습원 역, 호소오카, 도로 구간을 운행한다.

운행 4~10월 | **홈페이지** jrhokkaido.co.jp/train/tr025_01.html

+ PLUS

노롯코 열차 ノロッコ号
탄광 지역 등에서 이용하던 화물 객차를 개조해 관광용 기차로 운행하는 노롯코 열차 또한 증기기관차 못지않은 인기를 끌고 있다. 증기기관차에 비해 운행 기간도 길고 평일에도 운행하는 경우가 많아 체험하기는 조금 더 쉽다.

홋카이도 설원에서 즐기는
스키 & 스노보드

인공눈이 너무 지겨운 당신에게 홋카이도 자연설이 가득한 스키장을 추천한다.
홋카이도에 있는 스키장만 약 120개로 내 취향에 맞게 골라 맘껏 즐길 수 있다.
우리나라 스키장에 비해 붐비지 않는 것도 좋지만 더 다양한 슬로프를 갖추고 있다.

1 호시노 리조트 도마무
Hoshino Resorts Tomamu

호시노 리조트 도마무의 100% 천연 파우더 스노는 최고의 설질을 자랑한다. 초급부터 상급까지 총 20여 개가 넘는 코스가 있는데, 특히 상급자라면 이곳의 오프피스트와 나무 사이를 달리는 트리 런이 최고의 즐거움을 선사해줄 것이다. 가리후리 산 정상에 헬기를 타고 올라가는 헬리 투어와 신나게 설원을 가르는 스노모빌도 특별 프로그램이다. 홋카이도 최대 규모의 실내 파도 풀로 유명한 미나미나 비치와 피곤한 심신을 달래주는 설경 속 노천탕 기린노유도 빼놓을 수 없다. 이와 함께 겨울에만 이용할 수 있는 100% 눈과 얼음으로 만든 아이스 빌리지에는 아이스 레스토랑과 아이스 바, 아이스링크, 아이스 공방 등이 있어 볼거리와 체험의 즐거움을 더해준다. 온 시즌에는 후라노와 아사히야마 동물원, 오비히로 공항 등에서도 셔틀버스를 운행한다.

P.176

+ PLUS

물의 교회 水の教会

호시노 리조트에 있는 세계적인 건축가 안도 다다오의 초기 작품이다. 水·光·綠·風을 콘셉트로 지은 것으로, 자작나무 숲으로 둘러싸인 얕은 연못이 아름다운 풍경을 연출한다. 예배당이지만, 웨딩 장소로 사용되면서 더 유명해졌다.

위치 리조트 센터 건물 뒤편

미나미나 비치 ミナミナビーチ

일본에서 가장 큰 규모를 자랑하는 파도 풀장. 또 미나미나 비치와 연결된 노천탕 기린노유 木林の湯도 인기다.

운영 11월 말~3월 말 11:00~20:00
가격 투숙객 무료, 비투숙객 어른 2600¥·어린이 1100¥

| 2 | **니세코 유나이티드**
Niseko United |

시즌 중 평균 160cm의 풍부한 적설량과 최상급 설질을 자랑한다. 웅장한 요테이 산을 바라볼 수 있고 최대 규모라는 명성에 걸맞게 네 군데 스키장으로 구성돼 있다. 네 군데 스키장을 공통권으로 이용할 수 있고, 각 스키장을 오가는 셔틀버스도 운행한다. 물론 공통권은 12~3월인 온시즌에 가장 비싸다. 스키를 타지 못하는 여행자들을 위한 네이처 하이킹 프로그램과 눈썰매, 설상차 스키, 스노 래프팅, 스노모빌 등의 액티비티와 온천, 스파&마사지 프로그램까지 즐길 수 있는 것도 이곳의 장점. 만 6세 이하 아이들을 위한 놀이 시설인 니세코 키즈 어드벤처도 있다. ⓘ P.176

| 3 | **루스쓰 리조트**
Rusutsu Resort |

스키장을 비롯해 골프장과 유원지, 캠핑장, 호텔, 쇼핑몰, 레스토랑 등이 있는 홋카이도 최대 규모 종합 리조트다. 신치토세 공항과 삿포로 역에서 11월 말~4월 초까지 셔틀버스를 운행해 접근성도 좋다. 공항에서 리조트까지 운행하는 빅런스 버스나 삿포로 역에서 출발하는 무료 셔틀버스는 리조트 홈페이지에서 미리 예약해야 한다. 스키장은 이스트와 웨스트, 이솔라 산에 37개의 슬로프와 4개의 곤돌라가 있다. 특히 이솔라 산의 '헤븐리 뷰'는 아름다운 도야 호를 바라보면서 2700m 길이의 코스를 라이딩 할 수 있는 것으로 유명하다. 비시즌에도 골프, 캠핑, 승마, 열기구 체험 등과 테마 파크 등을 즐길 수 있어 1년 내내 붐빈다. ⓘ P.176 Ⓜ P.130C

4 키로로 스키 리조트
Kiroro Ski Resort

파우더 스노를 5월초까지 즐길 수 있는 곳. 삿포로에서 자동차로 1시간 정도 걸리고, 오타루에서도 그리 멀지 않아 인기가 많다. 다른 스키장에 비해 크게 큰 규모는 아니지만, 총 22개의 다양한 슬로프가 있고, 어린이용 슬로프도 따로 있어서 가족 단위 여행자가 많이 찾는다. 크게 나가미네 長峰와 아사리 朝里, 요이치 余市 등 세 봉우리로 이루어져 있는데 스노보드를 탈 계획이라면 나가미네 봉우리 쪽이 더 좋다. 스키를 타고 난 뒤 리조트 내 수영장이나 설경을 감상할 수 있는 노천 온천에서 하루의 피로를 풀어보자. ⓘ P.176 Ⓜ P.130A

+ PLUS
캣 투어 Cat Tour

캣 투어는 눈 위를 달리는 스노 캣 자동차를 타고 산 정상 가까이까지 간 뒤, 자연 지형을 그대로 따라 스키를 타고 내려오는 어드벤처 프로그램이다. 헬리콥터를 타고 올라가는 프로그램도 있지만 워낙 가격이 부담돼 캣 투어가 좀 더 인기가 많다. 산 지형에 대해 잘 알고 있는 전문 가이드와 함께하며 식사 등의 옵션이 포함되어 있다. 또 보통 그룹 투어를 하기 때문에 취미가 같은 친구를 만날 수 있다는 것도 빼놓을 수 없는 재미. 단, 스키 레벨 중상급 이상, 13세 이상이어야 참여할 수 있다. 키로로 리조트 이외에도 니세코나 도마무 등에서도 운영하고 있다.

비용 6만5000¥~13만¥

5 후라노 스키 리조트
FURANO Ski Resort

총 23개의 슬로프가 있으며 FIS 알파인 스키 월드컵 등 국제 대회가 많이 열리는 곳으로도 유명하다. 다이세쓰 산의 장엄한 풍경이 한눈에 들어와 라이딩의 즐거움을 한층 더 높여주고 5월 초까지도 스키를 탈 수 있다. 초급자부터 상급자까지 만족시키는 다양한 코스가 있다. 후라노 존에는 신후라노 프린스 호텔이 있고, 정상에서 트리 런을 즐길 수 있다. 기타노미네 존은 날씨가 맑은 날에는 후라노 마을이 한눈에 내려다보인다. 이외에도 프리미엄 존이 있는데, 눈사태 위험으로 매일 패트롤이 안전 여부를 체크한 뒤 오픈을 결정한다. ⓘ P.096

6	**삿포로 테이네 스키 리조트**
	Sapporo Teine Ski Resort

삿포로에서 50분 정도면 도착하는 곳이라 인기가 많다. 하이랜드 존 ハイランドゾーン과 올림피아 존 オリンピアゾーン으로 나누어져 있는데, 총 15개의 슬로프가 있고 최장 활주거리는 6000m 정도. 특히 하이랜드 존에서는 삿포로 시내와 이시카리 만을 내려다볼 수 있으며, 스키를 타고 삿포로 시내까지 갈수도 있겠다 싶을 정도로 멋진 경치를 보며 라이딩을 즐길 수 있다. 올림피아 존에는 아이들도 즐길 수 있는 공룡 키즈 파크 恐竜 Kid's Park도 있다. 삿포로 주요 호텔에서 테이네 스키장까지 '빅랜즈호 ビッグランズ号' 버스를 이용하면 편하다. 리프트 7시간권과 왕복 버스 요금을 묶은 패키지 요금을 이용하면 좀 더 저렴하며, 반드시 홈페이지를 통해 예약해야 한다.

ⓘ P.175 Ⓜ P.130A

+ PLUS

홋카이도의 스키 시즌은 언제인가요?
보통 11월 말부터 5월 초까지입니다. 그렇지만 제대로 즐기려면 12월에서 4월 중순까지는 가는 것이 좋죠.

파우더 스노 powder snow가 뭐예요?
수분 함량이 적은 건설을 말합니다. 건조할수록 더 폭신거리며 입김으로 후~불면 휙~~날아가는 눈일수록 스키와 스노보드 등을 타기가 더 좋다는 거죠. 이런 눈은 고도가 높거나 해안에서 먼 지역, 그리고 위도가 높아서 추울수록 더 많이 내립니다. 세계적인 스키 타운인 캐나다 휘슬러에는 수분을 10~12% 정도 함유한 눈이 내리고, 심지어 미국 유타 주는 3%인 눈이 내려 거의 무중력 상태에서 스키를 타는 느낌이 들 정도라고 합니다.

홋카이도 스키 여행이 처음이라면?
여행사들이 판매하는 스키 여행 상품이 인기가 많습니다. 삿포로 관광과 더불어 근교 스키장을 당일로 다녀오는 자유여행이 망설여진다면 여행사의 패키지 상품을 이용하는 것도 좋은 방법입니다.

국내에서 장비를 가져갈 수 있나요?
본인 장비를 비행기로 가져갈 수 있습니다. 단, 장비를 대중교통으로 옮기는 것이 쉽지 않아 렌터카를 이용하는 것이 편리합니다. 참고로 대한항공의 경우, 스키·스노보드 장비 세 변의 합이 277cm 이내이면서 수하물 무게의 합이 23kg 이하라면 초과 수하물 요금을 징수하지 않습니다.

장비 대여가 가능한가요?
물론 가능합니다. 스키복과 스키 세트, 또는 스키복이나 스키 세트만 따로 대여 가능해요. 다만, 스키복만 대여할 경우 모자와 장갑, 그리고 고글은 불포함이니 따로 준비해서 가져가세요.

혹시 스키를 타지 못한다면?
각 스키장마다 다양한 프로그램을 즐길 수 있으니 걱정마세요. 스노모빌이나 스노모빌이 끄는 강하행용 보트를 타고 눈밭을 질주하는 스릴을 즐기거나 가이드와 함께 스노슈를 신고 아름다운 설원을 산책할 수도 있어요.

홋카이도에서 즐기는 경이로운 여행
유 빙 체 험

홋카이도에서 겨울이 다가오면 손꼽아 기다리는 이벤트가 있다.
그것은 바로 꽁꽁 언 바다 위를 달리고, 직접 빙하 위를 걸어 다닐 수 있는 유빙 체험!
알래스카나 남극만큼은 아니더라도 빙하가 보여주는 멋진 자연의 신비를 온몸으로 만끽할 수 있으니
겨울에 홋카이도를 찾는다면 꼭 경험해보자.

+ PLUS

유빙이란
바람이나 해류 때문에 표류하는 해빙을 말한다. 추운 겨울이 되면 러시아의 아무르 강에서 생성된 유빙이 남쪽으로 1000km 정도 내려온다. 작은 얼음 알갱이였던 것이 점점 크기가 커지면서 얼음덩어리가 되는 것이다.

유빙을 볼 수 있는 시간
홋카이도 북동부 오호츠크 해에서 유빙이 떠 있는 은백색 바다를 볼 수 있다. 보통 1월 말에서 3월 사이에 볼 수 있는데, 최근에는 이상기후 때문에 1~2월 초 정도에는 가야 확실히 볼 수 있다. 시간상 오후보다는 오전에 볼 수 있는 확률이 더 높다.

유빙을 볼 수 있는 방법
홋카이도 바다 위에 떠 있는 유빙을 직접 보고 싶다면 아바시리에서 쇄빙선 오로라를 타는 것이 정답! 유빙을 직접 만져보고 그 위를 걷는 유빙 워크도 이곳에서만 할 수 있는 독특한 체험 프로그램이다. 유빙에 대해 알아보고 멀리서 볼 수 있는 유빙 관광 열차도 있다.

유빙 체험 준비물
일단 갖고 있는 방한용품은 모두 착용하자. 특히 유빙선을 타면 바람도 강하고 매우 춥기 때문에 기능성 내복, 모자, 귀마개, 마스크, 넥 워머 등은 꼭 착용하는 것이 좋다. 유빙 워크 시에는 특별한 슈트를 제공하지만, 그 안에 기능성 내복을 입고 얇은 옷을 껴입으면 확실한 방한 효과를 누릴 수 있다. 양말도 두 겹은 신어야 한다. 마지막으로 여름이 아니더라도 자외선 차단제를 바르는 것은 필수임을 잊지 말 것. 유빙에 반사되는 햇빛이 강렬하다.

1 아바시리 유빙 관광 쇄빙선 오로라
網走流氷觀光碎氷船おーろら

얼음으로 뒤덮인 바다를 보려면 얼음을 깨면서 달리는 쇄빙선이 최고다. 쇄빙선은 원래 빙해에서 여객과 물자를 운송하는 배인데, 이것을 모티브로 관광용 선박으로 개조해 만든 것이 바로 쇄빙선 오로라호다. 선체의 무게로 두께 1m가량의 유빙을 부수며 전진하는데, 이때 들리는 굉음과 진동을 느끼며 달리는 기분은 스릴 만점이다. 약 1시간 동안 배를 타고 항해하는 코스로, 바다로 나가면 육지에서 점점 멀어지면서 유빙과 갈매기들이 눈에 들어온다. 가끔 유빙 위에서 휴식을 취하는 바다표범도 구경할 수 있다. 1층과 2층은 객실이고 3층은 전망대이며, 따뜻한 차를 마실 수 있는 커피 라운지와 매점이 있다. 간식을 미리 준비해 커피와 함께 먹으며 유빙을 바라보는 것도 좋은 방법. 일정 인원이 모이지 않거나 유빙이 보이지 않는 날에는 운항이 취소되기도 하니 미리 예약하는 것이 좋다. 당일 티켓 구매도 가능하지만 현금만 가능. ⓘ P.322 Ⓜ P.319

2 유빙 워크
流氷ウォーク

유빙 워크는 방수와 방한 기능을 갖춘 물에 뜨는 특수한 슈트를 입고 얼음 바다로 들어가기도 하고 직접 유빙 위를 걷는 것으로, 행운이 따른다면 이곳에서 서식하는 바다표범도 볼 수 있다. 꽁꽁 언 얼음 위를 걷다가도 물속에 빠지기도 해서 순간 아찔하기도 하지만, 빠져도 허벅지 깊이 정도니 겁먹을 필요는 없다. 물론 안전한 체험을 위한 전문 가이드도 함께 한다. 예약은 필수이며, 투어를 제대로 즐기고 싶다면 오후보다는 이른 오전에 체험하는 것이 좋다. 신장 130~190cm 사이, 체중 110kg 이하, 나이 74세 이하만 참여할 수 있다.

ⓘ P.335　Ⓜ P.328, 329

3	유빙 이야기호 流氷物語号

쇄빙선을 타거나 유빙 워크를 하는 것도 좋지만 여의치 않다면 기차를 타보는 것도 좋다. 아비시리 網走와 시레토코샤리 知床斜里를 오가는 관광열차인 유빙 이야기호 流氷物語号를 타면 기차 창문 밖으로 유빙이 뒤덮인 오호츠크 해를 볼 수 있다. 해안선에서 가까운 기타하마 北浜駅 역에서 10분 정도 정차하니 전망대로 올라가 아름다운 유빙과 바다 풍경을 감상해보자. 예약은 JR 미도리 창구 みどりの窓口나 인터넷에서 할 수 있고, 홋카이도 레일 패스 소지자의 경우 삿포로 역이나 공항역 안내 데스크에서도 가능하다. 2016년까지 운행되던 빈티지 느낌의 노롯코 열차가 폐지된 후, 새로 운행하는 유빙 이야기호는 보통 디젤 열차를 개조한 것이라 이전보다 분위기가 별로라는 반응이 있다. 기차 자체보다는 창밖 겨울 풍경에 집중해보자.

+ PLUS

덴토 산(오호츠크 유빙관) オホーツク流氷館

겨울에 아바시리를 방문했다면 오로라호나 유빙 워크 등으로 유빙을 직접 체험할 수 있겠지만, 다른 계절에는 당연히 불가능이다. 이때라면 아바시리의 오호츠크 유빙관을 찾아 아쉬움을 달래보자. 유빙을 테마로 만든 과학관으로 유빙의 생성·소멸 과정을 볼 수 있고, 러시아의 유빙이 오호츠크 해로 흘러 들어오는 과정을 알아본 후 전시실에서 직접 만져볼 수도 있다. 또 제공하는 가운을 입고 유빙을 체험하는 코너도 마련되어 있다. 특히 '바닷속 천사'라는 예쁜 별명이 있는 클리오네 Clione 등의 바다 생물을 볼 수 있어 인기다.

또 이곳 1층 로비에 있는 아이스크림 코너에서 유빙 아이스크림(400¥)을 맛보는 것을 잊지 말 것. 파란빛 소금을 뿌려주는 아이스크림은 단짠단짠이라 더 인기다.

ⓘ P.321 Ⓜ P.318

한번 타면 또 타고 싶어지는
유람선 & 로프웨이

어느 곳으로 여행을 가든 오직 그곳에서만 경험하고 즐길 수 있는 것을 체험하고 나면
그것은 '특별한 기억'으로 각인된다. 홋카이도의 특별함 중 하나인
이색적인 체험을 즐겨보자.

1 도야호 하나비 유람선
洞爺湖花火汽船

일본 100경 중 하나로 꼽히는 도야 호수는 11만 년 전 화산 분화로 생성된 호수다. 일본에서 아홉 번째로 큰 호수를 둘러싼 아름다운 풍경을 사계절 볼 수 있고, 온천욕 등의 이벤트도 펼쳐져 홋카이도에서도 유명한 휴양지이기도 하다. 수면 위로 유유히 운행하는 유람선의 원뿔형 지붕과 끝에 달린 깃발은 중세 유럽의 성 모양을 테마로 했다. 700여 명이 탑승할 수 있는 꽤 큰 유람선으로, 도야 호수의 명물이기도 하다. 낮에는 호수 중앙의 4개의 섬으로 구성된 나카지마 中島까지 운항하며 호수 풍경을 즐길 수 있다. 4개의 섬 중 가장 큰 섬인 오시마 섬에는 사슴들이 사는 도야코 삼림박물관도 자리해 낮에는 유람선에서 내려 둘러볼 수도 있다. 낮에 타도 즐겁지만 여름에는 하루 단 1회, 더욱 특별한 시간이 기다리고 있다. 바로 배를 타고 호수 위에서 펼쳐지는 불꽃놀이를 보는 것이다. 도야 호수의 여름철 특별 이벤트인 도야코 롱런 불꽃놀이 洞爺湖ロングラン花火大会를 선상에서 즐기는 코스로, 로맨틱한 분위기를 선호하는 커플은 물론 가족 여행자에게도 인기 만점이라 일찍 티켓을 구입한 후 빨리 승선하는 것이 좋다. 매일 열리는 불꽃놀이라 엄청 화려하거나 대단한 것은 아니지만 하늘 위 불꽃이 호수에 어른거리는 모습이 로맨틱하다.

ⓘ P.212 Ⓜ P.208

[+ PLUS]

유람선 이용법

STEP 1. 적어도 출발 30분 전에 도착하기
되도록 좋은 자리를 맡는 것이 관건이니 아무래도 빨리 탑승하는 것이 유리하다. 20:30 전후에 출발하는 출발 시각을 사전에 확인한 후, 여유를 두고 도착해 티켓을 구입하자. 개인 예약은 따로 받지 않으며, 당일 티켓을 구입하면 30분 전부터 탑승할 수 있기 때문에 빨리 탈수록 자리 선점에 유리하다.

STEP 2. 테이블 자리 잡기
배 안에 들어가 바깥을 잘 볼 수 있는 갑판으로 올라가면 한쪽에 테이블이 마련된 코너가 있는데 따로 음료를 구입해야 앉을 수 있는 자리이다. 편하게 불꽃놀이를 볼 수 있는 명당이기도 하니, 약간의 투자를 하는 것도 나쁘지 않다. 테이블에 앉으려면 앞에 서 있는 담당 스태프와 이야기해 자리를 잡은 후 테이블 옆에 설치되어 있는 가판대로 가서 음료수 등을 구입하면 된다. 이곳에 앉을 생각이 없다면 근처나 위층에 자리를 잡으면 되는데, 테이블이 있는 쪽이 불꽃놀이를 바라보는 방향이니 그쪽을 기준으로 자리를 잡는다.

STEP 3. 편안한 마음으로 불꽃놀이와 별 구경하기
시간이 되면 유람선이 서서히 출발한다. 시원한 밤바람을 느끼며 불빛이 반짝거리는 도야호 온천의 풍경을 감상해보자. 이윽고 불꽃놀이 시간이 다가오면 배 안의 조명이 꺼지며 주변이 어두워지고 멀리 달리는 배 위에서 쏘아 올리는 불꽃이 하늘에 솟아오르는 풍경이 눈앞에 펼쳐진다. 불꽃은 하늘에서 터지며 그 빛이 수면에 비쳐 두 배로 아름다워진다. 중간에 불꽃이 잠시 멈춰 주변이 깜깜해졌다면, 시선을 들어 하늘을 올려다보자. 그야말로 쏟아질 듯 무수한 별들이 머리 위에서 반짝거리는 풍경을 볼 수 있을 것이다.

2 하코다테 산 로프웨이
函館山ロープウェイ

일본에서는 홍콩, 나폴리와 더불어 '세계 3대 야경'이라고 자부하는 하코다테의 야경을 볼 수 있는 최고의 전망대다. 올라갈 수 있는 방법은 등산과 버스, 택시 등이 있지만, 가장 인기는 하코다테의 명물 로프웨이다. 예스러운 분위기가 넘치는 모토마치 언덕의 정류장에서 출발해 불과 3분 만에 하코다테 산 정상에 도착하는 로프웨이는 노면전차와 함께 하코다테의 최고 인기 교통수단이다. 로프웨이는 자연과 경관을 보호하기 위해 지주가 없는 단순한 구조로 건조했고, 탄소 배출이 적은 친환경 차량을 사용한다. ⓘ P.284 Ⓜ P.276

[+ PLUS]

로프웨이 이용법

STEP 1. 로프웨이 정류장 가기
모토마치 언덕에 있는 정류장으로 가려면 노면전차를 타고 주지가이 十字街 정류장에 내려 걸어 올라가면 된다. 렌터카를 빌렸을 경우 로프웨이 정류장 옆 있는 주차장에 세워 놓으면 된다. 야간에는 자동차가 전망대로 올라가지 못하기 때문에 로프웨이나 버스를 이용할 수밖에 없다.

STEP 2. 티켓 구입하기
정류장에 있는 티켓 창구나 자동 발매기에서 티켓을 구입해 입장하면 된다. 창구에서는 신용카드 사용이 가능하다.

STEP 3. 로프웨이 탑승하기
전망이 보이는 유리창 가까이 자리를 잡으면 하코다테의 풍경이 한눈에 들어온다. 워낙 많은 사람들이 한 번에 탑승해 좋은 자리를 확보하려면 90%의 운과 10%의 민첩함이 필요하다.

STEP 4. 풍경 감상하기
너무 붐비기 전 밝을 때 올라가면 낮과 밤 풍경 모두 감상할 수 있다. 시간을 맞춰 조금 서두르자.

3 시레토코 관광선
知床観光船

시레토코 반도 知床半島는 홋카이도 동부에 있는 반도로 '대지의 끝자락'이라는 의미다. 2005년 유네스코 세계 자연유산으로 등재되었으며, 반도의 중앙부에는 1000m가 넘는 시레토코다케, 시레토코이오 등의 산들이 이어져 있다. 자연을 보호하기 위해 시레토코 곶 주변은 특별 보호 지구로 지정하고 관광 목적으로는 상륙할 수 없도록 했기 때문에 시레토코 관광선을 이용하는 것이 가장 효율적이다. 해안선을 따라 곳곳에 볼만한 포인트가 많은데, 갑자기 나타나는 천연 동굴과 크고 작은 폭포, 날카로운 절벽은 감탄사가 이어지게 한다. 또 운이 좋으면 곰까지 볼 수 있다. 관광선은 보통 우토로에서 출발하며 각 업체와 코스마다 소요 시간 및 요금이 달라진다. 성수기에는 홈페이지에서 되도록 예약하는 것이 안심이다. ⓘ P.334 Ⓜ P.328, 329

> **+ PLUS**
>
> **시레토코 관광선 코스 주요 포인트**
>
> - **우토로 항구** ウトロ港
>   유람선 출발 지점. 우토로 온천에서 가까운 항구다.
>
> - **프레페노타키** フレペの滝
>   '처녀의 눈물'이라고 불리는 2개의 물줄기가 절벽 틈에서 나오는 것을 볼 수 있다.
>
> - **구소네포르** クソンポール
>   동굴이 늘어선 광경을 볼 수 있으며, 파도로 형성된 장소다. 아이누 말로 '검은 구멍'이라는 뜻이다.
>
> - **가무이왓카노타키** カムイワッカの滝
>   아이누 말로 '신의 폭포'라는 뜻이다.
>
> - **루샤가와** ルシャ湾
>   곰이 자주 출현하는 곳으로, 여행자들이 가장 큰 기대를 하는 포인트.
>
> - **가슈니노타키** カシュニの滝
>   강이 바다로 곧바로 떨어지는 약 30m 높이의 폭포로, 뒤에 검은 동굴이 있어 그 모습이 더욱 돋보인다.
>
> - **시레토코 곶** 知床岬
>   우토로 항에서 약 40km 떨어진 곳에 자리한 시레토코 반도의 끝으로, 강한 바람때문에 절벽 끝에는 나무가 없다.

빈티지 감성 가득, 삿포로의 노면 전차

마치 겨울 왕국 같은 설원의 풍경

눈부신 은빛 설국만큼 아름다운 홋카이도의 보라빛 봄

TRAVEL
무작정 따라하기

홋카이도

삿포로 | 오타루 | 비에이 | 후라노 | 하코다테

VOL 2

| 가이드북 |

**꼭 가야할 지역별
대표 명소 완벽 가이드**

홍수연·홍연주 지음

길벗

Japan

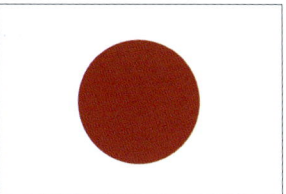

국명 / 국기   `일본국` `にほんこく`

국기는 태양을 뜻하는 붉은 동그라미가 그려진 일장기로, '태양의 중심'이라는 뜻을 포함하고 있다.

홋카이도기는 1967년 제정되었으며 북진의 깃발인 고료 五稜의 별을 현대적인 이미지로 표현했고, 개척 정신으로 성장하는 홋카이도의 미래를 담았다. 남색은 북쪽의 바다와 하늘을 상징하며 붉은색은 불굴의 에너지, 흰색은 바람과 눈을 뜻한다.

면적 / 인구

일본 전체 인구는 약 1억2330만 명이며 세계 12위다. 면적은 377,915km²로 세계에서 62번째로 큰 나라이며 우리나라보다 약 3.8배 넓다. 홋카이도의 면적은 83,453.57km², 인구는 약 511만 명으로 세계에서 21번째로 큰 섬이다.

거리와 시차   `비행시간 : 2시간 30~50분, 시차 없음`

한국 인천 국제공항에서 출발해 삿포로까지 직항 기준으로 2시간 30~50분 정도 소요된다. 부산 출발 직항편은 2시간 15~30분 정도 소요된다. 우리나라와 동일 시간대라 시차는 없다.

언어   `일본어`

고유어인 일본어를 사용하며 글자는 일본식 한자인 히라가나와 가타카나를 병용한다.

화폐   `100¥ = 약 905원(2024년 3월 기준)`

일본의 화폐 단위는 ¥ (엔)이다. 지폐는 1만¥·5000¥·1000¥ 세 가지이며 동전은 여섯 가지로 500·100·50·10·5·1¥ 이다.

비자&여권   `무비자 입국 최대 90일`

대한민국 국민이라면 여행 비자가 필요 없으며, 최대 90일간 체류 가능하다.

     1000¥

 5000¥  1만¥

AREA
홋카이도 한눈에 보기

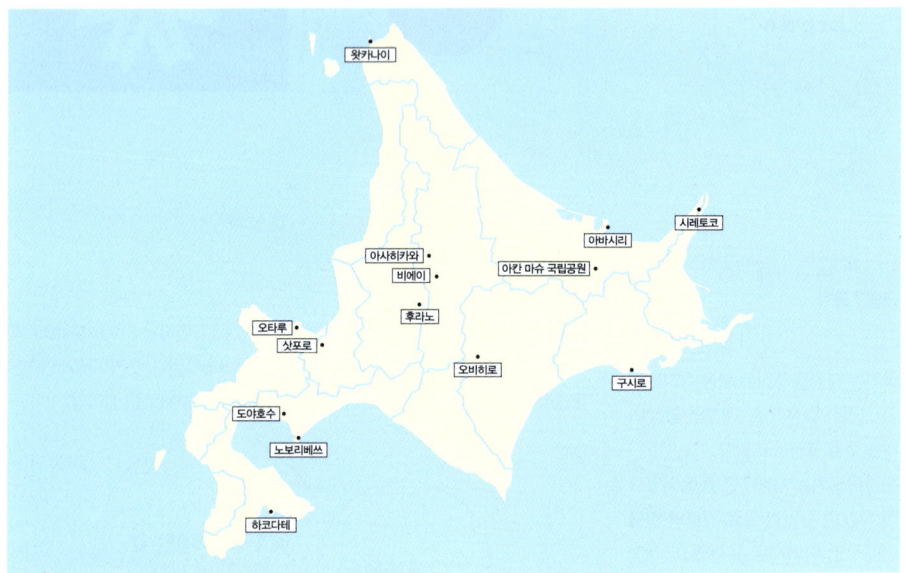

AREA 1 삿포로

📷 관광	🛍 쇼핑	🍴 식도락
★★★★★	★★★★★	★★★★★

홋카이도의 제1 도시로, 식도락과 쇼핑을 즐기기에 좋고 볼거리도 다양하다. '겨울 눈 축제'로 대표되는 이벤트가 1년 내내 계속되는 것도 큰 매력. 주변에는 아름다운 시코쓰 호수와 분위기 좋은 조잔케이 온천이 있다.

 CHECK LIST
- 삿포로 인기 명소 탐방
- 게, 징기스칸, 수프 카레 맛보기
- 쇼핑몰, 돈키호테 등에서 쇼핑하기

AREA 2 오타루

📷 관광	🛍 쇼핑	🍴 식도락
★★★★★	★★★★☆	★★★★☆

삿포로 근교, 영화 <러브레터>로 친숙한 오타루는 꼭 가보고 싶은 여행지! 천천히 산책하듯 둘러보다 보면 어느새 오타루의 매력에 흠뻑 빠져 여행을 마치고 떠나는 발걸음이 아쉽게 느껴진다.

 CHECK LIST
- 오타루 운하, 사카이마치도리, 오타루 오르골당 등 산책
- 유명 스시 & 스위츠 맛보기

AREA 3 노보리베쓰

📷 관광	🛍 쇼핑	🍴 식도락
★★★☆☆	★☆☆☆☆	★★★☆☆

삿포로에서 가까운 홋카이도 대표 온천으로 지옥 계곡과 오유누마 등의 볼거리가 있다. 하루 정도 머물면서 건강에 좋은 온천욕도 하고 맛있는 음식도 먹으며 이제까지 쌓인 피로를 싹 풀어주는 힐링 타임을 즐겨보자.

CHECK LIST
온천욕 즐기기
료칸에서 즐기는 전통 가이세키 요리

AREA 4 도야 호수

📷 관광	🛍 쇼핑	🍴 식도락
★★★★☆	★☆☆☆☆	★★☆☆☆

언제 찾아가도 마음에 평화를 안겨주는 곳이다. 푸르고 맑은 칼데라 호수와 아직도 활동 중인 활화산을 볼 수 있으며 온천욕도 즐길 수 있다. 여름철 호수 위에서 펼쳐지는 불꽃놀이도 멋진 이벤트.

CHECK LIST
도야 호수 산책 & 화산 흔적 둘러보기
온천욕 즐기기
여름철 불꽃놀이 구경하기

AREA 5 아사히카와

📷 관광	🛍 쇼핑	🍴 식도락
★★★★☆	★★☆☆☆	★★★☆☆

일본의 명산으로 꼽히는 다이세쓰 산 국립공원이 근교에 있는 홋카이도 제2의 도시. 아사히야마 동물원도 필수 여행지이며 후라노와 비에이 여행의 기점이기도 하다.

CHECK LIST
다이세쓰 산의 대자연 탐방
아사히야마 동물원 즐기기
라멘·수제맥주·징기스칸 맛보기

AREA 6 비에이

📷 관광	🛍 쇼핑	🍴 식도락
★★★★★	★★☆☆☆	★★☆☆☆

아름다운 언덕이 이어지는 비에이 풍경은 사계절 내내 아름답고 눈부시다. 청의 연못과 더불어 파노라마, 패치워크가 자아내는 정다운 풍경을 꼭 감상해보자.

CHECK LIST
신비한 물빛, 청의 연못
좋은 사람과 함께 가고픈
패치워크 & 파노라마 워크

AREA 7 후라노

📷 관광	🛍 쇼핑	🍴 식도락
★★★★☆	★★☆☆☆	★★☆☆☆

이곳에 가는 가장 큰 이유는 무엇보다 여름 한 철 몽환에 가까운 보랏빛 풍경을 보여주는 라벤더를 보기 위해서다. 이 한 장면만으로도 여행 온 보람을 느낄 수 있을 것이다.

CHECK LIST
팜 도미타 등에서 라벤더 꽃밭 거닐기
와인, 치즈 등 신선한 먹거리 맛보기

AREA 8 오비히로

📷 관광	🛍 쇼핑	🍴 식도락
★★★☆☆	★★★☆☆	★★★☆☆

홋카이도의 가장 풍요로운 대지로 불리는 도카치 평원과 숲의 도시로, 언제나 여유로운 분위기를 풍긴다. 롯카테이를 비롯한 유명 스위츠의 본점이 있는 곳으로도 잘 알려져 있다.

CHECK LIST
평화로운 근교 숲 & 정원 둘러보기
유명 스위츠 본점 & 부타동 맛보기

AREA 9 하코다테

📷 관광	🛍 쇼핑	🍴 식도락
★★★★★	★★☆☆☆	★★★★☆

홋카이도에서 가장 유명한 시장이 있는 하코다테는 빈티지와 레트로 감성을 물씬 풍기는 곳이다. 야경으로도 유명하며 우리나라 여행자들에게도 매우 인기가 높다.

CHECK LIST
하코다테 산에 올라 야경 즐기기
도시 풍경 속 빈티지 감성 느끼기
가이센동, 라멘, 햄버거 등 맛보기

AREA 10 구시로

📷 관광	🛍 쇼핑	🍴 식도락
★★★☆☆	★☆☆☆☆	★★★☆☆

하얀 설원 위 단정학, 생태계의 보고인 구시로 습원이 있는 곳으로 차분하고 정다운 풍경이 펼쳐진다. 여름에는 노롯코, 겨울에는 증기 기관차를 타보는 것도 큰 즐거움이다.

CHECK LIST
관광열차 타고 구시로 습원 둘러보기
갓테동, 로바타야키, 장기 등 식도락 즐기기

AREA 11 ▶ 아칸 마슈 국립공원

📷 관광	🛍 쇼핑	🍴 식도락
★★★★☆	★☆☆☆☆	★★☆☆☆

아칸, 마슈, 굿샤로 등 신비로운 3개의 호수가 있는 아칸 마슈 국립공원은 잔잔한 자연 풍경을 좋아하는 여행자에게 꼭 추천하고 싶은 곳. 멋진 경치를 따라 드라이브를 즐기기에도 좋다.

👍 CHECK LIST
아름다운 호수들 둘러보기
느긋하게 온천욕 즐기기

AREA 12 ▶ 아바시리

📷 관광	🛍 쇼핑	🍴 식도락
★★★☆☆	★☆☆☆☆	★★☆☆☆

홋카이도 개척 역사의 흔적이 남아 있는 장소를 둘러보고, 겨울이라면 먼 이곳까지 내려온 유빙이 떠 있는 광활한 바다 풍경을 감상해보자.

 CHECK LIST
독특한 여행지, 아바시리 감옥 박물관
겨울에만 볼 수 있는 유빙 탐방

AREA 13 ▶ 시레토코

📷 관광	🛍 쇼핑	🍴 식도락
★★★★☆	★☆☆☆☆	★★☆☆☆

여름에는 짙은 녹음과 대자연 속 풍경을, 겨울에는 바다에 떠 있는 유빙을 직접 걸어서 탐방할 수 있는 곳! 운이 좋다면 시레토코 관광선에서 야생 곰을 볼 수 있다.

 CHECK LIST
감탄사만 나오는 대자연의 풍경,
시레토코 5호
겨울에만 즐길 수 있는 유빙 워크

AREA 14 ▶ 왓카나이

📷 관광	🛍 쇼핑	🍴 식도락
★★★★☆	★☆☆☆☆	★★★★☆

일본 최북단 도시 왓카나이에 가면 이곳만의 독특한 분위기를 느낄 수 있다. 리시리와 레분 섬은 아름다운 풍경으로 유명하며 등산과 트레킹 코스로도 잘 알려져 있다.

 CHECK LIST
일본 최북단 지점 찾아 테마 탐방
고독하지만 아름다운 리시리와 레분 섬 둘러보기

Season

홋카이도
날씨 & 축제 캘린더

3	4	5	6	7	8
MAR	APR	MAY	JUN	JUL	AUR

⟵──── **Spring** ────⟶　　⟵──── **Summer** ────⟶

4월까지는 두꺼운 겉옷이 필요하다. 5월이 되면 날씨가 온화해지지만 아직 바람이 차니 겉옷을 꼭 걸치는 것이 좋다. 6월에는 반팔을 많이 입지만 아침저녁으로는 쌀쌀하니 카디건 등을 준비할 것. 추운 대지를 뚫고 나온 그린 아스파라거스와 식감이 탱탱한 털게가 제철이다.

낮에는 반팔이나 민소매 티셔츠를 입더라도 산이나 호수 등 내륙지방에 갈 때는 긴소매 옷을 반드시 준비해야 한다. 8월 중순이 지나면 벌써 아침저녁으로 쌀쌀해진다. 게와 성게, 새우 등 싱싱한 해산물이 일품인 계절. 입에서 사르르 녹는 달콤한 멜론과 수박, 단맛이 나는 옥수수도 꼭 맛보자.

CHECK LIST

벚꽃놀이 4월 하순~5월 중순. 삿포로의 마루야마 공원&홋카이도 대학 캠퍼스, 하코다테의 고료카쿠
라일락 축제 5월 중순부터 삿포로의 오도리 공원 주변
5월의 스키 5월 초까지 운영하는 스키장

CHECK LIST

라벤더 꽃밭 6월 말~7월 중순이 절정
삿포로 여름 축제 시원한 맥주와 홋카이도 음식 즐기기
최고 성수기 공항, 관광지 등등 어디나 붐비니 여유를 갖고 움직이기

우리나라와 마찬가지로 훗카이도에서도 사계절의 매력을 느낄 수 있다. 흰 눈이 녹은 후 분홍빛 라일락과 벚꽃이 흩날리는 봄, 짧아서 더 아름답게 느껴지는 청량한 여름, 울긋불긋 산들이 물드는 수확의 계절 가을, 파우더 스노에서 스키를 타고 오호츠크 해의 유빙을 볼 수 있는 은빛 겨울, 사계절 모두 눈부시게 아름답다.

	1월	2월	3월	4월	5월	6월	7월	8월	9월	10월	11월	12월
삿포로 최저 기온	-12.5	-10	-8	1	5	6	13	13	9	4	-5	-10
삿포로 최고 기온	8	10	12	20	25	28	30	30	28	25	10	10

| 9 SEP | 10 OCT | 11 NOV | 12 DEC | 1 DEC | 2 FEB |

←─────── Fall ───────→ ←─────── Winter ───────→

9월 중순이 되면 아침저녁으로 쌀쌀해지기 시작한다. 긴소매 옷은 필수! 10월 하순이 되면 산에는 눈이 오는 경우도 있다. 따뜻한 스웨터와 아우터를 준비할 것. 꽁치와 연어, 임연수어, 오징어, 굴 등의 싱싱한 해산물과 감자, 햅쌀, 사과 등의 농산물을 수확하는 풍성한 계절이다.

무조건 따뜻하게! 털모자와 장갑, 목도리, 내복은 필수 아이템이고 미끄럼 방지 신발도 꼭 필요하다. 3월이 되어도 밤에는 두꺼운 코트와 털모자 등의 방한용품이 필요하다. 굴, 가리비, 왕게, 청어 등등 모든 해산물이 맛있다.

 CHECK LIST

다이세쓰 산 단풍 9월 하순~10월 중순. 최고 단풍 명소
삿포로 오텀페스트 9월 중순~10월 초. 오도리 공원
17:00 이 시간이 넘으면 해가 지며 어두워지고 갑자기 쌀쌀해진다.
첫눈 훗카이도 북부는 10월 중순, 남부는 11월 초·중순

CHECK LIST

겨울 스포츠 파우더 스노 위에서 스키나 스노보드 즐기기
유빙 체험 꽁꽁 언 바다 위를 달려보기
삿포로 유키 마쓰리 세계적으로 유명한 눈 축제
오타루 유키아카리노미치 2월 첫째 또는 둘째 주. 눈빛 거리 축제

홋카이도 여행 무작정 따라하기

Step 1
홋카이도 가기

페리 등 배편을 이용해도 갈 수 있는 후쿠오카나 오사카 같은 일본 다른 도시와는 달리 우리나라에서 홋카이도로 가는 방법은 항공편이 유일하다. 관광 목적으로 일본에 입국한 한국인은 최대 90일 무비자 체류가 가능하다.

홋카이도로 입국하기

우리나라에서 홋카이도로 가는 가장 빠른 방법은 인천 또는 김해 공항에서 신치토세 新千歳 공항(CTS)로 가는 삿포로 직항 노선을 이용하는 것으로, 소요 시간은 2시간 30~50분 내외다. 하코다테나 아사히카와 등 다른 도시로 입국하고 싶다면, 우선 도쿄나 오사카로 먼저 간 후 국내선으로 다시 환승해야 한다. 입국 시 제출할 입국 신고서와 세관 신고서는 한글이 함께 병기된 것을 기내에서 승무원이 나눠준다. 단, 내용은 숫자 외에는 영어 또는 한자로 작성해야 한다. 숙소 이름과 주소, 전화번호를 적어야 하니 미리 준비해 두자(코로나 19로 인해 요구했던 백신 3회 접종 증명서나 PCR 음성 확인서 제출은 2023년 5월부로 폐지되었다).

비지트 재팬 웹 Visit Japan Web

출국 전 미리 비지트 재팬 앱을 이용해 입국 정보를 사전 등록해 두면 따로 입국 서류를 받아 작성하지 않아도 된다. PC 또는 모바일로 '비지트 재팬 웹'에 접속해 페이지 내 URL이나 QR로 다시 이동하면 나오는 양식에 숫자와 영문 대문자를 이용해 입력하자. 우선 이메일 주소로 회원 가입 후 본인 및 동반 가족의 기본 정보를 등록하고 입국 및 귀국 스케줄을 등록하면 된다. 다음으로 검역 정보·입국 심사 기록(국가명, 거주 도시, 입국 목적 및 체류 기간 등)·세관 신고 기록을 입력하자. 정보 입력 후 30분~2시간, 최대 1일 이내 심사 결과가 이메일로 도착하고, 통과 시 검역 정보 창이 파란색으로 바뀐다. 제출 후 QR코드가 출력되었다면 입국 서류 준비 완료다.

홈페이지 vjw-lp.digital.go.jp/ko

입국 과정 한눈에 보기

입국 과정은 어느 공항이나 거의 동일하고, 공항 내 안내판만 잘 보고 따라가면 된다.

STEP 1 '도착 Arrival 到着' 표시를 따라 입국 심사대의 외국인 카운터로 간다. 거의 모든 안내판에는 한글이 함께 있다.

STEP 2 입국장 전의 검역 과정에서는 비지트 재팬 웹의 QR코드를 보여주면 된다.

STEP 3 입국 심사대에서 여권과 함께 비지트 재팬 웹의 QR코드를 제시하거나 기내에서 작성한 입국 심사서를 제출한다. 이때 지문과 사진을 찍는 과정을 거치게 된다.

STEP 4 짐을 찾은 후 세관 신고를 마치면 끝! 비지트 재팬 웹의 QR코드를 제시하거나 미리 작성한 세관 신고서를 제출한다.

Step 2
도시 간 이동하기

우리나라 면적과 거의 비슷한 홋카이도에는 삿포로뿐 아니라 주요 도시 곳곳에 공항이 있어 항공편도 잘 발달 되어 있으며, 기차와 버스 또한 많이 이용한다. 만약 홋카이도 구석구석을 여행할 계획이라면 아무래도 렌터카가 가장 효율적이다.

비행기 航空

보통 홋카이도 내에서는 어느 도시에서나 45~55분, 도쿄에서는 1~2시간이면 도착하기 때문에 가장 빠른 교통수단이다. 도내에서는 삿포로에서 왓카나이, 리시리 섬, 구시로 등 멀리 떨어져 있는 도시로 이동할 때 이용하면 편리하다. 국내선 가격이 매우 비싼 편이니 인터넷의 저렴한 항공권 판매 사이트를 체크한 후 구입하고 되도록 빨리 예매하는 것이 좋다.

항공권 비교 skyscanner.com, trip.com, cheapflights.com

버스 バス

철도 노선이 부족한 홋카이도에서 유용한 교통수단은 바로 버스다. 비슷한 구간을 비교할 때 기차와 소요시간도 큰 차이가 없고 비용도 저렴해 항상 인기가 높다. 삿포로와 아사히카와 등을 중심으로 구시로, 오비히로, 하코다테, 왓카나이 등 주요 도시로 가는 주야간 버스가 수시로 운행되고 있다. 야간버스는 100% 사전 예약제이니 반드시 예매하고 인기 구간이라면 특히 서두르자. 지방일수록 운행 횟수가 줄어드니 항상 시간표를 잘 체크해두어야 한다.

주요 버스 회사
중앙 버스 北海道中央バス chuo-bus.co.jp
도난 버스 道南バス dananbus.co.jp
아칸 버스 阿寒バス akanbus.co.jp
호쿠토 버스 北バス hokto.co.jp
홋카이도 버스 北海道バス hokkaidoubus-newstar.jp

렌터카 レンタカ-

철도와 버스가 자주 다니지 않는 지역일수록 렌터카의 위력이 발휘된다. 특히 북부나 동부 지역일수록 유명 관광지로 가는 가장 좋은 수단이 렌터카인 경우가 많다. 하지만 진행 방향이 우리와 정반대인 일본에서 운전을 한다는 것이 말처럼 쉬운 것은 아니니 항상 조심해야 한다. 반면 유류비는 우리와 비교하면 비슷하거나 조금 높은 편이며 일행이 있다면 렌터카 여행이 경제적이면서도 효율적이다. 단, 장거리를 운전할 경우가 많으니 적당한 휴식과 교대는 필수!(렌터카 여행 세부 안내 p.356)

페리 & 유람선 フェリー & 観光船

왓카나이에서 리시리나 레분 섬을 오갈 때 이용한다. 호수가 많은 홋카이도에서는 유람선을 탈 기회가 많다. 대자연을 온몸으로 느낄 수 있는 빙하 유람선과 곰과 고래를 볼 수 있는 시레토코 반도의 유람선도 특별한 체험이다.

하트랜드 페리 heartlandferry.jp/english
쇄빙 유람선 ms-aurora.com/abashiri
시레토코 관광선 ms-aurora.com/shiretoko

철도 列車

삿포로와 아사히카와, 하코다테, 구시로 등 주요 도시들 구간은 철도로 잘 연결되어 있다. 초고속 열차인 신칸센은 아직 공사 중이라 거리가 먼 경우 이동 시간이 길다. 지정 좌석이 있는 차량과 자유석 차량으로 구성되며 지정석은 추가 요금을 내고 사전에 따로 예약해야 한다. 구간 티켓은 JR 홈페이지나 신치토세 공항 역과 JR 삿포로 역 서쪽 출구의 JR 외국인 안내 데스크, 각 JR 역 티켓 창구와 자동 발매기에서 구입하면 된다.

철도 패스

기차는 빠르고 편리하지만 우리나라에 비해 요금이 매우 비싸 자주 이용한다면 철도 패스를 구입하는 것이 경제적이다. 사용 지역에 따라 패스가 구분되며, 예약만 하면 추가 요금 없이 지정석도 이용 가능하다. 구입 및 예약은 JR동일본 열차 예약 홈페이지에서 온라인으로 하거나 JR홋카이도 주요 역의 각 JR역 티켓 창구와 지정석 발매기에서 하면 된다. 한국에서 사전에 예매해 현지에서 교환할 수도 있지만, 여행 중 현지 구입도 가능한 것이 장점이다. 단, 사전 구입시 요금이 조금 더 저렴하다. 구입은 신치토세 공항의 JR 홋카이도 여행 센터나 삿포로, 하코다테 등의 주요 역에서 모두 가능하다. 여권을 제시하고 신청서를 작성하면 되고, 신용카드 구입도 가능하다.

JR 홋카이도(한국어)
jrhokkaido.co.jp/global/korean/index.html
홋카이도 레일 패스
jrhokkaido.co.jp/global/korean/ticket/railpass/index.html
레일 패스 지정석 예약
eki-net.com/ko/jreast-train-reservation/Top/Index
JR 애플리케이션 Japan Trains(시간표, 운임 조회 가능)

홋카이도 레일 패스(JR홋카이도 전 노선 이용)

패스 종류	어른(12세 이상)		어린이(6~11세)	
	일본 국외발매	일본 국내발매	일본 국외발매	일본 국내발매
5일권	2만¥	2만1000¥	1만¥	1만500¥
7일권	2만6000¥	2만7000¥	1만3000¥	1만3500¥
10일권	3만2000¥	3만3000¥	1만6000¥	1만6500¥

- 이용 개시일 선택이 가능하며, 개시일부터 연속 5·7·10일간 이용 가능
- 유효기간 내 홋카이도 신칸센을 제외한 JR홋카이도 자유롭게 승하차(특급열차 보통차량의 지정석 및 자유석, 특별 쾌속·쾌속 열차의 지정석 및 자유석, 보통 열차, 임시 열차의 지정석 및 자유석)

삿포로-노보리베쓰 에리어 패스

패스 종류	어른(12세 이상)		어린이(6~11세)	
	일본 국외발매	일본 국내발매	일본 국외발매	일본 국내발매
4일권	9000¥	1만¥	4500¥	5000¥

- 개시일부터 연속 4일간 이용 가능
- 신치토세공항-삿포로-오타루-노보리베쓰 구간 이용 가능

삿포로-후라노 에리어 패스

패스 종류	어른(12세 이상)		어린이(6~11세)	
	일본 국외발매	일본 국내발매	일본 국외발매	일본 국내발매
4일권	1만¥	1만1000¥	5000¥	5500¥

- 개시일부터 연속 4일간 이용 가능
- 신치토세공항-삿포로-오타루-후라노-비에이-아사히카와 구간 이용 가능

삿포로 출발 주요 노선 구간 티켓

	소요 시간	편도 요금 (지정석 예약 별도)
신치토세 공항	37~39분	1150¥~
오타루	32~52분	750¥~
노보리베쓰	1시간 10분~2시간 10분	2420¥~
아사히카와	1시간 25분~	2860¥~
왓카나이	5시간 10분~	7920¥~
아바시리 (1회~환승)	5시간 10분~	7370¥~
구시로	4시간 22분~	6820¥~
오비히로	2시간 40분~	4840¥~
하코다테	3시간 40분~	6270¥~

Step 3
홋카이도 여행 상식

물가
예전에는 한국보다 거의 모든 것이 비쌌지만 최근 엔화 약세로 인해 우리와 비슷하거나 저렴한 것도 많다. 대중교통, 명소 입장료는 비싼 편이지만 여행자를 위한 철도패스나 교통권 등을 체크해 사용해보자.

전압
대부분의 숙소는 110V와 더불어 우리가 사용하는 220V전자 기기를 같이 사용할 수 있도록 해 놓았다. 그러나 날씬한 11자형으로 플러그 모양이 다르니 멀티 플러그 등을 챙겨가야 한다. 카페나 식당 등에서 함부로 충전하는 것은 금지. 전기 요금이 매우 비싼 일본에서는 금기 사항이다.

사이즈
일본 브랜드 표기법은 우리나라와 비슷한 경우가 많지만, 대부분 같은 사이즈라도 우리보다 작은 편이니 직접 착용해본 후 구입하는 것이 좋다.

부가세(VAT)환급
한 곳에서 5500¥ 이상 구입했다면 부가세를 환급받을 수 있다. 단, 쇼핑 전 'TAX FREE'가 가능한지 확인하고 여권 제시는 필수니 항상 소지하자.

화장실
역과 같은 공공장소에는 대부분 무료 공중화장실이 있지만, 흔하지는 않으니 눈에 띌 때마다 미리 이용하자. 일본 편의점은 대부분 고객이 사용 가능한 화장실을 갖추고 있다.

택시
미터기를 이용해 정찰제로 운영하지만, 워낙 요금이 비싸 짧은 거리를 가도 요금이 많이 나온다. 문은 자동으로 열리니 직접 열지 않아도 된다.

공휴일(2024년)

1/1~2	신년	1/8	성인의 날
2/11	건국 기념일	2/23	일왕 생일
3/20	춘분	4/29~5/6	골든위크
7/15	바다의 날	8/11~8/15	오봉
9/16	경로의 날	9/22	추분
10/14	체육의 날	10/22	특별휴일(왕세자 즉위 선언 기념)
11/3	문화의 날	11/23	근로 감사의 날

※ 일요일인 경우 월요일 대체휴일

Step 4

홋카이도 추천 여행 코스
삿포로+오타루 (3박 4일)

- POINT | 삿포로와 더불어 인기 근교 여행지를 둘러보는 코스
- WHO | 홋카이도를 처음 방문하는 단기간 여행자
- COURSE | 삿포로→오타루→삿포로
- CHECK | 인기 명소, 근대 건축, 산책, 미식, 쇼핑

DAY 1	한국→삿포로→오타루	삿포로 신치토세 공항 도착 후 오타루로 이동, 호텔 체크인 사카이마치도리→오타루 운하
DAY 2	오타루 시내→삿포로	오전 여행 후 기차 또는 버스 이용해 삿포로로 이동, 호텔 체크인 오타루 오르골당→옛 건축물 & 스위츠 투어→삿포로 야경 감상
DAY 3	삿포로	삿포로 시내 여행 홋카이도 대학→삿포로 가든 파크→JR 타워→홋카이도 도청 구 본청사→ 삿포로 시 시계탑→오도리 공원 & TV 탑→쇼핑 & 스스키노 번화가 구경
DAY 4	삿포로→한국	신치토세 공항 쇼핑 후 한국으로 출발 & 도착

홋카이도 추천 여행 코스

삿포로+오타루+하코다테 (5박 6일)

POINT	짧은 일정에 홋카이도 핵심 3대 여행지를 둘러보는 타이트한 코스
WHO	선호도가 높은 주요 관광지를 여행하고 싶은 여행자
COURSE	삿포로→하코다테→삿포로→오타루→삿포로
CHECK	인기 명소, 근대 흔적, 빈티지, 미식, 쇼핑

DAY 1	한국→삿포로	삿포로 신치토세 공항 도착 후 삿포로 시내로 이동, 호텔 체크인 JR타워→삿포로 가든 파크→삿포로 야경 감상
DAY 2	삿포로→하코다테	아침 일찍 기차나 버스를 이용해 하코다테로 이동 가네모리 아카렌가 창고군→모토마치 언덕→하코다테 산 야경 감상
DAY 3	하코다테→오누마 국정 공원 or 노보리베쓰→삿포로	하코다테 아침 시장→고료카쿠→점심 후 기차로 이동 선택 A. 오누마 국정 공원 / 선택 B. 노보리베쓰 온천 기차나 버스 이용해 삿포로로 이동→스스키노 번화가 구경
DAY 4	삿포로→오타루→삿포로	기차를 이용해 오타루 당일 여행 오타루 오르골당→사카이마치도리→스시 점심→근대 흔적 둘러보기→오타루 운하
DAY 5	삿포로 시내	삿포로 시내 여행 홋카이도 도청 구 본청사→삿포로 시 시계탑→오도리 공원 & TV 탑→쇼핑 & 식도락 즐기기
DAY 6	삿포로→한국	신치토세 공항 쇼핑 후 한국으로 출발 & 도착

홋카이도 추천 여행 코스
홋카이도 중남부 렌터카 (13박 14일)

| POINT | 홋카이도 중남부 핵심 여행지를 둘러보는 2주 코스
| WHO | 렌터카를 이용해 효율적으로 이동하며 여행하고 싶은 여행자
| COURSE | 삿포로→아사히카와→비에이→후라노→오비히로→삿포로→도야 호수→하코다테→노보리베쓰→삿포로→오타루→삿포로
| CHECK | 인기 명소, 자연 풍경, 힐링, 미식, 쇼핑

DAY 1	한국→삿포로→아사히카와	삿포로 신치토세 공항 도착, 렌터카 픽업 후 아사히카와로 이동, 호텔 체크인 아사히카와 시내 산책→저녁 라멘 또는 징기스칸
DAY 2	아사히카와 근교	아침 일찍 출발, 렌터카 이용해 근교 여행 다이세쓰 산→아사히야마 동물원
DAY 3	아사히카와→비에이→후라노	렌터카 이용해 근교 여행 후 후라노 숙박 비에이 언덕 투어→청의 연못→흰 수염 폭포
DAY 4	후라노→오비히로	후라노 지역 여행 후 오비히로로 이동 팜 도미타→닝구르 테라스→치즈 공방→기타노 야타이
DAY 5	오비히로→삿포로	오비히로 지역 여행 후 삿포로로 이동 스위츠 투어→도카치 천 년의 숲→반에이 오비히로 경마장→스스키노 번화가 구경
DAY 6	삿포로	삿포로 시내 여행 홋카이도 대학→JR타워→삿포로 가든 파크→삿포로 야경 감상
DAY 7	삿포로→시코쓰 호수→도야 호수	시코쓰 호수 여행 후 도야 호수로 이동 시코쓰 호수→도야 호수 온천→도야 하나비 유람선
DAY 8	도야 호수→오누마 국정 공원→하코다테	오누마 국정 공원 경유, 하코다테 도착 도야 호수 주변 여행→오누마 국정 공원→다이몬 요코초
DAY 9	하코다테	하코다테 시내 여행 고료카쿠→가네모리 아카렌가 창고군→모토마치 언덕→하코다테 산 야경 감상

DAY 10	하코다테→무로란 지구 곶→노보리베쓰	무로란 경유, 노보리베쓰 도착 하코다테 아침 시장→무로란 지구 곶→노보리베쓰 온천

▼

DAY 11	노보리베쓰→삿포로	삿포로로 이동, 렌터카 반납 지옥 계곡→오유누마→곰 목장→스스키노 번화가 구경

▼

DAY 12	삿포로→오타루→삿포로	기차 등을 이용해 오타루 당일 여행 오타루 오르골당→사카이마치도리→근대 흔적 둘러보기→오타루 운하

▼

DAY 13	삿포로	삿포로 시내 여행 홋카이도 도청 구 본청사→삿포로 시 시계탑→오도리 공원 & TV 탑→쇼핑 & 식도락 즐기기

▼

DAY 14	삿포로→한국	신치토세 공항 쇼핑 후 한국으로 출발 & 도착

홋카이도 추천 여행 코스
홋카이도 북동부 렌터카 (13박 14일)

POINT	홋카이도 북동부 여행지를 둘러보는 2주 코스
WHO	렌터카를 이용해 자연 위주의 여행지를 둘러보고 싶은 여행객
COURSE	삿포로→아사히카와→비에이&후라노→왓카나이→리시리 섬&레분 섬→아바시리→시레토코→아칸 마슈 국립공원→구시로→삿포로→오타루→삿포로
CHECK	대자연, 드라이브, 힐링, 미식, 쇼핑

DAY 1	한국→삿포로→아사히카와	삿포로 신치토세 공항 도착, 렌터카 픽업 후 아사히카와로 이동, 호텔 체크인 아사히카와 시내 산책→저녁 라멘 또는 징기스칸
DAY 2	아사히카와 근교	아침 일찍 출발, 렌터카 이용해 근교 여행 다이세쓰 산→아사히야마 동물원
DAY 3	아사히카와→비에이→후라노→아사히카와	렌터카 이용해 근교 여행 후 아사히카와에서 숙박 비에이 언덕 투어→청의 연못→팜 도미타
DAY 4	아사히카와→왓카나이	조식 후 왓카나이로 이동 JR왓카나이 역→노샷푸 곶
DAY 5	왓카나이→리시리 섬→레분 섬→왓카나이	아침 일찍 출발하는 페리 이용, 1일 2섬 둘러보기 리시리 섬 투어→레분 섬 투어
DAY 6	왓카나이→아바시리	장거리 운전이니 휴식&교대 필수! 소야 곶→사로마 호수→노토로 호수
DAY 7	아바시리	시내 및 유람선 투어 아바시리 감옥 박물관→유빙 박물관→유람선 투어
DAY 8	아바시리→시레토코→아칸 마슈 국립공원	아칸 마슈 국립공원 내 온천 숙소에서 숙박 시레토코 5호→오신코신 폭포→시레토코 관광선
DAY 9	아칸 마슈 국립공원	아름다운 호수 투어 굿샤로 호수→마슈 호수→아칸 호수

DAY 10	아칸 마슈 국립공원→ 구시로 습원→구시로	저녁에는 구시로에서 로바다야키 즐기기 가와유 온천→구시로 습원 서부→누사마이바시
DAY 11	구시로→오비히로→삿포로	삿포로로 이동, 렌터카 반납 와쇼 시장→오비히로 시내 or 도카치 천 년의 숲→스스키노 번화가 구경
DAY 12	삿포로→오타루→삿포로	기차 등을 이용해 오타루 당일 여행 오타루 오르골당→사카이마치도리→근대 흔적 둘러보기→오타루 운하
DAY 13	삿포로	삿포로 시내 여행 홋카이도 도청 구 본청사→삿포로 시 시계탑→오도리 공원 & TV 탑→ 쇼핑 & 식도락 즐기기
DAY 14	삿포로→한국	신치토세 공항 쇼핑 후 한국으로 출발 & 도착

훗카이도 추천 여행 코스

훗카이도 여름 라벤더 (6박 7일)

POINT	보랏빛 라벤더와 무지개 꽃밭, 그리고 청량한 여름
WHO	훗카이도에서 로맨틱한 여름휴가를 보내고 싶은 사람
COURSE	삿포로→후라노→비에이→삿포로→오타루→삿포로
CHECK	라벤더, 비에이 언덕 투어, 감성

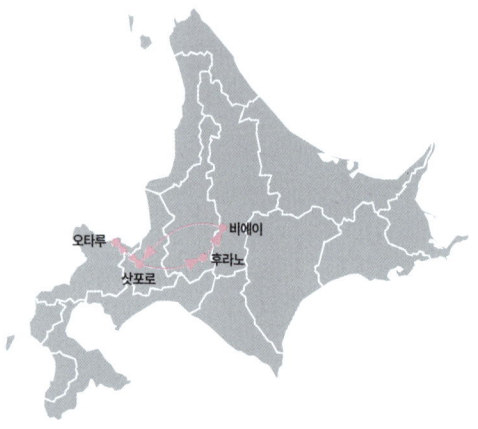

DAY 1	한국→삿포로→후라노	삿포로 신치토세 공항 도착, 렌터카 픽업 후 후라노로 이동 후라노 치즈 공방→닝구르 테라스
DAY 2	후라노→비에이	인생 사진을 남길 수 있는 절호의 기회! 히노데 공원→팜 도미타→후라노 와인 공장
DAY 3	비에이	비에이 렌터카 여행 코스 청의 연못→시로히게 폭포→사계채 언덕→비에이 언덕 투어
DAY 4	비에이→아사히카와 근교→삿포로	아사히카와 근교 여행 후 삿포로로 이동, 렌터카 반납 아사히야마 동물원 or 다이세쓰 산→삿포로 가든 파크→스스키노 번화가 구경
DAY 5	삿포로→오타루→삿포로	기차 등을 이용해 오타루 당일 여행 오타루 오르골당→사카이마치도리→근대 흔적 둘러보기→오타루 운하
DAY 6	삿포로	삿포로 시내 여행 훗카이도 도청 구 본청사→삿포로 시 시계탑→오도리 공원 & TV 탑→쇼핑 & 식도락 즐기기
DAY 7	삿포로→한국	신치토세 공항 쇼핑 후 한국으로 출발 & 도착

홋카이도 추천 여행 코스
홋카이도 겨울 레포츠 (6박 7일)

| POINT | 폭신한 파우더 스노 위를 질주하는 짜릿함
| WHO | 스키 등과 홋카이도의 액티비티&휴식을 즐기고 싶은 사람
| COURSE | 삿포로→루스쓰 스키장→조잔케이 온천→삿포로
| CHECK | 스키, 스노보드, 겨울, 온천

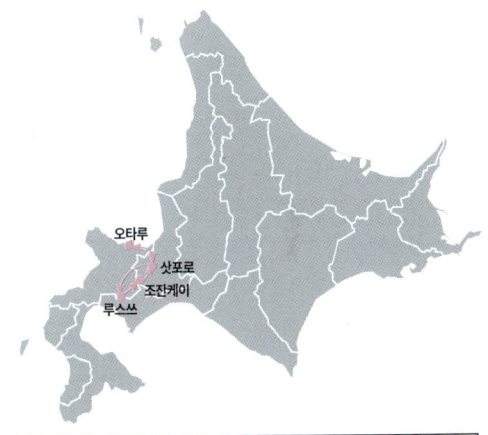

DAY 1	한국→삿포로→루스쓰 스키장	삿포로 신치토세 공항 도착 후 버스 또는 렌터카 이용, 스키장 도착 야간 스키 즐기기
DAY 2	루스쓰 스키장	파우더 스노위에서 씽씽! 스키 & 스노보드→리조트 부대시설 즐기기
DAY 3	스키장 or 도야 호수	근교 니세코 스키장에 가거나 도야 호수 겨울 풍경과 온천을 즐겨도 좋다. 스키 & 스노보드 or 도야 호수 온천
DAY 4	루스쓰 스키장→조잔케이 온천	아침 스키 즐긴 후 렌터카 또는 버스 이용, 조잔케이로 이동 스키 & 스노보드→조잔케이 온천
DAY 5	조잔케이 온천→삿포로	온천욕 후 삿포로로 이동 온천욕→삿포로 가든 파크→스스키노 번화가 구경
DAY 6 선택1	삿포로 시내	삿포로 시내 여행 홋카이도 도청 구 본청사→삿포로 시 시계탑→오도리 공원 & TV 탑→쇼핑 & 식도락 즐기기
DAY 6 선택2	삿포로→오타루→삿포로	기차 등을 이용해 오타루 당일 여행 오타루 오르골당→사카이마치도리→근대 흔적 둘러보기→오타루 운하
DAY 7	삿포로→한국	신치토세 공항 쇼핑 후 한국으로 출발 & 도착

1 SAPPORO

삿포로

대부분의 여행자들이 출·도착하는 도시인 삿포로는 홋카이도의 관문이자 문화와 산업, 경제 중심지다. 일본 5대 도시 중 하나면서도 상쾌하고 맑은 느낌은 삿포로의 자랑이기도 하다.
삿포로 하면 떠오르는 것은 바로 '눈 축제'로, 겨울이면 2m 이상 내려 불편하게만 느껴졌던 눈을 활용해 최고의 관광자원으로 탈바꿈시켰다.

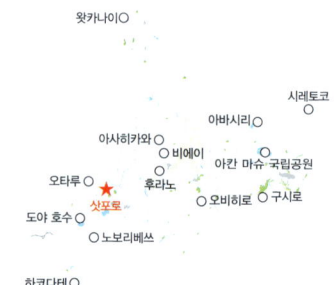

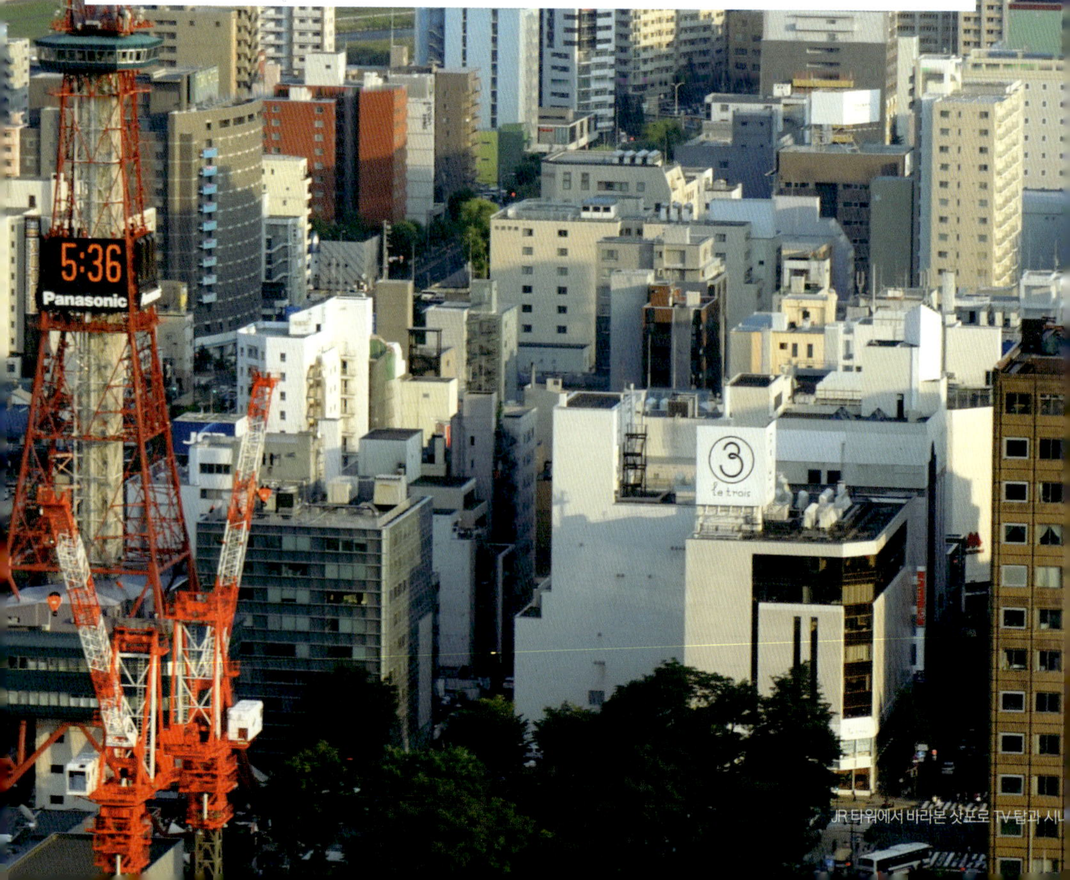

JR 타워에서 바라본 삿포로 TV 탑과 시내

삿포로 가는 법

비행기

우리나라에서 삿포로로 가는 노선과 항공편은 다양하다. 대형 항공사는 물론 저가 항공사들도 삿포로에 취항하고 있으며 서울(인천), 부산(김해) 등에서 삿포로 가는 직항을 이용할 수 있다.

신치토세 공항 新千歳空港

삿포로의 관문인 신치토세 공항은 시내에서 45km 정도 떨어져 있으며 홋카이도 제1 공항답게 국내선, 국제선 모두 여러 편 운항한다. 일본 국내 주요 도시는 물론 한국, 대만, 홍콩, 중국, 싱가포르 등의 동남아, 러시아, 괌 등의 국제선을 운항한다. 국제선과 국내선터미널은 서로 연결되어 있으며 도보로 이동하면 된다.

공항 내 국내선 터미널 건물 2층에는 많은 숍과 식낭이 있다. 출국 시 시내에서 기차를 타고 공항에 가면 국내선 터미널 쪽에 도착하니 이곳에서 쇼핑과 식사를 한 후 국제선으로 이동해도 된다. 특히 각종 스위츠와 수산물, 와인, 술, 맥주 등 홋카이도 특산품을 판매하는 곳이 있다. 국제선 터미널 면세점에서는 홋카이도 한정 삿포로 클래식 캔 맥주와 각종 대표 스위츠 등을 구입할 수 있다.

지역 명물 음식

살짝 구워 맛보는 양고기 **징기스칸**

최고의 식재료 중 하나 **게 요리**

찬바람이 불 때면 더 생각나는 **미소 라멘**

삿포로 명물 요리 **수프 카레**

공항에서 시내로 가기

공항에서 시내로 갈 때는 JR 기차 또는 버스를 이용하면 된다. 각자 장단점이 있으니 상황에 맞는 것을 선택하자. 교통비 비싼 일본에서 택시를 이용하려면 일단 마음의 각오는 해야 한다. 목적지에 따라 1만~1만5000¥을 기본으로 고속도로 톨게이트 요금(1430¥)은 따로 추가된다.

JR 기차 JR列車

공항에서 삿포로 시내의 JR 삿포로 역까지 15~20분 간격으로 운행된다. 시내 중심의 삿포로 역까지 40~59분 정도 소요된다. ⓥ **요금** 편도 1150¥ (지정석 1990¥)

Step 1 국제선 도착은 2층이며 이곳에서 'JR Station' 표지판을 따라 직진해 국내선 여객 터미널로 온다.

Step 2 상점가를 지나면 보이는 엘리베이터를 타고 지하 1층으로 가면 JR 역이 나온다.

Step 3 안내 데스크에서 승차권이나 레일 패스를 구입·교환한다.

Step 4 개찰구를 지나 플랫폼으로 간다. 삿포로는 물론 오타루 직행도 있으며, 삿포로 역을 경유한다.

Step 5 추가 요금을 낸 지정석이 아닌 경우 자유석 차량을 이용하면 된다. 짐이 많을 경우 짐칸이 따로 있는 지정석이 더 편리하다.

공항버스 空港バス

삿포로 시내까지 70~100분 이상 소요되며 목적지에 따라 공항에서 10~20분 간격으로 출발한다. 정류장이 많고 교통 체증이 심해 시간이 훨씬 더 걸리니 목적지가 삿포로 역 주변이라면 기차를 이용하는 것이 낫다. 조잔케이 온천, 시코쓰 호수, 오비히로, 무로란, 노보리베쓰 등으로 가는 직행버스도 있으며 겨울철에는 스키장 직행버스도 있다.

ⓘ **시간** 삿포로 시내 70~100분 이상 ⓥ **가격** 삿포로 시내 1300¥

Step 1 입국장을 나와 왼쪽으로 가다보면 보이는 하행 에스컬레이터를 타고 1층으로 간다.

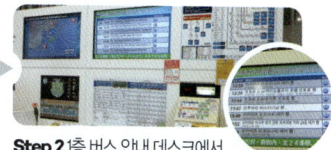
Step 2 1층 버스 안내 데스크에서 목적지행 버스 시간표와 승강장을 확인한다.

Step 3 자동 발매기에서 티켓을 구입한다.

Step 4 바깥으로 나오면 버스 정류장이 보인다. 목적지에 따라 번호가 있다.

Step 5 정거장마다 안내 방송이 나오니 하차 시 미리 벨을 누르면 된다.

삿포로에서 다른 지역으로 가기

기차 列車

시내에 있는 JR 삿포로 역 札幌駅이 중심이며 아사히카와, 하코다테를 비롯한 홋카이도 주요 도시로 가는 열차가 대부분 이곳에서 출·도착한다.

출발지	소요 시간	요금(편도, 자유석)	운행 횟수
오타루	46~51분	750¥~	1시간 2~3회
노보리베쓰	1시간 10분~2시간 15분	2420¥~	1시간 1~2회
아사히카와	1시간 25분~1시간 40분	2860¥~	1시간 1~2회
오비히로	2시간 25분~	4840¥~	1일 10회
하코다테	3시간 40분~	6270¥~	1일 12회
구시로	4시간 30분~	6820¥~	1일 5~6회
아바시리	5시간 30분~	7370¥~	1일 2회
왓카나이	5시간 10분~	7920¥~	1일 2회

버스 バス

JR 삿포로 역 남쪽 출구 앞 쪽 곳곳에 각 도시로 가는 버스 정류장이 있으니 목적지에 따른 해당 정류장을 먼저 체크하자. 하코다테, 왓카나이, 구시로 등 장거리 지역의 경우 야간버스도 운행한다. 기차보다 저렴하지만 시간은 더 소요되니 장단점을 체크해 선택하자.

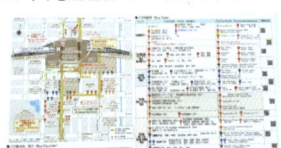

출발지	소요 시간	요금(편도)	운행 횟수
오타루	55분~	700¥~	10~20분 간격
노보리베쓰	1시간 40분~	2000¥~	1시간 1~2회
아사히카와	2시간~	2500¥~	20~30분 간격
후라노	2시간 30분~	3400¥~	1일 10회~
오비히로	3시간 55분	3840¥~	1일 10회~
하코다테	5시간 25분~	4900¥~	1일 6회
구시로	6시간 15분~	5900¥~	1일 2회(주, 야간)
아바시리	5시간 50분~	6400¥~	1~2시간 간격
왓카나이	5시간 50분~	6500¥~	1일 5~6회

삿포로 시내 교통

삿포로 대중교통 티켓

단기 여행자를 위한 1일 승차권이 있지만, 지하철과 버스, 노면전차를 함께 이용할 수는 없다. 대신에 주말에는 지하철과 노면전차를 저렴하게 이용할 수 있는 1일권인 도니치카 깃푸와 도산코 패스를 판매한다. 삿포로에 오래 머문다면 충전 전자 카드인 사피카 SAPICA를 구입해도 좋다. 사피카는 지하철과 전차, JR 홋카이도 버스, 조테쓰 버스, 홋카이도 주오 버스에서 함께 이용할 수 있는 IC 카드로 계속 충전해서 사용할 수 있다.

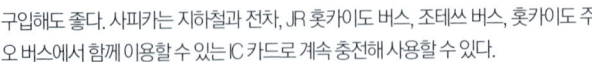

홈페이지 city.sapporo.jp/st/index.html
요금 **지하철1회권** 거리에 따라 210~380¥, **지하철 전용 1일 승차권** 어른 830¥, 어린이 420¥
도니치카 깃푸 (토·일요일 이용 가능)지하철 전용 1일 승차권 어른 520¥, 어린이 260¥
도산코 패스 (토·일요일 이용 가능)노면전차 전용 1일 승차권 400¥
사피카 2000¥~(보증금 500¥ 포함, 기본 충전 금액 1500¥부터)

지하철 地下鉄

삿포로의 지하철 노선은 단 3개로 난보쿠선 南北線, 도자이선 東西線, 도호선 東豊線 등이다. 연두색 난보쿠선은 도시의 남북을 가로지르며, 노란색 도자이선은 동서, 파란색 도호선은 주로 동쪽을 커버한다. 1회권 운임은 거리에 따라 달라지는데, 기본 210¥부터 시작하며 지하철 삿포로 역은 히라가나 표기인 'さっぽろ'로 쓰여 있다. 티켓은 지하철 역 구내 티켓 자동판매기에서 현금으로 구입 가능하다.

시간 06:00~00:00
요금 1회권 210~380¥, 1일권 어른 830¥, 어린이 420¥

티켓 구입 방법(자동발매기)

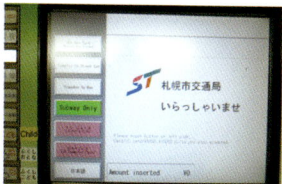

Step 1 발매기 화면에서 한국어 또는 영어를 선택한다.

Step 2 원하는 티켓 종류와 매수를 선택한다.

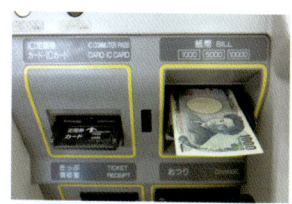

Step 3 해당 금액의 지폐나 동전을 자동 발매기 돈 투입구에 넣는다.

Step 4 티켓을 받은 후 거스름돈을 잘 챙긴다.

지하철 이용 방법

Step 1 자동 발매기에서 티켓을 구입해 개찰기에 각인한 후 개찰구를 통과한다.

Step 2 방향 안내판을 보고 플랫폼으로 간다. 환승 시 노선과 행선지를 확인한다.

Step 3 방송과 전광판으로 도착역을 확인한 뒤, 하차한다.

Step 4 나올 때 역시 개찰구에서 티켓을 통과시켜야 문이 열린다.

노면전차 시덴 函館市電 市電

스스키노 지역과 서쪽의 한정된 지역을 운행하지만, 삿포로의 상징적인 교통수단이기도 하다. 1916년에 개통되었으며 한때 폐지 위기에 몰렸지만 시민들의 사랑으로 아직까지 운행되고 있다. 여행자들이 이용하는 경우도 많지 않지만 모이와야마 전망대로 간다면 전차를 타게 된다.

- **시간** 06:00~22:30
- **요금** 1회권 어른 200¥, 어린이 100¥

시내버스

대부분의 여행지를 지하철로 갈 수 있는 삿포로에서 버스를 이용할 일은 많지 않지만, 삿포로 팩토리나 삿포로 맥주 박물관 등은 버스를 이용하는 것이 편리하니 목적지에 따라 잘 활용하자. 사피카와 같은 교통카드가 없다면 현금을 내면 된다.

- **시간** 06:00~23:00(노선에 따라 다름)
- **요금** 시내 중심 210¥

버스 이용 방법

Step 1 버스가 도착하면 뒷문으로 탑승한다.
Step 2 전광판에 뜨는 목적지 요금을 확인한다. 목적지에 도착하면 벨을 누른다.
Step 3 내릴 때 해당 요금을 운전석 옆 요금통에 넣는다.

관광 노선버스

시내 중심부의 여행지를 잇는 삿포로 워크버스와 삿포로 역부터 마루야마 동물원, 오쿠라산 전망대 등 외곽까지 연결하는 삿포로 산사쿠 버스가 대표적이다.

삿포로 워크 さっぽろうぉーく(순환 88번)
- **노선** 삿포로 팩토리-오도리 공원-시계탑-삿포로 역 앞 도큐인 호텔-삿포로 팩토리-삿포로 맥주 박물관
- **시간** 06:50~22:40(20분 간격)
- **요금** 1회 210¥, 1일권 750¥

삿포로 산사쿠 버스 さっぽろ散策バス
- **주요 노선** 삿포로 역 오도리 공원-홋카이도 신궁-마루야마 동물원-오쿠라야마 스키점프장-시계탑
- **시간** 5월 말~10월 중순 1일 8편, 09:20~16:20 매시 20분 JR 삿포로 역 출발
- **요금** 1회 210¥, 1일권 750¥

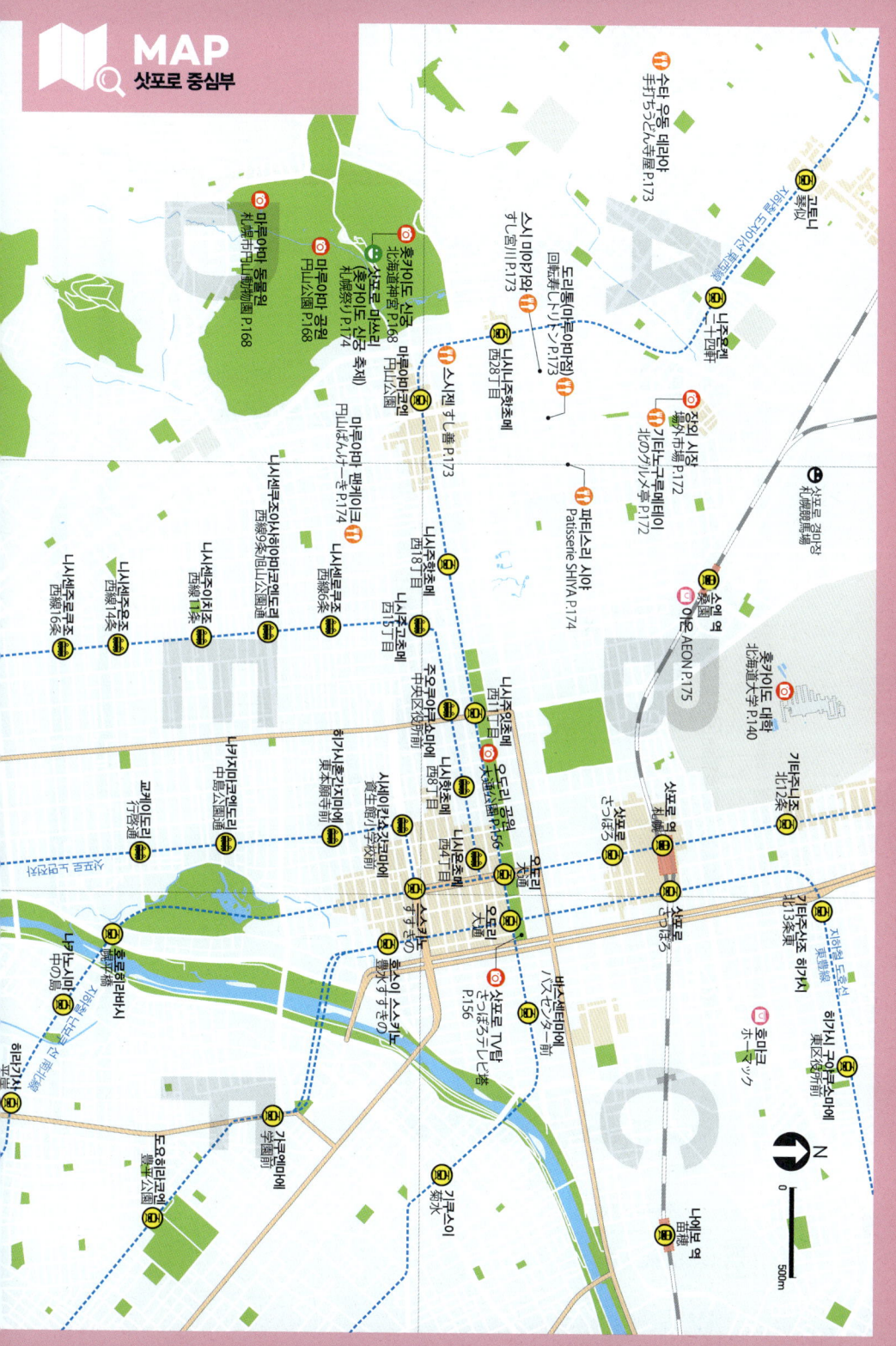

MAP
삿포로 노면전차 노선도

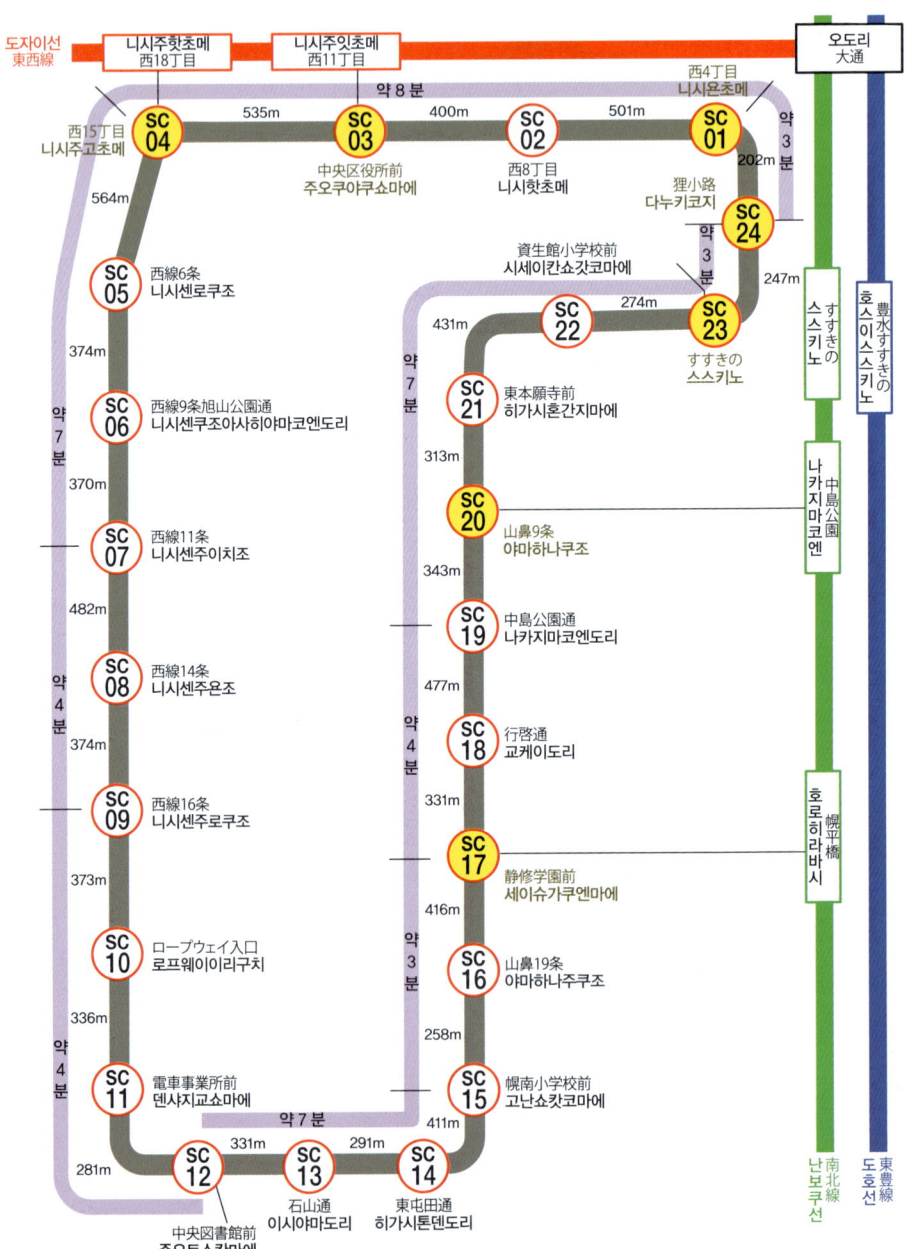

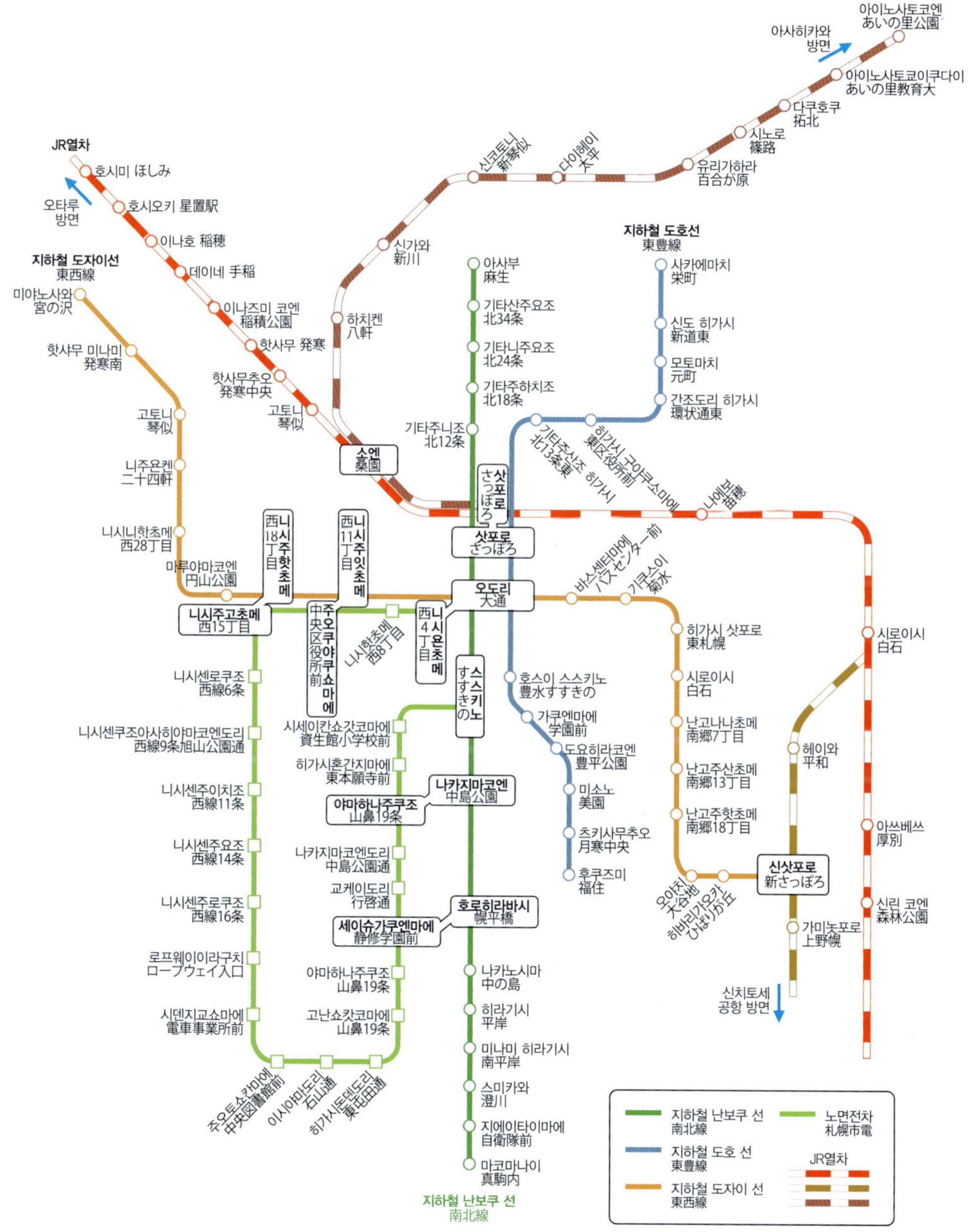

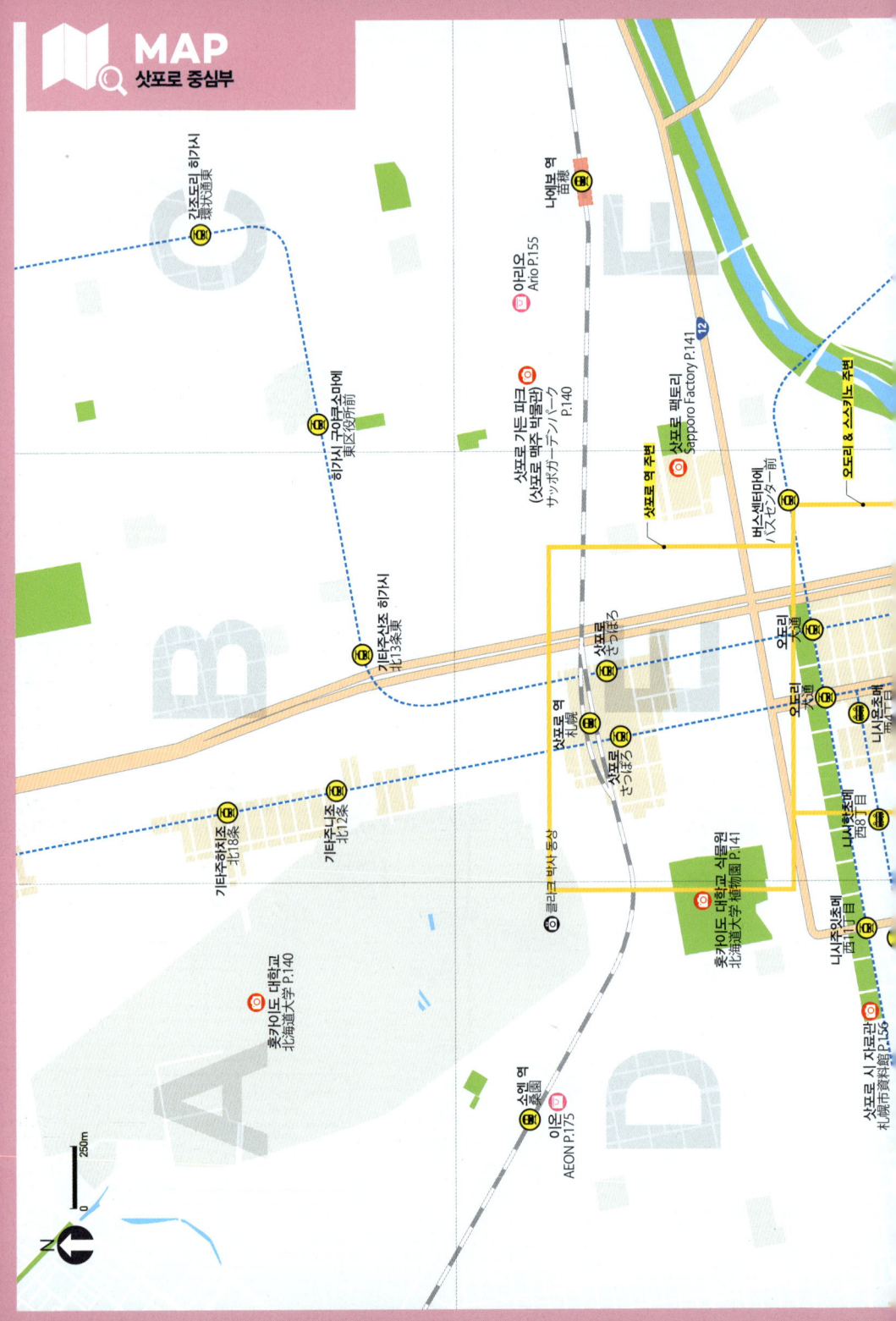

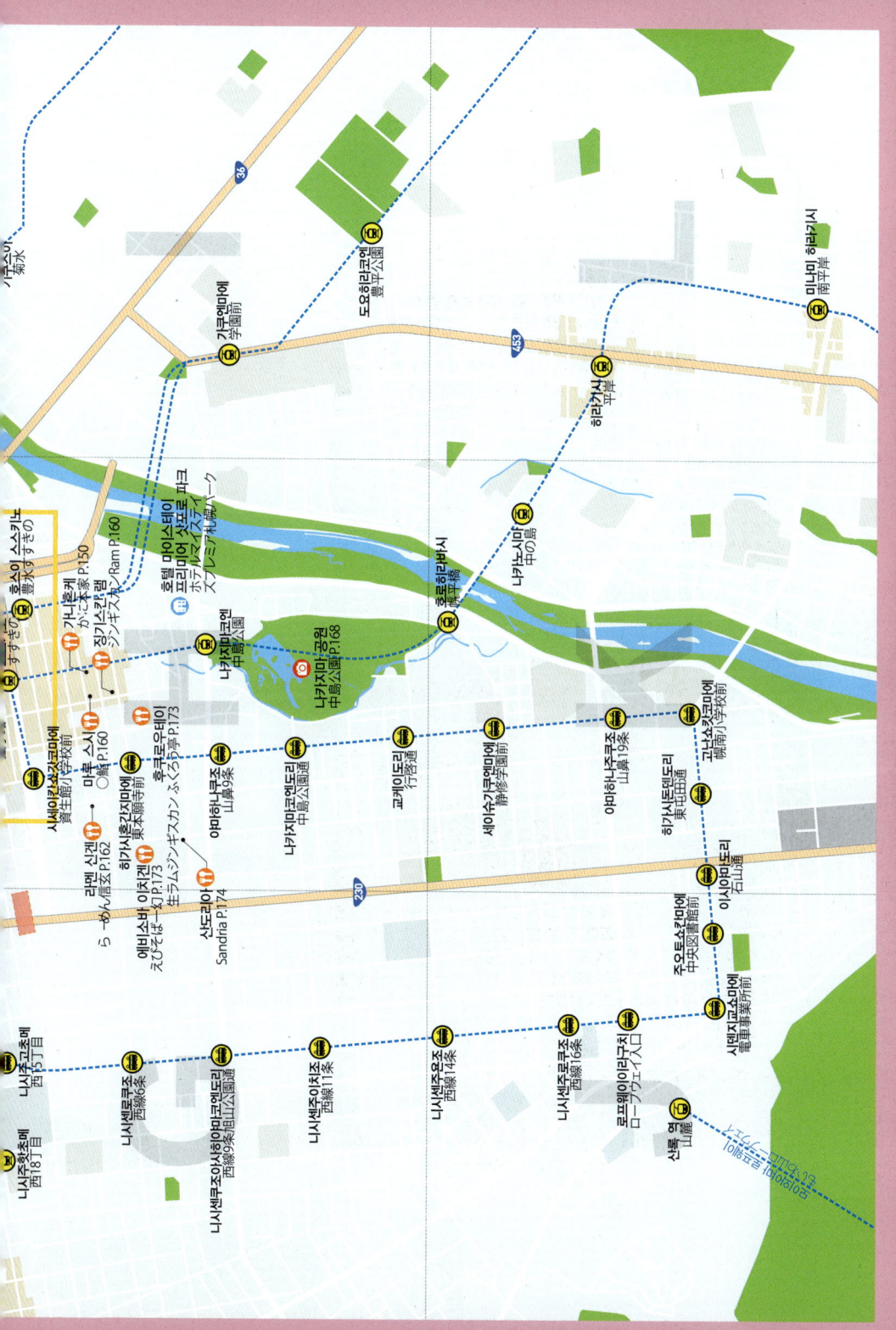

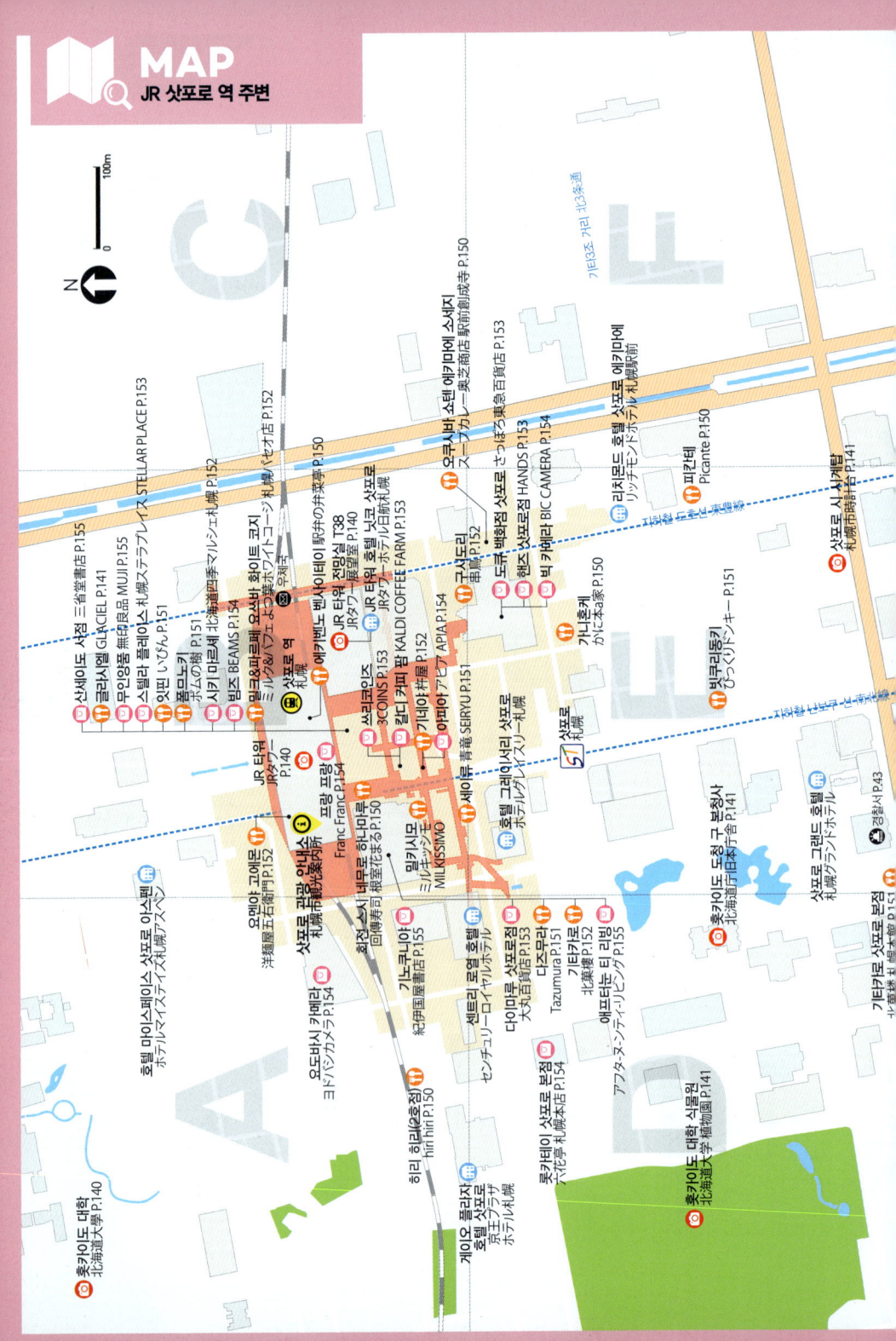

COURSE

삿포로 1DAY 코스

볼거리가 꽤 많은 삿포로지만, 일정이 짧다면 오타루나 다른 지역도 둘러봐야 하니 하루 코스로 삿포로 시내의 주요 볼거리를 보고 식도락도 즐겨보자. JR 타워나 게 요리 전문점은 선택이다. 2~3일 이상 머문다면 이 코스를 기본으로 가보고 싶은 곳을 추가하면 된다.

START → ① 홋카이도 대학 (도보 + 버스 20분) **→ ② 삿포로 맥주 박물관** (버스 20분) **→ 3-A JR 타워**

① 홋카이도 대학 
#관광 초대 학장 윌리엄 S. 클라크의 명언 "소년이여, 야망을 가져라."로 유명한 곳으로 홋카이도 최고의 명문대.

② 삿포로 맥주 박물관 
#관광 전통의 삿포로 맥주를 만드는 제조 과정도 보고 대표 맥주도 맛보자. 징기스칸 요리를 맛볼 수 있는 레스토랑도 함께 있다.

3-A JR 타워 
#관광 JR 삿포로 역과 연결된 복합 상업 시설&쇼핑과 식도락의 중심지. 쇼핑에 관심 있다면 하루를 이곳에서 모두 보내도 모자를 정도.

⑤ 삿포로 시 시계탑 ← (도보 10분) **④ 홋카이도 도청 구 본청사** ← (도보 12분) **3-B 점심 - 게 요리 전문점**

⑤ 삿포로 시 시계탑
#관광 도시의 상징적인 장소로 삿포로 방문 기념 사진 포인트 중 하나! 전시물도 충실하고 이곳만의 기념품도 있다.

④ 홋카이도 도청 구 본청사 
#관광 네오 바로크 양식의 옛 건물로 빨간 벽돌 건물이라 '아카렌카라'고 불린다. 내부에도 볼만한 것들이 꽤 있고 기념품도 예쁘다.

3-B 점심 - 게 요리 전문점
#식사 가격은 비싸지만 맛은 최고인 홋카이도 대표 필식 메뉴 게(가니)요리를 맛보자. 가니혼케 등 유명 맛집들도 많다.

⑥ 오도리 공원 (공원 내 도보 이동)

#쇼핑 뉴욕에는 센트럴 파크, 삿포로엔 오도리 공원이 있다! 맥주 축제, 눈 축제 등 1년 내내 재미있는 이벤트가 열리는 곳이다.

도보 15분　　　　　　　　　지하철·노면전차 등 이용　　　　　　

⑦ 삿포로 TV 탑　　　　　⑧ 저녁 - 징기스칸　　　　　⑨ 삿포로 야경 감상

#관광 삿포로의 상징인 오도리 공원의 빨간색 철탑으로 전망대에 오르면 삿포로 시내가 한 눈에 들어온다.

#식사 홋카이도 대표 음식인 징기스칸을 맛보자! 유명 맛집은 언제나 웨이팅이 기니 되도록 빨리 도착하는 것이 좋다.

#관광 대표 포인트인 JR 타워, TV 탑, 모이와야마 중 선택하자. 전망대에서 야경을 즐기려면 맑은 날씨는 필수 조건이다.

　　　　　　도보 이동　　　　　　　　　　도보 3분

⑫ 삿포로 라멘　　　　　⑪ 스스키노 지역 나이트라이프　　　　　⑩ 다누키코지

#식사 야식과 해장으로는 역시 라멘이 최고! 삿포로 필식 메뉴 중 하나인 라멘으로 보람찬 하루를 마감해보자.

#관광 삿포로의 밤을 제대로 즐기고 싶다면 이곳으로 가자! 홋카이도 최고의 유흥가로 관련 업소가 4000여 개에 달한다.

#관광 지붕이 있어 날씨에 상관없이 쇼핑을 할 수 있는 아케이드 상가. 200여 개의 작은 상점이 모여 있는데 그중 돈키호테가 최고 인기!

지도 한눈에 보기

TRAVEL INFO

JR 삿포로 역

• 구 본청사와 시계탑 같은 옛 정취가 남아 있는 건물들과 명문 홋카이도 대학, JR 타워 등 삿포로의 대표 명소가 모여 있는 곳이다. 주요 명소만 챙겨 봐도 하루가 다 갈 정도니 짧은 일정에는 선택과 집중이 중요!

1 JR 타워
JRタワー

삿포로의 관문인 JR 삿포로 역에서 연결된 건물로 거대한 복합 상업 시설이며, 여행자가 쇼핑이나 식사를 위해 들르기에 매우 편하다. 스텔라 플레이스, 파세오 PASEO, 아피아 APIA, 특급 호텔 닛코 삿포로 등 쇼핑몰과 호텔, 삿포로 시내를 내려다볼 수 있는 T38 전망대가 함께 자리한다.

구글 지도 JR 타워

◎ MAP p.136B
◉ 찾아가기 지하철이나 기차 이용 JR 삿포로 역 札幌駅 하차, 역에서 각 쇼핑몰 등으로 연결
◉ 주소 札幌市中央区北5条西2丁目5番地
◉ 전화 011-209-5100
◉ 시간 10:00~21:00
◉ 홈페이지 jr-tower.com

2 JR 타워 전망실 T38
JRタワー展望室

JR 타워에 위치한 전망대. 지상 160m 높이로, 삿포로 시내와 함께 근교의 산이 보이고 날씨가 좋을 때는 오타루까지 보인다. 여행자들이 삿포로 시내의 야경을 감상하고 싶을 때 많이 찾는 인기 명소다.

구글 지도 JR타워 전망대

◉ VOL 1 p.022 ◎ MAP p.136B
◉ 찾아가기 JR 삿포로 역 札幌駅 동쪽 개찰구 옆에 있는 스타벅스 매장 쪽 엘리베이터를 타고 6층에서 하차, 전망대로 가는 전용 엘리베이터를 이용한다.
◉ 주소 札幌市中央区北5条西2丁目5番地
◉ 전화 011-209-5500
◉ 시간 10:00~22:00
◉ 가격 어른 740¥, 중·고생 520¥, 3세 이상~초등학생 320¥
◉ 홈페이지 www.jr-tower.com/t38

3 홋카이도 대학
北海道大學

'소년이여, 야망을 가져라(Boy's be Ambitious)'라는 명언으로 유명한 윌리엄 S. 클라크 박사가 초대 총장으로 재직한 곳. 1918년 홋카이도 제국대학의 농과 대학이었고, 1947년에 홋카이도 대학이 되었다. 농업과 낙농업의 고장답게 농학부가 특히 유명하며 포플러나무 가로수 길을 비롯해 아름다운 캠퍼스로도 유명하다. 봄에는 벚꽃, 가을에는 노란 은행나무 길도 들러보자.

구글 지도 홋카이도대학교

◎ MAP p.136A
◉ 찾아가기 JR 삿포로 역 札幌駅 니시도리 북쪽 출구에서 도보 10분, 또는 지하철 기타주니조 역 北12条駅에서 도보 2분 ◉ 주소 札幌市北区北8条西5丁目 ◉ 전화 011-716-2111 ◉ 시간 자유 견학 가능 ◉ 휴무 연중무휴(시설에 따라 다름) ◉ 가격 무료 ◉ 홈페이지 hokudai.ac.jp

4 삿포로 맥주 박물관
サッポロビール博物館

홋카이도를 대표하는 유명 맥주 브랜드 삿포로의 모든 것을 볼 수 있는 곳으로, 삿포로 비루엔 サッポロビール園과 삿포로 맥주 박물관 サッポロビール博物館이 있다. 보통 삿포로 비루엔이라고 부르며 1890년에 건축된 빨간 벽돌 건물이 인상적이다. 이곳은 1960년대까지 맥주 생산 공장으로 사용되었고, 지금은 삿포로 클래식·블랙 라벨·가이타쿠 맥주 등 세 가지 맥주와 더불어 징기스칸 요리를 함께 즐길 수 있는 레스토랑과 슈퍼마켓, 쇼핑몰 아리오도 있다.

구글 지도 삿포로 맥주 박물관

◎ MAP p.134F
◉ 찾아가기 ① JR 삿포로 역 札幌駅 북쪽 출구 앞 2번 버스 정류장에서 188번 버스로 7분(210¥) ② JR 삿포로 역 札幌駅 남쪽 출구 삿포로에키마에 札幌前 3번 정류장(도큐 백화점 남쪽)에서 88번 삿포로 워크 버스를 타고 삿포로 팩토리를 경유해 20분(210¥) ③ 지하철 도호선 히가사구야쿠쇼마에 역 東区役所前駅 4번 출구에서 도보 15분 ④ JR 삿포로 역 札幌駅 북쪽 출구에서 택시로 약 8분(800¥~) ◉ 주소 札幌市東区北7条東9丁目2-10 ◉ 전화 맥주 박물관 011-748-1876, 비루엔 0120-150-550 ◉ 시간 삿포로 맥주 박물관 11:00~20:00, 삿포로 비루엔 11:30~22:00(마지막 주문 21:30) ◉ 휴무 맥주 박물관은 월요일, 비루엔은 없음 ◉ 가격 무료 ◉ 홈페이지 www.sapporobeer.jp/brewery/s_museum

5 삿포로 팩토리
Sapporo Factory サッポロファクトリー

★★ 무료 주차

1875년 건축된 일본 최초의 맥주 공장 건물이 있는 곳으로 6개의 건물과 광장으로 이루어졌으며 둥근 유리 지붕으로 덮인 건물인 아트리움 アトリウム과 빨간 벽돌 건물인 맥주 주조소가 중심이다. 1조관 1-jo Kan에는 장난감 전문점 토이저러스, 극장과 함께 160여 개의 숍이 있으며 다른 건물들도 쇼핑몰로 구성되었다. 프런티어관 フロンティア館, 1~3조관 1~3条館, 맥주 양조소와 비어홀이 있는 벽돌관 レンガ館 등으로 나뉘어 있으며 크리스마스 시즌이면 설치되는 거대한 크리스마스 트리도 이곳의 명물이다. 대형 비어홀 비야케라 삿포로 개척사 ビヤケラー札幌開拓使에서는 삿포로 맥주와 함께 총 11종의 다양한 지역 맥주를 맛볼 수 있다.

구글 지도 삿포로 팩토리

● MAP p.134E
● 찾아가기 JR 삿포로 역 札幌駅 남쪽 출구 삿포로에키마에 札幌駅前 3번 정류장(도큐 백화점 남쪽)에서 88번 삿포로 워크 버스(삿포로 가든행) 승차 후 5분, 또는 JR 삿포로 역에서 도보 12분
● 주소 札幌市中央区北2条東4丁目
● 전화 011-207-5000
● 시간 쇼핑센터 10:00~20:00, 레스토랑 10:00~22:00
● 가격 무료 ● 홈페이지 sapporofactory.jp

6 홋카이도 도청 구 본청사
北海道庁旧本庁舎

★★★ 주차 없음

1888년에 세운 구 홋카이도의 도청으로, '빨간 벽돌 건물'이라는 뜻의 '아카렌가 赤レンガ'로 불린다. 1909년 화재로 건물 일부가 소실되었지만, 복원되었다. 미국식의 네오 바로크 양식의 건물로, 지붕 위의 팔각 돔과 창문틀이 아름답다. 1층 홀의 정면 계단 앞과 2층의 우아한 기념실을 빼놓지 말 것.

구글 지도 홋카이도 도청

● MAP p.136D
● 찾아가기 JR 삿포로 역 札幌駅에서 도보 10분
● 주소 札幌市中央区北3条西6丁目
● 전화 011-204-5019
● 시간 임시휴업 중
● 가격 무료
● 홈페이지 pref.hokkaido.lg.jp

7 홋카이도 대학 식물원
北海道大学 植物園

★★ 주차 없음

홋카이도 대학에서 연구를 위해 운영하는 식물원으로 13만㎡ 넓이에 4000여 종의 식물이 있다. 아이누 족의 문화 등을 소개하는 북방민족 자료관도 있다.

구글 지도 홋카이도대학 식물원

● MAP p.136D
● 찾아가기 지하철 삿포로 역 札幌駅 10번 출구에서 직진, 도보 6분
● 주소 札幌市中央区北3条西8丁目
● 전화 011-221-0066
● 시간 4/29~9/30 09:00~16:30, 10/1~11/3 09:00~16:00, 11/4~4/28 10:00~15:30(토요일~12:30)
● 휴무 여름철 월요일 (월요일이 공휴일인 경우 다음 날)
● 가격 어른 420¥, 초등학생 이상 300¥
● 홈페이지 hokudai.ac.jp

8 삿포로 시 시계탑
札幌市時計台

★★★ 주차 없음

홋카이도 대학의 전신인 삿포로 농학교의 일부였던 곳으로, 학생들의 체력 증진을 위한 연무장 겸 입학식이나 졸업식 등의 학교 행사를 진행하는 강당으로 세워졌다. 이곳 시계탑 시간은 지금도 정확하다.

구글 지도 삿포로시 시계탑

● MAP p.136E
● 찾아가기 JR 삿포로 역 札幌駅에서 도보 10분, 또는 지하철 난보쿠선 오도리 역 大通駅 7번 출구에서 도보 5분
● 주소 札幌市中央区北1条西2丁目
● 전화 011-231-0838
● 시간 08:45~17:00
● 휴무 6~10월 넷째 주 월요일(공휴일인 경우 다음 날), 11~5월 월요일, 12/29~1/3
● 가격 200¥, 고등학생 이하 무료
● 홈페이지 sapporoshi-tokeidai.jp

9 글라시엘
GLACIEL

유료 주차

다이마루 백화점이나 스텔라 플레이스에서 쇼핑을 하다 디저트를 즐기며 쉴 수 있는 분위기 좋은 곳. 파르페와 아이스크림이 전문으로 오타루 스위츠 브랜드인 르타오에서 운영하고 있다. 숍 앞에 실물 케이크가 전시되어 있으니 미리 맛볼 것을 골라보는 것도 좋다.

구글 지도 GLACIEL 삿포로 스텔라 플레이스점

● MAP p.136B
● 찾아가기 스텔라 플레이스 2층에 위치
● 주소 札幌市中央区北5条西2丁目
● 전화 011-209-5280
● 시간 10:00~21:00
● 가격 1/4조각 케이크 1320¥~, 파르페 1540¥~, 커피 660¥~
● 홈페이지 glaciel.jp/stella

ZOOM ─────── IN
"젊은이들이여! 야망을 가져라!"
홋카이도 대학

삿포로를 여행한다면 일본의 명문 국립대학인 홋카이도 대학에도 들러보자. 근사한 포플러나무와 은행나무 가로수길이 있는 멋진 캠퍼스를 거닐며 오랜 역사와 전통을 느낄 수 있어 여행자들에게도 인기 많은 명소다. 이곳의 창립자는 윌리엄 S. 클라크 William S. Clark 로, 우리에게는 'Boys, be Ambitious!'라는 글귀로 더 친숙하다. 그는 대학을 떠나면서 이 문구를 고별사로 남겼다. 당시 힘든 시대를 살아가는 가난한 일본인들에게는 물론이고, 지금까지도 회자되는 익숙한 명언이다.

전신은 1876년에 세운 삿포로 농학교 札幌農學校

창립자이자 초대 교장인 윌리엄 S. 클라크가 취임할 당시 학생 수는 24명이었다고 한다. 이후 1918년 홋카이도 제국대학의 농과대학이 되고, 1947년에 홋카이도 대학으로 학교명이 바뀌었다. 이후 점차 이학부와 의학부, 수산학부 등 학부체제가 증설되면서 2004년 지금의 국립대학 법인 홋카이도 대학으로 바뀌었다.

울창한 숲과 고풍스러운 건물의 조화

홋카이도에서 손꼽히는 대학교인 만큼 캠퍼스도 그 명성에 어울리게 멋지다. 180만m³의 넓은 캠퍼스에 옛 건물과 하늘을 향해 높이 자란 나무가 어우러져 있다. 데이트나 피크닉을 하면 좋겠다 싶을 정도로 공원처럼 꾸며져 있어 멋진 사진을 찍기에도 좋다.

대학 중앙 식당 中央食堂

홋카이도 대학 내에는 식당이 몇 군데 있는데, 메뉴도 다양하고 가격, 맛도 괜찮아 근처에 사는 현지인들도 종종 식사를 하러 오기도 한다. 게다가 중앙 식당의 베이커리에서 파는 빵은 맛이 좋아 구워서 내놓으면 금세 다 팔린다. 매점에서 파는 먹거리도 편의점에 비하면 저렴한 편이다.

홋카이도 대학 명소 BEST

모두 돌아보려면 2시간 이상 걸리지만 홋카이도 대학 종합 박물관을 생략하면 약 1시간~1시간 30분이면 가능하다.

① 중앙잔디밭 中央ローン	홋카이도 대학생들의 휴식 공간. 가운데 작은 개천이 흐르는 고즈넉하고 아름다운 장소다.	
② 윌리엄 S. 클라크 흉상 クラーク像	미국인 윌리엄 S. 클라크는 미국 매사추세츠 주립 농과대학 학장 출신으로, 1876년 이곳 강단에서 자연과학과 식물학을 가르쳤다. 9개월이라는 짧은 기간만 재임했지만, 삿포로 농학교의 기초를 단단히 다지는 데 크게 공헌했다. 그의 흉상은 태평양 전쟁 당시 미국인이라는 이유로 많은 수난을 당했다. 태평양 전쟁 당시 금속을 군수용품으로 쓰기 위해 가져가 없어졌고, 현재 것은 1948년에 복원된 것이다.	
③ 후루카와 기념 강당 古河記念講堂	1909년에 지은, 홋카이도에서 가장 오래된 프랑스 르네상스 양식 건축물. 후루카와는 광산을 운영하던 재벌로, 100만 엔을 기부해 총 8개 동의 건물을 지었는데, 그중 남은 것이 바로 이 건물이다.	
④ 포플러나무 숲길 ポプラ並木	5~7월이면 울창한 포플러나무 숲길을 따라 걸을 수 있다. 1903년에 몇 그루 심은 것이 지금의 숲길이 되었다고.	
⑤ 홋카이도 대학 종합 박물관 北海道大学 綜合博物館	이과대학의 1층과 3층을 전시실로 사용하며, 홋카이도 대학의 오랜 역사와 현재 연구 활동에 관련된 많은 자료를 전시하고 있다.	
⑥ 삿포로 농학교 제2농장 札幌農学校 第二農場	일본 중요문화재로 지정된 모범가축방 模範家畜房과 곡물 창고 穀物庫가 있는 곳. 1877년에 세운 것으로, 일본에서 가장 오래된 농업 건축물이라 의미가 깊다. 모범가축방은 서양식 건물을 모방하여 1층은 가축사, 2층은 건초 보관소로 지어진 건물이다. 클라크 박사의 구상을 기초로 해서 조성했다.	
⑦ 사쿠슈코토니 サクシュコトニ	대학 내에 흐르는 개천으로, 2004년에 복원되었다. 이 개천 덕분에 캠퍼스가 공원같아 보인다. 옛날에는 연어가 거슬러 올라오는 강의 상류였다고.	
⑧ 은행나무 가로수길 イチョウ並木	포플러나무 숲길에서 도보 약 10분 거리에 위치하는 길이 약 380m의 은행나무 가로수길. 10월 중순이 되면 노랗게 물든 아름다운 은행나무를 볼 수 있다.	

ZOOM ——————— IN
최고의 맥주 생산지 홋카이도의
삿포로 맥주 박물관

맥주를 좋아하는 사람들은 '노란색 황금 별' 하면 바로 삿포로 맥주를 떠올린다. 삿포로 맥주는 1876년에 설립된 일본의 대표적인 맥주 회사 중 하나로, 우리에게도 꽤 친숙하다. 목 넘김이 부드러우면서 쌉쌀한 맛이 특징이며 전 세계인의 사랑을 받는 맥주 브랜드이기도 하다. 홋카이도에서만 맛볼 수 있는 시원한 '삿포로 클래식' 한잔은 여행의 추억과 함께 즐거운 기억으로 남을 것이다.

맥주 마니아라면 꼭! 들르는 곳

47.5m의 높이 솟은 굴뚝이 눈에 띄는 붉은 벽돌의 삿포로 맥주 박물관은 본래 메이지 시대인 1890년에 삿포로 제당 회사의 설탕 공장이던 곳이다. 지금의 굴뚝은 당시 설탕 공장이던 시절 그대로다. 이후 삿포로 맥주 회사에서 건물을 매입하고 공장으로 사용했다. 맥주를 만드는 데 필요한 보리와 홉이 자라기 좋은 기후와 청정한 자연환경을 갖춘 삿포로는 맥주 사업에 최적의 도시였다. 북극성을 상징하는 붉은 별은 브랜드의 상징이자 박물관 건물 여기저기에서도 쉽게 찾아볼 수 있다. 이후 맥주 공장은 1987년에 박물관으로 개조해 대중에게 개방했다. 일본의 유일한 맥주 박물관이기도 하고, 홋카이도의 문화유산으로 지정된 오래된 건물이기도 하니 한 번쯤 들러보자.

이곳의 하이라이트는 역시 맥주 시음!

맥주를 만드는 과정과 옛날 맥주병, 광고 포스터, 라벨 등 흥미로운 전시물을 무료로 볼 수 있다. 또 가이드와 함께 약 50분간 둘러보는 견학 코스도 있다. 이곳에서 인기가 가장 많은 것은 갓 만든 삿포로 맥주의 시음 코너. 유료로 삿포로 클래식과 블랙 라벨, 가이타쿠시 등 세 종류의 맥주 샘플러를 맛볼 수 있다. 시음 티켓은 스타홀 입구 자동판매기에서 구입하면 된다.

삿포로 맥주 한잔을 곁들인 맛있는 식사를 원한다면?

삿포로 맥주 박물관 옆에는 레스토랑 삿포로 비어 가든이 있다. 안주와 함께 공장에서 직송한 삿포로 클래식 생맥주를 함께 맛볼 수 있는 곳으로, 현지인들 사이에서도 유명하다. 가장 인기가 많은 것은 징기스칸과 구운 채소를 마음껏 먹는 뷔페다.

- **주소** 札幌市東区北7条東9丁目2-10
- **전화** 0120-150-550 **시간** 11:30~22:00 **휴무** 12/31
- **가격** 뷔페 3600~6500¥, 생맥주 590~1350¥
- **홈페이지** http://www.sapporo-bier-garten.jp/global/korean.html

---

<삿포로 맥주 박물관의 맥주 종류>

맥주 박물관에서 맛볼 수 있는 삿포로 맥주의 종류는 아래 세 가지다. 원하는 종류만 골라서 마실 수도 있고, 모두 원한다면 세트 메뉴 3種飲み比べセット(600¥)를 고르면 된다.

❶ 삿포로 클래식 クラシック Sapporo Classic
홋카이도에서만 한정 판매하는 맥주. 독일의 전통적인 양조법으로 만든 것으로, 깔끔한 맛을 자랑한다. 기념품 숍에서도 삿포로 클래식 캔 맥주를 구입할 수 있다.

❷ 삿포로 블랙 라벨 サッポロ生ビール黒ラベル Sapporo Black Label
우리에게도 친숙한 맛의 맥주로, 삿포로 맥주의 걸작이라 평가된다.

❸ 가이타쿠시 開拓使麦酒 かいたくし
개척사 맥주라고도 불리며, 초창기에 만든 맥주 맛 그대로다. 다른 제품에 비해 맛과 향이 좀 더 묵직한 것이 특징.

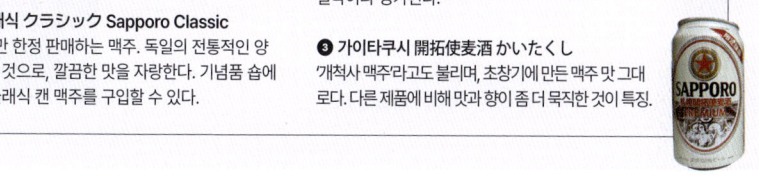

ZOOM ─────── IN
파란 하늘과 잘 어울리는 고풍스러운 붉은 벽돌 건물
홋카이도 도청 구 본청사

삿포로 TV 탑, 홋카이도 시 시계탑 등과 더불어 삿포로의 대표적인 랜드마크 중 하나로 꼽히는 곳이다. 미국식 네오 바로크 양식으로 지은 건물이 잘 남아있으며 홋카이도 개척 시대의 역사와 함께한 존재로서 가치가 높다.

1888년에 건립된 홋카이도의 도청

약 250만 개의 빨간 벽돌로 지어 '빨간 벽돌 건물'이라는 의미의 '아카렌가 赤レンガ'로 불리기도 한다. 지붕 위의 솟은 팔각 돔과 아름다운 창문틀이 인상적으로, 건물 높이는 현재의 10층짜리 건물 정도와 비슷하다고. 1909년 화재로 지붕 등 건물 일부가 소실된 적도 있지만, 이후 복원되었다. 중앙의 창문들 위에 있는 붉은 별은 홋카이도의 강한 개척 정신을 나타내는 상징이다. 지붕에 있는 창문 위뿐 아니라 곳곳에 있으니 둘러보며 찾아보자. 참고로 현재의 도 청사는 이 건물 뒤편에 자리한다. 이곳에 왔다면 건물만 보고 가지 말고 정원을 꼭 둘러보자. 포플러나무와 은행나무로 둘러싸인 풍경이 아름다워 인증 사진을 찍기에 좋다.

옛날 홋카이도의 모습을 전시

입구로 이어지는 계단 아래쪽에 있는 홋카이도 지도를 시작으로, 우아한 아치 장식이 일품인 1층 홀로 들어서게 된다. 계단은 아름다운 아치 장식을 배경으로 기념사진을 찍으려는 여행자들로 항상 붐빈다. 2층에는 홋카이도 박물관 아카렌가 분관으로, 사할린 관련 자료관과 북방 영토관, 국제 교류·도산품 전시실, 기념실, 개척기 사진과 그림, 지도 등이 있다. 역대 홋카이도 장관이나 지사가 근무했던 집무실도 그대로 재현해놓았다.

본청사 야경	평상시에는 그냥 건물에 불을 밝혀놓은 정도라 딱히 멋있지는 않지만, 겨울철에는 나무에 크리스마스 분위기가 나는 전구를 달아놓아 훨씬 예쁘다. 여름에는 19:00~19:30경, 겨울에는 16:10~16:30경이면 해가 지기 때문에 이후에는 언제나 야경을 볼 수 있다.	
1층 홀 정면 계단 앞	입구로 들어서서 정면에 보이는 계단에 주목할 것. 완벽하게 대칭을 이루는 3개의 아치와 아치 상단의 장식, 아치를 지탱하고 있는 철 기둥 상단의 조소, 그리고 계단 등 작은 것조차 인테리어의 일부로서 제 역할을 톡톡히 하고 있다.	
2층 기념실	옛 집무실을 재현해놓은 이 방에서는 창문 주변의 당초무늬에 주목하자. 그 어떤 값비싼 장식품보다 더 우아하고 고급스럽다.	

<이곳에서 살 수 있는 한정 아이템!>

아카렌가 에코 백 700¥~

구 본청사 건물을 모티브로 한 팝업 카드 390¥~

구 본청사 건물의 일러스트 엽서 200¥~

버터 사탕 주머니 600¥~

삿포로 근대 건축물 모양 쿠키 860¥~

홋카이도 도청 구 본청사 미니어처 1600¥~

ZOOM ——————— IN
130년 넘게 한자리를 지켜온 삿포로의 랜드마크
삿포로 시 시계탑

삿포로 시를 바쁘게 돌다 보면 특별해 보이는 오래된 건물이 눈에 띈다. 일본의 중요문화재로 지정된 곳으로, 지금은 삿포로 시를 대표하는 명소 중 하나가 되었다.

1878년에는 학생들의 군사훈련장!

시계탑이 있는 건물은 홋카이도 최고의 명문 대학인 홋카이도 대학의 전신, 삿포로 농학교의 일부였다. 학생들의 체력을 기르기 위한 연무장 겸 입학식이나 졸업식 등 학교 행사를 진행하는 강당으로 세운 것. 설계는 삿포로 농학교의 교감으로 재직한 윌리엄 휠러 William Wheeler가 담당했다. 건물을 세울 당시에는 지붕 위에 작은 종탑만 있었고 시계탑은 그 뒤 3년이 지나서 설치되었다. 전자식 시계는 오래된 것임에도 지금까지 정확한 시간을 알려준다. 매시 시각과 같은 횟수로 울려 퍼지는 맑은 종소리는 2.5km 떨어진 곳까지 들린다고 한다.

	옛 용도	현 전시물&상황
1층	강의실, 연구실, 동식물&광물 표본실	삿포로 역사관 시계탑과 삿포로 농학교, 삿포로와 홋카이도 관련 사진&문서 자료관
2층	군사훈련장, 강당, 학위 수여 장소, 입학&졸업식장	강당(1899년 삿포로 농학교 최초의 박사 학위 수여식 당시의 모습 재현), 1928년에 제작한 시계의 기계(시계탑의 시계 타입과 동일한 하워드사의 시계)

삿포로 여행 인증 사진 단골 장소!

삼각 지붕이 있는 2층짜리 건물은 개척기 시대 미국의 건축양식을 도입해서 지은 것으로, 얼핏 보아도 마치 미국의 한 마을에 있는 건물같다. 지금은 삿포로 시 역사관이 자리하는데, 안으로 들어서면 시계와 삿포로 농학교, 홋카이도의 역사를 알 수 있는 자료가 전시되어 있다. 참고로 건물 앞에는 대각선 방향으로 포토존이 따로 마련되어 있어 파란 하늘과 어우러진 예쁜 시계탑 사진을 찍을 수 있다.

<시계탑에서 득템한 특별한 기념품>

시계탑 핀
340¥~

시계탑 마그네틱
450¥~

시계탑 모양 쿠키
200¥~

예쁜 팝업 카드
830¥~

일러스트 주머니&
버터 사탕 435¥

❶ 시계탑의 시계는 전기장치로 움직이나요?
시계탑의 시계는 배터리 등을 사용하지 않는 친환경 시계입니다. 추의 힘으로 움직이며 일주일에 2회 정도 담당자가 직접 추를 감아요.

❷ 시계탑의 붉은 별은 무엇을 의미하나요?
개척사의 심벌마크인데요. 개척 정신이 강한 사람들이 북극성을 모티브로 만든 것인데, 시계탑에는 총 17개의 붉은 별이 있다고 합니다.

❸ 옛날에도 원래 이런 색깔의 건물이었나요?
지금은 붉은 지붕에 빛바랜 흰색 벽이지만, 지을 당시 벽은 회색이었고, 한때 녹색이던 시절도 있었다고 해요.

❹ 유리창 너머 바깥 경치가 비뚤어져 보여요.
현재 시계탑 건물에 있는 유리의 일부는 세울 당시의 것이에요. 오래된 세월로 유리가 조금씩 변형되다시피 바깥 풍경이 일부 일그러져 보이기도 해요. 그만큼 오래된 것을 잘 보존하고 있다는 증거랍니다.

Q 조금 색다른 곳에서 인증 사진을 찍고 싶어요.
A 시계탑 건너편에 있는 빌딩도 개방되어 있어요. 2층 테라스로 가서 각도가 조금 다른 앵글로 시계탑을 배경으로 사진을 찍어보세요.

Q 야경을 보려면 언제쯤 가면 되나요?
A 여름에는 19:00~19:30경, 겨울에는 16:10~16:30경이면 해가 지기 때문에 이후에는 언제나 야경을 볼 수 있어요.

Q 시계탑과 관련된 축제나 이벤트도 있나요?
A 시계탑 축제는 없지만 강당을 이용한 이벤트가 1년 내내 연이어 열립니다. 각종 유·무료 콘서트와 연극 공연, 전시회 등이 열리니 자세한 일정은 아래 홈페이지를 참고하세요.
🌐 **시계탑 이벤트 안내** sapporoshi-tokeidai.jp/usage/schedule.php

10 가니혼케
かに本家
유료 주차

삿포로에 있는 유명한 게 요리 전문점. 대개小 털게, 왕게 코스 요리가 인기다. 그 외에 시원한 국물 맛이 일품인 나베도 강추 메뉴. 국물을 먹은 뒤에는 달걀을 넣고 죽을 끓여서 먹는다.

구글 지도 카니혼케 삿포로에키마에

MAP p.136E

찾아가기 JR 삿포로 역 札幌駅 남쪽 출구에서 도보 5분, 또는 지하철 삿포로 역 13번 출구
주소 札幌市中央区北3西2 1-18
전화 011-222-0018 시간 11:30~22:00
휴무 12/31, 1/1 가격 점심 코스 2800¥~, 게 가이세키 6800~2만4000¥~
홈페이지 kani-honke.co.jp

11 에키벤노 벤사이테이
駅弁の弁菜亭
주차 없음

JR 삿포로 역 구내에 있는 에키벤 전문점으로, 총 7개의 작은 점포가 역 곳곳에 자리한다. 각종 게살을 넣은 3대 게 맛 도시락을 비롯해 싱싱한 해산물을 듬뿍 얹은 해산물 도시락, 구운 양고기를 올린 징기스칸 도시락 등 입맛을 돋우는 다채로운 도시락이 준비되어 있다.

구글 지도 삿포로역

MAP p.136B

주소 札幌市中央区北5条西2丁目5番地
시간 열차 운행 시간
가격 각종 도시락 1100¥~

12 회전 스시 네무로 하나마루
回傳寿司 根室花まる
유료 주차

JR 타워에 있는 음식점중 가장 인기가 많다. 네무로 항구에서 직송한 해산물로 만든 초밥이 인기 만점! 고급 재료를 사용한 것만 먹다 보면 1인당 2000~3000¥은 가볍게 넘는다. 특히 홋카이도에서만 맛볼 수 있는 것들은 '홋카이도 한정 北海道 限定'이라 표시되어 있다. 한국어 메뉴판이 있으며, 항상 손님이 많아 입구에서 번호표를 뽑고 기다릴 때가 많다.

구글 지도 네무로 하나마루 스텔라플레이스텐

VOL 1 p.042 MAP p.136B

찾아가기 JR 삿포로 역 札幌駅과 연결된 스텔라 플레이스 6층에 위치 주소 札幌市中央区北5条西2丁目ステラプレイス 6F
전화 011-209-5330 시간 11:00~23:00
가격 1접시 200¥~
홈페이지 sushi-hanamaru.com

13 피칸테 삿포로역점
ピカンティ Picante
주차 없음

메인 재료와 맵기 정도, 어떤 토핑을 추가할 것인지 등을 직접 선택할 수 있어 취향껏 즐길 수 있는 수프 카레를 선보이고 있다. 기본적으로 담백한 것과 진한 맛이 있으며 양고기와 치킨, 버섯과 가지 등의 각종 재료도 모두 신선하다. 1~5단계의 매운맛 중 3~5단계를 선택하면 100~300¥의 추가 요금이 붙는다.

구글 지도 피칸티 삿포로역점

MAP p.136E

찾아가기 지하철 도호선 삿포로역 22번 출구에서 도보 1분 주소 札幌市中央区北2条西1丁目8番地4青山ビル1F 전화 011-271-3900
시간 11:00~22:30(22:00 주문 마감) 휴무 수요일 가격 수프 카레 1200¥~ 홈페이지 picante2009.com

14 히리 히리(2호점)
ヒリヒリ hiri hiri
주차 없음

큰 닭 다리와 감자, 달걀을 푸짐하게 넣은 호네치키 치킨 骨チキチキン으로 인기가 많은 수프 카레 전문점. 본점은 오도리 공원 근처에 있고, JR 삿포로 역과 요도바시 카메라와 가까운 곳에도 매장이 있으니 편한 곳으로 가자.

구글 지도 히리 히리 2호

MAP p.136A

찾아가기 JR 삿포로 역 札幌駅 서쪽 출구에서 도보 3분
주소 札幌市北区北6条西6丁目 WEST 6F
전화 011-221-3607 시간 11:30~21:30
가격 수프 카레 1200¥~
홈페이지 hirihiri.jp

15 오쿠시바 쇼텐 에키마에 소세지
スープカレー奥芝商店 駅前創成寺
주차 없음

매일 2천 마리의 새우를 넣어 만든 진한 육수를 베이스로 풍미가 깊은 수프카레를 선보이는 식당. 최고 인기 메뉴는 수프 카레에 두툼한 햄버그 스테이크가 들어가는 소야꼿 수프 카레로, 홋카이도 최북단에서 생산된 소고기로 만든 햄버그 맛이 일품이다.

구글 지도 오쿠시바 쇼텐 에키마에 소세지

MAP p.136E

찾아가기 삿포로역 23번 출구로 들어가 연결되는 빌딩 지하 1층
주소 札幌市中央区北4条西1丁目ホクレンビルB1F 전화 011-207-0266
시간 11:00~16:00, 17:00~22:00 휴무 부정기
가격 소야꼿 햄버그와 수프 카레 2080¥
홈페이지 okushiba.net/soseiji

16 세이류
青竜 SEIRYU
★★ 유료 주차

아피아 상가의 푸드 워크 Foods Walk에 있는 라멘 전문점. 대부분의 메뉴가 다 맛있지만 특히 추운 겨울에만 판매하는 한정 메뉴인 매운맛 양배추 라멘이 가장 인기가 높다. 쇼핑하다 들러 간단히 먹기에 좋다.

구글 지도 SEIRYU
- MAP p.136B
- 찾아가기 JR 삿포로 역 札幌駅과 연결된 아피아에 위치
- 주소 札幌市 アピア Foods Walk B1F
- 전화 011-209-3483
- 시간 10:30~22:00
- 가격 라멘 800~1200¥

17 폼므노키
ポムの樹
★★ 유료 주차

쇼핑몰 스텔라 플레이스 안에 있는 오므라이스집으로, 여행자는 물론 현지인들에게도 인기가 많다. 오므라이스의 사이즈는 SS/S/M/L 총 네 가지로, 식사량이 많지 않다면 S 사이즈 정도가 알맞은 양이라 할 수 있다.

구글 지도 Pomunoki Sapporosuterapureisuten
- MAP p.136B
- 찾아가기 JR 삿포로 역 札幌駅과 연결된 스텔라 플레이스 6층에 위치
- 주소 札幌市 札幌ステラプレイス 6F
- 전화 011-271-8161
- 시간 11:00~23:00
- 가격 오므라이스 1200¥~
- 홈페이지 pomunoki.com

18 잇핀
いぴん
★★ 유료 주차

스텔라 플레이스 6층에 자리한 부타동 豚丼 전문점. 돼지고기 덮밥인 부타동은 오비히로와 마슈 호수 근처의 유명 음식이다. 밥 위에 얹어지는 고기 양에 따라 가격이 다른데, 현지인뿐만 아니라 우리 입맛에도 잘 맞아 인기가 많다.

구글 지도 잇핀 스텔라플레이스점
- MAP p.136B
- 찾아가기 JR 삿포로 역 札幌駅과 연결된 스텔라 플레이스 6층에 위치
- 주소 札幌市札幌ステラプレイス 6F
- 전화 011-209-5298
- 시간 11:00~23:00
- 가격 기본 부타동 990¥~
- 홈페이지 www.butadon-ippin.com

19 다즈무라
Tazumura
★★ 유료 주차

다이마루 백화점 8층에 있는 돈가스 전문점. 메이지 시대의 돈가스를 재현한 부타타키 로스가스 ぶたたきロースかつ定食로 유명하다. 단, 1일 20개만 한정 판매한다. 돈가스지만 느끼하지 않고 양도 푸짐해서 항상 인기가 많다.

구글 지도 돈카츠 타즈무라 다이마루삿포로점
- MAP p.136B
- 찾아가기 JR 삿포로 역 札幌駅과 연결된 다이마루 백화점 8층
- 주소 札幌市中央区 大丸札幌店 8F
- 전화 011-828-1258 시간 11:00~22:00
- 가격 돈가스 1530¥~
- 홈페이지 www.daimaru.co.jp/sapporo (다이마루 백화점)

20 기타카로 삿포로 본점
北菓楼 札幌本館
★★ 주차 없음

홋카이도의 유명 스위츠 브랜드인 기타카로의 삿포로점. 오랜 역사를 가진 유서 깊은 건축물에 입점해 있는데, 세계적인 건축가인 안도 타다오가 내부 개조를 맡아 더욱 인기가 높다. 상품 구입은 1층 매장에서 할 수 있고 2층 카페에서는 케이크와 커피 등을 세트로 즐길 수 있다.

구글 지도 기타카로 본점
- MAP p.136E
- 찾아가기 삿포로 시계탑에서 도보 6분
- 주소 札幌市中央区北1条西5丁目1-2
- 전화 800-500-0318
- 시간 10:00~18:00(카페 11:00~17:00)
- 가격 커피+케이크 2조각+아이스크림 세트 917¥
- 홈페이지 kitakaro.com

21 빗쿠리동키
びっくりドンキー
★★ 주차 없음

동그랗게 부친 달걀 프라이를 살짝 얹은 햄버그스테이크를 좋아한다면 빗쿠리동키에 가자. 옛날 경양식집에 온 것 같은 음식을 판매하는 패밀리 레스토랑이다. 일찍 문을 여는 데다 양도 많고 맛도 좋아 인기가 꽤 많다. 스스키노와 오도리 역 지하 등 곳곳에 지점이 있다.

구글 지도 Bikkuri Donkey
- MAP p.136E
- 찾아가기 JR 삿포로 역 札幌駅南쪽 출구에서 도보 3분
- 주소 札幌市中央区北2条西3丁目1-18 第25桂和ビル 1F
- 전화 011-252-0520
- 시간 07:30~23:00
- 가격 햄버그스테이크 800¥~
- 홈페이지 bikkuri-donkey.com

22 구시도리
串鳥

주차 없음

삿포로에 있는 꼬치구이 전문점으로, 맛도 좋고 가격도 저렴해 현지인들에게도 인기가 많다. 손님들이 가장 좋아하는 메뉴는 고기 완자인 쓰쿠네 つくね와 스테이크이다. 닭고기와 돼지고기를 밥 위에 얹은 돌솥밥도 일품이다.

- 구글 지도 쿠시도리
- MAP p.136B
- 찾아가기 JR 삿포로 역 札幌駅 앞에 위치
- 주소 札幌市中央区北4条西2丁目札幌TRビル2F
- 전화 011-233-2989
- 시간 16:00~00:00
- 휴무 12/31
- 가격 닭고기 꼬치구이 1개 170~340¥~
- 홈페이지 www.kushidori.com/sapporo

23 요멘야 고에몬
洋麺屋五右衛門

유료 주차

우리나라에서도 맛볼 수 있는 스파게티 전문점. 특이한 점은 스파게티를 젓가락으로 먹는다는 것인데, 원하면 포크를 가져다준다. 이탈리아산 재료로 만들었지만 일본 스타일의 메뉴로 가득하다.

- 구글 지도 Yomenya Goemon Sapporoapiaten
- MAP p.136B
- 찾아가기 JR 삿포로 역 札幌駅과 연결된 아피아 APIA 지하 1층에 위치
- 주소 札幌市北区北六条西4-3-1 札幌パセオWEST B1F
- 전화 011-209-3486
- 시간 11:00~22:00
- 가격 스파게티 1200¥~
- 홈페이지 yomenya-goemon.com

24 기네야
杵屋

유료 주차

쇼핑몰 아피아 APIA 내에 있는 수타 우동집. 국물도 탱탱한 면발도 맛있어서 인기가 많다. 토핑은 원하는 종류를 선택해서 추가할 수 있다. 가격도 저렴하고 찾아가기도 쉬운 것도 장점이다.

- 구글 지도 Kineya, Sapporo APIA
- MAP p.136B
- 찾아가기 JR 삿포로 역 札幌駅에서 연결된 쇼핑몰 아피아에 위치 주소 札幌市 アピア Joyfull Walk B1F 전화 011-209-3437
- 시간 11:00~21:30 가격 우동 800¥~, 정식 세트 1030¥~
- 홈페이지 www.gourmet-kineya.co.jp

25 기타카로
北菓樓

유료 주차

홋카이도에서 과자로 유명한 기타카로의 삿포로 매장. 기타카로의 명성과 더불어 이곳에서만 맛볼 수 있는 C컵 푸딩과 F컵 푸딩 때문이다. 언뜻 들으면 여성의 브래지어 사이즈인가 싶지만, 사실은 C컵 푸딩은 치즈를, F컵 푸딩은 과일을 재료로 만든 푸딩이다. 계절 한정 메뉴도 선보이니 갈 때마다 새로운 맛을 즐겨 보는 것도 좋은 방법.

- 구글 지도 키타카로 daimaru
- MAP p.136B
- 찾아가기 JR 삿포로 역 札幌駅과 연결된 다이마루 백화점 지하 1층
- 주소 札幌市中央区大丸札幌店 B1F
- 시간 10:00~20:00 가격 푸딩 400¥~
- 홈페이지 www.kitakaro.com

26 밀크&파르페 요쓰바 화이트 코지
ミルク&パフェ よつ葉ホワイトコージ
유료 주차

요쓰바 よつ葉 유업이 운영하는 디저트 카페. 모든 메뉴는 홋카이도산 재료로 만든다. 이곳의 시그니처 메뉴는 요쓰바노 시로이 파르페 よつ葉の白いパフェ(660~900¥)로 항상 인기가 많다. 11:00~14:00는 런치 타임으로, 식사와 디저트가 함께 나오는 점심 세트 메뉴도 있다.

- 구글 지도 Milk & Parfait White Cosy
- MAP p.136B
- 찾아가기 JR 삿포로 역 札幌駅과 연결된 스텔라 플레이스 지하 1층에 위치
- 주소 札幌市中央区北5条西2丁目札幌ステラプレイスB1
- 시간 10:00~20:00 가격 파르페 960~1100¥, 팬케이크 세트 1050¥~, 점심 세트 메뉴 1300¥~
- 홈페이지 yotsuba.co.jp/white

27 시키 마르셰
北海道四季マルシェ札幌

유료 주차

JR 홋카이도에서 새로 오픈한 식료품 전문점으로 홋카이도의 유명 상품들은 거의 다 모여 있다고 보면 된다. 스위츠, 라멘, 수프카레, 통조림, 주류, PB상품인 도산 테이블 DO3 Table 등을 둘러본 후 삿포로 농학교의 쿠키샌드 앙버터와 소프트 아이스크림을 맛보자.

- 구글 지도 홋카이도 시키 마르셰 스텔라플레이스점
- MAP p.136B
- 찾아가기 JR 삿포로 역 내 1층에 위치
- 주소 札幌市中央区北5条西2丁目札幌ステラプレイスCENTER 1F
- 전화 011-209-5337
- 시간 08:00~21:30
- 홈페이지 hkiosk.co.jp/hokkaido-shikimarche

28 다이마루 삿포로점
大丸百貨店

유료 주차

JR 삿포로 역과 연결된 삿포로 최대 규모의 백화점. 총 8층으로 명품 브랜드를 포함한 다양한 숍이 들어서 있다. 8층에는 식당가가 있어 쇼핑과 식사를 겸하기에 편하다. 러블리한 생활용품을 구입할 수 있는 3층의 애프터눈 티 리빙 Afternoon Tea Living과 지하 1층의 기타카로 등도 놓치지 말고 들러보자.

구글 지도 다이마루백화점 삿포로점
- MAP p.136B
- 찾아가기 JR 삿포로 역 札幌駅과 연결
- 주소 札幌市中央区北5条西4丁目7番地
- 전화 011-828-1111 | 시간 숍 10:00~20:00, 식당가 10:00~22:00 | 휴무 1월 1일
- 홈페이지 www.daimaru.co.jp/sapporo(다이마루 백화점)

29 스텔라 플레이스
札幌ステラプレイス

유료 주차

JR 삿포로 역과 연결된 쇼핑몰 중 하나로, 센터 Center와 이스트 East, 두 구역으로 나뉘어 있다. 지하에 있는 이스라엘 보디 제품 브랜드인 사봉 SABON과 3층 이스트의 일본 분위기가 물씬 풍기는 기념품 숍 본티 Bonti, 5층 센터의 ABC 마트와 디즈니 스토어, 6층 스텔라 다이닝, 7층 삿포로 시네마 프런티어 Sapporo Cinema Frontier를 놓치지 말자.

구글 지도 삿포로 스텔라 플레이스
- MAP p.136B
- 찾아가기 JR 삿포로 역 札幌駅과 연결
- 주소 札幌市中央区
- 전화 011-209-5100
- 시간 숍 10:00~21:00, 레스토랑 11:00~23:00
- 홈페이지 www.stellarplace.net

30 도큐 백화점 삿포로
さっぽろ東急百貨店

유료 주차

일본 대표 SPA브랜드 유니클로와 GU, 생활잡화 전문점 핸즈 HANDS, 전자상품 전문점 빅 카메라와 슈즈 매장인 ABC MART 등이 입점해 있는 백화점. 8층에는 독특한 패션 잡화를 구입할 수 있는 빌리지 뱅가드도 있다.

구글 지도 도큐백화점
- MAP p.136E
- 찾아가기 JR 삿포로 역에서 도보 2분
- 주소 札幌市中央区北4条西2丁目
- 전화 011-212-2211
- 시간 10:00~20:00
- 홈페이지 tokyu-dept.co.jp/sapporo

31 핸즈 삿포로점
HANDS

유료 주차

유명 인테리어 생활용품 전문점 도큐 핸즈가 브랜드 이름을 'HANDS'로 바꾼 곳으로 화장품, 주방과 욕실용품 등 다양한 품목이 있어 쇼핑하기가 편리하다. 귀여운 캐릭터 제품도 많아 선물을 고르기에도 좋다.

구글 지도 핸즈 삿포로점
- MAP p.136E
- 찾아가기 도큐 백화점 8~9층
- 주소 札幌市中央区北4条西2丁目
- 전화 011-218-6111
- 시간 10:00~20:00
- 홈페이지 sapporo.hands.net

32 쓰리코인즈
3COINS

주차 없음

모든 상품을 300엔에 판매한다는 콘셉트의 잡화점으로 100엔숍보다 가격은 비싸지만 좀 더 질과 디자인이 좋은 상품들을 구입할 수 있다. 특히 생활용품과 시즌별 패션 잡화가 눈길을 끈다. 오로라타운 지하상가에도 지점이 있다.

구글 지도 3COINS
- MAP p.136B
- 찾아가기 삿포로 역과 연결된 아피아 지하상가에 위치
- 주소 札幌市中央区北5条西3丁目
- 전화 011-209-1209
- 시간 10:00~21:00
- 홈페이지 3coins.jp

33 칼디 커피 팜
KALDI COFFEE FARM

주차 없음

커피용품 전문점으로 다양한 종류의 원두와 티백 등과 함께 전 세계에서 수입한 식품들을 함께 판매한다. 과자와 견과류, 조미료, 말린 과일, 와인 등 상품 종류가 너무 다양하고 많아 구경하며 쇼핑하는 재미가 있고 선물 구입하기에도 좋다.

구글 지도 Kaldi coffee farm Sapporo Apia shop
- MAP p.136B
- 찾아가기 삿포로 역과 연결된 아피아 지하상가에 위치
- 주소 札幌市中央区北5条西3丁目
- 전화 011-209-1439
- 시간 10:00~21:00
- 홈페이지 kaldi.co.jp

34 아피아
アピア APIA

JR 삿포로 역과 연결되어 있는 지하상가로, 돔 형태의 유리 지붕이 특징이다. 크게 패션 워크 Fashion Walk와 조이풀 워크 Joyful Walk 등으로 구역이 나뉘어 있는데, 패스트 푸드점을 비롯해 식당, 패션 잡화 숍 등 100여 개 이상의 숍이 위치한다.

구글 지도 APIA쇼핑몰

- MAP p.136B
- 찾아가기 JR 삿포로 역 札幌駅과 연결
- 주소 札幌市中央区
- 전화 011-209-3500
- 시간 숍 10:00~21:00, 레스토랑 11:00~21:30
- 홈페이지 apiadome.com

35 롯카테이 삿포로 본점
六花亭 札幌本店

달콤한 스위츠 마니아라면 롯카테이를 빼놓을 수 없다. 삿포로의 본점으로, 사쿠사쿠 파이를 비롯해 마루세이 버터 샌드와 유키야콩코 등 롯카테이의 시그니처 메뉴를 모두 만날 수 있다. 이곳에 들를 시간이 없다면 신치토세 공항에서도 주요 제품을 구입할 수 있다.

구글 지도 롯카테이 삿포로본점

- MAP p.136D
- 찾아가기 JR 삿포로 역 札幌駅 남쪽 출구 미쓰이 가든 호텔 삿포로 맞은편에 위치
- 주소 札幌市中央区北4条西6丁目3-3 六花亭 札幌本店
- 전화 011-261-6666
- 시간 10:00~19:00
- 홈페이지 rokkatei.co.jp

36 빅 카메라
ビックカメラ BIC CAMERA

JR 삿포로 역과 가까워 접근성이 좋고 다양한 전자 제품을 갖추어 항상 사람들로 붐빈다. 전자 제품 외에 아이들을 위한 장난감이나 피겨, 스포츠용품 등도 많다. 상품에 따라 층이 달라지니 가고 싶은 매장 위치를 우선 체크해두자.

구글 지도 빅카메라 삿포로점

- MAP p.136E
- 찾아가기 JR 삿포로 역에서 도보 6분
- 주소 札幌市東急百貨店2-15·6F
- 전화 011-261-1111
- 시간 10:00~21:00
- 홈페이지 biccamera.co.jp/shoplist/sapporo.html

37 요도바시 카메라
ヨドバシカメラ

삿포로의 대형 전자 제품 전문점으로, 빅 카메라와 함께 양대 산맥을 이루는 곳. JR 삿포로 역에서 멀지 않은 곳에 있어 찾아가기도 좋다. 다양한 제품을 갖추었으니 층별로 천천히 둘러볼 것. 참고로 1층에는 패스트푸드점 맥도날드가 있다.

구글 지도 요도바시 카메라 멀티미디어 삿포로

- MAP p.136A
- 찾아가기 JR 삿포로 역 札幌駅 북쪽 출구에서 도보 3분
- 주소 札幌市北区北6条西5-1-22
- 전화 011-707-1010
- 시간 09:30~22:00
- 홈페이지 yodobashi.com

38 빔즈
BEAMS

일본 대표 편집숍 빔즈의 삿포로 매장으로 패션에 관심 있는 사람들이 주목하는 곳. 오도리 공원 근처에도 매장이 있는데 규모가 더 크니 빔즈를 본격 탐방하고 싶다면 오도리 매장으로 가자. 합리적인 가격대부터 몽클레어와 같은 고가 브랜드까지 아우르고 있다.

구글 지도 BEAMS SAPPORO STELLAR PLACE

- MAP p.136B
- 찾아가기 스텔라 플레이스 지하1층에 위치
- 주소 札幌市中央区北5条西2丁目
- 전화 011-200-2092
- 시간 10:00~21:00
- 홈페이지 beams.co.jp

39 프랑 프랑
Franc Franc

일본의 고급 잡화 브랜드로 우아하고 멋진 인테리어용품이 가득하다. 가격은 다소 비싸지만 일단 매장에 들어가면 한참 머물며 쇼핑하게 된다.

구글 지도 프랑프랑 스텔라플레이스점

- MAP p.136B
- 찾아가기 JR 삿포로 역 札幌駅과 연결된 쇼핑몰 스텔라 플레이스 1층에 위치
- 주소 札幌市中央区北5条西2丁目札幌ステラプレイスイースト
- 시간 10:00~21:00
- 홈페이지 francfranc.com

40 애프터눈 티 리빙
Afternoon Tea Living

일본 여성들에게 특히 인기 높은 잡화 브랜드로, 아기자기하고 예쁜 디자인의 상품이 모두 사고픈 구매욕을 불타오르게 한다. 가격대는 비싼 편이지만 외면하기에는 너무 예쁜 물건이 많다. 종종 스페셜 세일 코너가 등장하니 이곳도 놓치지 말고 살펴보자.

구글 지도 Afternoon Tea Living

MAP p.136B

찾아가기 삿포로 다이마루 백화점 3층에 위치
주소 札幌市中央区北五条西4-7大丸札幌店 3F
전화 011-241-3328
시간 10:00~20:00
홈페이지 afternoon-tea.net

41 무인양품
無印良品 MUJI

일본과 해외에도 매장을 운영하는 생활 잡화 기업으로 가구부터 가습기, 그릇, 쿠키, 의류 등과 뷰티용품, 간편식까지 갖추었다. 평범한 듯 보이지만 실용적이면서도 여백의 미를 잘 살린 세련된 디자인이 특징이다. 삿포로에는 이곳 외에 파르코 PARCO 등에 매장이 있다.

구글 지도 삿포로 스텔라 플레이스

MAP p.136B

찾아가기 JR 삿포로 역 札幌駅과 연결된 스텔라 플레이스 6층에 위치
주소 札幌市中央区北5条西2丁目5番地札幌ステラプレイスイースト6F
전화 011-209-5381
시간 10:00~21:00
홈페이지 muji.com/jp

42 기노쿠니야
紀伊国屋書店

1927년 도쿄에서 창업한 오래된 역사의 서점으로 일본 전역은 물론 미국과 싱가포르, 태국을 비롯한 해외 지점도 운영한다. 홋카이도에는 삿포로 세 곳을 비롯해 오타루, 지토세 등 총 5개의 지점이 있다. JR 삿포로 역 근처 매장이 본점 역할을 하며 규모가 가장 크다. 규모는 작지만 오도리 공원 근처 지하 통로인 상가인 오로라 타운에도 지점이 있다.

구글 지도 키노쿠니야 서점 삿포로 본점

MAP p.136A

찾아가기 JR 삿포로 역 札幌駅 남쪽 출구에서 도보 2분. 다이마루 백화점 옆
주소 札幌市中央区北五条西5-7
전화 011-231-2131
시간 10:00~21:00
홈페이지 kinokuniya.co.jp

43 산세이도 서점
三省堂書店

스텔라 플레이스에 있는 서점으로, 일본 전역에 30여 개의 지점을 운영하는 대형 서점 체인이다. 일본 서적은 물론 양서도 함께 갖추었으며, 책 외에 예쁜 다이어리와 앙증맞은 볼펜 등 문구류도 눈에 띈다. 내부에 카페도 함께 있다.

구글 지도 BOOKS SANSEIDO

MAP p.136B

찾아가기 JR 타워와 연결된 쇼핑몰 스텔라 플레이스 5층
주소 札幌市中央区北五条西2-5 JRタワー札幌ステラプレイス 5F
전화 011-209-5600
시간 10:00~21:00
홈페이지 books-sanseido.co.jp

44 아리오
Ario

삿포로 가든 파크에 있는 3층 규모의 쇼핑몰로 3층에는 유니클로와 ABC 마트가 있고, 2층에는 토이저러스가 있다. 또 스타벅스, 서브웨이와 미스터 도넛, 맥도날드, 베스킨라빈스는 물론 롯데리아 등이 자리해 이용하기 편하다.

구글 지도 아리오 삿포로

MAP p.134F

찾아가기 지하철 도호선 히가시쿠쿠쇼마에 역 東区役所前駅 4번 출구에서 도보 약 15분, 또는 JR 하코다테 선 나에보 역 苗穂駅에서 도보 약 10분
주소 札幌市東区北7条東9丁目2-20
전화 011-723-1111
시간 10:00~21:00
홈페이지 ario-sapporo.jp

TRAVEL INFO

오도리 공원 & 스스키노

● 오도리 공원 일대는 낮이나 밤이나 활기가 넘치는 지역이며 삿포로의 주요 이벤트가 1년 내내 계속된다.
삿포로의 밤을 환하게 밝히는 스스키노에 가면 신나는 나이트라이프를 즐길 수 있다.

1 오도리 공원
大通公園

삿포로 시내에 동서로 뻗은 1.5km 길이의 도심 공원이다. 본래는 화재 발생 시 불이 번지는 것을 막기 위해 조성되었다. 1년 내내 축제가 열리는 장소로, 초여름의 라일락 축제를 비롯해 맥주 축제, 겨울의 눈 축제 등이 여행자들의 발걸음을 재촉한다. 특히 여름에 공원에서 파는 구운 옥수수가 너무 맛있으니 꼭 맛보자.

구글 지도 오도리 공원

◉ MAP p.137A
- 찾아가기 지하철 오도리 역 大通駅 6·14번 출구 이용
- 주소 札幌市 大通公園
- 전화 011-251-0438
- 홈페이지 sapporo-park.or.jp

2 삿포로 TV 탑
さっぽろテレビ塔

오도리 공원에 자리한 빨간색 철탑. 1957년 8월에 지은 탑으로, 삿포로 시의 상징이기도 하다. 높이 147.2m의 전망대에 오르면 오도리 공원 주변과 시내가 내려다보인다. 레스토랑과 기념품 숍 등의 시설도 잘 갖추어져 있다.

구글 지도 삿포로 TV 타워

- VOL 1 p.023 ◉ MAP p.137C
- 찾아가기 오도리 공원 동쪽 끝 지점에 위치
- 주소 札幌市中央区大通西一丁目
- 전화 011-241-1131
- 시간 09:00~22:00(계절에 따라 다름)
- 휴무 1/1, 부정기
- 가격 어른 1000¥, 초·중학생 500¥(엘리베이터로 3층까지는 무료)
- 홈페이지 www.tv-tower.co.jp

3 삿포로 시 자료관
札幌市資料館

1926년에 삿포로 항소 법원으로 세운 곳으로, 이후 고등 재판소로 이용된 적이 있다. 지금은 삿포로 시의 역사와 문화에 관련한 자료를 전시하고 있으며, 옛 재판소 모습을 재현해놓기도 했다.

구글 지도 삿포로시 자료관

◉ MAP p.134D
- 찾아가기 지하철 도자이선 니시주잇초메 역 西11丁目駅에서 도보 5분
- 주소 札幌市中央区大通西13
- 전화 011-251-0731
- 시간 09:00~19:00
- 휴무 월요일, 12/29~1/3
- 가격 무료
- 홈페이지 s-shiryokan.jp

4 스스키노
すすきの

지하철 스스키노 역 근처에 있는 삿포로 최대의 유흥가. 이자카야를 비롯해 게 요릿집과 라멘집 등 4000여 군데의 식당과 술집, 호텔 등이 밀집해 있다. 밤이 되면 네온사인 때문에 거리 곳곳이 화려하게 번쩍인다.

구글 지도 스스키노

◉ MAP p.137E
- 찾아가기 JR 삿포로 역 札幌駅 남쪽 출구에서 도보 20분, 또는 지하철 난보쿠선 스스키노 역 すすきの駅 하차
- 주소 北海道札幌市中央区
- 홈페이지 susukino-ta.jp

5 니조 시장
二条市場

장외 시장과 함께 삿포로의 대표 수산물 시장으로 1903년부터 영업한 오래된 곳이다. 장외 시장보다 접근성이 좋아 관광객들이 많이 찾는다. 시장 안에 한국어를 비롯한 다국적 메뉴판을 갖춘 유명 식당도 있으며 수산물을 구입하기에도 좋다.

구글 지도 니조시장

◉ MAP p.137C
- 찾아가기 지하철 도호선 오도리 역 大通駅 35번 출구에서 도보 5분
- 주소 札幌市中央区南3条東1丁目~東2丁目
- 전화 011-222-5308
- 시간 07:00~18:00
- 홈페이지 nijomarket.com

6 아오아오 수족관
AOAO SAPPORO ★★ 유료 주차

삿포로 도심에 새롭게 오픈한 수족관으로 층마다 테마를 달리하여 3개 존으로 구성되어 있다. 종류가 많은 것은 아니지만 바닷속에 사는 예쁜 물고기들과 일본 도롱뇽 등과 함께 펭귄도 함께 볼 수 있어 아이들과 갈만하다.

구글 지도 AOAO SAPPORO

MAP p.137E

찾아가기 지하철 스스키노 역과 연결되는 모유쿠 빌딩 4~6층에 위치 **주소** 北海道札幌市中央区南2条西3丁目20モユクサッポロ4~6F
시간 10:00~22:00
가격 어른 2200¥, 어린이 1100¥
홈페이지 aoao-sapporo.blue

7 가니쇼군
かに將軍 ★★★ 주차 없음

삿포로에서 가니혼케와 함께 게 요리 전문점으로 유명한 곳. 서비스도 친절하고 게 요리 역시 맛이 일품이다. 항상 손님이 많으니 원하는 날짜와 시간이 정해져 있다면 예약을 하는 것이 좋다.

구글 지도 카니쇼군 삿포로본점

MAP p.137E

찾아가기 스스키노 역 すすきの駅 3번 출구에서 도보 3분
주소 札幌市中央区南4条西2丁目14-6
전화 011-222-2588
시간 11:00~22:30
가격 코스 요리 7000¥~, 털게 6200¥~, 대게 3800¥~
홈페이지 kani-syougun.com

8 스기노메 본점
杉ノ目本店 ★★★ 주차 없음

총 여덟 가지 요리를 제공하는 실버 코스, 아홉 가지 요리를 제공하는 골드 코스 등이 있으며 인기가 많은 단품 메뉴로는 왕게를 찐 킹크랩 요리와 연어 알을 올린 덮밥이 있다. 털게 껍데기에 게살과 표고버섯, 흰 살 생선을 섞어서 튀긴 것을 올린 요리 毛蟹の甲羅揚げ도 맛있다.

구글 지도 Suginome Main Susukino restaurant

MAP p.137E

찾아가기 스스키노 역 すすきの駅 5번 출구에서 도보 3분 **주소** 札幌市中央区南5条西5丁目
전화 011-521-0888
시간 17:00~22:30
휴무 일요일, 공휴일
가격 코스 요리 8500~1만7000¥
홈페이지 suginome.jp

9 삿포로 가니야 본점
札幌かに家本店 ★★★ 주차 없음

가니쇼군과 같은 그룹으로 그보다 좀 더 고급스러운 곳이다. 코스 요리를 시키면 입에서 살살 녹는 싱싱한 대게 회와 게살 크로켓, 가니 샐러드, 튀김, 샤부샤부 등을 맛볼 수 있다. 저녁때 붐비는 경우가 많으니 일행이 많다면 예약해두는 것이 좋다.

구글 지도 카니야 본점

MAP p.137E

찾아가기 지하철 스스키노 역 すすきの駅 1번 출구에서 도보 3분
주소 札幌市中央区
전화 011-222-1117
시간 월~금요일 11:00~15:00, 17:00~22:30, 토·일요일 11:00~22:30
가격 코스 요리 1만¥~
홈페이지 kani-ya.co.jp

10 다루마
だるま ★★★ 주차 없음

삿포로에서 가장 유명한 징기스칸 전문점 중 하나로 60년의 오랜 역사를 자랑한다. 스스키노 역 주변에만 매장이 여러 군데 있으며, 1인분에는 양고기 등심과 안심 등 여러 부위가 함께 나오는데, 특제 양념간장 소스에 찍어 먹으면 더 맛있다. 자칫 늦게 가면 오래 기다려야 하니 되도록 오픈 시간에 맞춰 가는 것이 요령이다.

구글 지도 다루마 본점

MAP p.137E

찾아가기 지하철 스스키노 역 すすきの駅 5번 출구에서 도보 5분 **주소** 札幌市中央区南西4 クリスタルビル **전화** 011-552-6013 **시간** 17:00~03:00 **휴무** 연말연시 **가격** 양고기 1인분 950¥~, 생맥주 600¥~
홈페이지 best.miru-kuru.com

11 이타다키마스.
いただきます。 ★★ 무료 주차

홋카이도에서 기른 양고기를 사용하는 이곳은 역사가 짧지만 꽤 인기가 높다. '고기가 떨어지면 오늘 영업은 끝'을 모토로 해 가격도 비싸고 양도 적지만 맛이 좋아 단골손님이 많은 편. 한국어 메뉴판도 있다.

구글 지도 이타다키마스

MAP p.137E

찾아가기 지하철 난보쿠선 스스키노 역 すすきの駅 4번 출구에서 도보 5분 **주소** 札幌市中央区南5条西5丁目1-6 **전화** 011-552-4029
시간 월~토요일 11:30~15:00, 일요일 11:30~23:00(주문은 30분 전까지) **가격** 1인분 1080¥~, 채소 추가 400¥~
홈페이지 itadakimasu.gorp.jp

ZOOM ——— IN
1년 내내 다양하고 재미있는 곳!
오도리 공원&TV 탑

오도리 공원, 1년 내내 찾아봐야 할 삿포로의 명소

이곳은 삿포로 시내 중심가에 동서로 길게 뻗은 1.5km 길이의 도심 공원이다. 원래는 시내에 화재가 발생했을 때 불이 번지는 것을 막는 방화벽이었다고 한다. 분수대도 예쁘고 화려한 꽃이 피는 정원 조경도 아름답지만, 무엇보다도 여행자들이 이곳을 찾는 이유는 1년 내내 다양한 축제와 볼거리가 가득하기 때문이다. 초여름의 라일락 축제를 비롯해 여름의 맥주 축제, 겨울의 눈 축제와 화이트 일루미네이션, 유럽 느낌 물씬 풍기는 삿포로 크리스마스 축제 등 각 계절을 제대로 느끼고 즐길 수 있다.

<오도리 공원의 주요 축제와 행사>
5월 말 라일락 축제(p.082) 연보라 라일락이 삿포로의 초여름을 알리는 축제
6월 초 요사코이 소란 마쓰리(p.083) 화려하고 절도 넘치는 군무가 인상적!
7월 중순~8월 말 삿포로 여름 축제(p.083) 재즈가 흐르고 시원한 맥주가 있는 흥겨운 여름밤 축제
9월 중순~10월 초 오텀페스트(p.084) 홋카이도의 신선하고 호화로운 먹거리가 한자리에!
11월 초~1월 초 화이트 일루미네이션(p.084) 수천 개의 전구가 삿포로의 겨울밤을 빛낸다.
11월 말~12월 24일 삿포로 크리스마스 축제(p.084) 여기가 유럽인가? 크리스마스 시장과 콘서트 오픈!
2월 초~2월 중순 삿포로 눈 축제-유키 마쓰리(p.085) 삿포로 No1 인기&유명 축제! 커다란 눈 조각과 신나는 이벤트를 즐긴다!

야외 조각 공원 오도리 공원

공원을 둘러보다 보면 유독 조각상이 많이 눈에 띈다. 모두 유명한 작가의 작품이지만 그중 대표적인 것이 홋카이도 출신인 일본의 대표 조각가, 혼고신 本郷新의 작품이다. 3초메에 자리한 이 작품의 제목은 '泉の像(샘의 상)'으로, 3명의 발레리나가 마치 물줄기를 높이 내뿜는 것과 같이 하늘을 향해 긴 팔을 들고 있는 생동감 넘치는 포즈를 취하고 있다. 또 8초메와 9초메 사이에 있는 '블랙슬라이드 만트라(ブラック・スライド・マントラ)'도 그냥 지나칠 수 없는 귀한 작품이자 놀이기구이기도 하다. 이사무 노구치 野口勇(1904~1988)의 작품으로, 이 앞을 지나는 어린아이들은 꼭 한 번씩 타고 지나가는 고급스럽고 아주 비싼 대형 미끄럼틀이다.

오도리 공원의 파수꾼, TV 탑

공원이 이쯤일까 찾다 보면 눈에 들어오는 빨간색 철탑이 하나 있다. 바로 1초메에 자리한 1957년 8월에 지은 TV 탑으로, 오도리 공원의 상징이다. 프랑스 파리의 에펠탑을 본떠 만들었고 높이는 147.2m다. 오도리 공원과 삿포로 시내가 한눈에 내려다보이는 90.38m 높이에 자리한 전망대를 비롯해 레스토랑과 오락실, 기념품 숍 등이 자리한다. 탑에 있는 큼지막한 전자시계는 이 주변을 오갈 때 시간을 확인하기에 꽤 편리하다. 이 탑을 세울 무렵에는 삿포로 시내에 높은 빌딩이 없었기 때문에 도심의 최고 명소이자 전망대 역할을 했다고. 다소 촌스러운 옛날 사람 같은 모습이지만, 볼수록 친근한 옆집 오빠 같으니 꼭 찾아가볼 것.

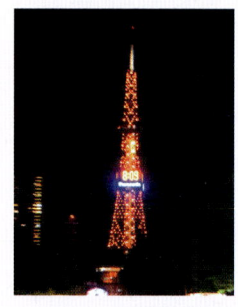

전망대
높이는 90.38m! 앞으로는 오도리 공원과 삿포로 시내 중심 풍경, 360도로 펼쳐지는 삿포로의 풍경을 감상할 수 있다. 아담한 기념품 숍에서 텔레비전 탑을 모티브로 한 캐릭터 '테레비 오토상(テレビ父さん)' 아이템을 구입해 보자.

TV 탑 전망대에 오르기 좋은 시간은?
전망대에는 언제 올라가도 좋지만, 특히 삿포로 시내와 오도리 공원이 함께 어우러진 경치를 감상하기에 좋은 시간은 따로 있다. 꽃이 만발한 따뜻한 봄에는 해가 지기 시작하는 오후 6시, 여름에는 분수대의 물줄기가 보기만 해도 시원한 낮 12시가 최고!

3F 레스토랑
무료 개방 공간인 스카이라운지와 레스토랑이 있다. 특히 야경을 감상할 수 있는 저녁 시간은 에야는 필수다. 메뉴는 야키소바와 양고기 구이, 수프 카레를 비롯해 피자, 샐러드, 스파게티, 오므라이스 등 다양하다.

시계
지상 65m 정도에 설치되어 있는 시계는 1961년 마쓰시타 전기산업에서 기증한 것이다. 이후 여러 번 수리되어 지금은 파나소닉 Panasonic 로고가 쓰여 있다.

3층 전망대 입구
3층까지는 무료로 개방되며 3층에서 전망대 티켓을 구입한 후 전용 엘리베이터를 타고 전망대로 올라가면 된다. 3층에서는 전망이 잘 보이지 않으므로 제대로 보려면 전망대로 올라가는 것이 좋다.

2F
각종 행사 등을 개최할 수 있는 렌트 공간.

B1F
지하 Gourmet Court 간단한 먹거리를 판매한다.

12 숯불구이 징기스칸 폿케
炭火焼ジンギスカンポッケ ★★ 주차 없음

인테리어가 깔끔한 징기스칸 전문점으로 생고기와 소금 양념 양고기, 타래에 양념한 양고기, 로스 등이 있어 골고루 주문해서 먹는 재미가 쏠쏠하다. 특히 고기 맛을 제대로 맛볼 수 있는 소금 양념이 가장 인기가 많다.

- 구글 지도 Charcoal-grilled Genghis Khan Pokke
- MAP p.137E
- 찾아가기 지하철 스스키노 역 すすきの駅 1번 출구에서 도보 1분
- 주소 札幌市中央区南3条西3 都ビル 3F
- 전화 011-596-8929
- 시간 17:00~03:00
- 가격 양고기 850¥~, 채소 350¥~
- 홈페이지 jingisukan-pokke.com

13 징기스칸 램
ジンギスカンRam ★★ 주차 없음

홋카이도 산과 함께 아이슬란드와 뉴질랜드 산 양고기를 재료로 사용해 세 나라의 양고기 맛을 비교해보는 재미가 있다. 양파는 105¥을 내면 무제한으로 가져다 먹을 수 있다. 나카지마 공원 中島公園에서 가을 단풍을 즐긴 후 방문해도 좋다.

- 구글 지도 라무
- MAP p.135H
- 찾아가기 지하철 스스키노 역 すすきの駅 5번 출구에서 도보 7분
- 주소 札幌市中央区南7条西4丁目
- 전화 011-512-2277
- 시간 17:00~부정기
- 휴무 부정기
- 가격 부위별·산지별 950~1800¥
- 홈페이지 ram-sapporo.com

14 마쓰오 징기스칸
松尾ジンギスカン ★★ 주차 없음

매장이 넓고 깨끗해 단체 손님도 많은 이곳은 10여 종류의 재료를 넣어 만든 양념에 불고기를 재우듯이 양고기를 재워 숙성시킨다. 불판 위에 채소를 올려 익힌 후 고기를 익히면 된다. 양념이 된 것이라 밥과 함께 먹으면 더 맛있다.

- 구글 지도 Matsuo Jingisukan
- MAP p.137B
- 찾아가기 지하철 난보쿠선 오도리 역 大通駅 10번 출구에서 도보 2분
- 주소 札幌市中央区南1条西4丁目16-1南舘ビル 1F 전화 011-219-2989
- 시간 11:00~15:00, 17:00~23:00
- 휴무 12/31~1/2
- 가격 징기스칸 1280¥~, 모둠 채소 530¥~
- 홈페이지 www.matsuo1956.jp/shop

15 요요테이
羊々亭 ★★ 주차 없음

스스키노 역 바로 앞에 있는 징기스칸 전문점으로, 아사히 맥주 공장 아사히비루엔과 제휴한 곳이다. 양고기 징기스칸을 비롯해 양념 양고기도 맛있다. 부위별 단품은 물론 정해진 시간 안에 맥주를 포함한 음료와 고기를 무제한으로 즐길 수 있는 뷔페 메뉴도 함께 제공하고 있다.

- 구글 지도 GPS 43.055883, 141.352661
- MAP p.137E
- 찾아가기 지하철 스스키노 역 すすきの駅 2번 출구 앞 건물 5층
- 주소 札幌市中央区南4条西4 松岡ビル 5F
- 전화 011-241-8831
- 시간 월~금요일 17:00~23:00, 토·일요일 16:00~23:00 휴무 연말연시
- 가격 음료 무제한 뷔페 7400¥~

16 마루 스시
○鮨 ★★ 주차 없음

9좌석이 전부인 작은 스시집이지만, 삿포로 최고의 스시로 손꼽힌다. 미슐랭 가이드에서 별을 받기도 했던 곳으로, 메뉴가 따로 없고 그날 가장 신선한 재료로 주방장이 만들어내는 주방장 특선, 오마카세 메뉴 お任せメニュー만 있다. 제철 재료를 얹은 다양한 스시와 사시미, 그리고 이쿠라나 우니 등을 얹은 해물덮밥도 제공한다. 예약 필수.

- 구글 지도 마루스시
- MAP p.135H
- 찾아가기 지하철 스스키노 역 すすきの駅 5번 출구에서 도보 10분
- 주소 札幌市中央区南6条西4-4
- 전화 011-552-6266
- 시간 17:00~21:00
- 휴무 일요일, 공휴일
- 가격 1인 2만¥~ 홈페이지 marusushi.jp

17 가라쿠
ガラク ★★★ 주차 없음

삿포로 시의 유명한 수프 카레 전문점. 여행자뿐만 아니라 현지인에게도 인기가 많아 조금 늦게 가면 한참 기다려야 한다. 가장 사랑받는 메뉴는 부드러운 닭 다리와 채소를 넣은 야와라카 닭 다리와 채소 やわらかチキンレッグと野菜(1150¥~)다.

- 구글 지도 스프카레 가라쿠
- MAP p.137B
- 찾아가기 지하철 스스키노 역 すすきの駅에서 도보 4분
- 주소 札幌市中央区南2条西2丁目6-1おくむらビルB1 전화 011-233-5568
- 시간 11:30~15:30·17:00~23:30
- 가격 수프 카레 1280¥~, 각종 토핑 150¥~
- 홈페이지 s-garaku.com

18 수아게 플러스
Suage+

스스키노 역 근처에 있어 찾아가기 쉬운 유명한 수프 카레 전문점이다. 다양한 메뉴가 있는데 그중 인기가 많은 것은 구운 닭고기를 넣은 파리파리 시레토코 닭고기와 채소 카레 パリパリ知床鶏と野菜カレー다. 언제나 긴 대기 줄이 늘어서 있어 되도록 식사 시간을 피해서 가는 것이 그나마 덜 기다리는 방법이다.

- 구글 지도 수프카레 스아게+
- MAP p.137D
- 찾아가기 지하철 도자이선 스스키노 역 すすきの駅 2번 출구에서 도보 2분
- 주소 札幌市中央区南4条西1丁目志松ビル 2F
- 전화 011-233-2911
- 시간 매일 11:30~22:30
- 가격 구운 닭고기와 채소 수프 카레 1350¥~, 채소 수프 카레 1200¥~, 토핑 110¥~
- 홈페이지 suage.info

19 하루노소라
はるのそら

계속되는 일식에 살짝 질린 느낌이 들 때 찾아가면 좋은 중국 음식 전문점이다. 미슐랭 등의 미식 관련 매체에 많이 언급된 곳으로 부담 없는 가격에 런치를 즐길 수 있어 인기가 많다. 점심 세트 메뉴가 특히 인기인데 중국식 죽이나 면 요리를 메인으로 딤섬, 샐러드 등으로 구성되어 있으며, 저녁에는 더욱 다양한 메뉴를 선보인다.

- 구글 지도 하루노 소라
- MAP p.137A
- 찾아가기 지하철 오도리 역 大通駅 5번 출구에서 도보 6분
- 주소 札幌市中央区大通西6丁目10-11北都ビルB1F
- 전화 011-200-0586
- 시간 11:00~14:30, 18:00~22:00
- 휴무 일요일, 공휴일
- 가격 중국식 죽 세트 1300¥~

20 수프 카레 트레저
スープカレーTREASURE

가라쿠의 자매 가게로 계단을 따라 내려오면 어두침침하지만 나름 분위기가 좋은 수프 카레 전문점이 나온다. 계약 농장에서 직송한 채소와 홋카이도산 쌀 등 좋은 재료를 사용한다. 수제 햄버그스테이크에 세 가지 치즈를 넣은 토핑을 얹어 먹는 등 독특한 것도 있다.

- 구글 지도 스프카레 트레져
- MAP p.137C
- 찾아가기 삿포로 TV타워에서 도보 5분
- 주소 札幌市中央区南2条西1丁目8-2アスカビル 1F
- 전화 011-252-7690
- 시간 11:30~22:30
- 휴무 부정기
- 가격 수프 카레 1300¥~
- 홈페이지 s-treasure.jp

21 도구치(스스키노 본점)
とぐち

새벽까지 운영하는 라멘 전문점으로 한국어 표기도 있어 편리하다. 특히 인기가 많은 것은 된장 라멘 白味噌으로, 얼큰한 것을 좋아한다면 매운 된장 라멘 赤味噌를 선택하자. 고소한 맛을 즐기고 싶다면 버터 콘 라멘 バターコーンラーメン을 강추.

- 구글 지도 Ramentoguchi Susukinoten
- MAP p.137E
- 찾아가기 지하철 스스키노역 すすきの駅 2번 출구에서 도보 2분
- 주소 札幌市中央区南4条西4丁目MYプラザビル 1F
- 전화 011-218-8788
- 시간 11:00~05:00
- 가격 된장 라멘·매운 된장 라멘 각 930¥~, 버터 콘 라멘 1200¥~
- 홈페이지 toguchi-sapporo.com

22 아지노 산페이
味の三平

삿포로에서 미소 라멘을 처음으로 개발한 곳으로 알려진 곳으로, 건물 4층 한편에 있어 눈에 잘 띄지 않는다. 규모는 작지만 인기가 많아서 점심때는 대기 줄도 길다. 메뉴판에 한국어 표기가 되어 있어 편리하며 대표 메뉴는 미소 라멘 味噌ラーメン이다. 이곳 미소 라멘에는 고명으로 볶은 돼지고기를 올린다.

- 구글 지도 아지노산페이
- MAP p.137B
- 찾아가기 지하철 난보쿠선 오도리 역 大通駅에서 도보 5분
- 주소 札幌市中央区南1条西3丁目2 大丸藤井セントラルビル 4F
- 전화 011-231-0377
- 시간 11:00~18:30
- 휴무 월요일, 둘째 주 화요일
- 가격 미소 라멘·시오 라멘·쇼유 라멘 각 1000¥, 삿포로 클래식 캔 맥주 450¥~
- 홈페이지 ajino-sanpei.com

23 게야키 라멘(스스키노 본점)
にとりのけやきすすきの本店

'오감에 호소하는 일품 라멘을 만들겠다'는 것이 주인의 철학으로 짧은 역사에 비해 인기가 많다. 가게 안에 자동 발매기가 있으니 먹고 싶은 메뉴를 선택한 뒤 계산하고 티켓을 직원에게 전해주면 된다. 메뉴판에는 한국어 표기도 되어 있다. 다른 곳에 비해 파와 마늘을 많이 넣어 국물 맛도 깔끔하다.

- 구글 지도 케야키 스스키노본점
- MAP p.137E
- 찾아가기 지하철 난보쿠선 스스키노 역 すすきの駅 3번 출구에서 도보 5분
- 주소 札幌市中央区南六条西3睦ビル 1F
- 전화 011-552-4601
- 시간 월~토요일 10:30~04:00, 일요일·공휴일 10:30~03:00
- 가격 차슈 라멘 1500¥, 미소 라멘 1000¥~
- 홈페이지 sapporo-keyaki.jp

24 요시야마 쇼텐
吉山商店(創成橋店)

삿포로의 유명 라멘 전문점 중 하나. 본점은 시내에서 머니 가까운 이곳을 방문해보자. 메뉴판에 한국어도 표기되어 있으며 이곳 면발은 다른 곳보다 유달리 더 쫄깃쫄깃하다. 가장 인기가 많은 것은 미소 라멘 味噌ラーメン과 쇼유 라멘 醤油ラーメン이다.

구글 지도 Ramen yoshiyamashoten soseibashiten

- **MAP** p.137C
- **찾아가기** 지하철 오도리 역 大通駅 34번 출구에서 도보 3분 **주소** 札幌市中央区南1条東2丁目1-3utils東興ビル1F **전화** 011-211-0785
- **시간** 화~금요일 11:00~15:00·17:00~21:00, 토·일요일 11:00~21:00 **휴무** 월요일
- **가격** 라멘 1000¥~, 교자 500¥
- **홈페이지** yosiyama-shouten.com

25 라멘 요코초
ラーメン横丁

작은 라멘집이 모여 있는 스스키노 역 근처의 골목으로, 1950년대에 처음으로 조성되었다. 스스키노 역과 오도리 공원에서 가깝기 때문에 찾아가기도 쉽고, 여러 라멘집 중 골라 먹을 수가 있어 편리하다. 그중 시라카바산소우 麵処 白樺山荘, 데시카가 라멘 弟子屈ラーメン, 반라이켄 萬来軒, 히구라 ひぐま 橫丁 본점 등이 인기가 있다.

구글 지도 간소 삿포로라멘 요코초

- **VOL 1** p.046 **MAP** p.137E
- **찾아가기** 오도리 공원에서 스스키노 방면으로 도보 10분 **주소** 札幌市中央区南5条西3丁目
- **전화** 가게마다 다름 **시간** 가게마다 다름(보통 11:00~03:00) **휴무** 가게마다 다름
- **가격** 라멘 1000¥~ **홈페이지** www.ganso-yokocho.com

26 히구마 요코초 본점
ひぐま 横丁本店

라멘 골목인 라멘 요코초 ラーメン横丁에 있는 유명 라멘 전문점으로 1972년에 창업했다. 라멘 국물에 킨카 햄이 들어 있어 짭조름하고 감칠맛이 특징. 미소 라멘 味噌ラーメン과 흰 된장을 사용한 백미소 라멘 白味噌ラーメン, 매운맛의 신 미소 라멘 辛味噌ラーメン, 히구마 해선 라멘 ひぐま 海鮮ラーメン 등이 인기다.

구글 지도 히구마 요코쵸본점

- **MAP** p.137E
- **찾아가기** 지하철 스스키노 すすきの駅 3번 출구에서 도보 1분 **주소** 札幌市中央区南5条西3丁目ラーメン橫丁内 **전화** 011-518-2423
- **시간** 11:00~03:00(일요일~23:00) **휴무** 1/1
- **가격** 라멘 1000¥~ **홈페이지** hokkaido-higuma.jp/higuma_g.html

27 라멘 신겐
らーめん信玄

평소 칼칼한 매운맛을 좋아한다면 매운 미소 라멘으로 유명한 라멘 신겐으로 가자. 삿포로 현지인들이 추천하는 맛집으로, 돼지 뼈를 오랜 시간 동안 삶아 우려낸 육수 맛이 일품. 스스키노 역에서 멀지 않아 찾아가기도 편하다. 참고로 매운 미소 라멘은 에치고 越後를 선택하면 되고, 파나 숙주, 죽순 등 채소를 추가하면 더 맛있게 즐길 수 있다.

구글 지도 라멘신겐

- **MAP** p.135 H
- **찾아가기** 지하철 스스키노 역 すすきの駅 5번 출구에서 도보 10분 **주소** 札幌市中央区南6条西8 **전화** 011-530-5002
- **시간** 11:30~01:00
- **가격** 1000¥~

28 동구리
DONGURI

40여년이 넘는 역사를 가진 유명 빵집으로 삿포로 시민들의 사랑을 받고 있다. 치쿠와 빵에는 마요네즈에 버무린 참치가 들어간 어묵이 들어있어 든든하다. 이외에도 소금빵, 메론빵 등 종류가 너무 많아 무엇을 고를지 고민될 정도다.

구글 지도 동구리 오도리점

- **MAP** p.137B
- **찾아가기** 삿포로 TV타워에서 도보 2분, Le Trois 쇼핑몰 1층 **주소** 札幌市中央区大通西1丁目13 ル・トロワ1F
- **전화** 011-210-5252
- **시간** 11:00~21:00
- **가격** 치쿠와 빵 205¥, 소금빵 118¥
- **홈페이지** donguri-bake.co.jp

29 수프카레 사무라이
Rojiura Curry SAMURAI.さくら店

작은 문을 열고 들어가 계단을 따라 다락방에 올라가는 듯한 분위기를 가진 유명 수프카레 전문점. 대표 메뉴는 치킨과 20가지 채소를 넣은 카레로 식감과 단맛이 뛰어나기로 유명한 홋카이도 채소를 다양하게 맛볼 수 있는 기회다. 삿포로 역 근처 아피아 APiA에도 지점이 있다.

구글 지도 수프카레 사무라이

- **MAP** p.137D
- **찾아가기** 노면전차 스스키노 정류장에서 도보 3분 **주소** 札幌市中央区南3条西6丁目1-3ティアラ36 **전화** 011-272-3671
- **시간** 11:30~15:00, 17:30~21:30
- **가격** 치킨&20가지 채소 커리 1925¥, 수프카레 1210~1650¥
- **홈페이지** samurai-curry.com

30 셋카테이
雪華亭

주차 없음

게를 재료로 한 가이세키 요리 전문점으로, 고급스럽고 조용한 분위기에서 식사할 수 있다. 특히 모든 좌석이 개별 룸 형식이라는 것이 최고의 장점. 왕게를 비롯해 털게와 대게로 만든 가이세키 요리가 강추 메뉴.

구글 지도 GPS 43.056782, 141.352142

- MAP p.137E
- 찾아가기 JR 삿포로 역 札幌駅에서 도보 5분
- 주소 札幌市中央区南三条西4 J-BOX B1F
- 전화 011-251-1366
- 시간 17:00~23:00
- 가격 가이세키 요리 1인 9000¥~, 왕게 사시미 4250¥~, 샤부샤부 3200¥~
- 홈페이지 sekkatei.com

31 오이소
大磯

유료 주차

니조이치바 二條市場에 있는 가이센동집으로, 신선한 해산물을 올린 해산물 덮밥 가이센동을 맛볼 수 있다. 특히 우니와 게살, 그리고 연어 알인 이쿠라를 올린 삼색동 三色丼이 가장 인기이다. 현금만 받으니 미리 준비해둘 것.

구글 지도 니조시장 오이소

- MAP p.137C
- 찾아가기 지하철 오도리 역 大通駅 35번 출구에서 도보 5분
- 주소 札幌市中央区南3条東2丁目 二条市場角地
- 전화 011-219-5252
- 시간 월~토요일 07:00~22:00, 일요일 07:00~17:00 휴무 첫째·셋째 주 수요일
- 가격 삼색동 3680¥~, 우니&연어 알 덮밥 3700¥~
- 홈페이지 ohiso.net

32 돈부리차야
どんぶり茶屋

유료 주차

삿포로의 수산 시장인 니조이치바 二條市場 바로 옆 신니조이치바 안에 자리한 가이센동 전문점. 가이센동은 밥 위에 신선한 성게 알 우니와 연어 알인 이쿠라 등 해산물을 얹어 함께 먹는 음식이다. 가격도 저렴하고 한글 메뉴판도 있어 주문하기 쉽다.

구글 지도 돈부리 차야

- MAP p.137C
- 찾아가기 지하철 오도리 역 大通駅 35번 출구에서 도보 5분
- 주소 札幌市中央区南三条東 1-7
- 전화 011-558-1012
- 시간 07:30~17:30
- 가격 가이센동 2200¥~
- 홈페이지 donburi.jp

33 바리스타트 커피
Baristart Coffee

주차 없음

커피잔을 들고 있는 곰 로고가 눈에 띄는 이곳의 대표 메뉴는 바리스타트 라테. 우선 삿포로, 비에이, 토카치 등 홋카이도의 네 가지 우유 중 하나를 선택한 후 아라비카와 로브스터, 페루 등 커피 원두를 고르면 된다. 선택에 따라 가격이 달라지며, 스탠딩석 4개만 있는 작은 가게라 테이크아웃이 기본이다. 웨이팅이 엄청나니 오픈 시간 전에 가는 것이 좋다.

구글 지도 바리스타트 커피

- MAP p.137B
- 찾아가기 노면전차 니시욘초메 정류장에서 도보 1분, 주소 札幌市中央区南1条西4丁目8 第二ビル1F
- 전화 011-215-1775
- 시간 10:00~18:00
- 가격 500¥~
- 홈페이지 baristartcoffee.com

34 비세
Bisse
주차 없음

인기 많은 스위츠 브랜드 여섯 군데가 모여 있는 곳. 여러 브랜드가 한자리에 있어 구입도 하고 테이블에 앉아서 먹을 수도 있다. 하코다테의 스내플스 Snaffle's를 비롯해 기노토야 Kinotoya, 보카 Bocca, 고소하고 진한 병 우유로 유명한 마치무라 목장 町村農場, 혼마 月寒あんパン本舗ほんま大通店, 오타루의 양과자집 아마토 小樽 あまとう 등이 있다.

구글 지도 BISSE SWEETS

- MAP p.137B
- 찾아가기 지하철 오도리 역 大通駅 13번 출구 연결 통로 1층, 주소 札幌市中央区大通西3丁目7番地 北洋大通センター
- 시간 10:00~20:00
- 홈페이지 odori-bisse.com

35 도쿠미쓰 커피
Tokumitsu Coffee

주차 없음

오도리 공원 주변에서 향 좋은 커피가 생각난다면 이곳으로 가자. 오도리 공원을 내려다보면서 그윽한 커피를 즐길 수 있다. 카페오레나 카푸치노도 좋고 커피를 주문하면 치즈 케이크 등이 할인되는 메뉴도 있다.

구글 지도 TOKUMITSU COFFEE Cafe & Beans

- MAP p.137B
- 찾아가기 오도리 공원 3초메에서 도보 1분, 비세 건물 2층에 위치, 지하철 오도리 역 大通駅 6번 출구 근처
- 주소 札幌市中央区大通西3丁目大通ビッセ 2F
- 전화 011-281-1100
- 시간 10:00~20:00
- 가격 에스프레소 450¥~, 카페라테 650¥~, 아메리카노 600¥~
- 홈페이지 tokumitsu-coffee.com

36 밀크 무라
ミルク村

★★ 주차 없음

아이스크림에 원하는 리큐어를 선택해 끼얹어 먹는 스타일의 독특한 콘셉트의 가게. 리큐어는 데킬라나 위스키 등 여러 종류가 있는데 세트 메뉴를 선택하면 골고루 맛볼 수 있다. 리큐어 종류는 스태프에게 추천해달라고 해도 좋다.

- 구글 지도 아이스크림바 홋카이도 밀크무라
- MAP p.137E
- 찾아가기 스스키노 역 すすきの駅 1번 출구 도요코 인 호텔 옆 건물 6층
- 주소 札幌市中央区 南4条西3丁目7-1
- 전화 011-219-6455 시간 오픈 화·목~일요일 13:00~23:00, 수요일 17:00~23:00
- 휴무 월요일 가격 세트 메뉴 1590¥~

37 로바타야키 우타리
炉ばた焼ウタリ

★★ 주차 없음

1954년에 문을 연 로바타야키로, 가게 안에 창업 당시부터 사용했던 오래된 화로가 그대로 남아 있다. 오징어와 가리비 등 신선한 해산물과 채소 중 원하는 것을 말하면 바로 참숯 화로에서 맛있게 구워준다.

- 구글 지도 Utari
- MAP p.137E
- 찾아가기 스스키노 역 すすきの駅 5번 출구에서 도보 4분
- 주소 札幌市中央区南5条西5丁目
- 전화 011-512-3570
- 시간 17:00~23:00
- 휴무 일요일, 연말연시
- 가격 재료에 따라 1300¥~, 주류 600¥~
- 홈페이지 suginome.jp/shop/utari.html

38 가마타
かま田

★★ 주차 없음

홋카이도에서 생산된 사케와 와인 등의 술을 모두 맛볼 수 있는 전문 바. 부담 없이 가볍게 즐기기 좋은 분위기로 인테리어는 소박하지만 종류와 가격이 매우 다양해 선택의 폭이 넓다. 사케에 대해 잘 알지 못해도 추천을 받으면 된다.

- 구글 지도 카마다
- MAP p.137E
- 찾아가기 스스키노 역 すすきの駅 2번 출구에서 도보 2분 주소 札幌市 4条西4丁目 MY프라자 빌 8F
- 전화 011-233-2321
- 시간 18:00~01:00
- 휴무 부정기
- 가격 1인 예산 3500¥~

39 멘메
めんめ

★★ 주차 없음

삿포로의 다누키코지에 있는 로바타야키. 우리나라 TV 프로그램에서 소개한 적이 있어 예전보다 한국 손님이 늘었다고 한다. 인기 메뉴는 홍차치 구이인 긴키 きんき와 감자 위에 버터를 녹여가며 먹는 자가 버터 じゃがバター다.

- 구글 지도 로바타야키 멘메
- MAP p.137D
- 찾아가기 다누키코지 6초메에 있는 작은 골목길로 들어간다. 주소 札幌市中央区南三条西6狸小路市場内 전화 011-241-6810
- 시간 17:00~00:00
- 휴무 일요일
- 가격 모둠회 2300¥~, 자가 버터 950¥~, 굴 구이 1개 700¥~

40 다누키 코미치
狸COMICHI

★★ 주차 없음

메가 돈키호테 등 수많은 상점이 있는 다누키코지에 있는 일종의 푸드코트라 할 수 있다. 다양한 식당과 이자카야, 과일과 채소 가게 등이 이 곳에 모여 있는데, 작은 골목 식당같은 분위기이다. 규모가 크지는 않으니 처음부터 끝까지 둘러본 후 마음에 드는 식당을 선택하자.

- 구글 지도 Tanuki COMICHI
- MAP p.137B
- 찾아가기 노면전차 다누키코지 정류장에서 도보 3분
- 주소 札幌市中央区南2条西2丁目5
- 시간 11:00~23:00
- 홈페이지 tanukicomichi.com

41 삿포로 유키 마쓰리
さっぽろ雪まつり

세계적인 축제인 삿포로 시의 눈 축제로, 1950년 한 학생이 오도리 공원에 눈 조각을 만든 것이 계기가 되었다. 축제 기간에는 전 세계의 유명한 건축물을 만든 눈 조각을 전시하고, 축제에 참가한 팀들의 눈&얼음 조각도 볼 수 있다. 축제는 오도리 공원 大通会場과 함께 스스키노 すすきの会場, 쓰도무 つどーむ会場 등 총 3군데에서 즐길 수 있다.

구글지도 GPS
43.059907, 141.347824 (오도리 회장),
43.055538, 141.352858 (스스키노 회장),
43.115402, 141.375155 (쓰도무 회장)

ⓑ VOL 1 p.085 ⓜ MAP p.137A
ⓐ **찾아가기** (오도리 회장) 지하철 도자이선·난보쿠선·도호선 오도리 역 大通駅 27번 출구 (스스키노 회장) JR 삿포로 역 札幌駅 남쪽 출구에서 도보 20분. 또는 지하철 난보쿠선 스스키노 역 すすきの駅 하차 (쓰도무 회장) 지하철 도호선 사카에마치 역 栄町駅 ⓐ **주소** (오도리 회장) 大通公園 西1丁目~西12丁目 (스스키노 회장) 南4条通りから南7条通りまでの西4丁目線(駅前通り)市道 (쓰도무 회장) 札幌市スポーツ交流施設 コミュニティドーム 札幌市東区栄町885番地1 ⓣ **전화** 011-281-6400
ⓢ **시간** 2월 첫째 주 또는 둘째 주 7일간
ⓦ **가격** 무료 ⓗ **홈페이지** www.snowfes.com

42 삿포로 라일락 축제
さっぽろライラックまつり

홋카이도의 추운 겨울을 보내고 봄이 오면 아름다운 꽃이 만발한다. 그중 삿포로에서 즐길 수 있는 대표적인 봄 축제가 바로 라일락 축제다. 1959년부터 시작된 것으로, 아름답고 향기로운 라일락도 보고 음악제도 함께 즐길 수 있다.

구글 지도 오도리 공원
ⓑ VOL 1 p.082 ⓜ MAP p.137A
ⓐ **찾아가기** 오도리 공원 내
ⓐ **주소** 札幌市大通公園
ⓣ **전화** 011-281-6400
ⓢ **시간** 5월 중순~5월 말
ⓦ **가격** 무료
ⓗ **홈페이지** lilac.sapporo-fes.com

43 요사코이 소란 마쓰리
YOSAKOIソーラン祭り

매년 6월에 삿포로 시내 곳곳에서 열리는 축제로, 100여 팀에 달하는 200만 명 이상이 축제에 참가해 군무를 춘다. 본래 홋카이도 대학 학생이 고치 현 高知縣의 요사코이 마쓰리를 보고 삿포로에도 이런 축제가 있으면 좋겠다고 생각해 친구들과 함께 시작한 것이 계기라고 한다.

구글 지도 오도리 공원
ⓑ VOL 1 p.083 ⓜ MAP p.137A
ⓐ **찾아가기** 오도리 공원 주변
ⓐ **주소** 札幌市大通公園
ⓢ **시간** 6월 첫째 주 또는 둘째 주 5일간
ⓦ **가격** 무료
ⓗ **홈페이지** www.yosakoi-soran.jp

44 삿포로 여름 축제
さっぽろ夏まつり

여름이면 삿포로 시내 곳곳에서 열리는 재즈와 맥주 축제. 오도리 공원에는 비어 가든 Beer Garden이 설치되며 일본 맥주의 여러 브랜드와 세계적인 맥주를 모두 맛볼 수 있다. 곳곳에서 열리는 재즈 공연은 축제 분위기를 한층 띄워준다.

구글 지도 오도리 공원
ⓑ VOL 1 p.083 ⓜ MAP p.137A
ⓐ **찾아가기** 오도리 공원, 삿포로 역 札幌駅 광장 등에 설치
ⓐ **주소** 札幌市大通公園
ⓢ **시간** 7월 중순~8월 말
ⓦ **가격** 무료
ⓗ **홈페이지** hokkaido.beer-garden.info

45 삿포로 오텀페스트
さっぽろオータムフェスト

삿포로 시의 가을 축제로, 홋카이도의 특산물로 만든 음식과 홋카이도산 술을 맛볼 있는 신나는 이벤트. 특히 야외에서 즐기는 게 요리와 징기스칸에 홋카이도산 와인과 맥주를 곁들이면 최고다.

구글 지도 오도리 공원

⊚ VOL 1 p.084 ⊚ MAP p.137A
- 찾아가기 지하철 오도리 역 大通駅 4 · 5번 출구 이용, 오도리 공원 내
- 주소 札幌市大通公園
- 시간 9월 초순~하순 (해마다 변경)
- 가격 무료
- 홈페이지 sapporo-autumnfest.jp

46 삿포로 화이트 일루미네이션
さっぽろホワイトイルミネーション

삿포로의 겨울밤을 밝히는 멋진 축제로, 이때가 되면 오도리 공원에 수천 개의 전구가 켜진다. 반짝거리는 전구 불빛은 홋카이도의 겨울을 제대로 만끽하게 해주는 로맨틱한 이벤트다. 가족은 물론이고 커플 데이트 코스로도 최고의 장소.

구글 지도 오도리 공원

⊚ VOL 1 p.084 ⊚ MAP p.137A
- 찾아가기 오도리 공원과 그 주변
- 주소 札幌市大通公園
- 시간 11월 초~1월 초
- 가격 무료
- 홈페이지 www.white-illumination.jp

47 삿포로 크리스마스 축제
ミュンヘン・クリスマス市 in Sapporo

독일 뮌헨 시와 자매결연한 것을 기념하기 위해서 2002년부터 해마다 열어온 축제. 크리스마스 장식품을 파는 마켓과 아기자기한 카페, 식당이 들어서 멋진 분위기를 연출한다. 예쁘고 앙증맞은 크리스마스 장식품 쇼핑을 하는 재미도 빼놓을 수 없다.

구글 지도 오도리 공원

⊚ VOL 1 p.085 ⊚ MAP p.137A
- 찾아가기 오도리 공원
- 주소 札幌市大通公園
- 시간 11월~12/24
- 가격 무료
- 홈페이지 www.sapporo-christmas.com

48 노르베사 관람차
Norbesa 観覧車

노르베사 NORBESA 백화점 7층에 있는 작은 관람차. 아주 높은 곳까지 올라가는 것은 아니지만, 밤에 삿포로 시내의 야경을 감상하며 재미 삼아 타기에는 좋다. 10분 정도 소요되는데, 스스키노가 한눈에 내려다보인다.

구글 지도 노르베사

⊚ MAP p.137D
- 찾아가기 지하철 스스키노 역 すすきの駅 2번 출구에서 도보 1분
- 주소 札幌市中央区南3条西5丁目1-1
- 전화 011-271-3630
- 시간 월~목요일 11:00~23:00, 금·토요일·공휴일 11:00~03:00
- 가격 1인 700¥~
- 홈페이지 norbesa.jp

49 휴먼메이드
HUMAN MADE

젊은 층에 핫한 브랜드 휴먼 메이드의 홋카이도 유일 매장. 빈티지와 스트리트 문화의 장점을 결합한 제품으로 삿포로 매장은 규모가 작아 종류가 많지는 않다. 하지만 지역마다 디자인이 달라지는 티셔츠는 홋카이도에서만 구입이 가능하다. 브랜드의 하트로고 모양의 열쇠고리와 핀도 인기 아이템.

구글 지도 HUMAN MADE SAPPORO

⊚ MAP p.137E
- 찾아가기 노면전차 다누키코지 정류장 바로 근처
- 주소 札幌市中央区南3条西3丁目16-2
- 시간 11:00~19:00
- 홈페이지 instagram.com/humanmade

50 로프트
Loft

일본 대표 잡화점 브랜드로 예전 삿포로 역 근처 매장을 떠나 스스키노에 새로 건축된 모유쿠 moyuk 빌딩에 더욱 넓은 규모로 이전하였다. 문구·사무용품, 화장품, 욕실용품, 주방용품 등 그야말로 없는 것 빼고 다 있다. 특히 설, 할로윈, 크리스마스 등 시즌 상품을 구입하기 좋다.

구글 지도 로프트

- MAP p.137E
- 찾아가기 지하철 스스키노 역과 연결되는 모유쿠 빌딩 3층
- 주소 北海道札幌市中央区南2条西3丁目20モユクサッポロ3F
- 시간 10:00~21:00
- 홈페이지 loft.co.jp

51 유이크
YUIQ

차분하고 고급스러운 생활용품과 잡화, 공예품을 판매하는 곳으로, 아기자기한 느낌과 더불어 갤러리 같은 분위기도 난다. 작가들의 작품인 도기와 디자인용품, 지갑, 가방 등은 흔한 것이 아니라 더 눈길이 가는 아이템. 빌딩 1층에 비세 스위치가 있고, 같은 층에 도쿠미쓰 커피가 있다.

구글 지도 YUIQ

- MAP p.137B
- 찾아가기 지하철 오도리 역 大通駅 13번 출구, 오도리 비세 빌딩 2층에 위치
- 주소 札幌市中央区大通西3丁目7大通ビッセ2F
- 전화 011-206-9378
- 시간 10:00~20:00
- 홈페이지 yuiq.jp

52 오로라 타운&폴 타운
オーロラタウン&ポールタウン

오도리 공원 지하에서 지하철 스스키노 역까지 연결된 지하상가. 1971년에 문을 열었으며, 지하철 오도리 역에서 삿포로 TV탑까지는 오로라 타운이고, 오도리 역에서 스스키노 역까지 연결된 곳이 폴 타운으로 많은 식당과 숍, 카페가 자리한다.

구글 지도 Sapporo Underground Shopping Malls Aurora Town

- MAP p.137B
- 찾아가기 지하철 오도리 역 大通駅과 연결
- 주소 札幌市中央区大通西2丁目オーロラタウン
- 전화 011-231-6060
- 시간 10:00~20:00
- 홈페이지 sapporo-chikagai.jp

53 다누키코지
狸小路

다누키코지는 오도리와 스스키노 지역에 약 200개의 작은 상점이 밀집한 아케이드 상가를 말한다. '너구리 골목'이라는 뜻으로, 눈이나 비가 와도 쇼핑이 가능하도록 지붕이 덮여 있다. 다누키코지 시장 狸小路市場을 비롯해 대형 할인 마트인 돈키호테 삿포로점은 24시간 오픈한다.

구글 지도 다누키코지 상점가

- MAP p.137E
- 찾아가기 JR 삿포로 역 1·2번 출구 삿포로역에서 도보 30분, 또는 스스키노 역 스스키노역 1·2번 출구 등에서 도보 5분
- 주소 札幌市中央区南2条西1丁目~7丁目
- 전화 011-241-5125
- 홈페이지 tanukikoji.or.jp

54 메가 돈키호테(삿포로점)
MEGA ドン・キホーテ

일본의 대형 할인점으로, 초저가&빅 세일을 내걸고 있다. 화장품부터 약품과 주류까지 매우 다양한 아이템을 갖추었다. 특히 24시간 영업을 하는 곳이 많아 원할 때 언제든지 쇼핑할 수 있다. 시간이 없다면 인기 상품만 모두 모아놓은 키라키라돈키 キラキラドンキ(모유쿠 빌딩 다누키코지 쪽) 매장에 가서 빠르게 쇼핑하는 것도 요령이다.

구글 지도 메가 돈키호테 삿포로 다누키코지 본점

- MAP p.137E
- 찾아가기 오도리 공원에서 도보 10분 또는 지하철 스스키노역 스스키노역 1·2번 출구에서 도보 5분
- 주소 札幌市中央区南3条西4丁目12-1
- 전화 570-096-811
- 시간 24시간
- 홈페이지 donki.com

55 마루젠&준쿠도
MARUZEN&ジュンク堂書店

지하 2층부터 지상 5층까지 약 2000평 규모의 대형 서점으로, 인테리어나 서고가 오래된 느낌이 나지만 분위기는 편안하다. 다양한 문구류와 카페도 있어 시간 보내기에도 좋다. 주차장은 근처에 있는 마루이이마이 백화점 주차장을 이용한다.

구글 지도 MARUZEN & JUNKUDO Sapporo

- MAP p.137B
- 찾아가기 지하철 오도리 역 大通駅 34·35번 출구 이용, 또는 삿포로 TV 탑에서 도보 5분
- 주소 札幌市中央区南1条西1-8-2 丸井今井南館 地下 2~5F
- 전화 011-223-1911
- 시간 10:00~21:00
- 홈페이지 honto.co.jp

TRAVEL INFO

삿포로 외곽

● 짧은 일정이라면 외곽 지역을 둘러보기는 쉽지 않지만 그냥 지나치기는 아쉬우니 흥미가 가는 곳을 선택해 여행해보자. 외곽에는 유명 맛집도 많지만 교통이 불편한 편이라 아쉬운 경우가 많다.

1 나카지마 공원
中島公園

평소에도 산책하기 좋은 예쁜 공원이지만 특히 봄이면 벚꽃, 가을이면 단풍이 아름다워 이 때는 더욱 붐빈다. 공원 안에 일본식 정원도 있어 도심 속에서 계절의 변화를 느끼기에 좋다. 콘서트홀과 천문대가 있으며 여름에는 연못에서 보트(40분 600¥)도 탈 수 있다.

구글 지도 나카지마 공원
- MAP p.135H
- 찾아가기 지하철 난보쿠선 나카지마코엔 中島公園 역 1·3번 출구
- 주소 北海道札幌市中央区中島公園1
- 전화 011-511-3924
- 홈페이지 sapporo-park.or.jp/nakajima

2 마루야마 공원
円山公園

1953년에 문을 연 삿포로시 북서쪽에 자리한 공원. 약 9만㎡의 면적에 원시림으로 둘러싸여 있다. 이곳의 벚꽃은 삿포로에서도 가장 유명해 봄이면 벚꽃놀이를 하려는 사람들로 가득하다. 그 외에도 북쪽에는 홋카이도 신궁, 서쪽에는 동물원이 있어 사람들의 발걸음이 끊이지 않는다.

구글 지도 마루야마 공원
- MAP p.131D
- 찾아가기 지하철 도자이선 마루야마코엔 역 円山公園駅 3번 출구에서 도보 3분
- 주소 札幌市中央区宮ヶ丘 円山公園
- 전화 011-621-0453
- 홈페이지 sapporo-park.or.jp

3 홋카이도 신궁
北海道神宮

홋카이도 최대 규모의 신궁으로, 러시아의 남하 정책으로 영토를 뺏길 것을 염려한 일본이 아이누 족의 터전이던 홋카이도를 선점한 역사와 관련이 있다. 종교와 더불어 정치적 의미까지 담고 있으며, 특히 '신궁'이라는 명칭은 왕실과 관련 있는 곳에만 붙는다. 6월 14~16일에 열리는 삿포로 마쓰리 札幌祭り에서는 전통 의상을 입은 10000여 명의 시민을 태운 가마가 시내까지 행진한다.

구글 지도 홋카이도 신궁
- MAP p.131D
- 찾아가기 지하철 마루야마코엔 역 円山公園駅 3번 출구에서 도보 15분, 마루야마 공원 안에 위치
- 주소 札幌市中央区宮ヶ丘474
- 전화 011-611-0261
- 시간 07:00~16:00
- 홈페이지 hokkaidojingu.or.jp

4 마루야마 동물원
札幌市円山動物園

마루야마 공원 안에 있으며, 1951년 홋카이도 최초로 문을 연 동물원이다. 180여 종 1300여 마리의 동물을 사육하고 있는데, 특히 세계의 곰관 世界の熊館이 가장 큰 볼거리다. 원시림으로 둘러싸인 마루야마 공원 안에 있고, 접근성도 좋아 주말이면 가족이나 커플 데이트 장소로도 인기 많다.

구글 지도 삿포로시 마루야마 동물원
- MAP p.131D
- 찾아가기 지하철 도자이선 마루야마코엔 역 円山公園駅 3번 출구로 나와 공원 안으로 들어가 도보 20~30분
- 주소 札幌市中央区宮ヶ丘 円山動物園
- 전화 011-621-1426
- 시간 3/1~10/31 09:30~16:30, 11/1~2월 09:30~16:00
- 휴무 매달 둘째·넷째 주 수요일, 4·11월 둘째 주 월~금요일
- 가격 어른 800¥, 고등학생 400¥, 중학생 이하 무료
- 홈페이지 city.sapporo.jp/zoo/index.html

5 시로이 고이비토 파크
白い恋人パーク

홋카이도 기념품 부동의 1위 자리를 놓치지 않고 있는 시로이 고이비토의 공장이다. 시로이 고이비토 제작 과정은 물론이고, 직접 나만의 쿠키를 만들 수 있는 체험 코너도 있다. 마치 테마파크처럼 예쁘게 꾸며 아이들을 데리고 가기에도 좋다.

구글 지도 시로이코이비토 파크
- MAP p.130A
- 찾아가기 지하철 미야노사와 역 宮の沢駅 2번 출구에서 도보 10분
- 주소 札幌市西区宮の沢2-2-11-36
- 전화 011-666-1481
- 시간 09:00~18:00
- 가격 어른 800¥, 4~15세 400¥
- 홈페이지 shiroikoibitopark.jp

6 모에레누마 공원
モエレ沼公園

삿포로 시민들이 가장 사랑하는 공원으로 항상 손꼽히는 예술 공원이다. 일본계 미국인이자 세계적인 조각가인 이사무 노구치 野口勇가 설계한 것으로 유명하다. 본래 쓰레기 처리장이던 곳을 공원으로 새롭게 조성했으며, 입구에 설치된 높이 32m의 유리 피라미드를 비롯해 플레이 마운틴, 이사무 노구치 갤러리, 바다의 분수 등 볼거리가 가득하다.

- 구글 지도 모에레누마공원
- ⓞ MAP p.130B
- 찾아가기 지하철 도호선 간조도리히가시 역 環状通東駅에서 히가시79 주오 버스 아이노사토쿄이쿠다이에키마에 あいの里教育大駅前행 승차 후 모에레누마코엔 히가시구치 東口에서 하차, 또는 히가시79 주오 버스 나카누마쇼갓코도리 中沼小学校通행 승차 후 모에레누마코엔 히가시구치 東口에서 하차, 또는 지하철 난보쿠선 기타산주요조 역 北34条駅이나 지하철 도호선 신도히가시 역 新道東駅에서 히가시76 주오 버스 나카누마쇼갓코도리 中沼小学校通행 승차 후 모에레누마코엔 니시구치 西口에서 하차
- 주소 札幌市東区1-1 モエレ沼公園
- 전화 011-790-1231 시간 07:00~22:00
- 가격 무료
- 홈페이지 moerenumapark.jp

7 히쓰지가오카 전망대
羊ヶ丘展望台

1959년에 조성한 목장으로, 유럽의 목장에 와 있는 듯한 착각이 들게 하는 곳. 풀을 뜯는 양들을 보며 힐링할 수 있는 장소이다. 삿포로 시 근교가 보이는 전망대와 홋카이도 대학 초대 교장 클라크 박사의 동상이 세워져 있다.

- 구글 지도 삿포로 히츠지가오카 전망대
- ⓥ VOL 1 p.024 ⓞ MAP p.130C
- 찾아가기 지하철 도호선 후쿠즈미 福住駅에서 후쿠 福84번 버스 승차 후 종점 히쓰지가오카 전망대 정류장에서 하차
- 주소 札幌市豊平区羊ヶ丘1
- 전화 011-851-3080
- 시간 5~6·9월 08:30~18:00, 7~8월 08:30~19:00, 10~4월 09:00~17:00
- 가격 어른 600¥, 초·중학생 300¥
- 홈페이지 hitsujigaoka.jp

8 홋카이도 볼파크 F빌리지
北海道ボールパークFビレッジ

프로야구단 홋카이도 닛폰 햄 파이터스의 신 구장 에스콘 필드는 일본에서 두 번째로 건축된 개폐식 돔 구장이다. 수용 인원 3만 5천 명으로, 특히 온천을 즐기면서 야구까지 함께 관람할 수 있는 것이 큰 특징이다. 경기가 없어도 내부를 둘러볼 수 있으며, 온천과 레스토랑, 호텔 등도 함께 있다.

- 구글 지도 홋카이도 볼파크 F빌리지
- ⓞ MAP p.130D
- 찾아가기 JR 기타히로시마 역 서쪽 출구에서 셔틀버스로 5분(30분 간격, 200¥)
- 주소 北広島市 Fビレッジ
- 전화 570-005-586
- 가격 입장권 1100¥~, 온천 2500¥, 온천+경기 관람 4000¥~
- 홈페이지 hkdballpark.com

9 삿포로 돔
札幌ドーム

삿포로 근교의 빼놓을 수 없는 명소로, 2002년 한일 월드컵 축구 경기가 열린 곳이다. 삿포로 돔은 세계 최초로 야구장과 축구장 전환 시스템을 도입한 곳으로 유명하다. 경기나 이벤트가 없는 날에는 가이드와 함께 돔을 둘러보는 돔 투어를 운영한다. 돔 천장 쪽 전망대에서는 삿포로 시내가 내려다보인다.

- 구글 지도 삿포로 돔
- ⓞ MAP p.130C
- 찾아가기 지하철 도호선 후쿠즈미 福住駅에서 도보 10분 주소 札幌市豊平区羊ヶ丘1번지
- 전화 011-850-1000
- 시간 돔 투어 10:00~16:00(매시 정각에 시작)
- 가격 돔 투어 어른 1050¥·어린이 550¥, 전망대+돔 투어 공통권 어른 1250¥·어린이 700¥
- 홈페이지 sapporo-dome.co.jp

10 오쿠라야마 스키 점프장
大倉山ジャンプ競技場

삿포로 시내를 내려다볼 수 있는 전망대가 있어 많은 사람이 찾는다. 영화 〈국가대표〉 촬영지로도 유명하다. 리프트를 타는 재미도 있고, 징기스칸 레스토랑도 있다.

- 구글 지도 오쿠라야마 점프 경기장
- ⓥ VOL 1 p.023 ⓞ MAP p.130A
- 찾아가기 지하철 마루야마코엔 역 円山公園駅 하차, 2번 출구로 나와 버스 터미널에서 大倉山ジャンプ競技場 방면 くらまる号버스(JR北海道バス) 승차 후 大倉山ジャンプ競技場하차(60분 간격)
- 주소 札幌市中央区宮の森 大倉山ジャンプ競技場 전화 011-641-8585
- 시간 09:00~17:00(4/29~11/3 08:30~18:00)
- 휴무 대회와 연습 시 휴무
- 가격 리프트 1000¥(세트 요금 1300¥), 윈터 스포츠 뮤지엄 어른 600¥, 어린이 무료
- 홈페이지 sapporo-dc.co.jp/km/okurayama

ZOOM ─────── IN
동화 속 초콜릿 나라로 떠나는
시로이 고이비토 파크

유럽의 작은 마을 같은 곳

홋카이도 여행을 마치면 누구나 하나씩 사 오는 그것! 바로 홋카이도의 대표적인 명과, 시로이 고이비토를 만드는 공장이다. 맛도 보고 체험도 하고, 예쁜 정원도 있어 공장보다는 예쁜 테마파크에 온 듯한 착각이 든다. 시로이 고이비토는 1976년에 처음으로 판매된 뒤 지금까지 엄청난 사랑을 받고 있으니 일본의 효도 상품인 셈이다.
우리나라에도 시로이 고이비토와 비슷한 과자가 있지만, 조금 더 고소하고 우유 맛이 진하다. 시로이 고이비토 파크에서는 직접 과자를 먹어 볼 수도 있고, 제작 과정을 참관할 수도 있다.

시로이 고이비토 만들기 체험

이곳의 최고 하이라이트는 공장 견학이다. 3층 복도에서 유리창을 통해 제조 공정을 볼 수 있게 해놓았다. 게다가 '과자 만들기 체험 코너 お菓子作り体験工房'도 따로 마련되어 있다. 지름 14cm 하트 모양의 쿠키에 화이트 초콜릿 펜으로 직접 그림을 그리거나 메시지를 쓸 수 있는데, 30분 정도 걸린다. 아이들과 함께라면 한 번쯤 체험해보는 것도 즐거운 추억이 될 것이다. 체험 코너는 홈페이지나 전화로 예약할 수 있고, 일어로 진행된다.
🌐 **홈페이지** shiroikoibitopark.jp

인형들이 움직이는 시계탑과 로즈 가든

매일 09:00~19:00에는 외부에 있는 시계탑 札幌からくり時計塔 꼭대기에서 곰과 물개 등 귀여운 동물 인형들이 매시 악기를 연주하며 퍼레이드를 펼친다. 또 화려한 영국식 정원인 로즈 가든 ローズ ガーデン도 사진 촬영 장소로 인기 만점이다. 시로이 고이비토 철도 白い恋人鉄道는 홋카이도 최초의 증기기관차를 모델로 만든 미니 기차로, 약 10분 동안 정원을 돈다.

시로이 고이비토 파크를 꼼꼼하게 둘러보는 코스

과자 만들기 체험도 하고 초콜릿 라운지에서 파르페도 먹으려면 2~3시간 정도는 소요된다. 정원에는 작고 예쁜 집이 곳곳에 있어 사진을 찍다 보면 한참 동안 머물게 되니 방문 시간을 넉넉하게 잡는 것이 좋다.

입장권 매표소 → 오로라의 샘 → 초콜릿 컵 컬렉션 → 초코타임 터널 → 시로이 고이비토 제조 라인 → 과자 만들기 체험 공방 → 카페 초콜릿 라운지 → 기념품 숍 → 리버티홀

시로이 고이비토 제조 라인

사탕 생산 과정 견학

카페 초콜릿 라운지

초콜릿 박스 전시실

ZOOM ─────── IN
4만 명 관중의 함성이 울려 퍼지는 일본 최고의 돔구장
삿포로 돔

삿포로 돔은 일본 프로야구팀 니혼햄 파이터스 北海道日本ハムファイターズ의 홈구장이다. 이곳은 야구는 물론 축구 경기까지 가능한 일본 최고의 설비를 갖춘 돔구장으로 유명하다. 경기가 없는 날이면 구장 내부를 견학할 수 있으니 좀 더 가까운 곳에서 자세히 보고 싶다면 돔 투어를 신청해보는 것도 멋진 추억이 될 것이다.

우주선같이 생긴 멋진 돔구장	삿포로 돔은 1998년에 착공해 3년 뒤인 2001년 6월 2일에 개장했다. 2002년 FIFA 월드컵이 개최된 곳으로, 고정 객석 수가 4만1484석이며 이벤트가 있을 경우 최대 5만3738명까지 수용 가능하다. 지역 주민들에게는 '광장'이라는 뜻의 히로바 広場라 불리기도 한다. 일본 프로축구 J리그 팀인 콘사도레 삿포로 コンサドーレ札幌의 홈구장이자 프로야구팀 니혼햄 파이터스의 홈구장이기도 하다.

경기장의 트랜스포머 대변신!	축구장이 돔 안과 밖으로 자유롭게 움직일 수 있게 한 시스템 설계 덕분에 야구장이 축구장으로, 또 축구장이 다시 야구장으로 변신한다. 8300톤이라는 어마어마한 무게의 거대한 축구장은 공기압에 의해 7.5cm 부상한 상태로 34개의 바퀴를 사용해 1분당 4m씩 이동하도록 설계했다. 물론, 야구장과 축구장으로 서로 바뀔 때마다 관중석 역시 자동으로 그에 맞게 변신한다. 경기가 없는 날에는 한 판에 심은 축구장 천연 잔디를 구장 밖으로 내놓고 관리한다.

전망대	일본 최초의 돔 전망대. 돔 정상부 높이 53m에 설치된 전망대에 올라가면 삿포로 시의 전경과 데이네 산 手稲山를 제대로 감상할 수 있다.

돔 투어	경기가 없는 날이라면 돔 투어를 신청해보자. 가이드의 안내에 따라 선수가 사용하는 불펜과 로커 룸, 감독 대기실 등 쉽게 볼 수 없는 곳을 자세히 돌아볼 수 있다. 투어는 약 50분간 진행하는데, 한국어나 영어 버전이 없으므로 일어를 할 줄 알아야 설명을 제대로 들을 수 있다. 일어를 모른다면 홈페이지의 한국어 안내 버전을 읽고 가는 것도 좋다.

재미있는 놀이 공간 키즈 파크 キッズパーク~	삿포로 돔 실내 3층에는 아이들을 위한 놀이 시설이 마련되어 있다. 아이들과 여행 중 삿포로 돔에 들렀다면 참고할 것. 2세 이하 유아가 안전하게 시간을 보낼 수 있는 베이비 코너도 있다.

11 모이와 산
藻岩山

★★★ 무료 주차

삿포로 시 서남쪽에 있는 해발고도 531m의 산. 로프웨이와 모리스 카(미니 케이블카)를 타고 전망대로 올라가면 울창한 활엽수 원시림에 둘러싸인 모이와 산과 삿포로 시가지를 한눈에 내려다볼 수 있다. 특히 이곳은 삿포로 시의 야경을 감상하기에 가장 좋은 장소로 꼽히니 밤에 들러보는 것도 좋다.

구글 지도 모이와 산

- VOL 1 p.022 MAP p.130C
- 찾아가기 오도리 역 大通駅 서4초메 西4丁目 나 스스키노 정류장에서 노면전차 시덴 승차 후 로프웨이 입구 ロープウェイ入口에서 하차, 무료 셔틀버스로 모이와 산록역 もいわ山麓駅으로 간 뒤 로프웨이를 탄다.
- 주소 札幌市中央区伏見5丁目3番7号
- 전화 011-561-8177
- 시간 4/1~11/30 10:30~22:00, 12/1~3/31 11:00~22:00, 12/31 11:00~17:00, 1/1 05:00~17:00
- 휴무 11/5~11/19(2018년 기준)
- 가격 로프웨이(산 중턱까지)+모리스 카(전망대까지) 왕복 세트 어른 2100¥, 어린이(초등학생 이하) 1050¥
- 홈페이지 moiwa.sapporo-dc.co.jp

12 장외 시장
場外市場

★★★ 무료 주차

시내의 이조 시장과 더불어 삿포로의 대규모 시장으로, 단체 여행자들도 많이 찾는다. 신선한 가이센동과 해산물을 맛볼 수 있고, 도내 각지에서 공수한 해산물, 채소, 과일 등을 구입할 수도 있다.

구글 지도 삿포로 장외시장

- MAP p.131C
- 찾아가기 지하철 도자이선 니주욘켄 역 二十四軒駅 5번 출구에서 도보 8분
- 주소 札幌市中央区北11条西21~23
- 전화 011-621-7044
- 시간 06:00~17:00(가게마다 다름)
- 휴무 가게마다 다름
- 가격 품목마다 다름
- 홈페이지 www.jyogaiichiba.com

13 삿포로 예술의 숲
札幌芸術の森
★★ 유료 주차

아름다운 공원으로 근현대 조각 작품과 삿포로 출신의 예술가들의 작품을 볼 수 있다. 야외 미술관을 비롯해 공방과 야외무대 등 곳곳에서 많은 전람회와 이벤트가 개최된다.
이곳에 있는 레스토랑 하타케노하루 畑のはる에서는 합리적인 가격(시간 11:00~15:00, 요금 1500¥~)에 런치 뷔페를 즐길 수 있는데, 샐러드를 비롯해 밥과 면 요리, 덴푸라, 피자, 아이스크림 등의 디저트까지 갖추었다.

구글 지도 삿포로 예술의 숲 미술관

- MAP p.130C
- 찾아가기 지하철 난보쿠선 마코마나이 역 真駒内駅에서 주오 버스 예술의 숲 센터행 승차 후 15분, 예술의 숲 札幌芸術の森 입구에서 하차, 또는 마코마나이 역에서 택시로 약 15분(요금 2200¥~)
- 주소 札幌市南区芸術の森2-75
- 전화 011-592-5111 시간 09:45~17:00
- 휴무 11/4~4/28 월요일
- 가격 무료입장
- 홈페이지 artpark.or.jp

14 기타노구루메테이
北のグルメ亭
★★ 무료 주차

장외 시장에서 도소매 시장과 식당을 함께 운영하는 곳으로, 맛있는 가이센동을 먹을 수 있다. 규모가 꽤 큰데, 가격은 좀 비싸지만 약 10종류의 해산물을 얹은 화려한 가이센동이 최고 인기 메뉴. 연어 뱃살 구이와 덮밥을 함께 제공하는 이쿠라동과 연어 하라스야키 いくら丼と鮭ハラス焼도 맛있고, 다양한 사시미와 생선 구이도 맛볼 수 있다.

구글 지도 Kitano Gurume

- MAP p.131A
- 찾아가기 지하철 도자이선 니주욘켄 역 二十四軒駅 5번 출구에서 도보 8분 주소 札幌市中央区北11条西22丁目4-1 전화 011-621-3545 시간 오픈 07:00~15:00 가격 가이센동 3400¥~, 덮밥&연어 뱃살 구이 1780¥~ 홈페이지 kitanogurume.co.jp

15 후쿠로우테이
生ラムジンギスカンふくろう亭

★★ 주차 없음

호주산 양고기를 사용하는 징기스칸 전문점으로, 소시지와 베이컨도 함께 판매해 인기다. 신선도를 유지하기 위해 주문이 들어오면 그때 고기를 한 점씩 잘라내 제공한다. 나카지마 공원 근처에 있어 산책한 뒤 들르도 좋다.

🔍 구글 지도 Fukuroutei

📍 MAP p.135H
🚇 찾아가기 지하철 나카지마코엔 역 中島公園駅에서 도보 10분
🏠 주소 札幌市中央区南8条西5丁目 キャピタルYMD 1F
📞 전화 011-512-6598
🕐 시간 17:00~22:30
🚫 휴무 1/1~1/4, 월요일 💰 가격 생양고기 950¥, 모둠 채소 450¥~, 생맥주 550¥
🌐 홈페이지 www5.plala.or.jp/fukuroutei

16 도리통(마루야마점)
回転寿しトリトン

★★ 무료 주차

삿포로 시 여러 곳에 매장이 있는 회전 초밥집. 보탄새우와 참치 뱃살인 오토로가 인기가 많다. 가격도 합리적이고 맛도 좋아 항상 사람이 많다. 도요히라점 豊平店 매장은 지하철 도호선 가쿠엔마에 역 근처에도 있다.

🔍 구글 지도 토리톤스시 마루야마점

📖 VOL 1 p.042 📍 MAP p.131A
🚇 찾아가기 지하철 도자이선 니시28초메 역 西28丁目駅 1번 출구에서 도보 7분
🏠 주소 札幌市中央区北4条西23丁目2番17号
📞 전화 011-633-5500 🕐 시간 11:00~22:00
🚫 휴무 부정기 💰 가격 1접시 200¥~
🌐 홈페이지 toriton-kita1.jp/korean

17 스시 미야가와
すし宮川

★★★ 주차 없음

마루야마 공원 근처에 있는 작은 스시집이지만 나름 유명하고 단골도 많은 식당이다. 신선한 재료로 만든 주방장 특선 메뉴인 오마카세를 즐길 수 있다. 매달 1일에 그 달의 예약을 전화로 받는데 자리가 많지 않아 예약하기가 매우 어렵다.

🔍 구글 지도 스시 미야가와

📖 VOL 1 p.042 📍 MAP p.131A
🚇 찾아가기 지하철 도자이선 니시28초메 역 西28丁目駅 1번 출구에서 도보 6분
🏠 주소 札幌市中央区北4条西25丁目2-1リヒトラーレ円山 1F
📞 전화 011-613-2221 🕐 시간 오픈 17:00~23:00
🚫 휴무 부정기(홈페이지에서 확인)
💰 가격 1인 2만8000¥~
🌐 홈페이지 sushi-miyakawa.com

18 스시젠
すし善

★★ 무료 주차

시내 여러 곳에 매장이 있는 스시 전문점으로, 오랜 역사를 지닌 곳이다. 분위기도 좋고 맛도 좋아 손님을 대접하기에 가장 좋은 장소. 특히 마루야마 공원 역 근처에 위치해 식사를 한 뒤 공원을 산책하기에 좋다.

🔍 구글 지도 스시젠 본점

📍 MAP p.131A
🚇 찾아가기 지하철 도자이선 마루야마코엔 역 円山公園駅 1번 출구에서 도보 3분
🏠 주소 札幌市中央区北1西27, 2-10
📞 전화 011-612-0068
🕐 시간 11:00~15:00, 17:00~22:00
🚫 휴무 월요일
💰 가격 점심 코스 1만2000¥~, 저녁 코스 2만7000¥~
🌐 홈페이지 www.sushizen.co.jp

19 에비소바 이치겐
えびそば一幻

★★ 무료 주차

에비 미소 라멘 えびみそ과 에비 시오 라멘 えびしお으로 유명한 라멘 전문점. 약간 짠 편이지만, 새우를 넣어 우려낸 진한 국물 맛이 일품이다. 찾아가기 쉽지 않은 위치라 관광객보다는 현지인들이 많다.

🔍 구글 지도 에비소바 이치겐

📍 MAP p.135H
🚇 찾아가기 지하철 난보쿠선 나카지마코엔 역 中島公園駅 2번 출구에서 도보 15분
🏠 주소 札幌市中央区南7条9丁目1024-10
📞 전화 011-513-0098 🕐 시간 11:00~03:00
🚫 휴무 수요일
💰 가격 라멘 950¥~
🌐 홈페이지 ebisoba.com

20 수타 우동 데라야
手打ちうどん寺屋

★★ 무료 주차

탱글탱글 면발의 맛있는 수타 우동으로 유명한 집. 여름에는 시원한 냉우동이 별미이고, 추운 겨울에는 국물이 뜨끈한 냄비 우동이 최고다. 조용한 주택가에 자리해 여행자들보다는 현지인들이 더 많이 찾는다.

🔍 구글 지도 수타우동 테라야

📍 MAP p.131A
🚇 찾아가기 지하철 도자이선 고토니 역 琴似駅에서 도보 20분, 또는 택시로 5분(요금 1000¥~)
🏠 주소 札幌市西区山の手3条6-1-10
📞 전화 011-622-4828
🕐 시간 화~금요일 11:00~14:30 · 18:00~21:00, 토 · 일요일 · 공휴일 11:00~17:00
🚫 휴무 월요일, 셋째 주 화요일
💰 가격 우동 1000¥~
🌐 홈페이지 udonteraya.com

21 라멘 도조
ラーメン道場

신치토세 공항 국내선 쪽에 자리한 라멘 테마 거리. 에비소바 이치겐 えびそば一幻과 시라카바산소 白樺山荘, 아지사이 あじさい, 게야키 けやき 등 홋카이도의 유명 라멘집이 모여 있어 홋카이도를 떠나기 전 다시 한번 라멘을 맛보려는 사람들로 언제나 붐빈다.

구글 지도 신치토세 공항

◎ MAP p.130D
⊙ 찾아가기 신치토세 공항 내 국내선 여객 터미널 빌딩 3층
ⓐ 주소 新千歳空港内国内線旅客ターミナルビル 3F
ⓢ 시간 10:00~20:30
ⓖ 가격 라멘 1000¥~

22 마루야마 팬케이크
円山ぱんけーき

인생 팬케이크를 맛보고 싶다면 무조건 이곳으로 가면 된다. 현지 젊은 층의 핫 플레이스이며 처음 맛보는 부들부들 촉촉한 팬케이크를 입에 넣는 순간, 감탄사가 절로 나온다. 참고로 팬케이크는 18:30가 라스트 오더다.

구글 지도 마루야마 팬케이크

◎ MAP p.131E
⊙ 찾아가기 지하철 도자이선 니시18초메 역 西18丁目駅에서 도보 10분   ⓐ 주소 北海道札幌市中央区南4条西18丁目2−19   ⓣ 전화 011-533-2233
ⓢ 시간 11:30~19:00   ⓗ 휴무 수요일   ⓖ 가격 팬케이크 세트 1800¥~, 커피 550¥~
ⓦ 홈페이지 www.maruyamapancake.com

23 파티스리 시야
Patisserie SHIYA

삿포로에서 인기 많은 스위츠 가게를 꼽으라고 할 때 빠지지 않는 곳. 시내에서 거리가 좀 있지만 신선한 과일을 듬뿍 올린 타르트가 예쁘고 맛있어 자꾸 생각난다. 특히 특별한 날이라면 이곳 케이크를 구입해줘야 제대로 분위기를 낼 수 있다는 사실을 잊지 말 것.

구글 지도 파티세리 시야

◎ MAP p.131A
⊙ 찾아가기 지하철 도자이선 니시28초메 역 西28丁目駅에서 도보 15분
ⓐ 주소 札幌市中央区北5条西21-1-15
ⓣ 전화 011-611-7003
ⓢ 시간 10:00~20:00
ⓗ 휴무 수요일, 셋째 주 목요일
ⓖ 가격 조각 케이크 500¥~, 쿠키 250~600¥

24 산도리아
Sandria

24시간 영업하는 샌드위치 전문점으로 매일 40여 종의 맛을 선보이고 있다. 식사대용으로는 계란(다마코)산도와 카츠 산도가 인기가 많고 딸기와 멜론, 단팥 등을 넣은 디저트 느낌의 샌드위치도 있으니 좋아하는 것으로 골라보자.

구글 지도 Sandria

◎ MAP p.135H
⊙ 찾아가기 노면전차 야마하나쿠조 山鼻9条 정류장 하차, 도보 6분
ⓐ 주소 札幌市中央区南8条西9丁目758-14
ⓣ 전화 011-512-5993
ⓢ 시간 24시간
ⓖ 가격 샌드위치 1개 250~350¥
ⓦ 홈페이지 s-sandwich.com

25 삿포로 마쓰리(홋카이도 신궁 축제)
札幌祭り

해마다 6월 중순이 되면 마루야마 공원 내에 있는 홋카이도 신궁에서 나카지마 공원 中島公園까지 10000여 명의 시민을 태운 가마가 행진을 한다. 헤이안 시대의 의상을 갖추어 입은 사람들과 나카지마 공원의 작은 오두막, 귀신의 집 등 볼거리가 많다.

구글 지도 홋카이도 신궁

◎ MAP p.131D
⊙ 찾아가기 지하철 마루야마코엔 역 3번 출구 또는 나카지마코엔 역 島公園駅 1번 출구 근처
ⓐ 주소 札幌市中央区中島公園
ⓣ 전화 011-611-0261
ⓢ 시간 6/14~6/16
ⓦ 홈페이지 hokkaidojingu.or.jp

26 노스 사파리 삿포로
ノースサファリサッポロ

1400여 종 이상의 동물들이 있는 체험형 동물원으로 호랑이나 사자와 같은 맹수들에게 직접 먹이를 주거나 올빼미, 뱀 등과 함께 사진도 찍고 가까이서 관찰할 수 있다. 또한 짚와인, 미니번지, 개썰매 등의 액티비티도 즐길 수 있으며 부지 내에 있는 글램핑장에서는 바다 거북 등 좋아하는 동물과 함께 캠핑을 할 수 있다.

구글 지도 North Safari Sapporo

◎ MAP p.130C
⊙ 찾아가기 JR삿포로 역에서 자동차로 약 30분
ⓐ 주소 札幌市南区豊滝469-1
ⓣ 전화 080-1869-6443
ⓢ 시간 10:00~17:00 (계절에 따라 변동)
ⓗ 휴무 3/21~4/25 (2024년)
ⓖ 가격 4/26~11/30 중학생 이상 1900¥, 초등학생 700¥(겨울철 중학생 이상 1300¥, 초등학생 600¥)   ⓦ 홈페이지 north-safari.com

27 조잔케이 온천
定山渓温泉

유·무료 주차

삿포로 근교의 온천으로, 1시간 정도의 거리라 삿포로에서 당일치기 여행이 가능하다. 1866년 한 수도승이 발견한 곳으로, 원시림이 무성한 계곡에 있어 힐링하기 좋다. 단풍이 아름답기로도 유명하니 온천욕도 즐기고 조잔원천 공원 定山原泉公園도 둘러보자.

구글 지도 조잔케이온천

- VOL 1 p.087 MAP p.130C
- 찾아가기 삿포로 에키마에 터미널 12번 정류장에서 조잔케이 온천 직행버스 갓파라이나호 승차 후 조잔케이 온천 정류장에서 하차(1시간 소요)
- 주소 札幌市南区定山渓温泉
- 전화 011-598-2012 시간 온천장마다 다름
- 휴무 온천장마다 다름
- 가격 입장료 600~1600¥(타월&유카타 세트 대여비는 별도로 200~400¥ 정도)
- 홈페이지 jozankei.jp

28 삿포로 테이네 스키 리조트
Sapporo Teine Ski Resort

유·무료 주차

삿포로에서 가까운 스키장으로, 총 15개의 슬로프가 하이랜드 존과 올림피아 존으로 나뉘어 있다. 멋진 경치를 보면서 라이딩을 할 수 있어 항상 사람들로 북적인다. 삿포로 시내의 주요 호텔에서 스키장까지 '빅 랜즈호' 버스를 이용하면 편하며 예약은 필수.

구글 지도 Sapporo Teine(Highland Ski Center)

- VOL 1 p.097 MAP p.130A
- 찾아가기 삿포로 엑셀 도큐 호텔 등에서 버스로 50분(요금 편도 2500¥)
- 주소 札幌市手稲区手稲金山172
- 전화 011-682-0000
- 시간 24시간
- 가격 1일권 5200¥, 빅 아일랜드호 버스 패키지 (리프트 8시간권+왕복 버스 요금) 6900¥
- 홈페이지 www.sapporo-teine.com/snow

29 도라에몽 와쿠와쿠 스카이 파크
ドラえもんわくわくスカイパーク

공항 주차

신치토세 공항 3층의 스마일로드 新千歳空港 スマイルロード의 도라에몽 테마파크. 도라에몽이 그려진 미끄럼틀 등의 놀이 기구가 있는 키즈 프리 존을 비롯해 도라에몽 공식 숍과 직접 도라에몽을 만들어볼 수 있는 체험공간, 카페 등이 있다. 아이와 함께 여행한다면 한 번쯤 가볼 만하다.

구글 지도 신치토세 공항

- MAP p.130D
- 찾아가기 신치토세 국제공항 국내선 터미널 빌딩 연결 통로 3층 스마일 로드
- 주소 北海道千歳市美々新千歳空港
- 전화 0123-46-3355 시간 10:00~18:00(숍은 18:30까지) 가격 어른 800¥, 중·고생 500¥, 초등학생~유아 400¥
- 홈페이지 new-chitose-airport.jp/ja/doraemon

30 이온
AEON

무료 주차

식품부터 유제품과 화장품까지 없는 것이 없는 대형 마트 체인. 1층에는 패스트푸드와 커피 전문점, 롯데리아 六花亭 등을 비롯한 다양한 식품점과 푸드 코트인 푸드 파크 Food Park가 있고, 2층부터 다양한 숍이 입점해 있다. 가격도 합리적인 편이라 여행 기념품이나 선물을 사러 방문하는 여행자가 많다.

구글 지도 Aeon Sapporo Soen

- MAP p.131B
- 찾아가기 JR 소엔 역 桑園駅 동쪽 출구에서 도보 1분 주소 札幌市中央区北8条西14-28
- 전화 011-204-7200
- 시간 09:00~22:00(식품 매장 08:00~23:00)
- 홈페이지 www.aeon.jp/sc/sapporosoen

31 신치토세 국제공항
新千歳空港

공항 주차

국내선 터미널 건물 2층에는 많은 숍이 있다. 특히 각종 스위츠와 수산물, 와인, 맥주 등 홋카이도 특산품을 판매하는 홋카이도 혼포 종합 토산점 北海道本舗総合土産店과 홋카이도 물산 北海道物産, 여행용품을 많이 갖춰놓은 무지 투 고 신치토세 공항 MUJI to Go 新千歳空港 등을 눈여겨볼 것. 또 국제선 면세점에서는 홋카이도 한정 삿포로 클래식 캔맥주를 저렴하게 구입할 수 있다.

구글 지도 신치토세 공항

- MAP p.130D
- 찾아가기 신치토세 국제공항 내 국내선 터미널 2층 주소 北海道千歳市美々新千歳空港
- 전화 0123-23-0111
- 시간 07:30~20:00(숍마다 다름)
- 홈페이지 new-chitose-airport.jp

32 로이스 초콜릿 월드
Royce' Chocolate World

공항 주차

신치토세 공항 3층 스마일 로드 スマイルロード에 자리한 곳으로, 일본의 명품 초콜릿 브랜드인 로이스 초콜릿 제조 과정을 유리 너머로 견학할 수 있게 해놓았다. 또 초콜릿을 테마로 한 전시물이 있어 흥미롭게 둘러볼 수 있다. 매장에서는 벚꽃 테마 등 계절 한정품도 놓치지 말자.

구글 지도 로이스 초콜릿 월드

- VOL 1 p.068 MAP p.130D
- 찾아가기 신치토세 국제공항 국내선 터미널 빌딩 연결 통로 3층 스마일 로드
- 주소 北海道千歳市美々新千歳空港
- 전화 0123-46-5254
- 시간 08:00~20:00
- 홈페이지 www.royce.com/contents/world

TRAVEL INFO

삿포로 근교 스키장

● 겨울철이 되면 일본뿐 아니라 해외에서도 스키를 즐기러 홋카이도 원정을 온다. 여행자들의 편의를 위해 시즌에는 삿포로 공항과 시내에서 스키장으로 직행하는 교통편을 운행하는 경우가 많으니 미리 체크해보자.

1 니세코 유나이티드
Niseko United

홋카이도 최대 규모의 스키장으로, 시즌 중 평균 160cm의 풍부한 적설량과 최상급의 설질을 자랑한다. 니세코 그랜드 히라후 스키장 ニセコグラン・ヒラフスキー場, 니세코 빌리지 ニセコビレッジスキー場, 니세코 안누프리 국제 스키장 ニセコアンヌプリ国際スキー場, 니세코 하나조노 스키장 ニセコHANAZONOスキー場 등 네 군데의 스키장으로 구성돼 있다.

⊙ 구글 지도 니세코 스키장
⊙ VOL 1 p.095
⊙ 찾아가기 신치토세 공항에서 주요 버스로 약 3시간, 또는 JR 니세코 역 ニセコ駅에서 자동차로 20분 ⊙ 주소 虻田郡ニセコ町ニセコ485
⊙ 가격 공통 리프트(온 시즌 기준) 1일권 7400¥~, 2일권 1만3600¥~, 3일권 1만9800¥~, 5일권 3만2200¥~ ⊙ 홈페이지 www.niseko.ne.jp

2 루스쓰 리조트
ルスツリゾート

스키장을 비롯해 골프장과 유원지, 호텔 등이 있는, 홋카이도 최대 종합 리조트. 특히 스키장은 이스트와 웨스트, 이솔라 산에 37개의 슬로프와 4기의 곤돌라가 있고 테마파크와 쇼핑센터, 다양한 레스토랑을 갖추었다.

⊙ 구글 지도 Rusutsu Resort
⊙ VOL 1 p.095 ⊙ MAP p.130C
⊙ 찾아가기 신치토세 공항에서 빅런스 BIGRUNS 버스 이용(1일 2~4회 출발, 요금 편도 3000¥), 또는 JR 삿포로 역 札幌駅 근처 루스쓰 리조트 삿포로 영업소 앞(주소 札幌市中央区北4条西4丁目1番地, 삿포로 역에서 도보 2분)에서 무료 셔틀버스 이용(1시간 30분 소요) ⊙ 주소 虻田郡留寿都村字泉川13番地 ⊙ 전화 0136-46-3111
⊙ 휴무 시즌 중 무휴 ⊙ 가격 1일권 5900¥~, 2일권 1만1200¥~, 3일권 1만6800¥~
⊙ 홈페이지 en.rusutsu.co.jp/ko

3 호시노 리조트 도마무
Hoshino Resorts Tomamu

100% 천연 스노 파우더를 자랑하는 곳으로 총 25개의 스키 코스를 갖추어 초급자도 마음 놓고 즐길 수 있다. 상급자라면 오프 피스트와 나무 사이를 달리는 트리 런 Tree Run에 도전해보자.

⊙ 구글 지도 호시노리조트 토마무
⊙ VOL 1 p.094
⊙ 찾아가기 JR 도마무 역 星野駅에서 무료 셔틀버스 이용, 또는 12~3월에만 신치토세 국제공항(국내선 터미널 1일 6회, 국제선 터미널 1일 3회 출발, 요금 편도 어른 4000¥~, 3~11세 3000¥~)이나 삿포로 시내(삿포로 도큐 레이 호텔 등에서 08:00 내외 출발, 요금 편도 어른 5000¥~, 3~11세 3800¥~)에서 셔틀버스 이용(온라인 예약 필수) ⊙ 주소 勇払郡占冠村中トマム ⊙ 전화 한국 사무소 02-752-6262 ⊙ 가격 1일권 5500¥~, 2일권 9500¥~, 3일권 1만2500¥~ ⊙ 홈페이지 www.snowtomamu.jp

4 키로로 스키 리조트
キロロリゾート

삿포로와 오타루에서 가까운 스키장으로, 총 21개 슬로프를 갖추었으며 어린이용 슬로프도 있다. 스노보드는 나가미네 봉우리 쪽이 더 인기 높다. 캣 투어도 인기다.

⊙ 구글 지도 키로로 스키 리조트
⊙ VOL 1 p.095 ⊙ MAP p.130A
⊙ 찾아가기 신치토세 국제공항에서 셔틀버스(요금 편도 4000¥), 또는 삿포로 터미널에서 셔틀버스(요금 편도 1540¥), 오타루 역 小樽駅에서 셔틀버스(요금 편도 930¥) 이용
⊙ 주소 余市郡赤井川村常盤128番地1 キロロリゾート ⊙ 전화 0135-34-7111 ⊙ 시간 스키 시즌
⊙ 휴무 시즌 중 무휴
⊙ 가격 하이 시즌 1일권 5900¥~, 2일권 1만900¥~, 3일권 1만5900¥~ / 오프 시즌 1일권 4000¥~, 2일권 7400¥~, 3일권 1만800¥~
⊙ 홈페이지 www.kiroro.co.jp

5 후라노 스키 리조트
富良野スキー場

총 23개의 슬로프가 있으며 국제 대회가 많이 열린다. 다이세쓰 산의 풍경을 즐기며 라이딩할 수 있으며 5월 초까지도 가능하다. 정상에서는 트리 런도 경험할 수 있으며 아이들을 위한 신후라노 프린스 호텔 옆 패밀리 스노랜드 Family Snowland도 인기다.

⊙ 구글 지도 후라노 스키 리조트
⊙ VOL 1 p.096
⊙ 찾아가기 JR 삿포로 역 札幌駅에서 후라노 역 富良野駅 기차 이용 1시간 20분 소요, 후라노 역에서 택시로 10분(택시 요금 1000¥~)
⊙ 주소 富良野市中御料
⊙ 시간 스키 시즌 ⊙ 휴무 시즌 중 무휴
⊙ 가격 5시간권 4800¥~, 1일권 5500¥~, 나이트 스키 4800¥~
⊙ 홈페이지 ski.princehotels.co.jp/furano

TRAVEL INFO

시코쓰 호수

● 삿포로에 머물다 가까운 호수에 가서 하루 정도 쉬고 싶다면 시코쓰가 딱이다. 낮밤지기로 다녀와도 좋을 곳으로 경치도 좋고 유람선 탑승 등 호수에서 즐길 이벤트도 있다.

1 시코쓰 호수
支笏湖

삿포로와 가까워 당일 휴양 여행지로 인기가 높다. 일본 최북단의 칼데라 호수이며 둘레 42km, 최대 수심 363m로 표면적에 비해 일본에서 두 번째로 수심이 깊을 정도로 물이 매우 깊어 추운 겨울에도 얼지 않고 일정한 수온을 유지한다. 화산 활동 프로그램에 의하면 약 3억 1000년~3억 4000년 전에 발생한 홋카이도 최대 규모의 폭발로 형성되었다고 추정된다. 마슈 호수와 함께 홋카이도에서도 투명도가 뛰어나기로 유명하다. 호수 이름은 아이누 말로 '큰 우울증' 또는 '구멍'을 뜻하는 '시코'에서 유래했는데, 일본어 발음 '시코쓰'가 '죽은 뼈 死骨'라는 뜻의 발음과 흡사해 호수 이름을 바꾸려는 시도가 있었지만, 지금도 여전히 원래 이름으로 불린다.

● 구글 지도 시코쓰 호
● MAP p.130C
● 찾아가기 삿포로에서 자동차로 453번 국도 이용 약 1시간 15~20분 ● 주소 千歲市支笏湖 ● 홈페이지 shikotsukovc.sakura.ne.jp

PLUS TIP

시코쓰 호수 가는 방법

삿포로 시내나 신치토세 국제공항에서 바로 갈 수도 있지만 겨울 시즌에는 운행하지 않는다. 가장 편리한 방법은 렌터카를 이용하는 것이 좋다.

① 신치토세 공항에서 시코쓰호 호반 터미널 행 주오 버스를 이용한다. 평일 1일 4회, 주말 1일 6회 운행하며, 국내선 버스 터미널 28번이 1번 승강장, 국제선 66번 승강장, 지토세 역 千年駅 버스 승강장에서 승차하면 된다(54분 소요, 요금 편도 1000¥~).

② 삿포로 역 앞 버스 터미널에서 시코쓰호 행 주오 버스를 승차 후 종점 시코쓰호 터미널에서 하차한다(1시간 20분 소요, 요금 편도 1470¥~).

③ 렌터카를 이용할 때는 삿포로 중심부에서 국도 453호를 따라 약 49km 가면 된다(소요 시간 약 1시간 15~20분. 공용 주차장 주차 요금 500¥).

2 시코쓰 호수 관광 안내소
支笏湖ビジターセンター

공용 주차장 근처에 있는 안내소로, 호수와 주변 여행, 액티비티 등에 관한 다양한 정보를 제공한다. 센터 내부에서는 호수에 사는 물고기인 각시송어를 볼 수 있으며, 센터 옆에 깨끗한 화장실도 있어 편리하다. 근처 식당에서는 시코쓰의 물고기로 요리한 음식도 맛볼 수 있다.

● 구글 지도 시코츠호수 관광안내소
● MAP p.130C
● 찾아가기 시코쓰 호수 공용 주차장 근처
● 주소 千歲市支笏湖温泉番外地
● 전화 0123-25-2404
● 시간 4~11월 09:00~17:30, 12~3월 09:30~16:30
● 휴무 12~3월 화요일
● 홈페이지 shikotsukovc.sakura.ne.jp

3 시코쓰 호수 관광선
支笏湖観光船

수중 유람선과 고속정, 페달 보트 등으로 시코쓰 호수를 다양하게 즐길 수 있다. 유람선 내부로 들어가면 수심 2m 정도 깊이의 창문 너머로 코발트블루색 호수 내부를 감상할 수 있다. 80km의 속도로 질주하는 고속정을 타고 돌아보는 호수의 풍경도 남다르다.

● 구글 지도 Shikotsu Lake Glass boat for sightseeing on the lake
● MAP p.130C
● 찾아가기 시코쓰 호수 비지터 센터에서 도보 2분 ● 주소 千歲市支笏湖温泉
● 전화 0123-25-2031
● 시간 4월 중순~9월 말 08:40~17:10
● 휴무 10월~4월 초 ● 가격 수중 유람선 30분 어른 1650¥ · 초등학생 830¥, 고속정 5000~1만 5000¥, 페달 보트 30분 2000¥
● 홈페이지 shikotsu-ship.co.jp

OTARU
오타루

영화 <러브레터>의 배경이 된 바로 그곳! 잔잔한 운하와 가스등, 맑게 울려 퍼지는 오르골의 멜로디가 내 마음을 단숨에 따뜻하고 말랑말랑하게 만드는 마법 같은 도시다. 삿포로에서 차나 기차로 1시간 정도 걸려 당일 여행 코스로도 인기가 높다. 위스키 생산지로 이름 높은 요이치 余市와 푸른 바다 물빛으로 유명해 일명 '샤코탄 블루'로 불리는 샤코탄 積丹과도 가까운 편이다.

오타루 운하의 겨울 야

오타루 가는 법

비행기

오타루에는 공항이 없어 약 84km 거리에 있는 삿포로 신치토세 공항으로 간 다음, 공항에서 오타루까지 가는 JR 열차를 이용하는 방법이 일반적이다. 신치토세 공항에서 JR오타루 역까지 약 1시간 16분 소요.

ⓨ **요금** 편도 1910¥(지정석 별도 840¥)

기차

오타루로 갈 때는 JR 열차가 가장 빠르다. 열차는 등급에 따라 보통 普通, 구간 쾌속 区間快速, 쾌속 에어포트 快速エアポート로 나뉘는데, 등급마다 소요 시간이 다르지만 요금은 같다. 참고로 삿포로 출발 기차를 탈 때 오른쪽 창가에 앉으면 이시카리 해안선의 풍경을 보며 갈 수 있다. JR 오타루 역 小樽駅에서 오타루 운하까지는 약 도보 30분, JR 미나미 오타루역 南小樽駅에서 메르헨 교차로까지는 약 7분 소요.

ⓨ **요금** 편도 750¥~ (33~46분 소요)

버스

주오 버스 中央バス와 JR 홋카이도 버스 ジェイ・アールバス를 운행한다. 버스는 JR 삿포로 역 앞 버스 터미널의 1번 승강장에서 출발한다. 오타루 역 앞에 있는 오타루에키마에 버스 터미널 小樽駅前 バスターミナル에 도착하며 55분 정도 소요된다.

ⓨ **요금** 편도 710¥~
🌐 **홈페이지** chuo-bus.co.jp

렌터카

공항에서 렌터카로 갈 때 우리나라 고속도로처럼 톨게이트 요금(2250¥)을 내야 하는 자동차 도로 自動車道를 이용하면 1시간 15분 내외로 갈 수 있지만, 무료 도로를 이용하면 1시간 이상 더 소요된다. 삿포로에서 출발해 당일 여행으로 주요 명소만 둘러본다면 비싼 주차비를 따로 지불해야 하니 기차를 이용하는 것도 좋다. 그러나 일행이 여러 명이고 대중교통으로는 가기 번거로운 외곽 지역도 갈 예정이라면 렌터카가 편리하다.

오타루 여행 꿀팁

자연환경

눈이 많이 내리는 곳으로 5월이 되어야만 봄의 전령인 벚꽃이 핀다. 8월이 되면 벌써 선선한 바람이 불기 시작하고, 9월로 접어들면 쌀쌀한 기운이 감돈다. 10월부터는 겨울이라고 생각하면 된다.

숙소

JR오타루 역 주변이나 중심가인 사카이 마치도리, 오타루 운하 주변에 숙소를 잡으면 관광이나 쇼핑, 저녁 산책 등 여러모로 편리하다.

무조건 편한 신발

도보 여행이 가능한 오타루지만 걷는 구간이 길어 무조건 운동화 같은 편한 신발을 신고 다녀야 한다. 특히 겨울철에는 눈이 많이 오기 때문에 꼭 미끄럽지 않은 신발을 선택하자.

오타루 시내 교통

시내버스

오타루 역 앞 버스 터미널에 다수의 시내버스가 있다. 버스를 이용할 때 승차는 뒷문, 하차는 앞문을 이용하고 하차 시 요금을 지불하면 된다. 오타루 시내를 한눈에 조망할 수 있는 덴구야마 전망대행 버스도 오타루역 앞의 버스 터미널에서 출발한다.

📍 **찾아가기** 오타루에키마에 버스 터미널 🕐 **시간** 08:30~20:00, 운행 간격 1시간에 2~3대
ⓨ **요금** 어른 240¥, 어린이 120¥

지역 명물 음식

유명 식당이 즐비한 스시야도리에서 맛보는 **스시**

르타오 치즈케이크 등 유명 베이커리들의 **스위츠**

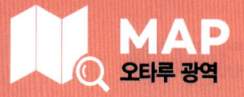

MAP
오타루 광역

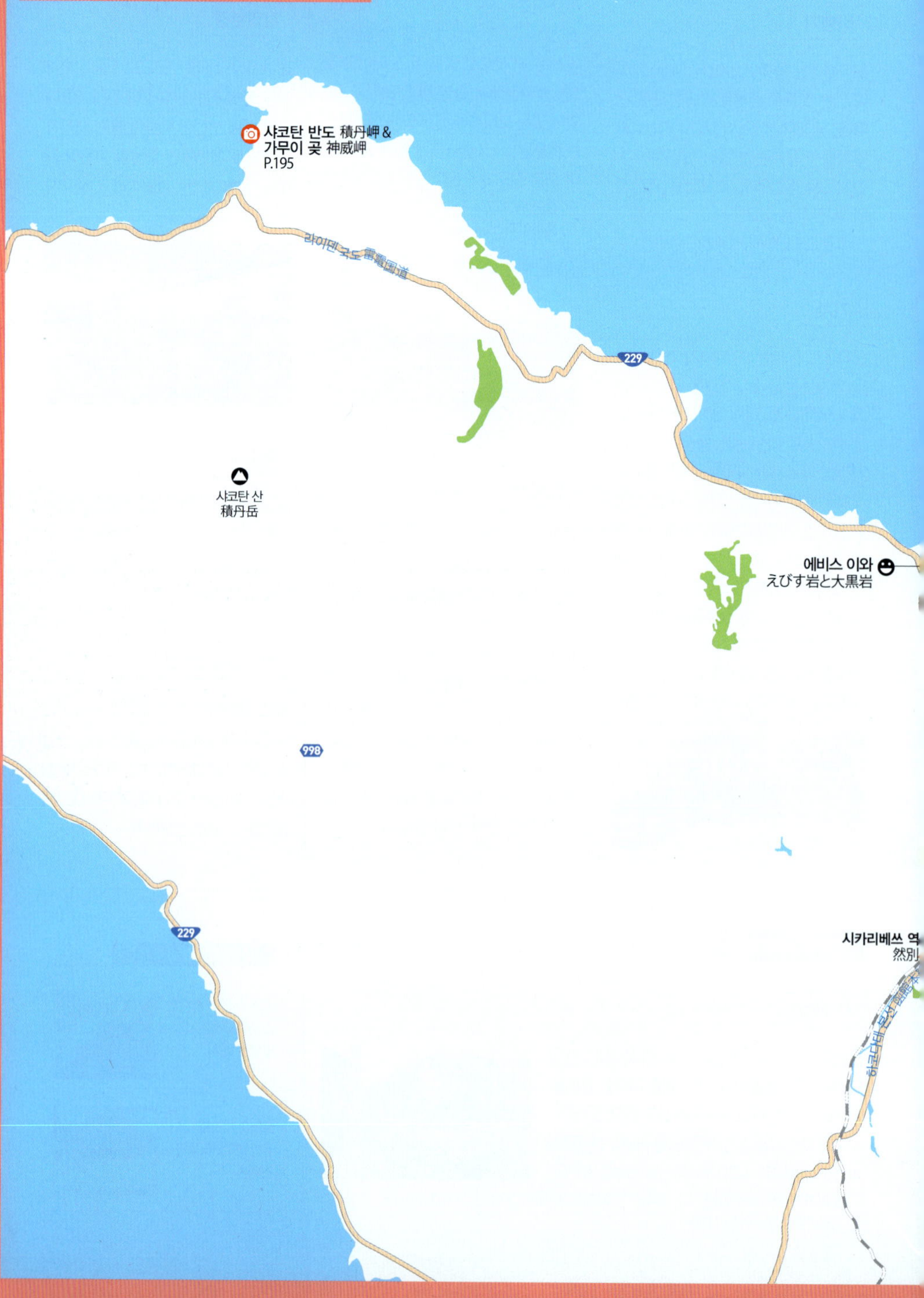
샤코탄 반도 積丹岬 &
가무이 곶 神威岬
P.195
라이덴 국도 雷電国道
229
샤코탄 산
積丹岳
에비스 이와
えびす岩と大黒岩
998
229
시카리베쓰 역
然別

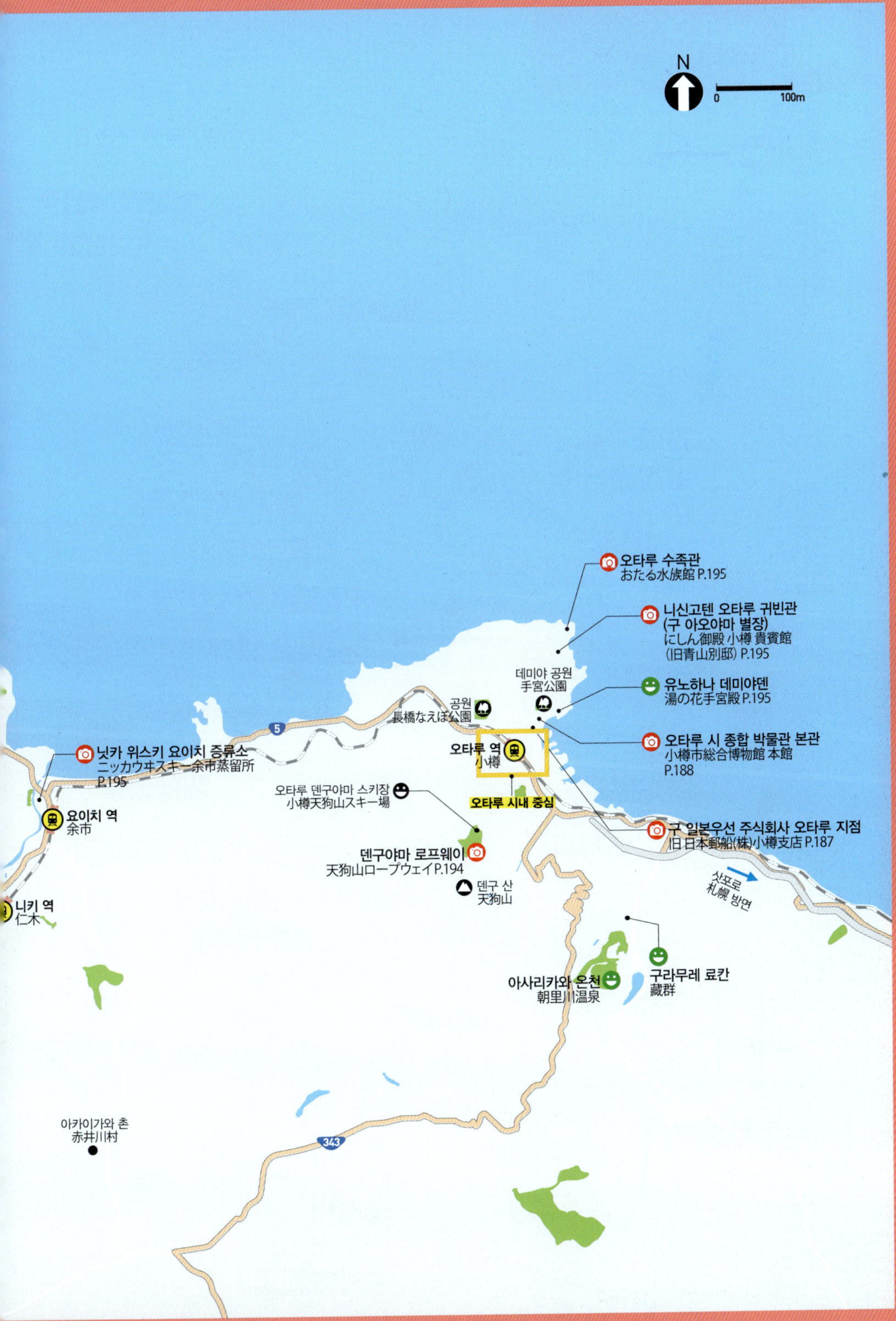

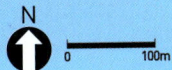

N
0
100m
오타루 수족관
おたる水族館 P.195
니신고텐 오타루 귀빈관
(구 아오야마 별장)
にしん御殿 小樽 貴賓館
(旧青山別邸) P.195
데미야 공원
手宮公園
유노하나 데미야덴
湯の花手宮殿 P.195
공원
長橋なえぼ公園
5
오타루 시 종합 박물관 본관
小樽市総合博物館 本館
P.188
오타루 역
小樽
닛카 위스키 요이치 증류소
ニッカウヰスキー余市蒸留所
P.195
오타루 덴구야마 스키장
小樽天狗山スキー場
오타루 시내 중심
요이치 역
余市
구 일본우선 주식회사 오타루 지점
旧日本郵船(株)小樽支店 P.187
덴구야마 로프웨이
天狗山ロープウェイ P.194
덴구 산
天狗山
삿포로
札幌 방면
니키 역
仁木
구라무레 료칸
藏群
아사리카와 온천
朝里川温泉
아카이가와 촌
赤井川村
343

COURSE

오타루 1DAY 코스

오타루가 처음이고 하루 정도 둘러볼 여행자라면, 삿포로에서 일찍 출발해 오전부터 부지런히 다녀보자. JR 미나미 오타루 역에서 시작해 삿포로로 돌아갈 때는 JR 오타루 역을 이용하는 코스다.

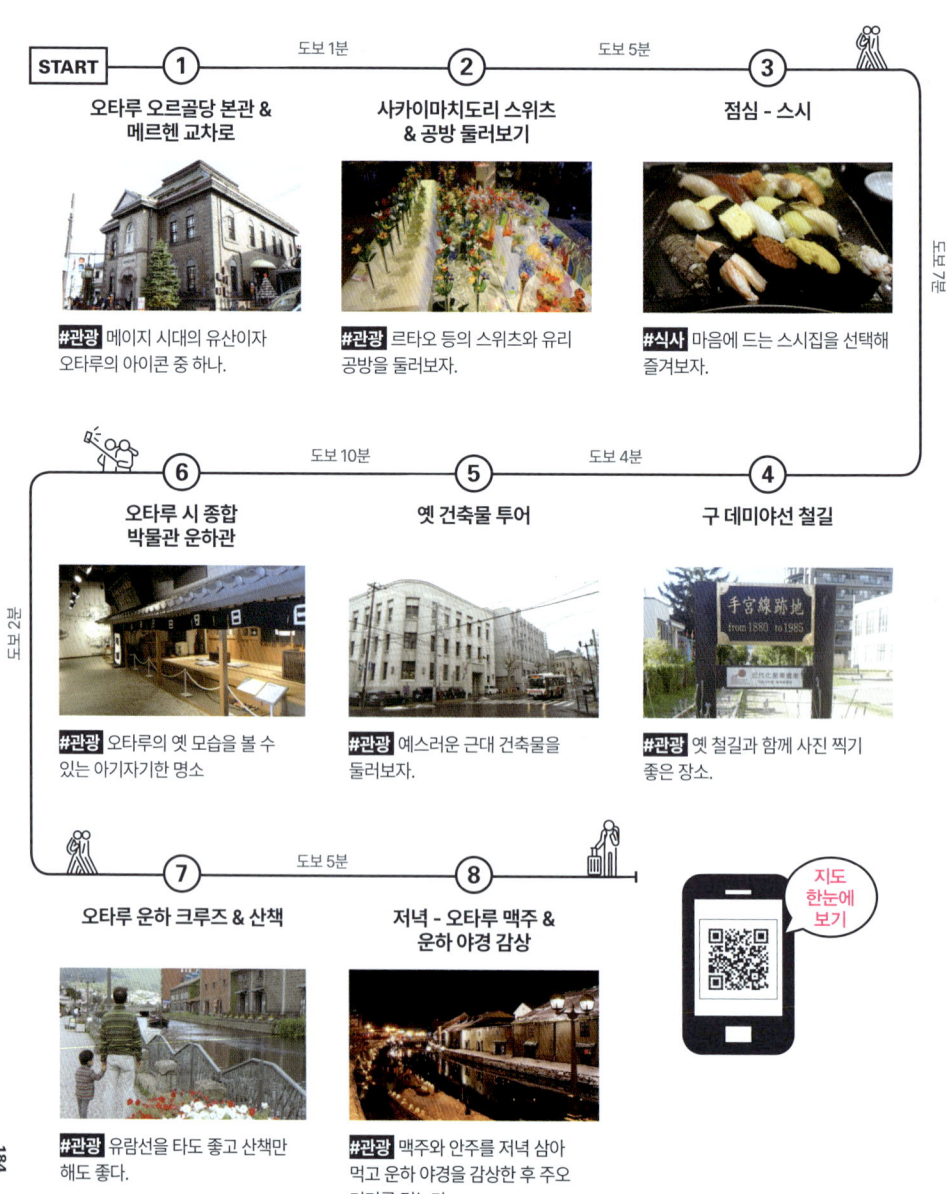

START → ① 오타루 오르골당 본관 & 메르헨 교차로 (도보 1분)
#관광 메이지 시대의 유산이자 오타루의 아이콘 중 하나.

② 사카이마치도리 스위츠 & 공방 둘러보기 (도보 5분)
#관광 르타오 등의 스위츠와 유리 공방을 둘러보자.

③ 점심 - 스시 (도보 7분)
#식사 마음에 드는 스시집을 선택해 즐겨보자.

④ 구 데미야선 철길 (도보 4분)
#관광 옛 철길과 함께 사진 찍기 좋은 장소.

⑤ 옛 건축물 투어 (도보 10분)
#관광 예스러운 근대 건축물을 둘러보자.

⑥ 오타루 시 종합 박물관 운하관 (도보 2분)
#관광 오타루의 옛 모습을 볼 수 있는 아기자기한 명소

⑦ 오타루 운하 크루즈 & 산책 (도보 5분)
#관광 유람선을 타도 좋고 산책만 해도 좋다.

⑧ 저녁 - 오타루 맥주 & 운하 야경 감상
#관광 맥주와 안주를 저녁 삼아 먹고 운하 야경을 감상한 후 주오 거리를 걷는다.

지도 한눈에 보기

TRAVEL INFO
오타루 시내

● 볼거리는 물론 맛보고 즐길 거리도 많아 하루가 짧게 느껴질 정도다. 삿포로에서 당일로 다녀올 계획이라면 아침 일찍 서둘러 되도록 빨리 여행을 시작하자. 오르골당이 오픈하는 9시에 맞춰 도착하는 것을 목표로 삼아도 좋다. 시내 여행은 사카이마치도리를 중심으로 도보로 다니는 것이 편하다.

1 오타루 오르골당 본관
小樽オルゴール堂 本館

주차 없음

오래된 창고 건물에 자리한 오르골당은 오타루를 찾는 여행자들이 꼭 들르는 명소다. 수천 점의 오르골을 전시·판매하며 자유롭게 보고 만지고 소리도 들을 수 있다. 오르골이 촘촘히 붙어 있어 깨지기 쉬우니 조심해야 한다.

구글 지도 오타루 오르골당

📍 **MAP** p.183
- 찾아가기 JR 미나미 오타루 역 南小樽駅에서 도보 7분, 오타루 메르헨 교차로에 위치
- 주소 小樽市住吉町4-1
- 전화 0134-22-1108
- 시간 09:00~18:00
- 홈페이지 otaru-orgel.co.jp

2 메르헨 교차로
メルヘン交差点

주차 없음

JR 미나미 오타루 역에서 천천히 걷다 보면 오타루의 번화가인 사카이마치도리가 나온다. 그 길 끝에 5개의 차선이 모여 있는데, 오타루 인증숏 촬영 장소 중 하나인 증기 시계가 있다. 15분마다 증기를 뿜으며 멜로디가 나오고, 매시 정각에 기적 소리를 낸다.

구글 지도 오타루 증기 시계

📍 **MAP** p.183
- 찾아가기 JR 미나미 오타루 역 南小樽駅에서 도보 7분, 오르골 본당 바로 앞
- 주소 小樽市メルヘン交差点

3 사카이마치도리
堺町通り

주차 없음

오타루의 중심가로, 메르헨 교차로 メルヘン交差点부터 오타루 운하까지 이어지는 900m의 거리다. 메이지 시대 明治時代와 다이쇼 시대 大正時代에 지은 건물이 남아 있고, 오타루의 명물인 디저트 카페, 르타오 LeTao 등과 기념품점이 자리해 꼭 한번 가볼 만하다. 오타루 오르골당 본관 小樽オルゴール堂 本館 앞에 있는 증기 시계의 예쁜 멜로디도 오타루 여행에 즐거움을 더해준다.

구글 지도 오타루 증기 시계

📍 **MAP** p.183
- 찾아가기 메르헨 교차로에서 오타루 운하쪽으로 이어진다.

4 구 데미야선 철길
旧手宮線跡地

주차 없음

오타루 시내를 관통하는 옛 철길. 1880년에 만든 홋카이도 최초의 철도 노선인 데미야선의 흔적이다. 당시에는 주로 수산물과 석탄 등을 나르는 기차가 다녔던 곳으로, 1985년에 폐선되었다. 지금은 오타루 시민들의 산책로로 많은 사랑을 받고 있다. 날씨가 좋을때는 예쁜 사진도 찍을 수 있다.

구글 지도 구 테미야선 기찻길

📍 **MAP** p.182
- 찾아가기 JR 오타루 역 小樽駅 정문에서 주오도리를 따라 도보 8분
- 주소 小樽市色内 1-15-14

5 오타루 옛 건축물 투어
小樽市指定歴史的建造物

주차 없음

메이지 시대(1868~1912), 다이쇼 시대(1912~1926), 쇼와 시대(1926~1989)에 세운 옛 건물들은 오타루를 더 이국적이면서도 복고적으로 만드는 데 큰 몫을 하고 있다. 1900년대 초기에 건축된 서양식 건축물은 여전히 견고하며 영국을 비롯해 포르투갈과 미국 등 여러 나라와 교류했기에 각국의 다양한 건축양식이 혼재된 것도 흥미롭다.

귀하게 보존하고 있는 역사적 건축물들은 지금도 상점이나 호텔 등으로 사용되고 있다. 특히 금융 자료관으로 사용되는 일본 은행 구 오타루 지점 건물은 외관도 멋있지만 안으로 들어가면 작은 부분까지 신경 쓴 디테일에 한번 더 놀라게 된다.

ZOOM ─────── IN
혼자서도 절대 심심하지 않은 오타루의 메인 스트리트
사카이마치도리

아름다운 운하를 둘러본 뒤 조금만 더 걸어가면 이 도시에서 사람이 가장 많은 거리를 발견하게 된다. 바로 예쁜 도시 오타루를 찾은 여행자라면 누구나 들르는 최고의 번화가인 사카이마치도리다. 메르헨 교차로에서 시작해 운하 근처까지 연결되는 1km 정도의 거리로, 오르골당 본점과 증기 시계, 박물관과 오타루가 번화했던 시절 은행이나 무역 회사로 사용되던 건축물, 카페와 디저트 전문점, 특산품을 비롯한 기념품 숍 등이 빼곡하게 들어서 있다. 볼 것도 많고 먹을 것도 많은 곳이니 이곳을 둘러볼 땐 시간을 여유롭게 잡자.

1 문을 열고 들어가면 맑고 청아한 오르골 소리가 들려온다!
오타루 오르골당 본관
小樽オルゴール堂本
구글 지도 오타루 오르골당

2 더블 프로마주 케이크가 인기 1위
르타오 본점 LeTAO 本店
구글 지도 르타오 본점

3 촉촉하고 부드러운 바움쿠헨의 명가
기타카로 오타루 본점
北菓楼小樽本店
구글 지도 키타카로

4 가장 인기 품목은 마루세이 버터 샌드
롯카테이 오타루 운하점
六花亭小樽運河店
구글 지도 롯카테이 오타루 운하점

5 가스등이 아름다운 카페와 함께 유리 제품을 판매하는 공방도 있다.
기타이치 3호관 기타이치 홀
北一 3号館 北一ホール
구글 지도 오타루 기타이치 유리공방

6 귀여운 스누피를 테마로 한 예쁜 캐릭터 제품들을 구입하고 커피와 디저트까지!
스누피 차야 오타루점
SNOOPY 茶屋 小樽店
구글 지도 스누피 차야 오타루점

7 제조 과정도 볼 수 있는 오타루 인기 어묵점!
가마에이 かま栄
구글 지도 카마에이 공장직영점

8 수제 가죽 제품 전문점
미즈바쇼 水芭蕉
구글 지도 Mizubasho

9 아른아른 로맨틱한 촛불
오타루 캔들 공방
小樽キャンドル工房
구글 지도 오타루 양초 공방

10 일본풍 창작 유리 제품을 구입할 수 있는
다이쇼 가라스칸
大正硝子館
구글 지도 오타루 타이쇼 유리관

ZOOM IN
영화 속 배경지
오타루 옛 건축물 기행

무역항으로 급성장한 오타루에는 은행과 굴지의 무역 회사가 앞다투어 들어왔고, 뉴욕 월 스트리트와 비교해 '북쪽의 월 스트리트'라는 뜻의 기타노 월가 北のウォール라는 별칭까지 얻었다. 기타노 월가는 영화 <러브레터>의 여주인공인 히로코가 여자 이츠키를 만나게 되는 교차로 장면을 찍은 장소로도 유명하다. 다른 건축물들도 영화 장면 곳곳에 등장했다.

1	구 홋카이도 은행 본점 旧北海道銀行本店	1912년의 건축물로 와인 카페 오타루 바인 Otaru Bine와 상점이 들어서 있다. 완공 당시의 모습이 잘 보존되어 있어 옛 건축양식을 살펴보기에 좋다. ◎ MAP p.182　구글 지도 구 홋카이도 은행 본점	
2	일본 은행 구 오타루 지점 금융 자료관 日本銀行旧小樽支店金融資料館	5개의 돔이 있는 르네상스 양식의 건물로, 1912년에 완공되었다. 현재는 금융 자료관이라 내부 관람이 자유롭다. 특히 1억엔의 무게를 가늠해볼 수 있는 체험 코너가 인기 높다. ◎ MAP p.182　구글 지도 구 일본은행 오타루점 – 금융 자료관	
3	구 홋카이도 다쿠쇼쿠 은행 오타루 지점 旧北海道拓殖銀行 小樽支店	오타루 운하 바로 앞에 있는 니토리 박물관 Nitori Museum 건물은 1923년에 완공되었고, 구 홋카이도 다쿠쇼쿠 은행의 오타루 지점이었다. ◎ MAP p.182　구글 지도 Nitori Museum	
4	구 113 은행 오타루 지점 旧百三十銀行 小樽支店	1908년에 완공된 건물로 현재는 유리공예품 가게가 들어서 있다. 2층의 석조 건물로, 내부에는 앤티크 스타일의 인테리어가 인상적인 카페 데코 Cafe' DECO도 있다. ◎ MAP p.182 구글 지도 Former OTARU BRANCH of HYAKUJUSAN BANK	
5	구 나토리 다카사부로 상점 旧名取高三郎商店	1906년의 메이지 후기 시대의 상가 건축물이며, 불굴의 상인 정신이 깃든 건물이다. 유리공예 매장 다이쇼가라스칸 본점 大正硝子館本店이 있고, 뒤쪽으로 주택과 창고가 연결되어 있다. ◎ MAP p.182　구글 지도 구 나토리 다카사부로 상점	
6	구 야스다 은행 오타루 지점 旧安田銀行 小樽支店	일본 요리 전문점 하나고코로 오타루점 花ごころ 小樽店이 있는 1930년의 건물. 쇼와 초기의 그리스 건축양식으로, 높은 천장과 회랑이 특징이다. 옛 금고실은 화장실이 되었다. ◎ MAP p.182　구글 지도 Former Yasuda Bank Otaru Branch	
7	구 일본우선 주식회사 오타루 지점 旧日本郵船(株) 小樽支店	영화 <러브레터>의 주인공인 이츠키가 일하는 도서관으로, 1906년에 세운 2층 석조 건물이다. 우아한 르네상스 양식이 돋보이며 옛 모습을 재현한 회의실도 있다. ◎ MAP p.181　구글 지도 구 일본우선(주) 오타루점	

6 오타루 운하
小樽運河

★★
주차 없음

오타루의 랜드마크이자 가장 낭만적인 장소로 꼽는 곳이다. 주목받지 못하던 어촌이 거점 무역항으로 성장하면서 창고와 은행이 들어서고 번성했다. 가스 가로등과 산책로, 거리의 예술가들이 이곳을 더 아름답게 만들어준다. 이곳에서 인증샷을 촬영하는 것은 오타루에서의 필수 미션임을 잊지 말것! 서로 다른 풍경과 낭만이 있으니 시간이 허락한다면 낮과 밤 모두 들러보자.

구글 지도 오타루 운하
- Ⓑ VOL 1 p.014 ⓜ MAP p.182
- 찾아가기 JR 오타루 역 小樽駅에서 주오도리를 따라 도보 15분 주소 小樽市小樽運河
- 시간 24시간 가격 무료
- 홈페이지 city.otaru.lg.jp

7 오타루 시 종합 박물관 운하관
小樽市総合博物館 運河館

무료 주차

오타루 시 종합 박물관의 분관으로, 오타루의 자연환경과 역사에 대한 전시물을 볼 수 있다. 운하관이 자리한 건물은 메이지 시대의 창고였던 곳이기도 하다. 전시물이 재미있고 흥미로워 아이들과 함께 둘러보기에 좋다.

구글 지도 오타루시 종합박물관 운하관
- ⓜ MAP p.182
- 찾아가기 JR 오타루 역 小樽駅에서 주오도리를 따라가다 운하가 나오면 왼쪽으로 도보 20분
- 주소 小樽市色内2-1-20
- 전화 0134-22-1258 시간 09:30~17:00
- 휴무 12/29~1/3 가격 어른 300¥, 고등학생 150¥ / 본관+운하관 통합권 어른 500¥, 고등학생 250¥, 중학생 이하 무료
- 홈페이지 city.otaru.lg.jp/docs/2020111400122

8 오타루 시 종합 박물관 본관
小樽市総合博物館 本館

★★
주차 없음

오타루와 홋카이도에 대한 역사와 자연 등에 대해 알 수 있는 다양한 전시물이 있다. 특히 옛 증기기관차를 비롯한 여러 대의 열차를 직접 볼 수 있어 기차 '덕후'들이 꼭 들르는 명소이기도 하다. 여름에는 증기기관차를 실제로 타볼 수도 있어 더욱 인기가 높다.

구글 지도 오타루 시 종합 박물관
- ⓜ MAP p.181
- 찾아가기 오타루 시 종합 박물관 운하관에서 도보 20분 주소 小樽市手宮1-3-6 전화 0134-33-2523 시간 수~월요일 09:30~17:00
- 휴무 화요일, 12/29~1/3 가격 여름 어른 400¥, 고등학생 200¥ / 겨울 어른 300¥, 고등학생 150¥ / 본관+운하관 통합권 어른 500¥, 고등학생 250¥, 중학생 이하 무료 홈페이지 city.otaru.lg.jp/categories/bunya/shisetsu/bunka_kanko/museum

9 오타루 예술촌
小樽芸術村

★★
주차 없음

오타루의 전성기에 건축된 옛 건물들을 활용한 4곳의 전시관이 모여 있는 곳으로 일본과 세계의 스테인드글라스와 가구, 공예품을 감상할 수 있다. 스테인드글라스 미술관 ステンドグラス美術館은 구 타카하시창고와 구 아라타상회 건물로 19~20세기 초 영국에서 만든 스테인드글라스를 전시하고 있다. 아름다운 스테인드글라스를 통해 근현대 영국의 역사 주요 장면을 볼 수 있다. 근처 구 홋카이도 타쿠쇼쿠은행 오타루 지점 자리의 니토리 미술관 似鳥美術館도 스테인드글라스를 비롯한 유리 공예 작품들을 감상할 수 있다. 그 외 유리 공예품과 가구, 스테인드글라스가 있는 서양 미술관, 르네상스 양식의 건물이 아름다운 구 미츠이 은행 오타루 지점이 포함되어 있다.

구글 지도 Otrau Art Base 또는 Stained Glass Museum
- ⓜ MAP p.182
- 찾아가기 오타루 운하 바로 옆
- 주소 小樽市色内1丁目3-1 小樽芸術村
- 전화 0134-31-1033 시간 5~10월 09:30~17:00, 11~4월 목~화요일 10:00~16:00 휴무 5~10월 매달 4번째 수요일, 11~4월 수요일 가격 통합권 어른 2900¥, 고등학생 1500¥, 중학생 1000¥, 초등학생 500¥ / 스테인드글라스 미술관 어른 1000¥, 고등학생 600¥, 중학생 500¥, 초등학생 300¥ 홈페이지 nitorihd.co.jp/otaru-art-base

10 데누키코지
出拔小路

무료 주차

데누키코지는 '짐을 나르던 골목길'이라는 뜻. 오타루의 옛 음식 거리를 재현했으며, 징기스칸과 가이센동(해산물 덮밥), 라멘, 아이스크림 등을 파는 식당이 모여 있다. 운하 쪽에서 바라다보이는 이곳의 망루는 옛 화재 감시 망루를 본떠 만든 것이라고.

구글 지도 오타루 데누키코지
- ⓜ MAP p.182
- 찾아가기 오타루 운하 바로 앞 또는 JR 오타루 역 小樽駅에서 도보 15분
- 주소 小樽市色内1丁目1
- 전화 0134-24-1493
- 홈페이지 www.otaru-denuki.com

ZOOM ── IN
추억의 낭만 여행, 오타루 운하

작은 어촌 오타루는 1880년 삿포로 기차 노선이 운행되면서 거점 무역항이 되었다. 당시 오타루는 미국·영국·러시아 등과 교류했고, 1914년부터 9년간 길이 1140m, 폭 40m의 운하를 만든다. 이후 1980년대 중반에 운하 주변을 재정비하면서 여행자들에게 사랑받는 명소로 거듭나게 된다. 운하 수면에 비치는 옛 창고 건물의 모습이 아름답다. 보트를 타고 보는 운하 풍경도 색다르며, 밤이 되어 불빛이 켜진 로맨틱한 모습은 좋아하는 사람과 분위기를 잡기에도 그만이다.

오타루 운하 사진 포인트	**1. 낮에는 아사쿠사바시 浅草橋** 여기에 서면 바로 뒤로 운하와 예쁜 산책로가 배경으로 잡힌다. 대표적인 오타루의 촬영 스폿! 
	2. 밤에는 운하 옆 산책로 밤이 되면 운하를 따라 수십 개의 가스등이 켜지기 때문에 낭만적인 분위기의 사진을 찍을 수 있다. 운하와 창고 건물을 배경으로 인생 사진을 남겨보자. 
오래된 건물에 자리한 레스토랑과 숍	운하 옆 벽돌 건물들은 오래되어 낡고 녹슬었다. 하지만 그래서인지 벽을 타고 자란 담쟁이덩굴 안의 레스토랑과 숍, 공방들이 더 멋져 보인다. 건물 내부에는 예쁜 유리 제품이 있는 유리 공방과 나무, 돌, 열매 등 자연을 소재로 한 작품을 만드는 공방도 있다. 
밤에는 100배 더 빛나는 곳	오타루 운하의 진면목은 역시 밤풍경! 60여 개의 가스등이 켜지는 밤에는 로맨틱한 분위기가 물씬 풍긴다. 해가 떨어져 노을이 지면 운하는 하늘과 함께 노랗게, 그리고 붉게 물들기 시작한다. 겨울밤 운하 주변은 흰 눈에 반사된 반짝이는 불빛으로 영롱하다. 그래서 오타루의 밤풍경은 그야말로 예쁜 그림책 속 삽화 그대로다. 

보석보다 더 빛나는 것이 있다면?

정답은 오타루의 유리공예품이다. 100년 전 창고가 유리공예 전문점으로 거듭난 기타이치 글라스 3호관 北一硝子三号館에 가보자. 오타루 역사적 건조물 제21호로 지정된 곳으로, 매일 아침 8시 45분이면 167개의 램프에 불을 밝히는 것으로 문을 연다. 이곳에서 만든 작은 맥주잔인 히토구치 一口도 인기다. 또 다이쇼 가라스칸 大正硝子館에서는 작가들의 핸드메이드 제품을 볼 수 있고 유리공예 체험도 할 수 있다.

ZOOM IN
홋카이도와 오타루를 한 눈에!
오타루 시 종합 박물관

2007년 오타루 교통 기념관은 오타루 시의 역사와 자연, 홋카이도의 교통 역사 등을 소개하는 오타루 시 종합박물관이 되었다. 박물관은 본관과 운하관으로 나뉘어 서로 떨어져 있는데, 특히 철도 관련 전시물이 풍부한 본관을 일부러 찾는 이들도 많다.

오타루 시 종합 박물관 본관

옛 데미야 手宮역 자리로, 여기에서 삿포로까지 연결된 호로나이 幌内 철도가 홋카이도 최초의 철도 노선이라고 한다. 특히 증기기관차 등 옛 철도 전시물이 많아 마니아들이 많이 찾는데, 만화 《에키벤 駅弁ひとり旅》의 남자 주인공인 다이스케가 좋아하는 기차를 보기 위해 찾은 장소로 나오기도 했다.

다양한 기관차를 한자리에서!

본관 마당에는 저마다 색깔과 모양이 다른 50여 종류의 기관차가 있다. 1909년의 증기기관차 아이안호스号 アイアンホース号를 무료로 타 볼 수 있는데, 단 여름 시즌에 1일 3회 선착순 120명 정원으로 운행하니 시간에 잘 맞춰 가자.
- 시간 수~월요일 09:30~17:00 휴무 화요일, 12/29~1/3
- 운행 시간 4월 말~9월 초 11:30・13:30・15:30(30분 소요)

본관 주요 전시품

- 50여 종의 기관차 : 야외 전시장에는 여러 종류의 증기기관차 실물을 전시한다.
- 시즈카호 しづか号 : 철도기념물 지정 제1호 증기기관차 시즈카호의 실물이다.
- 고요호 : 미국에서 만들어 건너온 증기기관차이다.
- 기관차고 : 모형 버튼을 누르면 기관차가 차고에 들어갔다 나오는 모습을 볼 수 있다.

오타루 시 종합 박물관 운하관

본관에서 도보로 약 20분 거리로, 오타루의 역사와 자연환경에 관련된 자료 약 2000점이 전시되어 있다. 메이지 시대에 창고로 썼던 건물로, 자연사 박물관 같은 느낌이라 아이들과 함께 둘러보기에 좋다.

운하관의 주요 전시품

- 청어잡이 어구와 병풍 : 오타루 운하는 당시 청어잡이 배들이 드나들던 곳으로, 당시 사용했던 어구와 모습을 그려 넣은 병풍을 볼 수 있다.
- 다이쇼 시대의 거리 풍경 복원 : 오타루가 가장 번영했던 시절의 거리를 재현해놓았다.
- 오타루의 숲&곤충 : 오타루에 서식하는 동식물 표본과 사진, 디오라마를 전시한다.
- 바다사자 전신 골격 : 오타루 바다에서 발견된 바다사자의 골격을 전시한다.

11 오타루 소코 No. 1
小樽倉庫 No.1

오타루 운하를 따라 들어선 창고 건물 중 한 곳에 자리한 비어 하우스다. 마치 독일의 비어 하우스에 온 것처럼 넓은 홀과 인테리어가 인상적이다. 오타루의 지비루를 비롯해 다양한 안주 메뉴가 있으니 식사 때 들러도 좋고, 야경을 감상하기 전후에 잠깐 들러 시간을 보내기에도 좋다.

구글 지도 오타루비어-남바원

- **MAP** p.182
- **찾아가기** JR 오타루 역 小樽駅 출구에서 도보 15분
- **주소** 小樽市港町5-4
- **전화** 0134-21-2323
- **시간** 11:00~22:30
- **가격** 맥주 550¥~, 수제 소시지 플레이트 1100¥~
- **홈페이지** www.otarubeer.com

14 회전 초밥 와라쿠 오타루점
回転寿し 和楽 小樽店

오타루에서 인기가 많은 회전 초밥집 중 하나. 메르헨 교차로에서 그리 멀지 않아 쇼핑 후 식사를 하기에 좋다. 식사 시간에는 번호표를 받고 잠깐 대기해야 하지만, 워낙 매장이 넓어서 오래 기다리지는 않는다.

구글 지도 와라쿠 회전초밥

- **MAP** p.182
- **찾아가기** JR 오타루 역 小樽駅에서 주오도리를 따라가다 운하가 나오면 오른쪽으로 간다. 메르헨 교차로에서 도보 5분
- **주소** 小樽市堺町3-1
- **전화** 0134-24-0011
- **시간** 11:00~22:00
- **가격** 접시에 따라 250¥~, 튀김 250¥~, 국수 260¥~, 생맥주 550¥

12 삼각시장
小樽三角市場

JR 오타루 역 바로 옆에 있는 곳으로 현지인 보다는 관광객으로 언제나 붐비는 곳. 시장 지붕이 삼각형 모양이었던 것에서 시장 이름이 유래하였다. 좁은 통로를 따라 해산물, 과일, 채소 등을 판매하는 상점이 빼곡히 들어서 있으며 가이센동과 가리비 구이 등 해산물 요리를 맛볼 수도 있다.

구글 지도 삼각시장

- **MAP** p.182
- **찾아가기** JR 오타루 역 小樽駅에서 도보 1분 오타루 운하에서 도보 1분
- **주소** 小樽市色内3丁目10-16
- **전화** 0134-23-2446
- **시간** 상점 06:00~17:00, 식당 08:00~17:00
- **홈페이지** otaru-sankaku.com

15 오타루 스시야도리
小樽寿司屋通り

초창기의 다섯 집에서 지금은 약 130곳의 초밥집이 모여 있는 스시야도리는 오타루의 명물 거리다. 이 중에서도 유명한 집이 있지만 어느 곳에 가더라도 장인의 숙련된 솜씨로 만든 맛있는 스시를 맛볼 수 있다. 다른 곳에 비해 비싼 듯 느껴지지만 재료의 퀄리티는 좋은 편.

구글 지도 오타루 스시 거리

- **MAP** p.182
- **찾아가기** JR 오타루 역 小樽駅에서 도보 10분
- **주소** 小樽寿司屋通り
- **홈페이지** otaru-sushiyadouri.com

13 하타스시
八田壽司

1인 셰프가 운영하는 작은 가게지만 합리적인 가격에 맛도 좋아 인기 높은 곳. 무작정 가면 헛걸음하기가 쉬우니 전화 또는 직접 방문하여 미리 예약해 두는 것이 안심이다. 스시를 내어 줄 때 재료를 우리말로 이야기 해주어 더욱 친절한 느낌이 든다.

구글 지도 지도 하타스시

- **VOL 1** p.042 **MAP** p.182
- **찾아가기** 스시야도리에 위치. JR 오타루 역 小樽駅에서 도보 10분
- **주소** 小樽市山田町1-19
- **전화** 0134-24-1234
- **시간** 목~화요일 11:00~14:00, 17:00~19:30
- **휴무** 수요일
- **가격** 스시세트 2800~5000¥(9~12피스)

16 오타루 마사즈시
小樽政壽司

창업 80년, 3대째 운영하는 곳으로 일본에서도 유명한 집이라 도쿄 등에서도 분점이 있을 정도. 스시야도리 외에도 운하 바로 옆에 매장이 있다. 스시 10점, 11점이 나오는 세트가 있으며 제철 재료 중 가장 신선한 것을 엄선해 사용한다.

구글 지도 오타루 마사즈시 본점

- **VOL 1** p.040 **MAP** p.182
- **찾아가기** JR 오타루 역 小樽駅에서 도보 10분
- **주소** 小樽市花園1-1-1
- **전화** 0134-23-0011
- **시간** 목~화요일 11:00~15:00, 17:00~21:00
- **휴무** 수요일, 신년 연휴
- **가격** 스시 세트 3850¥~, 장인 세트 6380¥~, 오마카세 코스 14300¥~
- **홈페이지** masazushi.co.jp

17 스시 마루야마
鮨まるやま
★★ 주차 없음

2004년에 창업한 작은 가게지만 항상 손님이 많다. 이곳 주인은 스시야도리에서 오랫동안 일하며 기술을 익혔다고 한다. 맛도 좋고 가격도 합리적인 것이 인기 비결로, 스시는 물론 삼색동 三色丼 등도 인기 메뉴다.

구글 지도 스시마루야마

📍 MAP p.182
- 찾아가기 JR 오타루 역 小樽駅에서 도보 10분
- 주소 小樽市色内1-13-1
- 전화 0134-25-6625
- 시간 10:00~22:00
- 휴무 부정기
- 가격 스시 세트 2420¥~, 가이센동 2200¥~

18 이제즈시
伊勢鮨
★★ 주차 없음

미슐랭 별 1개를 획득한 유명 스시집으로 스시야도리나 여행지에서 떨어져 있지만, 예약 없이는 거의 이용하기가 힘들 정도다. 장인의 섬세한 손길로 만드는 스시는 10~16개 정도로 구성되는데, 모두 엄선한 재료로 만들었다는 것이 느껴질 정도로 신선도가 높다.

구글 지도 이세즈시

📍 MAP p.182
- 찾아가기 JR 오타루 역 小樽駅 정문에서 운하 쪽으로 도보 8분
- 주소 小樽市稲穂3-15-3
- 전화 0134-23-1425 시간 11:30~15:00, 17:00~22:00(일요일·공휴일은 21:00까지)
- 휴무 수요일, 첫째·둘째 주 화요일
- 가격 스시 세트 3900¥~, 오마카세 코스 9900¥~ 홈페이지 isezushi.com

19 우오마사
魚真
★★ 무료 주차

여행자들보다는 주민들이 더 많이 이용하는 가게. 오타루 근해의 신선한 해산물로 재료로 한 스시, 해물 덮밥, 사시미 등을 합리적인 가격에 제공한다. 조용히 스시를 즐길 수 있는 분위기이며 철판구이 등도 인기다.

구글 지도 우오마사

📍 MAP p.182
- 찾아가기 JR 오타루 역 小樽駅 정문에서 운하 쪽으로 도보 6분
- 주소 小樽市稲穂2-5-11
- 전화 0134-29-0259
- 시간 12:00~14:00, 16:00~21:00
- 휴무 일요일
- 가격 스시 세트 2700¥~

20 덴푸라 소요기
天ぷら梵(テンプラソヨギ)
★★ 주차 없음

오타루에서 바삭한 일본식 튀김인 덴푸라를 맛보고 싶다면 이곳으로 가자. 튀김과 밥, 국 등이 나오는 튀김 정식과 맛있는 튀김이 한가득 담겨 나오는 텐동 등을 즐길 수 있다. 영어 메뉴도 있어 주문하기도 쉽다. 특히 좋아하는 튀김이 있다면 단품 주문도 가능하다.

구글 지도 덴푸라 소요기

📍 MAP p.182
- 찾아가기 스시야도리에 위치. JR 오타루 역 小樽駅에서 도보 10분 주소 小樽市色内1丁目12-8
- 전화 0134-24-7220 시간 목요일 11:30~21:00, 금~화요일 11:30~14:00, 17:00~21:00 휴무 수요일
- 가격 텐동 1980¥~, 덴푸라 정식 1600¥~, 단품 덴푸라 120~600¥

21 가마에이
かま栄
★★ 무료 주차

1905년에 문을 연 오래된 어묵 공장에서 운영하는 직영 매장이다. 어묵 공장을 둘러볼 수 있는 견학 코스와 어묵을 구입할 수 있는 판매 코너, 카페도 있다. 가장 인기 많은 것은 어묵을 식빵으로 감싼 뒤에 튀겨낸 빵롤 パンロール(216¥~)이다.

구글 지도 카마에이 공장직영점

📍 MAP p.182
- 찾아가기 JR 오타루 역 小樽駅에서 주오도리를 따라가다 운하가 나오는 오른쪽, 메르헨 교차로에서 도보 5분 주소 小樽市堺町3-7
- 전화 0134-25-5802
- 시간 09:00~19:00
- 휴무 1/1 가격 1개 200¥~ 홈페이지 www.kamaei.co.jp

22 와카도리 시대 나루토
若鶏時代なると
★★ 무료 주차

1965년에 창업한 오타루의 유명 닭튀김 전문점으로 닭 반 마리를 통째로 튀겨내 소박하지만 먹음직한 느낌이다. 닭만 나오는 단품 외에도 달걀찜이나 밥 등과 함께 구성된 세트 메뉴도 있다. 바삭하게 구워낸 껍질도 맛있고, 고기도 부드러워 만족도가 높은 편이다.

구글 지도 나루토 본점

📍 MAP p.182
- 찾아가기 JR 오타루 역 小樽駅에서 도보 6분
- 주소 小樽市稲穂3-6-13 전화 0134-32-3280 시간 11:00~21:00 휴무 월요일
- 가격 반 마리 튀김 990¥, 세트 메뉴 1270¥~
- 홈페이지 otaru-naruto.jp

23 르타오
LeTAO ル・タオ
★★★ 무료 주차

홋카이도에서 가장 유명한 치즈 케이크 브랜드인 르타오의 본점으로 호주 산 크림치즈와 이탈리아산 마스카포네 치즈로 만든 더블 프로마주 Double Fromage가 대표메뉴다. 본점 외에도 르 초콜릿 Le Chocolat과 치즈 케이크 분점도 있다.

구글 지도 르타오 본점

- MAP p.183
- 찾아가기 JR 오타루 역 小樽駅에서 도보 20분, 또는 미나미 오타루 역 南小樽駅에서 도보 5분
- 주소 小樽市堺町7-16 전화 0134-31-4500
- 시간 09:00~18:00
- 가격 더블 프로마주 조각케이크 475¥~
- 홈페이지 letao.jp

24 기타카로
北菓楼
★★★ 주차 없음

홋카이도 여행 대표 기념품이기도 한 쌀과자 가이타쿠 오카키 開拓おかき로 유명한 브랜드. 그중에서도 짭짤한 새우 맛이 최고 인기다. 그 밖에도 부드러운 바움쿠헨 バウムクーヘン과 주먹만 한 슈크림빵 가이타쿠 오카키 開拓おかき도 시그니처 메뉴다.

구글 지도 키타카로

- MAP p.183
- 찾아가기 메르헨 교차로에서 도보 1분
- 주소 小樽市堺町7-22 전화 0134-31-3464
- 시간 09:00~18:30(겨울은 단축)
- 휴무 1/1
- 가격 바움쿠헨 1458¥~, 슈크림빵 300¥~, 쌀과자 590¥~, 아이스크림 450¥~
- 홈페이지 kitakaro.com

25 롯카테이
六花亭 ろっかてい
★★★ 주차 없음

홋카이도 여행자는 모두 다 구입한다는 화이트 초콜릿과 건포도, 버터를 넣은 마루세이 버터 샌드 マルセイバターサンド로 유명한 브랜드. 포장도 예뻐 여성들에게 인기가 많다. 유키야 콩코 비스킷 雪やこんこ과 건조 딸기를 통째로 넣은 초콜릿 스트로베리 초코 ストロベリーチョコ도 빼놓을 수 없는 대표 제품이다.

구글 지도 롯카테이 오타루 운하점

- MAP p.183
- 찾아가기 메르헨 교차로에서 도보 1분
- 주소 小樽市堺町7-22 전화 0134-24-6666
- 시간 09:00~18:00
- 가격 마루세이 버터 샌드 10개입 1500¥~, 딸기 초콜릿 130g 680¥~, 선물 세트 1750¥~
- 홈페이지 rokkatei.co.jp

26 오타루 운하 크루즈
小樽運河クルーズ
★★ 주차 없음

가이드와 함께 작은 배를 타고 오타루 운하를 둘러보는 코스. 아사쿠사바시 浅草橋 아래 선착장에서 배를 타고, 약 40분간 가이드의 설명을 들으면서 운하를 따라간다. 날씨가 좋다면 한번쯤 타봐도 좋다.

구글 지도 오타루운하크루즈

- MAP p.182
- 찾아가기 JR 오타루 역 小樽駅에서 주오도리를 따라가다 오타루 운하 아사쿠사바시 아래 선착장에서 탑승
- 주소 小樽市港町5-4
- 전화 0134-31-1773
- 시간 09:00~21:00(계절마다 다름)
- 가격 어른 1800¥~(야간 2000¥), 어린이 500¥~
- 홈페이지 otaru.cc

27 인력거 타기
人力車
★★ 주차 없음

근대를 배경으로 한 영화에 나오는 일본의 인력거를 타볼 수 있는 기회다. 오타루 운하의 관광 안내소에서 인력거꾼들이 옛 옷차림을 하고 손님을 맞이한다. 30분에서 2시간까지 코스가 다양하니 상황에 따라 선택하자.

- MAP p.182
- 찾아가기 JR 오타루 역 小樽駅에서 주오도리를 따라가다 오타루 운하 관광 안내소 앞에서 승차
- 시간 주간 운행
- 가격 2인 8000¥~

28 유키아카리노미치
雪あかりの路
★★★ 주차 없음

눈과 촛불, 가스등이 어우러져 환상적이고 몽환적인 풍경을 자아내는 홋카이도의 대표적인 겨울 축제다. 매년 2월 초부터 중순에 오타루 운하와 시내에서 열리는데, 삿포로 눈 축제와 거의 같은 시기에 열리기 때문에 함께 둘러보면 더 좋다. 얼음으로 만든 조각들과 예쁜 촛불, 그리고 수백 개의 불이 떠 있는 운하 풍경은 굉장히 로맨틱하다. 연인과 함께 떠나볼 여행지로 강추!

구글 지도 오타루 운하

- VOL 1 p.085 MAP p.182
- 찾아가기 JR 오타루 역 小樽駅에서 주오도리를 따라 도보 15분
- 시간 2월 초~중순
- 홈페이지 yukiakarinomichi.org

29 기타이치 3호관 기타이치 홀
北一3号館 北一ホール
★★ 계약 주차장

1890년에 세운 낡은 목조 창고를 그대로 이용한 유리공예 상점으로, 옛 분위기를 느낄 수 있는 명소이다. 기타이치는 1901년에 창업한 업체이며 오타루 유리공예의 명가다. 안으로 들어가면 유리공예품을 판매하는 가게와 167개의 유리 램프가 불을 밝히는 카페가 있다.

구글 지도 기타이치홀

📍 MAP p.182
🚶 찾아가기 JR 미나미 오타루 역 南小樽駅에서 메르헨 교차로를 지나 사카이마치도리를 따라 도보 2분
🏠 주소 小樽市堺町7-26
☎ 전화 0134-33-1993 ⏰ 시간 08:45~18:00
💰 가격 유리 펜던트 1500¥~, 유리잔 1200¥~, 음료&슈크림 빵 세트 1120¥~
🌐 홈페이지 kitaichiglass.co.jp

30 다이쇼 유리 홋코리가
大正硝子ほっこり家
★★ 주차 없음

1906년 창업한 다이쇼 유리관의 계열 상점으로 200~300¥ 정도 되는 액세서리부터 3cm 내외의 귀여운 미니어처 아이템을 다루어 특히 젊은 여성들에게 인기가 높다. 선물하기 좋은 세트도 많고, 작가와 함께 유리공예 체험도 할 수 있다.

구글 지도 Taishogarasuhokkoriya

📍 MAP p.182
🚶 찾아가기 사카이마치도리에 위치, 기타이치 베네치아 미술관 맞은편
🏠 주소 小樽市堺町4-15
☎ 전화 0134-32-5567
⏰ 시간 10:00~19:00
💰 가격 공예품 300¥~, 선물 세트 1700¥~

🌐 홈페이지 otaru-glass.jp

31 스누피 차야 오타루점
SNOOPY茶屋小樽店 グッズショップ
★★ 주차 없음

미국 만화 〈피너츠〉의 주인공이자 세계적인 유명 캐릭터 스누피를 테마로 한 다양한 상품을 구입하고 쿠키와 롤케이크 등의 디저트 등을 즐길 수 있는 곳. 오타루 이미지와 스누피 캐릭터들이 합쳐진 한정 상품이 많은데 가격은 모두 비싼 편이다. 근처에 귀여운 토끼인 미피 숍도 있으니 함께 둘러보자.

구글 지도 스누피 차야 오타루점

📍 MAP p.183
🚶 찾아가기 사카이마치도리에 위치, 르타오 본점에서 도보 2분
🏠 주소 小樽市堺町6-4
☎ 전화 0134-64-7047 ⏰ 시간 09:30~17:30
💰 가격 스누피 커스터드 빵 350¥~, 도라야키 378¥, 커피 410¥~, 소프트아이스크림 518¥
🌐 홈페이지 snoopychaya.jp

32 타르셰
Tarche
★★ 무료 주차

JR 오타루 기차역 내에 자리한 안테나 숍. 지역 농산물과 해산물, 병조림과 가공식품 등을 구입할 수 있어 막판 쇼핑 즐기기에 좋다. 한쪽에는 신선한 스시를 스탠딩 바 형태로 맛볼 수 있는 이세즈시 伊勢鮨 카운터가 있어 식사도 함께 해결할 수 있다. 또한 역 내부에는 로열 밀크 빵, 소금 빵 등이 유명한 오타루 인기 빵집 생제르망 SAINT-GERMAIN도 있다.

구글 지도 Eki naka Mart Tarche

📍 MAP p.182
🚶 찾아가기 JR 오타루 역 小樽駅 내에 위치
🏠 주소 小樽市稲穂2丁目JR小樽駅構内
☎ 전화 0134-31-1111
⏰ 시간 마트 09:00~20:00, 스시 카운터 11:00~19:30
🚫 휴무 스시 카운터 수요일
🌐 홈페이지 tarche.jp

TRAVEL INFO
오타루 시외

● 영화의 배경이 되었던 장소나 일본 대표 위스키 제조 공장 등 외곽에도 들를 만한 곳이 많이 있다. 특히 홋카이도에서도 푸른 바다로 유명한 샤코탄 반도는 드라이브 코스로도 인기 만점.

1 덴구야마 로프웨이
天狗山ロープウェイ
★★★ 무료 주차

영화 〈러브레터〉 촬영지, 주인공이 "오겡끼데스까~"를 간절히 외치던 바로 그 장소, 덴구야마로 가는 로프웨이. 전망대로 가는 길은 봄이면 벚꽃 샤코탄 반도까지 보인다.

구글 지도 오타루 텐구산 로프웨이

📍 MAP p.181
🚶 찾아가기 JR 오타루 역 小樽駅에서 3km, JR 오타루 역 앞 오타루 에키마에 터미널에서 덴구야마행 주오 버스 승차 후 종점에서 하차, 19분 소요
🏠 주소 小樽市最上2-16-15
☎ 전화 0134-33-7381
⏰ 시간 09:30~21:00(계절별로 다름)
🚫 휴무 4, 11월 정기 정비 기간 운휴
💰 가격 왕복 어른 1600¥, 어린이 800¥ / 버스 1일 승차권+로프웨이 왕복 티켓 어른 2050¥, 어린이 1020¥ 🌐 홈페이지 tenguyama.ckk.chuo-bus.co.jp

2 니신코텐 오타루 귀빈관
(구 아오야마 별장)
旧青山別邸 小樽貴賓館

청어 어업 선주의 호화로운 저택으로, 1923년에 건축되었다. 국가등록 유형문화재로 묵직한 외형과 더불어 꽃이 가득한 정원, 우아하고 고급스러운 실내장식 등이 무척 인상적이다. 함께 자리한 식당에서는 청어 요리를 선보인다.

🔍 구글 지도 오타루 영빈관[옛 아오야마 별제]

📍 MAP p.181
🚌 찾아가기 JR 오타루 역 小樽駅에서 5.6km, JR 오타루 역 버스 터미널에서 오타루 수족관행 주요 버스 승차 후 슈쿠쓰산초메 祝津3丁目 정류상에서 하차해(20분 소요) 도보 5분
🏠 주소 小樽市祝津3丁目63
☎ 전화 0134-24-0024
🕐 시간 4~12월 09:00~17:00, 1~3월 09:00~16:00
📅 휴무 1/1~7
💴 가격 어른 1100¥, 어린이 550¥
🌐 홈페이지 otaru-kihinkan.jp

3 오타루 수족관
おたる水族館

홋카이도에서 가장 큰 규모의 수족관으로, 약 250종 50000여 마리의 해양 생물을 만날 수 있다. 펭귄쇼와 바다사자, 물개와 돌고래 쇼 등의 이벤트도 있으니 시간을 체크해보자.

🔍 구글 지도 오타루 아쿠아리움

📍 MAP p.181
🚌 찾아가기 JR 오타루 역 小樽駅에서 6km, 또는 JR 오타루 역 버스 터미널에서 오타루 수족관행 주요 버스 승차 후 종점 하차, 25분 소요
🏠 주소 小樽市祝津3丁目303
☎ 전화 0134-33-1400
🕐 시간 ~2/25 10:00~16:00, 3/16~10/14 09:00~17:00, 10/15~11/24 09:00~16:00
📅 휴무 2/26~3/15, 11/25~12/13
💴 가격 어른 1800¥, 초·중학생 700¥, 3~5세 350¥(겨울 어른1300¥, 초·중학생 500¥, 3세 이상 300¥)
🌐 홈페이지 otaru-aq.jp

4 닛카 위스키 요이치 증류소
ニッカウヰスキー余市蒸留所

홋카이도의 싱글몰트 위스키 브랜드인 닛카의 생산 시설과 박물관, 창업주의 저택을 볼 수 있는 곳으로, 위스키 시음도 가능하다. 요이치 지역은 사과와 포도가 특산품이어서 닛카도 초창기에는 사과 주스를 생산하기도 했다.

🔍 구글 지도 닛카 위스키 홋카이도 공장 요이치 증류소

📍 MAP p.181
🚌 찾아가기 오타루에서 약 20km, 자동차로 35분, 또는 JR 요이치 역 余市駅에서 도보 3분
🏠 주소 余市郡余市町黒川町7-6
☎ 전화 0135-23-3131
🕐 시간 09:00~12:00, 13:00~15:30(자유견학 09:00~17:00)
📅 휴무 12/25~1/7
💴 가격 무료(투어 예약 필수)
🌐 홈페이지 nikka.com

5 샤코탄 반도 & 가무이 곶
積丹岬 & 神威岬

'샤코탄 블루'라 불리는 아름다운 물빛을 바라보며 낭만에 빠져보자! 샤코탄 반도에서 볼 수 있는 녹색이 감도는 푸른 바다는 그야말로 맑고 투명한 에메랄드빛이라 마음이 홀릴 정도다. 특히 맑고 파도가 잔잔한 날 제대로 감상할 수 있다(주의! 반드시 날씨가 화창할 때 가자!).

오타루에서 해안 도로를 따라 드라이브를 즐기다 보면 도착할 수 있는 가무이 곶은 특히 최고의 인기 포인트다. 투명하고 푸른 샤코탄 블루의 바다를 한눈에 바라볼 수 있으며, 약 80m 높이에서 절경을 감상할 수 있다.

홋카이도 유산으로 지정된 이곳은 연인에게 버림받은 여인의 한이 서려 있다고 한다. 절벽 끝까지 나 있는 길을 따라 30분 정도 걸어가면 곶 끝으로 갈 수 있다. 감동이 밀려오는 절경이라 수많은 사람들에게 회자되는 풍경이다. 이곳에서 꼭 먹어야 할 것은 샤코탄 블루빛 소프트아이스크림과 6~9월에 제철인 성게 알을 얹은 우니동 ウニ丼이다.

🔍 구글 지도 가무이 곶

📍 MAP p.180
🚌 찾아가기 오타루에서 자동차로 1시간 40분, 또는 JR 오타루 역 小樽駅 앞 버스 터미널에서 가무이 곶행 버스(하루 4회 운행) 이용
🕐 시간 08:00~18:30(시즌에 따라 변동)
💴 가격 무료
🌐 홈페이지 kanko-shakotan.jp

6 유노하나 데미야덴
湯の花手宮殿

오타루 근교에도 온천을 즐길 만한 곳이 있으니 피로를 풀고 싶다면 찾아가보자. JR 오타루 역에서 3km 정도 거리에 있는 가까운 천연 온천 유노하나 데미야덴 湯の花手宮殿은 숙박하지 않더라도 이용할 수 있다. 그밖에 최고급 료칸 구라무레 藏群 등이 있는 아사리카와 온천 朝里川温泉은 오타루 중심부에서 자동차로 20분 정도면 갈 수 있다.

🔍 구글 지도 Yunohana Otaru Onsen

📍 MAP p.181
🚌 찾아가기 JR 오타루 역 小樽駅에서 자동차로 8분
🏠 주소 小樽市手宮1丁目5-20
☎ 전화 0134-31-4444
🕐 시간 09:00~23:00
📅 휴무 12/25~1/7
💴 가격 당일 입욕 중학생 이상 880¥, 초등학생 400¥
🌐 홈페이지 yunohana.org/temiya(유노하나 데미야덴), asarigawa.jp(아사리카와 온천)

NOBORIBETSU
노보리베쓰

홋카이도의 대표적인 온천 마을. 삿포로 서남쪽에 위치한 인구 5만여 명의 작은 마을로, '노보리베쓰'라는 지명은 아이누 어로 '색이 짙은 강'이라는 말에서 유래한 것이다. 연기와 매캐한 유황 냄새가 나는 지옥 계곡 지고쿠다니와 불곰을 볼 수 있는 곰 목장도 있다. 지구 곶과 야경으로 유명한 무로란, 아름다운 칼데라 호수인 도야 호수도 멀지 않아 온천욕을 즐기며 함께 여행해도 좋다.

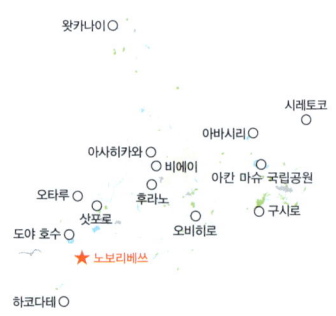

노보리베쓰 가는 법

비행기

신치토세 공항에서 노보리베쓰 온천까지 직통버스인 고속 노보리베쓰 온천 에어포트호 高速登別温泉エアポート호를 운행한다.

- 시간 1일 3회(13:20, 14:10, 15:10), 1시간 15분 소요
- 요금 1800¥
- 홈페이지 donanbus.co.jp/map/newchitose_airport

기차

JR 삿포로 역에서 JR 하코다테 혼센의 특급열차 호쿠토 北斗, 스파 호쿠토 スパ北斗, 스즈란호 すずらん가 노보리베쓰까지 운행한다. JR 노보리베쓰 역 登別駅에서 온천 마을까지는 시내버스를 이용하자. 역 앞 버스 정류장 N1에서 노보리베쓰 온천행(17분 소요, 요금 편도 340¥~, 왕복 620¥~)을 타면 된다.

- 시간 1시간 13분~
- 요금 편도 2420¥~ (자유석 기준, 지정석은 추가 요금 내고 2360¥ 사전 예약)

버스

JR 삿포로 역 앞 7번 정류장에서 13:40에 출발하는 고속 온센호 高速おんせん号를 이용하면 편하지만 1일 1대만 운행한다(1시간 50분 소요, 편도 2500¥, 삿포로로 돌아올 때는 9:20 출발). 삿포로 역 앞에서 노보리베쓰 온천 버스 터미널까지 운행하는 주오 中央 고속버스나 도난 道南 버스는 운행 편수가 많다. 마지막으로 온천에 숙소를 예약했다면 호텔에 무료 송영버스 서비스가 있는지 문의해보자. 호텔에서 삿포로 시내나 공항 구간 간의 송영버스를 운행하는 경우가 있다.

- 시간 07:30~21:00(1시간에 1대꼴 운행), 1시간 53분 소요
- 요금 편도 2070~2280¥
- 홈페이지 donanbus.co.jp/map/noboribetsu_onsen

렌터카

신치토세 공항에서 고속도로 이용 시 노보리베쓰까지 1시간 정도 걸린다. 삿포로 시내에서는 도로에 따라 120km 내외이며, 1시간 30~50분 정도 소요된다. 숙소 예약을 하지 않았다면 다이이치타키모토칸 第一滝本館 등 대표 호텔의 전화번호를 내비게이션에 입력하면 된다.

노보리베쓰 시내 교통

도난 버스 道南バス

JR 노보리베쓰 역에서 온천 마을에 있는 온천 버스 터미널과 다테지다이무라로 갈 때 도난 버스를 이용한다. 역과 온천 마을을 오가는 버스는 다테지다이무라를 경유한다.

- 전화 0143-84-3111
- 시간 09:28~20:04(하루 8회, 역에서 온천까지 17분 소요)
- 요금 편도 340¥~
- 홈페이지 www.donanbus.co.jp

렌터카

온천 내에서는 굳이 렌터카로 다닐 일이 없지만 이곳에 머물면서 무로란이나 도야 호수 등에 다녀오고 싶다면 렌터카를 이용하는 것이 편리하다. JR 노보리베쓰 역 건물과 주변에 작은 렌터카 사무실이 있고, 각 호텔에서도 렌터카 예약이 가능하다.

도보

노보리베쓰 온천 마을과 지옥 계곡, 산으로 올라가서 봐야 하는 오유누마는 도보로 둘러보면 된다. 지옥 계곡에서 오유누마까지는 뒷동산 약수터 올라가는 정도의 가벼운 등산 코스라고 생각하면 된다. 등산화까지는 아니지만 반드시 운동화를 신고, 중간에 매점이 없으니 생수는 미리 준비하자.

로프웨이 ロープウェイ

로프웨이는 우리나라의 케이블카와 같은 것으로, 온천 마을에서 곰 목장 熊クマ牧場으로 갈 때 이용한다. 로프웨이에서 보이는 경치도 멋지고, 7분 정도 걸리니 가볍게 타보는 것도 좋다.

- 찾아가기 로프웨이 정거장까지 노보리베쓰 온천 버스 터미널에서 도보 6분
- 가격 곰 목장 입장료+로프웨이 어른 2800¥, 어린이 1400¥
- 홈페이지 bearpark.jp

지역 명물 음식

고급 연회에 초대된 느낌
가이세키 요리

COURSE

노보리베쓰 1DAY 코스

시간이 많지 않아 삿포로 등에서 당일 여행으로 노보리베쓰를 찾은 여행자를 위한 코스. 핵심 명소를 둘러본 후 느긋하게 온천욕을 즐기고 맛있는 저녁을 먹으면 여유로운 하루 코스가 된다.

TIP

노보리베쓰 온천 마을은 규모가 매우 작다. 노보리베쓰 온천 버스 터미널에서 나와 노보리베쓰 온센도리를 따라 올라가다 보면 지옥 계곡 전망대가 나오고, 산으로 오르는 길을 따라 오르면 오유누마다.
지옥 계곡 전망대에서 오유누마로 가는 길은 험한 경사길은 아니라 많이 힘들지는 않지만 시간은 꽤 걸리니 생수 정도는 미리 준비하는 것이 좋다.

TRAVEL INFO
노보리베쓰 온천

작은 온천 마을을 느긋하게 둘러보면서 지옥 계곡을 비롯해 흥미를 끄는 장소를 방문해보자. 몸과 마음을 따뜻하게 풀어주는 온천욕을 즐긴 후 맛보는 일본 전통 요리 가이세키는 그야말로 오감을 만족시킨다.

1 지옥 계곡
地獄谷

노보리베쓰 최고의 볼거리로, 유황 냄새와 땅속에서 나오는 연기와 수증기, 뜨거운 온천수를 바로 눈앞에서 볼 수 있다. 이 광경을 보고 있자면 정말 지옥이 이런 모습인가 싶을 정도. 주변을 둘러볼 수 있게끔 해놓았으니 산책 겸 둘러보자.

구글 지도 지옥계곡

MAP p.199

- **찾아가기** 노보리베쓰 온천 도산 버스 터미널에서 노보리베쓰온센도리 등을 따라 도보 15분
- **주소** 登別市登別温泉町地獄谷
- **전화** 0143-84-3311(노보리베쓰 관광협회)
- **시간** 일출~일몰

2 오유누마
大湯沼

히요리야마 분화 당시 생겨난 곳. 바닥에서 뜨거운 유황 샘물이 올라오는데, 표면 온도가 약 50℃라고. 파란색 물감에 우유를 탄 듯한 신비로운 물빛에 놀라게 된다. 이 근처 오유누마가와 大湯沼川에는 족욕탕 天然足湯도 있으니 시간이 된다면 즐겨보자. 주차장은 겨울철에는 이용이 불가하며 그 외 시즌은 주차 티켓(500¥)으로 오유누마와 지옥 계곡 주차장을 1회씩 이용할 수 있다.

구글 지도 오유누마 연못

MAP p.199

- **찾아가기** 지옥 계곡 옆으로 난 산길을 따라 도보 25분, 또는 온천 버스 터미널에서 자동차로 10분. 오유누마 주차장 앞 **주소** 登別市登別温泉町大湯沼 **전화** 0143-84-3311(노보리베쓰 관광협회)
- **시간** 일출~일몰 **가격** 무료

3 오쿠노유
奥の湯

히요리 산 분화구 중 하나로 원추형 늪 바닥에서 회흑색 유황천이 분출된다. 꽤 격렬하게 보글거려서 마치 물이 펄펄 끓는 가마솥처럼 보인다. 늪 표면 온도는 75~85℃에 달하며 오유누마보다 좀 더 가까이 접근할 수 있다. 주차장은 오유누마와 함께 사용하며 겨울에는 폐쇄된다.

구글 지도 오쿠노유

MAP p.199

- **찾아가기** 온천 버스 터미널에서 350번 관광 도로를 따라 자동차로 10분 후 오유누마 주차장 도착. 오유누마에서 도보 2분
- **주소** 登別市登別温泉町無番地
- **시간** 일출~일몰
- **가격** 무료

4 다이쇼 지옥
大正地獄

둘레 약 10m의 늪으로 다이쇼 시대에 일어난 화산 폭발로 생긴 늪이다. 작아 보여도 간헐천으로 갑자기 늪이 분출하는 일도 있다고 한다. 또 노란색, 녹색, 파란색, 회색 등 일곱 가지 색을 띠며 늪 색깔이 변하는 신기한 모습도 보여준다.

구글 지도 Taisho Jigoku

MAP p.199

- **찾아가기** 오유누마에서 도보 10분
- **주소** 登別市登別温泉町無番地
- **시간** 2024년 임시 폐장 중
- **가격** 무료

5 오유누마카와 천연 족욕탕
大湯沼川天然足湯

오유누마에서 흘러온 온천수로 생성된 온천 강으로, 양쪽으로 나무가 우거져 있고 수증기가 솟아올라 신비한 풍경을 연출한다. 산책하기에도 좋고 냇가 나무 의자에 걸터앉아 족욕을 즐기기만 해도 좋다.

구글 지도 오유누마강 천연족탕

MAP p.199

- **찾아가기** 오유누마에서 도보 10분
- **주소** 登別市登別温泉町無番地
- **시간** 일출~일몰
- **가격** 무료

6 센겐 공원
泉源公園

 주차 없음

공원 내부에 강을 따라 분출하는 간헐천이 있는 공원으로, 약 3시간 간격으로 수증기와 힘찬 소리를 내며 솟아오르는 간헐천을 볼 수 있다. 또 이곳에는 9개의 도깨비방망이가 서 있는데, 각각 연애와 출세 등의 소원을 비는 곳이라고 한다.

구글 지도 Sengen Park

◎ MAP p.199
- 찾아가기 도난 버스 노보리베쓰 온천 버스 터미널에서 도보 7분
- 주소 登別市登別温泉町
- 시간 일출~일몰
- 가격 무료

7 노보리베쓰 곰 목장
のぼりべつクマ牧場

 유료 주차

곰 목장은 아이들을 위한 명소라 가족 단위 여행자라면 가볼 만하다. 주차장 입구에 차를 세우고 로프웨이를 이용해 곰 목장으로 가면 귀여운 새끼 곰과 불곰을 볼 수 있다. 한쪽에는 아이누 족이 살던 마을을 재현해놓은 유카라노사토 ユカラの里도 있어 아이누 족의 문화를 살펴볼 수 있다.

구글 지도 노보리베츠 곰 목장

◎ MAP p.199
- 찾아가기 온천 마을에서 로프웨이를 타고 7분
- 주소 登別市登別温泉町224番地
- 전화 0143-84-2225
- 시간 4/21~10/20 09:00~17:00, 10/21~4/20 09:30~16:30
- 가격 입장료+로프웨이 어른 2800¥, 어린이 1400¥
- 홈페이지 bearpark.jp/index.htm

8 노보리베쓰 다테 시대 마을
登別伊達時代村

 유료 주차

마치 에도 시대로 돌아간 것같이 당시 모습을 고증해서 재현한 테마파크다. 에도 시대의 거리와 상점, 무사의 저택 등을 만들어놓았는데, 곳곳에서 전통 복장을 한 스태프들이 나와 있어 원하면 함께 기념 촬영도 할 수 있다. 닌자 활극 등 다양한 쇼들이 있으니 매표소에서 시간표를 받아둘 것. 라멘, 소바 등을 파는 식당과 기념품 숍도 자리한다.

구글 지도 노보리베쓰 다테지다이무라

◎ MAP p.198
- 찾아가기 온천 마을에서 노보리베쓰 역이나 무로란 페리 터미널 행 도난 버스를 타고 10분 정도 가서 노보리베츠 다테지다이무라마에 登別伊達時代村前 정류장에서 하차
- 주소 登別市中登別町53-1
- 전화 0143-83-3311
- 시간 여름 09:00~17:00, 겨울 09:00~16:00
- 가격 중학생 이상 3300¥, 초등학생 1700¥, 4세 이상 600¥, 주차 500¥
- 홈페이지 edo-trip.jp

9 가이세키 요리
會席料理

 유·무료 주차

일본 온천 마을에 왔다면 저녁 한 끼 정도는 료칸의 가이세키 요리를 먹어보길 권한다. 가격은 비싸지만 눈과 입이 즐거워서 돈이 아깝다는 생각은 절대 들지 않는다. 가이세키 요리는 그 계절에 가장 어울리는 신선한 재료로 회와 구이, 조림 등의 다양한 방법으로 조리한 여러 가지 요리를 한자리에서 맛볼 수 있다.

- 찾아가기 노보리베쓰 온센 각 호텔&료칸
- 가격 호텔&료칸마다 다름, 보통 9000¥~1만7000¥

10 온천 시장
温泉市場

유료 주차

노보리베쓰 항구 주변에서 갓 잡은 신선한 해산물로 만든 음식을 맛볼 수 있는 곳. 각종 생선은 물론이고 오징어와 조개, 게 등을 튀김이나 구이로도 즐길 수 있다. 특히 인기가 가장 많은 메뉴는 해산물 덮밥 종류다.

🔍 구글 지도 온센 이치바

📍 MAP p.199
🚶 찾아가기 도난 버스 터미널에서 도보 7분, 노보리베쓰온센도리에 위치
🏠 주소 登別市登別温泉町50
☎ 전화 0143-84-2560
🕐 시간 11:30~21:00
📅 휴무 12월 중순~연말
💰 가격 해산물 덮밥 2300¥~, 연어 덮밥 1700¥, 오징어 다리 튀김 700¥, 프라이드 콘 버터 500¥~
🌐 홈페이지 onsenichiba.com

11 다이이치 다키모토칸
第一滝本館

유 무료 주차

노보리베쓰의 대형 료칸에서는 숙박을 하지 않아도 당일 온천욕 日帰り(히가에리)가 가능한 곳들이 있다. 다키모토칸은 요금은 비싸지만 혈액순환 촉진과 상처 치유, 냉증 등에 효과가 좋은 온천수가 담긴 총 35개의 욕조와 노천탕 등 시설이 크고 잘되어 있어 특히 인기가 좋다. 그밖에 세키스이테이 登別石水亭, 만세이카쿠 登別万世閣 등에서도 당일 온천욕이 가능하다.

🔍 구글 지도 다이이치 타키모토칸

📍 MAP p.199
🏠 주소 登別市登別温泉町55番地
☎ 전화 0143-84-2111
🕐 시간 09:00~18:00
💰 가격 09:00~16:00 어른 2250¥, 어린이 1100¥ / 16:00~18:00 어른 1700¥, 어린이 825¥
🌐 홈페이지 takimotokan.co.jp

12 노보리베쓰 지옥 마쓰리
登別地獄祭り

주차 없음

해마다 8월 마지막 주 주말이 되면 노보리베쓰의 지옥 계곡에서 열리는 축제. 마을의 상징인 도깨비가 염라대왕과 함께 나타난다. 하이라이트는 염라대왕의 행렬로, 북소리를 시작으로 행진이 시작된다.

📖 VOL 1 p.083 📍 MAP p.199
🚶 찾아가기 노보리베쓰 온천 마을 곳곳
🏠 주소 登別温泉町 登別地獄谷
🕐 시간 매년 8월 마지막 주 주말 18:00
🌐 홈페이지 noboribetsu-spa.jp

13 오니하나비
地獄の谷の鬼花火

지옥의 골짜기에서 열리는 도깨비 불꽃놀이 축제. 지옥 계곡에서 나온 도깨비들이 불꽃을 쏘아올리는 이벤트다. 북소리에 맞춰 춤을 추면서 나쁜 것을 몰아내는 액땜을 해주기도 한다. 주의할 것은 호텔 슬리퍼나 샌들 등 미끄러운 신발은 입장 제한이거나 출입 지역에 제한이 있을 수 있다는 것. 워낙 많은 사람들이 모여드니 자리를 잡으려면 일찌감치 도착하는 것이 좋다.

🔍 구글 지도 지옥계곡 전망대

📍 MAP p.199
🚶 찾아가기 지옥 계곡 전망대
🏠 주소 登別市登別温泉町 登別地獄谷
🕐 시간 6~7월 초 매주 목·금요일 밤
🌐 홈페이지 noboribetsu-spa.jp

14 벚꽃길
桜並木

무료 주차

벚꽃 시즌이 늦은 홋카이도라 5월 중순이 되어야 활짝 핀 꽃을 볼 수 있다. 주민들이 정성스럽게 가꾼 약 2000그루의 벚나무가 늘어서 있는 이 길은 노보리베쓰 온천과 가루카스 온천 カルルス温泉으로 가는 길로 마치 '벚꽃 터널'을 지나는 듯하다.

🔍 구글 지도 GPS 42.466125, 141.168232

📍 MAP p.198
🚶 찾아가기 JR 노보리베쓰 역 登別駅에서 자동차로 6분
🏠 주소 登別市中登別町
🕐 시간 5월 중순 내외
💰 가격 무료
🌐 홈페이지 hanami.walkerplus.com/detail/ar0101e60104

ZOOM IN
노보리베쓰에서 떠나는 근교 여행
무로란

노보리베쓰에서 머물며 당일로 다녀오면 좋은 무로란 지역은 지구 곶을 비롯해 멋진 풍경을 자랑하는 곳으로 유명하다. 가장 편하게 둘러볼 수 있는 방법은 렌터카로 여행하는 것이다. 특히 해안선을 따라 달리며 무로란 항구와 백조대교를 건너는 것도 즐겁다.

1 무로란 지구 곶 室蘭地球岬

홋카이도에서도 절경으로 꼽히는 곳으로, 전망대에 가면 절벽 위에 서 있는 하얀 등대와 더불어 바다를 향해 펼쳐진 14km에 이르는 바위 절벽 풍경을 만날 수 있다. 그야말로 장관으로, 바다 끝으로 갈수록 둥근 모양이 느껴져 정말 지구가 둥글다는 것이 실감 난다. 동쪽으로 멀리 보이는 뾰족한 절벽은 예전에 바다표범이 모여들었다는 돗카리쇼 トッカリショ다. 전망대 뒤편에는 종루가 있는데 마음속 소원이 이뤄지길 바라며 힘차게 종을 울려보자.

구글 지도 지큐미사키(지구곶)

⊙ **찾아가기** ❶ JR 무로란 역 室蘭駅에서 자동차로 15분 ❷ 노보리베쓰에서 국도 36번 따라 자동차로 35~40분 ❸ 도난 버스 지구 곶 단지 버스 정류장에서 도보 15분
⊙ **주소** 室蘭市母恋南町4-77 ⊙ **가격** 무료

2 백조대교 白鳥大橋

무로란의 상징이며 동일본 최대의 현수교로 전체 길이는 1380m에 달한다. 1998년에 완성되었으며, 다리 전체가 흰색이라 마치 하얀 백조가 날개를 펼친 것 같은 모양을 연상시킨다. 낮 풍경도 좋지만 밤에는 라이트 업이 되어 더욱 멋지다.

구글 지도 하쿠쵸대교

| 3 | **무로란 8경**
室蘭八景 | 제조업이 발달한 항구 도시 무로란은 공업 도시 이미지가 강하지만 지구 곶을 포함한 '무로란 8경'이라 불리는 아름다운 풍경도 갖고 있다. 기암절벽 풍경이 멋진 돗카리쇼 전망대 トッカリショの奇勝, 괭이갈매기의 집이 많던 것에서 이름이 유래한 마스이치 해변 マスイチ浜の外海展望, 백조대교와 화려한 공장 지대 야경이 인상적인 무로란 항구 야경 室蘭港の夜景, 360도로 펼쳐지는 풍경이 훌륭한 소큐로 산 전망 測量山の展望, 영국 선원이 묻힌 후 흑백합이 피었다는 다이코쿠섬 黒百合咲く大黒島, 아침 해가 뜰 때 붉게 빛난다는 킨뵤부·긴뵤부 절벽 金屏風·銀屏風の断崖絶壁, 쇼와신 산과 우스 산을 바라볼 수 있는 에토모 곶 絵鞆岬の景観 등이 나머지 7경이다.

🏠 홈페이지 muro-kanko.com/see.html |

| 4 | **무로란 돼지고기 꼬치구이**
室蘭やきとり | 진한 양념이 배어 있는 돼지고기를 구운 꼬치구이는 무로란의 명물 음식. 유명 식당 외에도 관광지에서는 대부분 판매(1개 150~200￥)하는데, 지구 곶 옆의 휴게소에서도 판매한다. 이곳에서는 신선한 가리비 덮밥 등 다른 메뉴들도 있다.

🏠 홈페이지 muro-kanko.com/eat-buy.html |

 # TOYA LAKE
도야 호수

조용하고 평화로운 분위기의 휴양지. 중앙에 섬이 떠 있는 도넛 모양 호수는 수려한 경치로 영화나 만화의 배경으로 등장한다. 도야 호수는 홋카이도에서 세 번째로 큰 호수로, 둘레만 해도 50km에 가깝다. 쇼와신 산과 우스 산 등 유명 명소도 가깝고 피부 미용에 좋다는 온천이 유명하다. 호수의 푸르고 투명한 물빛을 보며 산책도 하고 온천을 즐기며 쌓였던 피로를 풀어보자.

도야 호수 가는 법

기차

JR 삿포로나 하코다테 역에서 JR 하코다테 혼센의 특급열차 호쿠토 北斗, 스파 호쿠토 スパ北斗 열차를 타고 JR 도야 역에서 내린다. 기차역은 도야 호수와 거리가 있어 다시 도야코 온천행 도난버스로 환승해야 한다.

- **시간** 삿포로 기준 기차1시간 50분+버스 20분
- **요금** 삿포로 기준 기차 3630¥ (지정석 요금 별도)

버스

삿포로에서 노보리베쓰 온천 버스 터미널을 경유해 운행하는 도난 버스 道南バス를 이용하면 된다. 버스는 도야코 온천 버스 터미널에 도착하기 때문에 여행지 접근성은 기차보다 편리하다.

- **시간** 2시간 45분 소요 (1일 4회~ 운행)
- **요금** 2830¥
- **홈페이지** donanbus.co.jp/map/sap_toyako

렌터카

도로에 따라 소요 시간에 차이가 많이 난다. 고속도로를 이용하면 거리는 길고 톨게이트 요금(3660¥)이 따로 들지만 소요 시간은 짧다.

- **삿포로** 약 105km, 약 2시간 30분
- **노보리베쓰** 44~60km, 약 40분~1시간
- **하코다테** 160km~, 약 2시간 30분~

도야 호수 시내 교통

도보 徒步

도야 온천 마을 중심가에 있는 도야 온천 버스 터미널 洞爺湖温泉バスターミナル 주변과 호숫가는 도보로 둘러볼 수 있다. 온천 호텔과 식당, 각종 편의 시설도 많이 모여 있어 이 주변에 숙소를 잡는 것이 편리하다.

렌터카 レンタカー

대중교통도 자주 다니지 않는 조용한 시골 마을이라 시간에 구애받지 않고 호수 주변을 자유롭게 여행하려면 렌터카를 이용하는 것이 제일 편리하다. 사이로 전망대로 가는 길은 산길이지만 운전하기 어렵지 않아 초보 운전자도 도전해 볼 만하다. 우스 산 로프웨이를 타고 우스 산에 가거나 쇼와신 산 등을 볼 때는 로프웨이 주차장(요금 500¥)에 차를 세워두고 함께 둘러보면 된다.

JR 도야 역 렌터카 사무실 駅レンタカー北海道 洞爺
- **주소** 虻田郡洞爺湖町旭町
- **전화** 0142-76-4206
- **홈페이지** www.ekiren.co.jp

I-패스 I-PASS

특정 기간 동안 구간 내 버스를 자유롭게 탈 수 있는 패스로, 사용 기간은 2일이다. 티켓은 도야호수 온천 관광협회(Toyako Tourist Information Center)에서 구입할 수 있다. 'I-PASS' 마크가 부착되어 있는 버스만 승차가능하니 사전에 시간표를 잘 확인해두자. 패스 소지자는 주변 일부 관광지나 식당 등에서 할인 혜택을 받을 수도 있다.

- **운행** 도야 호수 온천 버스 터미널, 사이로 전망대↔도야 호수 온천 버스 터미널↔쇼와신산
- **요금** 어른 1100¥, 12세 이하 600¥
- **홈페이지** laketoya.com/kr/event

지역 명물 음식
흰까치콩과 우유, 새알심의 조화가 일품인 흰 팥죽 (시로이 오시로코)

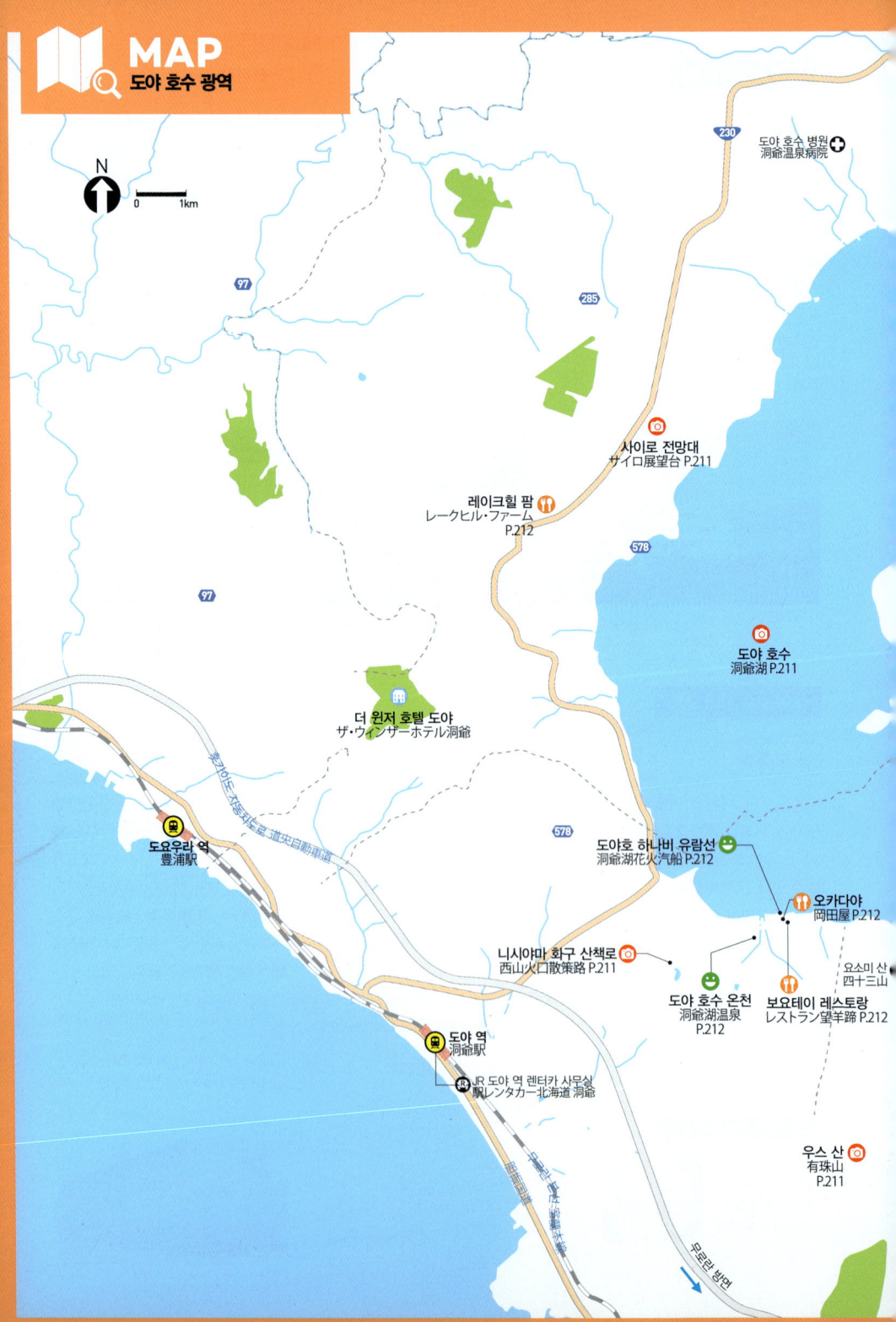

COURSE

도야 호수 1DAY 코스

호수 유람선도 타고 주변 쇼와신 산과 전망대를 둘러보는 코스다. 렌터카 여행이 편리하며 대중교통을 이용한다면 사전에 버스 시간표를 잘 체크해 코스를 계획하자. 여름밤의 불꽃놀이까지 보고 싶다면 1박을 하는 것이 좋다.

START → ① 사이로 전망대 (자동차 2분) **→ ② 레이크힐 팜** (자동차 10분) **→ ③ 도야 호수** (자동차 8분)

#관광 호수에서 국도 230호선을 따라 가면 도야 호수, 우스 산, 쇼와신 산을 한눈에 조망할 수 있는 전망대가 나온다.

#관광 녹색 초원 위에 펼쳐진 예쁜 공간으로 아이들과 함께 놀이도 하고 맛난 젤라토를 맛보며 여유롭게 시간을 보내기 좋은 장소다.

#관광 홋카이도에서도 아름답기로 유명한 도야 호수의 낮 풍경을 즐기자. 호수를 따라 산책만 해도 힐링 되는 곳이다.

⑥ 니시야마 화구 산책로 ← (자동차 13분) **⑤ 우스 산** ← (도보 3분 + 로프웨이 6분) **④ 쇼와신 산**

#관광 2000년에 폭발했던 흔적인 휜 도로와 폐허가 된 집 등이 그대로 보존되어 있어 당시 모습을 생생하게 느껴 볼 수 있다.

#관광 20세기에만 네 번이나 분화하였고 이곳의 폭발로 도야 호수가 생성되었다. 전망대에서는 도야 호수와 화구 등을 볼 수 있다.

#관광 1940년대에 화산이 폭발한 곳으로 현재도 활동하고 있는 활화산이다. 새삼 일본에는 많은 화산이 있다는 것이 실감나는 곳!

(자동차 5분)

⑦ 온천 & 산책 & 저녁 식사 → (도보 3분) **⑧ 도야호 하나비 유람선**

#식사 낮 풍경과는 또 다른 느낌의 호수도 둘러보고 온천욕을 즐겨보자. 맛있는 식사도 빼놓을 수 없다.

#관광 여름철 이벤트인 불꽃놀이를 유람선을 타고 감상해보자. 호수에 투영된 불꽃이 더 아름답게 느껴진다.

> 지도 한눈에 보기

TRAVEL INFO
도야 호수

● 호수 주변을 산책하고 온천욕을 즐긴 후 유람선만 타도 하루가 훌쩍 지나가버린다. 짧게 머물다 떠나기는 아쉬움이 남으니 되도록 1~2일 머물며 느긋하게 여행해보자. 머물수록 정겨워 떠나는 발걸음에 아쉬움이 남는다.

1 사이로 전망대
サイロ展望台
★★ 무료 주차

호수 서쪽에 있는 전망대이자 휴게소로 도야 호수, 우스 산, 쇼와신 산을 한눈에 볼 수 있다. 1층 매점에서는 도야호의 토산물과 기념품을 판매하고, 2층에는 식당이 있다. 짧은 코스지만 헬기를 타고 도야 호수 상공에서 절경을 감상할 수 있는 코스도 마련되어 있다.

구글 지도 사이로 전망대

◉ MAP p.208
- 찾아가기 JR 도야 역 洞爺駅에서 자동차로 17분. 또는 도야 온천 버스 터미널에서 전망대행 버스 이용
- 주소 虻田郡洞爺湖町成香3-5
- 전화 0142-87-2221
- 시간 5~10월 08:30~18:00, 11~4월 08:30~17:00
- 휴무 부정기
- 가격 전망대 무료, 헬기 스카이 크루징 3~12분 5000~2만¥
- 홈페이지 www.toyako.biz

2 도야 호수
洞爺湖
★★★ 유·무료 주차

1949년에 국립공원으로 지정되면서 관광객이 급증한 이곳은 화산 폭발로 생긴 칼데라 호수다. 코발트블루색의 호수는 투명도가 높은 편이며 주변 경치도 아름답다. 호수 바로 옆에 온천 마을이 형성되어 있어 1년 내내 휴양을 즐기려는 여행자들로 붐빈다.

구글 지도 토야 호 온천

◉ MAP p.208
- 찾아가기 JR 삿포로 역 札幌駅에서 기차로 2시간, 노보리베쓰에서 1시간 10분 소요, 역에서 온천 마을까지 자동차로 17분 소요
- 주소 洞爺湖町商工会洞爺湖
- 전화 0142-75-2416(도야호 관광협회)
- 시간 24시간
- 가격 무료
- 주차 호수나 역 주변 유·무료 주차장 이용(주차 500¥~)
- 홈페이지 www.laketoya.com

3 쇼와신 산
昭和新山
★★ 유료 주차

원래 보리밭이었던 곳이 1943년부터 1945년까지 화산이 폭발해 산이 되었다. 해발 398m로, 현재도 정상에서 연기가 나오는 활화산이라 직접 올라가서 볼 수는 없다. 산 앞에는 당시 화산 폭발을 예상해 인명 피해를 막고 폭발 기록을 자세히 기록한 우체국장 미마쓰 마사오의 동상이 세워져 있다.

구글 지도 쇼와신 산

◉ MAP p.209
- 찾아가기 도야 호수 온천 마을에서 자동차로 11분
- 주소 有珠郡壮瞥町昭和新山
- 전화 0142-75-2241
- 시간 일출~일몰
- 가격 우스 산 로프웨이와 공용 주차 요금 500¥(12~3월 무료)
- 홈페이지 bes.or.jp

4 우스 산
有珠山
★★ 유료 주차

20세기에 네 번이나 분화한 이곳은 긴누마 대화구, 산책로, 도야 호수를 바라볼 수 있는 전망대. 화구 전망대 등 로프웨이를 타고 올라가 둘러볼 만한 곳이 꽤 있다. 시간 여유가 있다면 긴누마 대화구와 요테이 산의 절경을 바라볼 수 있는 외륜산 유보도 外輪山遊歩道(왕복 1시간 30분~)를 걸어봐도 좋다.

구글 지도 우스 산

◉ MAP p.208
- 찾아가기 쇼와신 산 앞 로프웨이 정류장에서 로프웨이로 6분
- 주소 伊達市有珠山
- 전화 0142-75-2401(우스 산 로프웨이)
- 시간 08:15~17:45
- 가격 주차 500¥, 로프웨이 왕복 1800¥
- 홈페이지 wakasaresort.com/usuzan

5 니시야마 화구 산책로
西山火口散策路
무료 주차

2000년 3월에 대규모 우스 산 분화로 재해를 입은 모습을 그대로 보존해 산책로로 만든 곳이다. 당시 분화의 충격으로 휜 도로, 표지판, 폐허가 된 집과 자동차 등의 모습을 볼 수 있다. 분화 당시 예보 덕에 인명 피해는 단 한 명도 없었다. 안쪽까지 모두 둘러보려면 1시간은 걸린다.

구글 지도 Nishiyama Crater Walking Trail

◉ MAP p.208
- 찾아가기 JR 도야 역 洞爺駅에서 자동차로 15분
- 주소 洞爺湖町洞爺湖温泉
- 전화 0142-75-4400
- 시간 4/20~11/30 07:00~17:00
- 휴무 12~4월 중순
- 가격 무료
- 홈페이지 www.town.toyako.hokkaido.jp/tourism

6 보요테이 레스토랑
ストラン望羊蹄

1946년 카페로 시작해 1952년 레스토랑으로 개장했다. 테이블, 의자, 천장을 그대로 남겨두어 마치 드라마 응답하라 시리즈의 분위기가 느껴진다. 이곳의 인기 메뉴는 특제 소스를 뿌린 포크 찹 스테이크와 햄버그스테이크인데, 양과 맛 모두 만족스럽다. 항상 북적이니 식사 시간을 살짝 피해 가면 좋다.

구글 지도 보요테이

ⓜ MAP p.208
🚶 찾아가기 도야 호수 온천 버스 터미널에서 도보 3분 주소 虻田郡洞爺湖町洞爺湖温泉36-12
📞 전화 0142-75-2311 시간 11:00~21:00
📅 휴무 매달 홈페이지에 공지
💰 가격 1200¥~
🌐 홈페이지 boyotei.com

7 레이크힐 팜
レークヒル・ファーム

사이로 전망대 가는 길에 있는 이 목장에는 예쁜 꽃밭과 함께 젤라토 공장, 식당, 카페가 있다. 도야 목장에서 직접 짠 신선한 우유를 첨가해 젤라토와 음식을 만들기 때문에 정말 맛있고 꽤 유명하다. 넓게 펼쳐진 들판에서는 휴식을 취하거나 인생 사진을 찍기에 제격이다.

구글 지도 레이크 힐 팜

ⓜ MAP p.208
🚶 찾아가기 JR 도야 역 洞爺駅에서 자동차로 10~13분, 사이로 전망대에서 자동차로 4분
주소 虻田郡洞爺湖町花和127
📞 전화 0120-83-3376 시간 젤라토 숍 10월~4월 09:00~17:00, 5월~9월 09:00~19:00, 레스토랑 09:00~17:00 가격 젤라토 두 가지 맛 소프트콘 450¥, 식사 1000¥~
🌐 홈페이지 www.lake-hill.com

8 오카다야
岡田屋

이곳의 명물인 흰 팥죽 白いおしるこ 전문점으로 보통 여름에는 차갑게, 겨울에는 따뜻하게 먹는다. 양이 많지 않아 식사보다는 간식 느낌인데, 팥에 고소한 우유를 더해 부드럽고 자연에 가까운 맛이다. 죽 안에는 쫄깃한 하얀 경단이 들어가 있다.

구글 지도 오카다야

ⓜ MAP p.208
🚶 찾아가기 도야 호텔 그랜드 도야에서 도보 1분 주소 虻田郡洞爺湖町洞爺湖温泉36
📞 전화 0142-75-2608
시간 목~화요일 10:00~16:00 휴무 수요일 가격 흰 팥죽 440¥
🌐 홈페이지 www.okadaya-toya.com

9 우스 산 로프웨이
有珠山ロープウェイ

희귀한 활화산인 우스 산으로 이동하는 대형 로프웨이로 쇼와신 산을 바라보며 1370m을 편도 6분 만에 이동한다. 정상에서 출발하는 여러 트레킹 코스가 있지만, 시간이 없다면 정류장 부근만 산책하고 도야호를 바라보는 전망도 감상해도 좋다. 약간 어설프기는 하지만 화산 폭발을 경험할 수 있는 코너도 있다.

구글 지도 우스산 로프웨이

ⓜ MAP p.209
🚶 찾아가기 JR 도야 역 洞爺駅에서 자동차로 20분, 쇼와신 산에서 도보 5분 주소 有珠郡壮瞥町字昭和新山184-5 전화 0142-75-2401
시간 08:15(09:00)~16:00(17:30), 15분 간격으로 운행(매달 변경, 홈페이지 참조) 휴무 2024년 3/4~4/7 가격 왕복 어른 1800¥, 어린이 900¥, 주차 500¥ 홈페이지 wakasaresort.com/usuzan/access

10 도야호 하나비 유람선
洞爺湖花火汽船

중세 성 모양을 모티브로 만든 유람선을 타고 낮에는 나카지마 섬과 호수 풍경을 바라보고 밤에는 불꽃놀이를 즐겨보자. 4~10월 말에 매일같이 열리는 불꽃놀이를 감상하기에 최고의 장소는 바로 호수 중간에 떠 있는 유람선이다. 아주 화려한 것은 아니지만 나름 낭만적이라 인기가 많다.

구글 지도 Toyako Kisen

📘 VOL 1 p.103 ⓜ MAP p.208
🚶 찾아가기 도야코 온센 버스 터미널에서 도보 10분 주소 虻田郡洞爺湖町洞爺湖温泉29
📞 전화 0142-75-2137
시간 08:00~16:30(30분 간격 운행, 11~3월은 1시간 간격 운행), 불꽃놀이 유람선(4월 말~10월 말) 20:30
가격 유람선 1500¥, 불꽃놀이 유람선 1600¥
🌐 홈페이지 www.toyakokisen.com

11 도야 호수 온천
洞爺湖温泉

1910년 처음 발견된 후 지금은 한 해 500만 명이 방문한다는 도야 호수 온천은 호수 바로 옆에 있다. 고급 호텔의 경우 대부분 호수를 바라볼 수 있는 욕장을 구비해 몸과 마음의 피로를 한 번에 풀 수 있다. 원저 호텔은 G8 회담 개최장으로도 유명한데, 호수와 거리는 있지만 멋진 조망을 자랑하는 5성급 호텔이다.

📘 VOL 1 p.088 ⓜ MAP p.208

추천 온천 호텔
도야코 만세이카쿠 호텔 洞爺湖万世閣
www.toyamanseikaku.jp
도야코 한테이 洞爺湖畔亭
toya-kohantei.com
더 윈저 호텔 도야 ザ・ウィンザーホテル洞爺
www.windsor-hotels.co.jp

ZOOM — IN
해피 해피 레이크
도야 호수

중앙에 오롯이 떠 있는 나카지마 섬 때문에 울퉁불퉁 도넛 모양이 된 칼데라 호수 도야호는 온천과 유명 명소가 근처에 있는 인기 휴양지며, 감성 영화 <해피 해피 브레드>와 유명 만화 《은혼 銀魂》의 배경으로도 등장한다. 호수 크기로는 홋카이도 3위, 일본에서는 9위이며 면적은 180.54km², 둘레는 43~50km에 달한다. 여기에 수심은 평균 117m, 최고 180m에 달하는 깊고 푸른 호수다.

1. 도야 호수 이모저모

일본어 발음 '도야코'는 아이누 어로 '호숫가'라는 뜻의 '도야 トーヤ'에서 유래했다고 한다. 호수 남서쪽으로는 한 해 500만 명이 방문하며 피부 미용에 특히 효과가 좋다는 온천이 있다. 에조 사슴이 살고 있는 호수 중앙의 나카지마 섬은 약 5만 년 전 화산 분화로 융기한 용암이 굳어 만들어졌으며, 봄부터 가을까지 낮 유람선을 타면 30분 정도 섬에 내려 산책할 수 있다.

2. 불꽃놀이

매년 4월 28일~10월 31일, 저녁 8시 45분이면 호수를 배경으로 도야코 롱런 불꽃놀이 洞爺湖ロングラン花火大会가 열린다. 많이 화려하지는 않지만 하늘 위로 터지는 불꽃이 호수에 비치는 모습이 예쁘다. 특히 시간에 맞춰 불꽃을 따라가며 운행하는 유람선을 타면 조명을 꺼 어두운 상태에서 볼 수 있어 더 멋진 불꽃놀이를 즐길 수 있다.

3. 2008년 G8 정상 회의 개최지

외국인들은 어디에 있는지도 잘 모르던 작은 마을 도야 호수는 2008년 7월에 열린 세계 주요 8개국 G8의 개최지로 세계의 주목을 받은 바 있다. 이때 주요 의제중 하나가 청정 지역인 도야 호수에서 딱 논의하는 것이 어울리는 '지구온난화 문제에 대한 대책'이었다.

4. 《은혼 銀魂》의 주인공, 긴토키의 목검

영국에 가면 《해리 포터》관련 상품이 많듯, 일본에서도 유명 만화 등에 나온 소재를 기념품으로 판매하는 경우가 많은 데 도야호에서는 '긴토키의 목검'을 볼 수 있다. 만화의 주인공이기도 한 긴토키가 "도야호에서 목검을 샀다"라고 말하는 장면이 있는데, 이 목검을 재현해 판매한다.

ASAHIKAWA
아사히카와

홋카이도에서 두 번째로 큰 도시 아사히카와는 유명 소설 《빙점》의 작가 미우라 아야코의 고향이자 소설 속 주요 배경이 되는 곳이다. 주변에 아사히야마 동물원과 다이세쓰 산, 후라노와 비에이 등이 있어 이곳에 거점을 두고 다른 지역을 여행하는 사람들도 많다. 겨울에는 매우 춥고 여름에는 열섬 현상이 있어 연교차가 최대 50°C를 기록한 적도 있다. 1년 중 눈 내리는 날은 140일 정도로, 일본에서도 가장 많은 편이다.

다이세쓰 국립공원

아사히카와 가는 법

비행기

성수기에 간혹 한국 출발 전세기가 있지만 보통 도쿄나 일본 내 다른 도시에서 오는 국내선을 이용하는 경우가 대부분이다. 시내에서 15km 정도 떨어져 있는 아사히카와 공항은 규모는 작지만 국내선과 더불어 몇 개의 국제선이 있다.

시내까지는 보통 비행기 도착 시간에 맞춰 1번 버스 승차장에서 출발하는 공항버스를 이용한다. 시내에서는 JR 아사히카와 역 정면의 버스 터미널 9번 승강장에서 공항버스를 탈 수 있고 티켓은 9번 승강장 근처 편의점 로손에서 판매한다. 참고로 아사히카와 공항에서 아사히야마 동물원행 노선버스도 운행한다.

- ⓥ **시간** 공항에서 아사히카와 역까지 약 35분 소요
- ⓥ **요금** 650¥~
- ⓥ **홈페이지** aapb.co.jp/kr

기차

삿포로에서 북동부로 출발하는 기차는 대부분 아사히카와를 경유하여 운행 횟수가 잦다. 역 규모도 삿포로 역 다음으로 크다.

- ⓥ **시간** 삿포로에서 1시간 28~38분 소요(1시간 2회~)
- ⓥ **요금** 편도 5220¥~ (운임+지정석)

버스

삿포로 역 앞 정류장에서 고속버스가 20~30분 간격으로 운행하며 2시간 30분 정도 소요된다.

- ⓥ **요금** 편도 3400~5500¥
- ⓥ **주오 버스 홈페이지** chuo-bus.co.jp

렌터카

도로에 따라 소요 시간에 차이가 많이 난다. 고속도로를 이용하면 빨라지지만 톨게이트 요금(3800¥)이 비싸다.

삿포로 약 140km, 약 2시간
비에이 국도 237호 기준 약 25km, 37분~
후라노 국도 237호 기준 약 56km, 1시간 15분~

아사히카와 시내 교통

도보 徒歩

시내 중심에 JR 아사히카와 역이 있어 그 주변은 걸어서 둘러보는 것이 가장 편리하다. 아사히카와는 지하철이 없고 버스와 택시가 대중교통을 담당한다.

버스 バス

오토코야마 주조 자료관 등으로 갈 때는 버스를 적절하게 이용해야 한다. 버스는 JR 아사히카와 역 앞 버스 정류장에서 출발한다. 물론 아사히야마 동물원이나 소운쿄에 갈 때도 역 앞에서 버스를 이용한다.

- ⓥ **요금** 거리에 따라 180¥~

렌터카 レンタカー

아사히야마 동물원과 우에노 팜 등의 외곽을 효율적으로 여행할 계획이라면 자유롭게 이동할 수 있는 렌터카가 가장 편하다. 아사히카와 공항에서도 주요 사무실이 있어 바로 픽업 가능하고, 시내에서는 JR 아사히카와 역 동쪽 출구에 JR역 렌터카 JR駅レンタカー 사무실이 있다. 다른 주요 렌터카 사무실들도 역 주변에 모여 있다.

지역 명물 음식

최고 인기 메뉴인
징기스칸

간장 베이스라 깔끔한
쇼유 라멘

시원하고 목 넘김 좋은 다이세쓰
수제 맥주

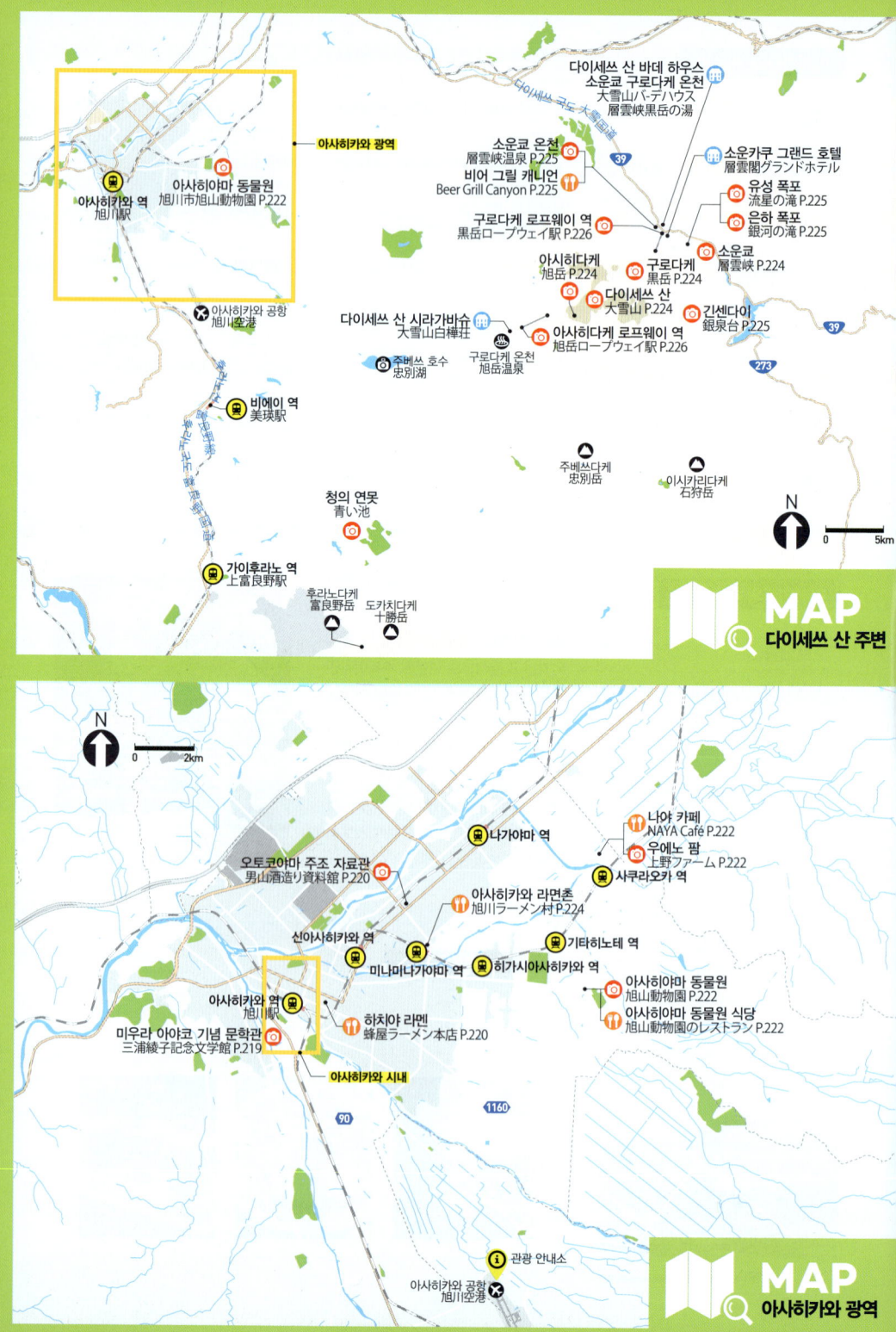

COURSE

아사히카와 1DAY 렌터카 코스

시 외곽 명소를 중심으로 둘러보는 코스로, 무엇보다 아침 일찍 일정을 시작하는 것이 포인트. 적어도 아침 7시 내외에 숙소에서 출발하고 렌터카로 움직여야 소화 가능한 일정이다.

TRAVEL INFO
아사히카와 시내

시내에도 볼거리가 있기는 하지만 시간이 충분하지 않다면 생략하고 외곽 명소에 집중하자. 하지만 시내에 있는 다양한 종류의 맛집에서 식도락을 즐기는 것은 지나칠 수 없는 일정이다.

1 평화 거리 쇼핑 공원
平和通買物公園

JR 아사히카와 역 앞 광장에서 시작해 직선으로 약 1km 이어지는 보행자 전용 도로로, 주요 백화점과 쇼핑몰을 비롯한 많은 상점과 식당이 모여 있는 번화가다.
2월이면 도키와 공원과 이곳에서 눈 축제가 열리고, 그 외 시즌에도 여름 축제 등의 이벤트 장소이기도 하다. 평소에도 산책하며 둘러보기에 좋은 곳이다.

구글 지도 Asahikawa Walking Street

◉ MAP p.217
찾아가기 JR 아사히카와 역 旭川駅 정문 광장에서 도보 2분
주소 旭川市平和通買物公園

2 가미카와 소코 구라이무
上川倉庫蔵囲夢

1900년대에 건축된 붉은 벽돌 창고 건물들이며 문화재로 등록되었다. 예술가들의 활동 공간인 디자인 갤러리와 지역 맥주를 선보이는 다이세쓰 지비루칸, 오다 노리스쿠 교수의 의자 컬렉션을 전시한 컬렉션관 체어스 갤러리와 가구 편집 숍 등으로 구성되어 있어 둘러볼 만하다.

구글 지도 43.765108, 142.358964

◉ MAP p.217
찾아가기 JR 아사히카와 역 旭川駅 앞 광장을 뒤로하고 오른쪽 대로를 따라 도보 5분
주소 旭川市宮下通11丁目1604-1・2
전화 0166-25-7292 시간 디자인&체어스 갤러리 5~10월 10:00~18:00, 11~4월 11:00~17:00
휴무 디자인&체어스 갤러리 월요일
가격 무료

3 미우라 아야코 기념 문학관
三浦綾子記念文学館

소설 《빙점 氷点》의 작가 미우라 아야코(1922~1999)를 기리는 기념관이다. 아사히카와는 그녀의 고향이자 평생을 산 곳으로, 작은 잡화점을 운영하며 글을 썼다고 한다. 결핵을 비롯해 혈소판 감소증, 심장 발작, 암, 파킨슨 병 등과 싸우면서도 작업을 멈추지 않았다고 한다. 이곳은 그녀의 팬들이 돈을 모아 설립했다. 그녀의 작품을 좋아한다면 꼭 한번 가볼 만하다.

구글 지도 Ayako Miura Memorial Literature Museum

◉ VOL 1 p.028 ◉ MAP p.217
찾아가기 JR 아사히카와 역 旭川駅 동쪽 출구에서 도보 20분 주소 旭川市神楽7条8丁目2-15
전화 0166-69-2626 시간 09:00~17:00
휴무 11~5월 월요일, 12/28~1/5 가격 어른 700¥, 대학생 300¥, 초・중・고등학생 무료
홈페이지 hyouten.com

4 외국 수종 견본림
外国樹種見本林

미우라 아야코 기념문학관 뒤에 펼쳐진 울창한 숲으로, 1898년에 외국 수종이 일본 한랭지역에서도 자랄 수 있는지 연구하기 위해 조성한 곳이다. 독일가문비나무와 잣나무 등 1만2000여 그루의 나무가 빽빽하게 들어서 있다. 이곳은 소설 《빙점》의 배경이며 '홋카이도의 길 100선'에 선정될 정도로 아름다우니 기회가 된다면 산림욕을 즐겨보자.

구글 지도 Asahikawa City Foreign Tree Species Sample Forest

◉ VOL 1 p.028 ◉ MAP p.217
찾아가기 JR 아사히카와 역 旭川駅 동쪽 출구에서 도보 20분
주소 旭川市神楽7条8丁目2-15
전화 0166-61-0207
가격 무료 홈페이지 hyouten.com

5 도키와 공원
常磐公園

아사히카와에 있는 아름다운 공원으로, 아사히카와 눈 축제와 불꽃놀이 등 많은 이벤트가 열린다. 공원 안에는 홋카이도 도립 아사히카와 미술관 北海道立旭川美術館이 있으니 함께 둘러보는 것도 좋다.

구글 지도 Tokiwa Park

◉ MAP p.217
찾아가기 JR 아사히카와 역 旭川駅 정문 광장에서 도보 15분 주소 旭川市常磐公園
전화 0166-25-2577
시간 미술관 09:30~17:00
휴무 미술관 월요일, 1월 1일
가격 미술관 어른 260~1200¥, 초・중학생 무료~400¥

6 오토코야마 주조 자료관
男山酒造り資料館
무료 주차

340년이 넘는 오랜 역사를 지닌 유명한 일본 술 브랜드인 오토코야마 男山에서 운영하는 자료관. 일본 사케 주조의 역사와 도구 등의 자료를 전시한다. 1층에서는 여러 종류의 사케를 직접 시음하고 구입도 할 수 있다.

구글 지도 Otokoyama Sake Brewing Museum

MAP p.216
- 찾아가기 아사히카와 역 旭川駅 앞 18번 버스 정류장에서 68·70·71·630·667·669번 버스 승차. 또는 7번 버스 정류장에서 8번 버스 승차 후 나가야마 니노로쿠 永山2条6丁目에서 하차, 약 20분 소요 ⊙ 주소 旭川市永山2条7丁目
- 전화 0166-47-7080
- 시간 09:00~17:00 ⊙ 휴무 12/31~1/3
- 가격 무료 ⊙ 홈페이지 otokoyama.com

7 라멘야 텐킨
らーめんや天金 四条店
무료 주차

1952년에 창업한 오랜 역사를 가진 인기 라멘집. 돈코츠를 베이스로 양질의 재료를 사용하여 맛있는 라멘을 선보이고 있다. 아사히카와 시그니처 라멘인 쇼유라멘은 물론 미소, 시오, 채소 라멘 등의 메뉴가 있다. 하프사이즈 메뉴가 있는 것도 장점. 식사시간에는 웨이팅이 길어지니 되도록 비켜가는 것이 좋다.

구글 지도 Ramen-ya Tenkin

MAP p.217
- 찾아가기 아사히카와 역 북쪽 출구에서 도보 10분 ⊙ 주소 旭川市4条通9丁目1704-31 ⊙ 전화 0116-27-9525 ⊙ 시간 수~월요일 11:00~20:30 ⊙ 휴무 화요일 ⊙ 가격 쇼유라멘·미소라멘 900¥, 챠슈멘 1100¥, 교자 300~500¥ ⊙ 홈페이지 tenkin-asahikawa.jp

8 징기스칸 다이코쿠
成吉思汗 大黒屋
조건부 무료 주차

징기스칸 전문점으로 영업시간 전부터 대기 줄이 늘어서는 인기 식당이다. 고기는 부위별로 주문할 수 있으며, 생양고기 生ラム成吉思汗, 어깨살 스테이크 ショルダーステーキ, 허브 생양고기 ハーブ生ラム, 두껍게 손질한 갈빗살 厚切リラック이 있다. 특히 갈비는 한정 판이니 남아 있으면 얼른 주문하자.

구글 지도 징기스칸 다이코쿠야 고쵸메점

MAP p.217
- 찾아가기 JR 아사히카와 역 旭川駅 정문 광장에서 도보 10분 ⊙ 주소 旭川市4条通5丁目 ⊙ 전화 0166-24-2424 ⊙ 시간 17:00~23:30 ⊙ 휴무 연말연시 ⊙ 가격 고기 690~980¥, 김치 350¥, 밥 250~¥, 생맥주 550¥~
- 홈페이지 daikoku-jgs.com

9 하치야 라멘
蜂屋ラーメン本店
무료 주차

아사히카와에서 유명한 쇼유 라멘 醤油ラーメン 전문점. 1947년에 개업해 오랜 역사만큼이나 단골도 많아 늦은 시간에도 손님으로 북적인다. 라멘을 주문할 때는 기름이 많은 아부랏코이와 보통인 후쓰 중에서 선택할 수 있다. 밥과 만두 3개, 달걀이 포함된 쇼유 라멘 세트도 푸짐하다.

구글 지도 하치야

MAP p.216
- 찾아가기 JR 아사히카와 역 旭川駅 서쪽 출구에서 도보 20분 ⊙ 주소 旭川市5条通7丁目右6
- 전화 0166-22-3343
- 시간 10:30~16:00
- 휴무 수요일
- 가격 쇼유 라멘 900¥~, 쇼유 라멘 세트 1150¥~

10 바이코우켄(본점)
梅光軒 旭川本店
주차 없음

아사히카와에서 유명한 라멘 전문점 중 하나. 생선 소스와 돼지 뼈를 함께 고아서 만든 깊은 국물 맛이 일품이다. 제1회 아사히카와 라멘 대상에서 최우수상을 받은 경력도 있다. 집에서 직접 조리해서 먹을 수 있는 상품도 함께 판매한다.

구글 지도 바이코우켄 아사히카와점

MAP p.217
- 찾아가기 JR 아사히카와 역 旭川駅 정문 광장에서 도보 5분 ⊙ 주소 旭川市2条8丁目 買物公園ビルアザビルB 1F ⊙ 전화 0166-24-4575
- 시간 월~토요일 11:00~21:00, 일요일·공휴일 11:00~20:00
- 휴무 부정기
- 가격 라멘 900¥~
- 홈페이지 baikohken.com

11 산토우카
山頭火 さんとうか
주차 없음

가족을 위해 라멘을 만들기 시작해 인기 있는 맛집이 되었다. 염분에 신경을 써서 많이 짜지 않고 돈코쓰 육수를 베이스로 해 진하고 깊은 맛이 난다. 식당 크기는 아담해서 혼자 가기에도 부담 없는 분위기다.

구글 지도 Ramen Santōka Asahikawa Main Shop

MAP p.217
- 찾아가기 JR 아사히카와 역 旭川駅 정문 광장에서 도보 5분 ⊙ 주소 北海道旭川市道東8丁目 348番地3 ⊙ 전화 0166-25-3401
- 시간 11:00~21:30
- 휴무 연중무휴
- 가격 900¥~
- 홈페이지 santouka.co.jp

12 미즈노
みづの

여행자보다는 현지 단골이 많은 인기 라멘 가게. 이곳의 시그니처 메뉴는 생강을 넣은 쇼유 라멘이다. 가게 규모는 작지만 추운 홋카이도의 겨울을 녹여주는 최고의 맛을 즐길 수 있다.

- 구글 지도 Shōga Rāmen Mizuno
- ⊙ MAP p.217
- 찾아가기 JR 아사히카와 역 旭川駅 정문 광장에서 도보 25분, 또는 도카치공원 도서관에서 도보 1분
- 주소 旭川市常盤通2丁目
- 전화 0166-22-5637
- 시간 월~토요일 10:00~15:00 · 17:00~19:00, 일요일 11:00~17:30
- 가격 900¥~

15 다이세쓰지 비루칸
大雪地啤酒館

다이세쓰 산의 정수를 사용해 만든 아사히카와의 향토 맥주를 맛볼 수 있는 곳. 취향에 따라 한 잔씩 주문하거나 여러 가지 맛을 함께 즐길 수 있는 샘플러(5잔) 등을 주문하는 것도 좋다. 재팬 비어 그랑프리를 비롯해 여러 맥주 대회에서 상을 수상해 일본에서도 인정받은 맥주다. 이곳의 단점은 맥주 파는 곳 치고는 너무 일찍 문을 닫는다는 것.

- 구글 지도 Taisetsu Beer House
- ⊙ MAP p.217
- 찾아가기 JR 아사히카와 역 旭川駅 정문광장에서 도보 5분
- 주소 旭川市宮下通11丁目1604番地の1
- 전화 0166-25-0400
- 시간 11:30~22:00 휴무 12/31, 1/1
- 가격 맥주 250ml 1잔 480¥~, 샘플러 1280¥~
- 홈페이지 ji-beer.com

13 아사히가와 이센
あさひ川井泉2条店

아사히카와에서 일본식 돈가스가 생각이 난다면 이곳을 찾으면 된다. 신치토세 공항과 삿포로에도 지점이 있는 곳으로 현지인들에게도 뛰어나게 맛있는 것은 아니지만 대체적으로 무난하다는 평가를 받는다.

- 구글 지도 GPS 43.766493, 142.358749
- ⊙ MAP p.217
- 찾아가기 JR 아사히카와 역 旭川駅 북쪽 출구에서 도보 9분
- 주소 旭川市2条7丁目右5
- 전화 0166-26-6622
- 시간 목~화요일 11:00~15:00, 17:00~21:00
- 휴무 수요일
- 가격 돈가스 정식 1766¥~
- 홈페이지 www.tonkatu-isen.com

16 이온 몰
イオンモール旭川駅前

아사히카와 역 앞에 자리한 쇼핑몰로, 1층에 큰 규모의 슈퍼마켓과 푸드 코트가 있어 식사와 쇼핑도 할 수 있고, 유명한 스위츠 브랜드의 시그니처 메뉴를 구입할 수도 있다. 또 아기자기한 생활용품과 여행용품도 갖추어 여행자들이 이용하기 편하다.

- 구글 지도 AEON Asahikawa Ekimae
- ⊙ MAP p.217
- 찾아가기 JR 아사히카와 역 旭川駅 정문광장 바로 앞
- 주소 旭川市宮下通7丁目2番5号
- 전화 0166-21-5544
- 시간 09:00~21:00
- 홈페이지 asahikawaekimae-aeonmall.com

14 덴킨 본점
天金本店

80년이 넘는 역사를 지닌 오래된 식당으로, 장어와 게 등 매일 들어오는 신선한 홋카이도의 재료를 가지고 맛있는 요리를 선보인다. 점심시간에 가면 회와 튀김 등이 순서대로 10가지가 나오는 어선 코스 등 가격 대비 만족도 높은 음식을 맛볼 수 있다.

- 구글 지도 Tenkin
- ⊙ MAP p.217
- 찾아가기 JR 아사히카와 역 旭川駅 정문 광장에서 도보 8분
- 주소 旭川市3条通7丁目右5
- 전화 0166-22-3220
- 시간 11:30~14:00, 16:30~22:00
- 휴무 부정기
- 가격 점심 세트 1500~2200¥, 코스 4400¥~
- 홈페이지 tenkin.info

17 아사히카와 관광 물산 정보 센터
旭川観光物産情報センター

아사히카와 지역의 관광 정보도 문의하면서 쇼핑도 함께 즐길 수 있다. 아사히카와 도호쿠 지역에서 생산되는 특산품과 지역 유명 베이커리인 쓰보야 기바나노 모리 壺屋き花の社 등의 제품, 공예품 등을 함께 판매하는 숍이 있어 아사히카와를 떠나며 마지막 쇼핑을 할 수 있다.

- 구글 지도 Asahikawa Tourism and Local Products Information Center
- ⊙ MAP p.217
- 찾아가기 JR 아사히카와 역 旭川駅 내
- 주소 旭川市宮下通8 JR旭川駅
- 전화 0166-26-6665
- 시간 09:00~19:00

TRAVEL INFO
아사히카와 시외

1 아사히야마 동물원
旭山動物園

일본 최북단의 유명 동물원. 자연스러운 동물의 모습을 가까이서 볼 수 있는 행동 전시 프로그램으로 전국적인 명성을 얻었다. '하늘을 나는 펭귄이 있다'는 소문으로 유명해지면서 한 해 270만 명 이상이 방문했고, 이곳 이야기는 드라마가 되기도 하고 수많은 마케팅의 성공 사례로 소개되기도 했다.

펭귄을 비롯해 바다사자, 북극곰, 레서판다, 기린, 하마, 침팬지, 늑대 등 다양한 동물을 가까이서 만날 수 있다. 겨울철이면 특히 펭귄들이 밖에 나와서 걷는 모습을 볼 수 있는 '펭귄 워크'로도 유명하다.

구글 지도 아사히야마 동물원

- VOL 1 p.018 / MAP p.216
- 찾아가기 JR 아사히카와 역 旭川駅 옆 버스 정류장에서 41·42·47번 버스 이용, 약 40분 소요
- 주소 旭川市東旭川町倉沼 11–18
- 전화 0166-36-1104
- 시간 2023/11/11~2024/4/7 10:30~15:30, 4/27~10/15 09:30~17:15(8/10~16 ~21:00), 10/16~11/3 09:30~16:30, 11/11~2025/4/7 10:30~15:30
- 휴무 2024/4/8~4/26, 11/4~11/10, 12/30~2025/1/1
- 가격 어른 1000¥, 중학생 이하 무료, 주차장 무료·유료(500¥)
- 홈페이지 www.city.asahikawa.hokkaido.jp/asahiyamazoo

● 최고의 볼거리는 아사히야마 동물원이다. 사계절 언제나 즐겁지만 펭귄 워크가 있는 겨울이나 밤에 동물원을 개장하는 여름에 특히 인기가 높다.

2 우에노 팜
上野ファーム

아사히카와의 근교에 자리한 우에노 팜은 아기자기하고 예쁘게 조성된 영국식 정원이다. 영국에서 조원술 造園術을 공부한 우에노 사유키 上野砂由紀 씨가 디자인한 것. 본래 그녀의 집안은 논농사를 지었는데, 쌀을 구입하러 온 이들에게 아름다운 정원을 보여주고 싶어서 이곳을 조성했다고 한다. 약 4000평 넓이의 농장에 20000여 종의 꽃을 심어놓았다.

구글 지도 Ueno Farm(The Gnomes' Garden)

- MAP p.216
- 찾아가기 JR 아사히카와 역 旭川駅에서 자동차로 30분, 또는 JR 사쿠라오카 역 桜岡駅에서 도보 15분
- 주소 旭川市永山町16丁目186番地
- 전화 0166-47-8731
- 시간 4월 말~10월 중순 10:00~17:00
- 휴무 월요일
- 가격 어른 1000¥, 중학생 500¥
- 홈페이지 uenofarm.net

3 아사히야마 동물원 식당
旭山動物園のレストラン

동물원을 둘러보다 출출해지면 곳곳에 있는 원내 식당이나 휴게소에 들러보자. 홋카이도와 동물원의 특성을 살린 여러 먹거리가 방문객들의 입맛을 다시게 한다. 동물 모양이 귀여운 핫케이크 세트, 구운 옥수수 등의 가벼운 먹거리부터 라멘이나 카레도 있다.

구글 지도 아사히야마 동물원

- MAP p.216
- 찾아가기 동물원 구내 서문 주변 카페 주 ZOO, 동문 주변 모구모구 테라스 モグモグテラス, 북극곰사 주변 식당, 정문 주변 모구모구 식당 もぐもぐ食堂
- 주소 旭川市東旭川町倉沼 11–18
- 시간 아사히야마 동물원과 동일
- 휴무 아사히야마 동물원과 동일
- 가격 핫케이크 세트 700¥

4 나야 카페
NAYA Café

우에노 팜 안에 있는 카페로, 지은 지 거의 70년에 가까운 아주 오래된 헛간을 개조해서 만든 것이다. 홋카이도산 재료로 만든 진한 소프트아이스크림과 커피&케이크, 쿠키 이외에도 카레와 샌드위치 등의 식사 메뉴도 있으니 우에노 팜을 방문하는 길에 들러볼 것.

구글 지도 Ueno Farm(The Gnomes' Garden)

- MAP p.216
- 찾아가기 JR 아사히카와 역 旭川駅에서 자동차로 30분, 또는 JR 사쿠라오카 역 桜岡駅에서 도보 15분
- 주소 旭川市永山町16丁目186番地
- 전화 0166-47-8741
- 시간 10:00~17:00(10~4월 11:00~)
- 휴무 없음(10~4월 월요일)
- 가격 제철 채소를 이용한 카레 1300¥~
- 홈페이지 uenofarm.net

ZOOM ─────── IN
일본 최고의
아사히야마 동물원

북극곰관 ほっきょくぐま館
북극곰이 유유히 헤엄치는 모습을 볼 수 있는 수영장과 우리 한가운데에 머리를 쑥 내밀고 북극곰을 바로 앞에서 볼 수 있는 유리 돔(실즈아이)이 이곳의 재미.

사슴의 숲 エゾシカの森
100여 년 전 홋카이도 숲의 모습을 유지한 우리 안에서 살아가는 사슴의 모습을 볼 수 있다. 자연 상태를 보여주기 위해 일부러 늑대들과 가까이 배치했다고 한다.

바다표범관 あざらし館
사육사가 먹이를 주는 '모구모구(もぐもぐ, 우물우물)'시간과 원기둥형 수조에서 위아래로 빠르게 지나다니는 바다표범들이 포인트다.

래서판다관 レッサーパンダ舎
동물원 최고의 귀여운 비주얼을 자랑하는 래서판다. 래서판다가 간혹 눈길이라도 주면 각국 언어로 귀엽다는 감탄사가 터져 나온다.

펭귄관 ぺんぎん館
빠르게 수영하는 펭귄을 밑에서 보고 있노라면 "펭귄이 하늘을 날고 있다"라는 말이 실감난다. 바로 이 수중터널이 일본 전역에 동물원의 명성을 떨치게 한 주역이다. 겨울 펭귄 외부 산책은 동물원 최고의 볼거리다.

늑대의 숲 オオカミの森
홋카이도 지방에 서식하는 늑대를 관찰할 수 있는 곳으로, 북극곰관과 마찬가지로 머리만 내밀고 늑대를 관찰하는 유리 돔이 있다. 우리 밖에서도 상당히 가까워 자연 그대로의 모습을 볼 수 있다.

<계절 한정 특별 프로그램>

밤의 동물원(8월)
늑대 등 야행성 동물을 관찰하기 위해 가이드와 함께 동물들을 둘러보는 프로그램이다.

펭귄 워크(겨울)
겨울이면 부족한 운동을 보충하기 위해 펭귄들을 밖에서 산책시키는데, 아장아장 걷는 앙증맞은 모습을 보기 위해 수많은 사람들이 일부러 이곳을 찾는다.

5 아사히카와 라멘촌
旭川ラーメン村

시 외곽에 위치한 라멘촌으로 아사히카와의 라멘 문화를 널리 알리고자 1996년에 만든 곳이다. 나가야마 파워즈 쇼핑센터 내에 있으며 외관 벽면에 있는 벽화는 아사히카와의 대학생들의 작품으로 아사히카와 라멘과 더불어 아사히야마 동물원의 인기 동물들, 다이세쓰 산, 아사히카와 거리 등을 조합하여 그린 것이다.
1947년에 개업한 아오바 青葉, 깊은 맛을 자랑하는 텐킨 天金, 오골닭 라멘이 유명한 사이조 さいじょう 등 아사히카와에서 인기 높은 여덟 곳이 입점해 골라 먹는 재미가 있다. 한글 안내 팸플릿이 있어 선택하기 쉬운 것도 장점.

🔍 **구글 지도** 아사히카와 라멘무라
📍 **MAP** p.216
🚗 **찾아가기** JR 아사히카와 역 旭川駅에서 자동차로 18분, JR 미나미나가야마 역 南永山駅 출구에서 도보 5분 🏠 **주소** 旭川市永山11条4丁目119-48
📞 **전화** 0166-48-2153
🕒 **시간** 11:00~20:00
💰 **가격** 900¥~
🌐 **홈페이지** www.ramenmura.com

TRAVEL INFO

다이세쓰 산 국립공원

● 명산이 많은 일본에서도 손꼽히는 곳으로 특히 로프웨이를 이용하면 누구나 쉽게 7부 능선 정도까지 갈 수 있어 더욱 인기가 높다. 가을에는 단풍이, 겨울에는 설경이 그야말로 절경이다.

1 아사히다케
旭岳

해발 2,291m로 다이세쓰 산에서 가장 높은 곳. 로프웨이는 해발 1100m의 산로쿠 역과 해발 1600m의 스가타미에 역을 운행한다. 스가타미 역에 내리면 오하치다이라 칼데라까지 갈 수 있는 2시간 30분 코스와 스가타미이케, 후후이케, 스리바치이케를 1시간 동안 볼 수 있는 스가타미 산책 코스로 갈 수 있다.

🔍 **구글 지도** Asahidake Ropeway
📍 **MAP** p.216
🚗 **찾아가기** JR 아사히카와 역 旭川駅에서 버스로 1시간 30분 🏠 **주소** 上川郡東川町旭岳温泉
📞 **전화** 01666-8-9111 🕒 **시간** 7월 초~8월 중순 06:00~18:30, 그 외 기간 09:00~17:00
💰 **가격** 6/1~10/20 왕복 어른 3200¥・어린이 1600¥, 10/21~5/31 왕복 어른 2400¥・어린이 1600¥・미취학 아동 1명 무료 🌐 **홈페이지** wakasaresort.com/asahidakeropeway

2 구로다케
黒岳

로프웨이와 페어 리프트를 타고 절경을 감상할 수 있어 인기 만점. 로프웨이로 해발 1300m의 구로다케 역까지 바로 갈 수 있다. 다시 페어 리프트를 타면 7부 능선까지 갈 수 있으며 이후는 등산 코스다.

🔍 **구글 지도** 대설산(다이세쯔잔) 쇼운쿄 구로다케 로프웨이
📍 **MAP** p.216
🚗 **찾아가기** JR 아사히카와 역 旭川駅에서 버스로 1시간 50분 🏠 **주소** 上川郡上川町層雲峡
📞 **전화** 01658-5-3031 🕒 **시간** 로프웨이 여름 06:00~18:00・겨울 08:00~16:00(20분 간격, 페어 리프트 여름 06:30~17:30・겨울 09:00~15:20
💰 **가격** 로프웨이 왕복 어른 2600¥・어린이 1300¥・초등학생 미만 무료, 페어 리프트 왕복 어른 700¥・어린이 350¥ 🌐 **홈페이지** www.rinyu.co.jp/kurodake

3 소운쿄
層雲峡

다이세쓰 산 여행의 포인트 중 하나로 100m가 넘는 절벽이 이어지는 대협곡을 이루는 곳이다. 류세이노나 긴나노 폭포와 같은 아름다운 곳들과 더불어 협곡 곳곳에 소운쿄 온천 등의 온천이 있다. 겨울이면 유명한 빙폭 축제 氷瀑まつり가 열리기도 한다.

🔍 **구글 지도** Sounkyo Onsen
📍 **MAP** p.216
🚗 **찾아가기** JR 아사히카와 역 旭川駅 서쪽 출구 쪽에 있는 12번 버스 정류장에서 소운쿄행 81번 버스 승차 후 소운쿄 버스 터미널 하차, 약 1시간 50분 소요
🏠 **주소** 上川町層雲峡
📞 **전화** 01658-2-1811(소운쿄 관광협회)
🌐 **홈페이지** www.sounkyo.net/korean

4 소운쿄 온천
層雲峡温泉

다양한 숙박 시설과 온천탕이 있는 곳으로, 구로다케 로프웨이 바로 옆에 있다. 캐나다 산악 리조트를 모티브로 만든 곳으로 있으며 15개의 호텔과 료칸, 민박이 들어서 있다.

숙박하지 않더라도 목욕만 할 수 있는 대중탕도 있다. 등산을 하고 오는 사람들이 오후부터 들르는 경우가 많아 좀 더 붐비니 여유롭게 온천을 즐기려면 오전 시간에 이용하는 것도 방법이다.

구글 지도 Sounkyo Onsen

- VOL 1 p.090 ⓜ MAP p.216
- 찾아가기 구로다케 로프웨이 정류장 아래쪽
- 주소 上川町層雲峡温泉
- 홈페이지 sounkyo.net

5 유성 폭포
流星の滝

90m의 굵은 한 줄기 폭포가 떨어지는 곳으로 바로 옆에 위치한 은하 폭포와 더불어 소운쿄 협곡의 유명 포인트다.

힘찬 모습 때문인지 이곳은 남성, 은하 폭포는 여성에 비유하기도 한다. 두 폭포 앞쪽으로 주차장과 휴게소가 있다.

구글 지도 유성폭포

- MAP p.216
- 찾아가기 소운쿄 온천에서 자동차로 5분
- 주소 上川町層雲峡
- 시간 일출~일몰
- 가격 무료
- 홈페이지 sounkyo.net/category/detail.php?id=38

6 은하 폭포
銀河の滝

폭포 자체는 120m의 낙차가 있어 유성 폭포보다 더 길기는 하지만, 가는 물줄기가 수없이 떨어지는 모습을 하고 있어 섬세해 보이기까지 한다. 유성 폭포와 함께 한 번에 보기 위해서는 폭포 맞은편 휴게소 뒤쪽으로 있는 비탈길을 20~25분 정도 올라야 한다.

구글 지도 은하폭포

- MAP p.216
- 찾아가기 소운쿄 온천에서 자동차로 5분
- 주소 上川町層雲峡
- 시간 일출~일몰
- 가격 무료
- 홈페이지 sounkyo.net/category/detail.php?id=38

7 긴센다이
銀泉台

홋카이도의 유명 단풍 명소로 노란색과 빨간색 단풍이 파란색 침엽수와 어우러진 모습이 그야말로 절경이다. 단풍철인 9월 말~10월 초에는 개인 차량 출입이 금지되며 셔틀버스를 이용해야 한다. 운해 雲海로도 유명한 곳이라 많은 사람들이 이것을 감상하러 일부러 오기도 한다.

구글 지도 Ginsendai

- MAP p.216
- 찾아가기 소운쿄 온천에서 자동차로 50분 또는 소운쿄 버스 터미널에서 긴센다이행 버스로 1시간

소요, 가을 단풍철에는 소운쿄 버스 터미널에서 셔틀버스를 이용해 다이세쓰 레이크 사이드행 버스를 타고 종점에서 내린 후 고겐온센 또는 긴센다이행 버스로 갈아탄다. 소운쿄 버스 터미널~다이세쓰 레이크사이드 25분 소요(1일 5~6회 운행, 편도 460¥), 다이세쓰 레이크사이드~고겐온센 25분 소요(편도 460¥), 다이세쓰 레이크사이드~긴센다이 35분 소요(편도 460¥)

- 주소 上川町層雲峡
- 시간 일출~일몰
- 홈페이지 소운쿄 관광협회(단풍 셔틀버스 운행시간 확인 sounkyo.net/go)

8 비어 그릴 캐니언
Beer Grill Canyon

소운쿄 온천 마을 내에 위치한 이탤리언 레스토랑으로, 등산과 목욕을 마친 관광객들에게 인기 높다. 홋카이도에서 생산된 돼지고기와 각종 채소로 만든 음식은 하나같이 맛도 좋고 양도 푸짐하다.

구글 지도 Beer Grill Canyon

- MAP p.216
- 찾아가기 소운쿄 온천 마을에 위치. 소운쿄 버스 정류장에서 도보 3분(렌터카는 소운쿄 온천이나 구로다케 로프웨이 주차장 이용)
- 주소 上川郡上川町層雲峡キャニオンモール
- 전화 0165-85-3361
- 시간 월~금요일 11:30~15:30, 17:30~21:00, 토·일요일 11:30~21:00 휴무 11~4월 수요일
- 가격 파스타 1100¥~, 런치 코스 1700¥~
- 홈페이지 bg-canyon.com/index.html

ZOOM ─── IN
일본 최대의 다이세쓰 산 국립공원

남북 63km, 동서 59km로 일본 최대 국립공원이며 해발 2000m가 넘는 봉우리가 대부분이다. 혼슈 지방의 3000m급 산악과 비슷한 고산 환경이며 한여름에도 눈밭과 눈이 남은 골짜기를 볼 수 있어 여름과 겨울이 공존하는 곳이다.

으뜸 봉우리, 아사히다케 旭岳

해발 2291m로 다이세쓰 산에서 가장 높은 곳이며 일본에서 식생이 변하는 숲 한계선을 넘어선 곳까지 로프웨이를 운행하는 유일한 곳이다. 화산은 크게 폭발한 일이 없었지만 1000년 전부터 수증기가 빈번하게 분출된다고 한다.

아사히다케 로프웨이 旭岳ロープウェイ

해발 1100m의 산로쿠 역과 1600m의 스가타미 역까지 이어져 있으며 10분 정도 소요된다. 스가타미 역에 내리면 오하치다이라 칼데라까지 가는 2시간 30분 코스와 더불어 스가타미 연못, 후후 연못, 스리바치 연못을 1시간 정도에 둘러보는 약 1.7km의 스가타미 산책 코스가 마련되어 있다. 산책 코스는 분화구에 물이 고여 생성된 스가타미 연못 등 4개의 연못을 둘러볼 수 있는 평탄하고 걷기 쉬운 코스가 대부분이다. 연기가 나오는 화구를 비롯해 특색 있는 고산식물과 조류도 볼 수 있고 운이 좋다면 야생동물도 만날 수 있다. 겨울철에는 스노 슈즈를 신고 스가타미 역을 출발해 스가타미 연못, 후후 연못 등을 거쳐 다시 역으로 돌아오는 1시간 30분 코스를 트레킹 할 수도 있는데, 트레킹을 하다보면 다이아몬드 더스트 같은 신비로운 자연현상도 볼 수 있다고 한다.

로프웨이, 리프트 타고! 구로다케 黑岳

날카롭고 뾰족한 산 정상의 검은색과 모양으로 '흑악'이라는 이름이 붙은 곳. 등반 코스도 잘 정비되어 있으며 로프웨이와 페어 리프트를 타고 편하게 절경을 감상할 수 있어 인기다. 로프웨이 정거장 아래쪽으로 온천도 있어 등반과 온천을 동시에 즐길 수 있다.

구로다케 로프웨이 黑岳ロープウェイ

해발 1984m의 구로다케는 소운쿄 온천 근처에서 출발하는 로프웨이를 타고 5부 능선에 해당되는 해발 1300m에 있는 구로다케 역까지 불과 7분 만에 갈 수 있다. 역 건물 옥상에 전망대가 있어 이곳에서 멋진 풍경을 볼 수 있고, 주변 산책로도 잘 정비되어 있다. 또 구로다케 역에서 200m 떨어진 곳에 있는 구로다케 페어 리프트(2인용 리프트)를 타면 15분 만에 7부 능선까지 갈 수 있다. 7부 능선부터 정상까지 가는 등산 코스는 2시간 10~20분 정도 소요되며, 등산로 입구 관리 사무소에서 먼저 입산 신고를 해야 한다. 여름철에는 새벽에 펼쳐지는 운해를 감상할 수 있는 투어도 진행한다.

<다이세쓰 국립공원에서 무엇을 즐길까?>

다이세쓰 산 등산
한여름에도 기온이 낮고 시시각각 날씨가 급변하는 정상 부근에 가려면 단단한 준비가 필요하다. 등산복과 등산화를 착용하고 우비, 생수, 랜턴, 나침반, 등산 스틱, 비상 식량 등을 준비한다.

소운쿄 온천 層雲峡温泉
15개의 호텔을 비롯해 료칸과 민박 등 다양한 숙박 시설과 온천탕이 조성되어 있다. 마을 식당에서는 고산지대에서 키운 소와 무지개송어, 산채 요리 등도 먹을 수 있다.
◎ 찾아가기 구로다케 로프웨이 정류장 아래쪽
◎ 주소 上川町層雲峡温泉 ◎ 홈페이지 sounkyo.net

스키 黒岳スキー場
구로다케 스키장에서는 11월 초부터 6월 초까지 스키를 즐길 수 있는데, 특히 파우더 스노로 유명하다. 혼슈 지방의 3000m급 설질과 동등하다고 평가받으며 거의 반년 동안 스키를 탈 수 있다.
◎ 홈페이지 rinyu.co.jp/kurodake

소운쿄 협곡 불꽃 축제 層雲峡温泉峡谷火まつり
보통 7월 30일~8월 중순에 소운쿄 일대에서 열리는 여름 축제로 아이누 문화와 공연, 불꽃놀이 등을 즐길 수 있다. 일정은 홈페이지의 이벤트 정보에서 확인.
◎ 홈페이지 sounkyo.net

소운쿄 온천 빙폭 축제 層雲峡温泉 氷瀑まつり
이시카리 강을 따라 커다란 얼음에 화려한 조명을 비춰 밤을 밝히는 축제다. 눈썰매 타기, 빙벽 오르기 등도 체험할 수 있고, 주말이면 불꽃놀이도 펼쳐진다.
◎ 시간 1/27~3/17(2024년) ◎ 가격 500¥
◎ 홈페이지 sounkyo.net/hyoubaku

가을 단풍
홋카이도의 단풍은 9월 초~10월 초 산악 지방부터 시작되어 점차 아래로 내려온다. 산 정상 부근에서는 8월 말에도 단풍을 즐길 수 있다(온천가 주변 : 10월 초, 5부 능선·로프웨이 주변 : 9월 말, 7~9부 능선 : 9월 초, 산 정상 부근 : 8월 말).

BIEI
비에이

홋카이도에서 꼭 가야 할 여행지 비에이는 '일본의 아름다운 마을 풍경 100선', '아름다운 일본의 걷고 싶어지는 길' 등에 선정되었으며 구릉지는 이곳만의 독특한 경관을 만들어 낸다. 보고만 있어도 마음이 평안해지는 비에이 풍경은 마치 CF의 한 장면에 들어온 듯한 느낌을 준다. 아무도 밟지 않은 새하얀 눈밭 위에 오롯이 서 있는 한 그루 나무를 바라보노라면 이상하게 가슴이 시려오기까지 한다.

비에이 가는 법

비행기

비에이에서 가장 가까운 공항은 아사히카와 공항이다. 도쿄 등에서 아사히카와로 오는 비행기를 타고 와서 공항과 비에이 시내를 연결하는 후라노 버스 라벤더호를 이용하면 된다. 운행 간격이 짧아 이용하기가 편리하다. 비에이는 공항과 12km 정도 거리라 렌터카로는 약 20분이 소요된다.

기차

삿포로에서 바로 가는 직행은 없고 우선 아사히카와로 간 다음 다시 후라노행 열차로 환승해 JR 비에이 역에서 하차하면 된다.

- 시간 아사히카와에서 33분 소요(1시간 1회~)
- 요금 편도 640¥

버스

JR 아사히카와 역에서 출발해 아사히카와 공항을 경유해 비에이로 가는 버스 '라벤더호 ラベンダー号'를 이용하면 된다. 1일 7편 정도 운행하며 15분 소요.

- 요금 아사히카와에서 편도 750¥

렌터카

삿포로에서 국도 기준으로 145km, 아사히카와에서 약 25km, 후라노에서 약 34km 거리다.

지역 명물 음식

든든하고 맛도 좋은
카레우동 & 비에이우유

비에이 시내 교통

공항버스 空港連絡バス

아사히카와 공항에서 비에이 시내와 JR 비에이 역까지 연결하는 후라노 버스의 라벤더호 ラベンダー号를 운행하고 있다. 보통 1일 7회 정도 운행한다.

- 시간 공항에서 JR 비에이 역까지 15분 소요
- 요금 편도 380¥
- 홈페이지 furanobus.jp/lavender/index.html

버스 バス

비에이 역에서 출발해 주변을 도는 관광버스인 미유 버스 美遊バス를 운행한다. 티켓 구매는 홈페이지와 비에이 관광 안내소에서 가능하다.

- 가격 어른 3500¥, 어린이 1750¥
- 홈페이지 biei-hokkaido.jp/ja/cruise_bus

기차 列車

삿포로와 오타루, 신치토세 공항을 비롯해 아사히카와, 후라노, 비에이 지역을 커버하는 삿포로-후라노 에리어 패스 Sapporo-Furano Area Pass를 구입하면 4일 동안 무제한으로 기차를 탑승할 수 있다. 여름 한정으로 비에이와 후라노 구간을 달리는 관

광열차인 노롯코 열차는 느릿느릿 달리는 열차 창밖으로 주변 풍경을 감상할 수 있어 인기가 높다. 아사히카와 또는 비에이에서 출발해 후라노까지 운행하며 (아사히카와)-비에이-비바우-가미후라노-라벤더 바타케-나카후라노-후라노 간을 달린다. 정확한 운행 일정은 홈페이지에서 확인 가능하다.

- 가격 삿포로-후라노 에어리어 패스 1만¥(사전 구입, 현장 구입 1만1000¥), 노롯코 열차 1290¥~
- 홈페이지 jrhokkaido.co.jp

렌터카 レンタカー

비에이 지역을 여행하는 최선의 방법이다. 비에이나 후라노 지역은 다른 지역에 비해 대중교통 상황이 좋지 않은 편이라서 렌터카의 위력이 발휘된다. 언덕을 돌아볼 때 주차장이 없는 곳도 있으니 주차에 유의하자. JR 비에이 역 내에도 역 렌터카 駅レンタカー美瑛営業所 사무실이 있다.

- 홈페이지 ekiren.co.jp

자전거&스쿠터 自転車&スクーター

최소 30~40km는 달려야 하고, 대형 화물차 또는 관광버스와 마주치는 것이 다반사다. 반드시 물과 모자, 긴소매 옷, 자외선 차단제, 편한 옷차림을 준비하고 일반 자전거는 힘드니 전동이나 산악자전거, 스쿠터 등을 렌트하자. 자전거와 스쿠터 대여는 비에이 역 앞에 있는 관광 안내소에서 가능하며 개인 운영 대리점도 있다.

- 가격 자전거 대여 일반 1시간 200¥, 1일 1000¥, 산악 1시간 300¥~, 전동 1시간 600¥~ / 스쿠터 대여 1시간 700~1000¥, 1일 3500¥~

한인 투어버스

비에이와 후라노 주요 명소를 하루에 둘러보는 편리한 버스 투어 상품으로 계절에 따라 코스가 조금 바뀐다. 검색 사이트에 '비에이 후라노 투어'라 입력한 후 여러 업체를 잘 비교해보자.

- 요금 7~15만 원

COURSE 1

비에이 1DAY 렌터카 코스

JR 비에이 역을 기준으로 청의 연못은 동쪽, 비에이 언덕 여행 포인트는 서쪽이니 숙소 위치에 따라 루트를 조정해보자. 아사히카와 쪽에서 내려오는 일정이라면 세븐스타 나무 같은 패치워크 로드부터 여행을 시작하면 된다.

총 거리 약 56km, 소요 시간 자동차로 7시간

START — ① 청의 연못 — 자동차 5분 — ② 시로히게 폭포 — 자동차 28분 — ③ 사계채 언덕

#관광 신비로운 푸른 물빛을 지니고 있는 이곳 풍경은 맥북의 바탕화면이 되면서 일약 세계적인 명성을 얻게 되었다.

#관광 푸른색 물빛의 시원하고 아름다운 폭포로 비에이의 대표 명소 중 하나다. 수량이 많은 여름 풍경이 더 볼만하다.

#관광 색색깔의 아름다운 꽃들이 광활한 땅에 펼쳐져 있는 곳. 아무래도 날씨가 좋은 날에 방문하는 것이 더 좋다.

⑥ 마일드세븐 언덕 — 자동차 12분 — ⑤ 신에이 언덕 전망 공원 — 자동차 6분 — ④ 크리스마스 나무

#관광 CF에 등장했던 곳으로 언덕 위에 늘어선 나무들의 풍경이 멋진 곳이다.

#관광 부드러운 곡선을 가진 비에이의 자연 풍경을 감상해보자.

#관광 별이라도 달아주고 싶은 트리모양 나무. 새하얀 눈밭이 펼쳐지는 겨울이면 많은 사람들의 인생사진 배경이 되는 곳!

⑦ 켄과 메리의 나무

자동차 5분

#관광 자동차 광고에 등장한 후 일약 명소로 등극한 곳. 너무나 오래된 광고지만 지금까지도 명성이 이어지고 있다.

⑧ 오야코 나무

자동차 4분

#관광 '부모와 자녀'라는 이름 그대로 생긴 모습이 다정한 가족을 연상시키는 모습의 나무들이다.

⑨ 세븐스타 나무

#관광 주변에 흰색의 감자꽃이 피거나 눈이 내려 하얀 배경이 펼쳐질 때 더욱 멋진 장소.

자동차 12분

지도 한눈에 보기

⑩ 비에이 마을에서 쇼핑 & 저녁 식사

#식사 여유롭게 쇼핑과 식사를 즐겨보자.

COURSE 2

비에이 & 후라노 드라이브 코스

아름다운 경치를 자랑하는 비에이는 사랑의 기운과 연애운이 상승하는 곳으로도 알려져 있는데, 신비로운 푸른 물빛을 띠는 강과 연못을 보면 정말 그럴 것도 같은 기분이 느껴진다. 이런 물빛을 보려면 약간의 여유가 필요하다. 보통 많이 둘러보는 비에이 언덕과 후라노 꽃밭과는 조금 거리가 있지만, 아름다운 966번 도로를 따라 드라이브하며 신비로운 풍경을 만끽해보자.

⏱ 총 거리 약 70km, 소요 시간 3~4시간

START → ① 비에이 신사 (자동차 5분) **→ ② 백화가도** (자동차 10분) **→ ③ 청의 연못** (자동차 5분) **→ ④ 시로히게 폭포** (자동차 7분) **→ ⑤ 도카치다케 전망대** (자동차 7분) **→ ⑥ 후키아게 노천온천** (자동차 20분) **→ ⑦ 고토 스미오 미술관**

① 비에이 신사
#관광 비에이 역에서 멀지 않은 곳에 있는 작은 신사. 신전 중앙에 있는 하트 모양 장식 때문인지 연애운과 결혼운을 상승시키는 곳으로 유명하다.

② 백화가도
#관광 국도 966번길을 따라 있는 자작나무 가로수길로 풍경이 아름다워 드라이브 코스로 유명하다.

③ 청의 연못
#관광 이곳 사진을 보고 홋카이도 여행을 꿈꾼 사람이 많을 정도로 인상적인 장소. 신비롭고 푸른 물빛은 그야말로 반짝이는 보석 같은 느낌이다.

④ 시로히게 폭포
#관광 도카치다케의 복류수가 비에이 강과 섞여 특유의 코발트블루색이 되었다고 한다. 겨울철에도 얼지 않은 폭포라 언제든 감상할 수 있는 것도 장점.

⑤ 도카치다케 전망대
#관광 아름다운 비에이와 후라노의 풍경까지 조망할 수 있는 장소다.

⑥ 후키아게 노천온천
#관광 드라마 <북쪽의 나라>에 등장한 곳으로, 도카치다케의 중턱에 있는 무료 노천탕이다.

⑦ 고토 스미오 미술관
#관광 일본 미술계의 거장 고토 스미오의 작품을 전시한다. 수억을 호가하는 작품이 130점 정도 있다.

지도 한눈에 보기

COURSE 3
파노라마 로드 코스

길 위에 펼쳐지는 언덕과 들판이 파노라마 풍경을 보여주는 이곳은 크리스마스 나무를 비롯한 포인트가 있다. 패치워크와 함께 인기 높은 코스인데, 자전거로 돌아볼 경우 두 곳을 하루에 보기 어려우니 둘 중 하나를 선택하는 것이 좋다.

⏱ 총 거리 약 15.6km, 소요 시간 자동차로 3시간

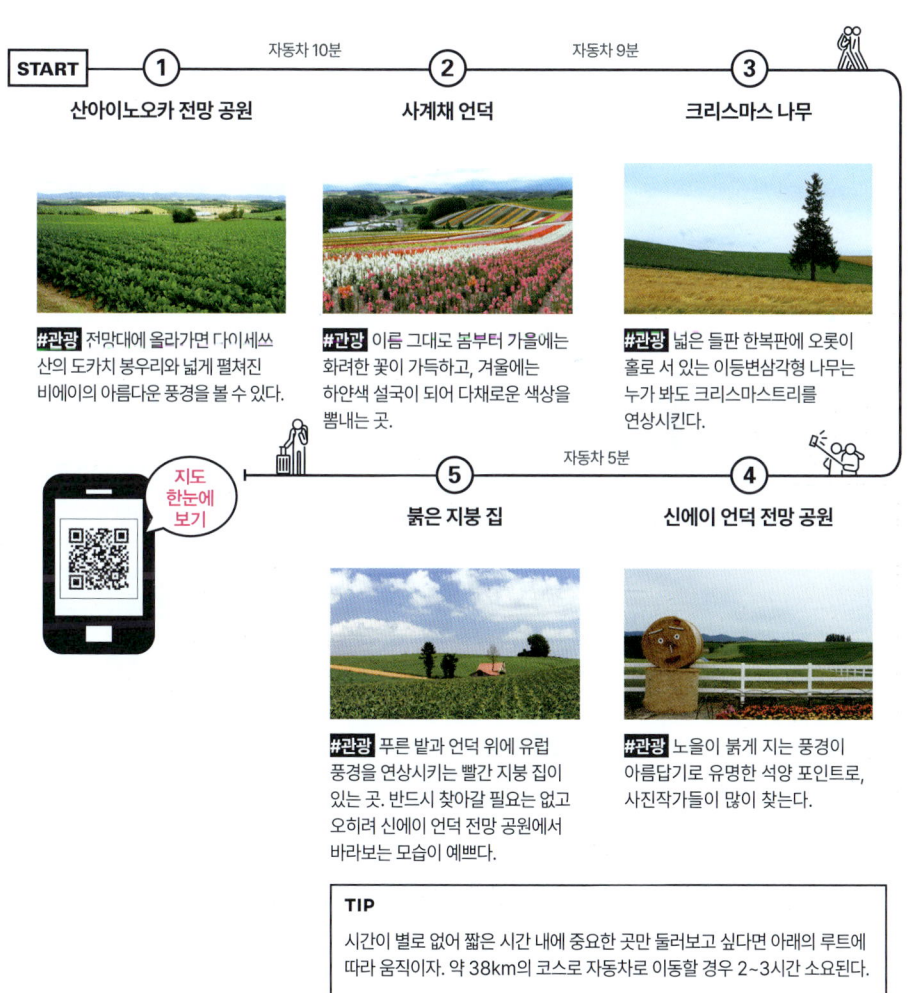

START → ① 산아이노오카 전망 공원 — 자동차 10분 — **② 사계채 언덕** — 자동차 9분 — **③ 크리스마스 나무** — 자동차 6분 — **④ 신에이 언덕 전망 공원** — 자동차 5분 — **⑤ 붉은 지붕 집**

#관광 전망대에 올라가면 다이세쓰산의 도카치 봉우리와 넓게 펼쳐진 비에이의 아름다운 풍경을 볼 수 있다.

#관광 이름 그대로 봄부터 가을에는 화려한 꽃이 가득하고, 겨울에는 하얀색 설국이 되어 다채로운 색상을 뽐내는 곳.

#관광 넓은 들판 한복판에 오롯이 홀로 서 있는 이등변삼각형 나무는 누가 봐도 크리스마스트리를 연상시킨다.

#관광 푸른 밭과 언덕 위에 유럽 풍경을 연상시키는 빨간 지붕 집이 있는 곳. 반드시 찾아갈 필요는 없고 오히려 신에이 언덕 전망 공원에서 바라보는 모습이 예쁘다.

#관광 노을이 붉게 지는 풍경이 아름답기로 유명한 석양 포인트로, 사진작가들이 많이 찾는다.

TIP
시간이 별로 없어 짧은 시간 내에 중요한 곳만 둘러보고 싶다면 아래의 루트에 따라 움직이자. 약 38km의 코스로 자동차로 이동할 경우 2~3시간 소요된다.

JR 비에이 역 → 제루부 언덕 → 켄과 메리의 나무 → 세븐스타의 나무 → 마일드세븐 언덕 → 호쿠세이노오카 전망 공원 → 신에이 언덕 전망 공원 → 사계채 언덕 → 산아이노오카 전망 공원 → JR 비에이 역

COURSE 4
패치워크의 길 코스

지도 한눈에 보기

저마다 다른 작물을 키워 하늘에서 내려다보면 색깔이 조금씩 다른 들판과 언덕이 마치 조각 헝겊을 이어 붙인 것처럼 느껴져 붙은 이름이다. 실제 광고에 등장한 장소를 비롯해 아름다운 풍경이 곳곳에 있어 자꾸만 발걸음이 멈춰진다.

⏱ 총 거리 약 18.6km, 소요 시간 자동차로 3시간

START → ① **제루부 언덕** — 자동차 2분 → ② **켄과 메리의 나무** — 자동차 6분 → ③ **세븐스타의 나무**

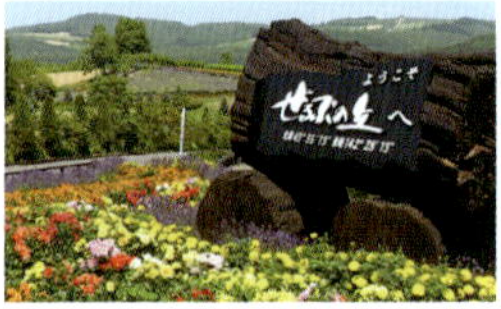

#관광 팜 도미타와 함께 이 지역에서 가장 유명한 화원으로, 7월의 라벤더와 라벤더가 지면서 늦여름에 만발하는 해바라기밭이 특징이다.

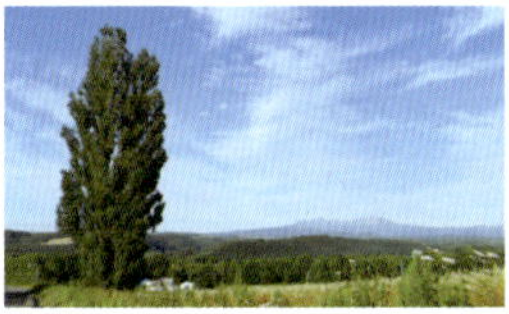

#관광 일본 자동차 브랜드 닛산 광고에 등장한 후 유명해진 포플러나무.

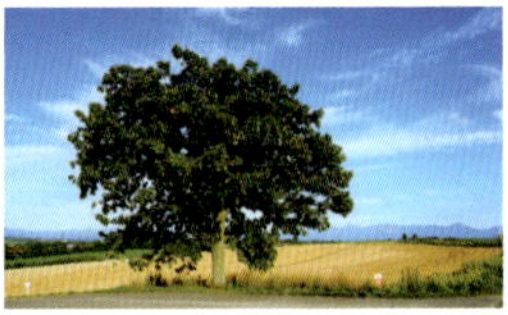

#관광 1976년 담배 브랜드인 세븐스타의 선물용 담배 패키지 디자인에 등장한 나무.

자동차 6분

⑥ **호쿠세이노오카 전망 공원** ← 자동차 6분 — ⑤ **마일드세븐 언덕** ← 자동차 8분 — ④ **오야코 나무**

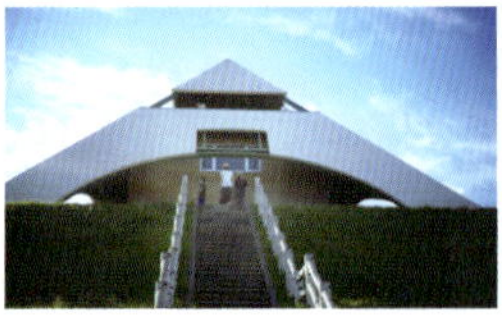

#관광 피라미드 형태의 전망대가 있는 곳으로, 풍요로운 전원 풍경을 파노라마로 볼 수 있다.

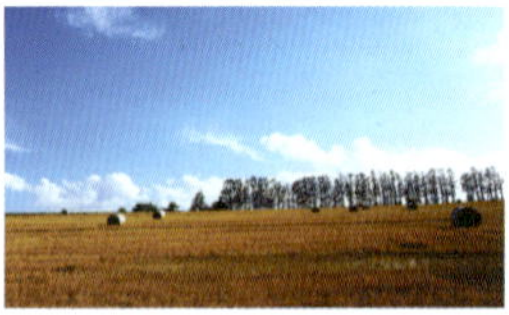

#관광 가까이 갈 수 없어 멀리서만 볼 수 있지만 언덕의 밭과 서로 어우러진 모습이 인상적이다.

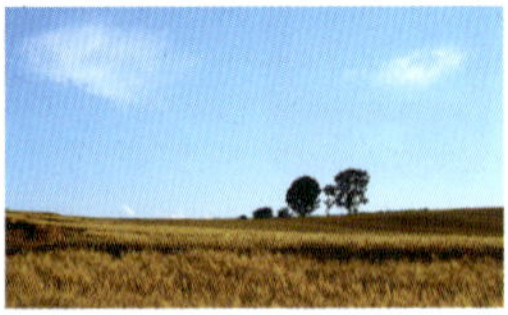

#관광 양옆에 큰 나무 두 그루가 서 있고 가운데 작은 나무 한 그루가 있어 부모와 아이의 모습을 연상시키는 곳.

TIP

1 조금 더 가깝게, 조금 더 구도가 좋은 사진을 찍을 욕심에 사유지인 밭 등에 함부로 들어가는 행동은 절대 금물이다. 실제 많은 여행자들이 방문한 '철학자의 나무'도 너무 많은 무단 침입자 때문에 땅 주인이 나무를 베어버린 참사가 일어나기도 했으니, 예의는 반드시 지켜야한다.

2 주변이 허허벌판인 경우가 많기 때문에 화장실이 있는 포인트에 간다면 별 생각이 없더라도 꼭 들리자.

3 시간이 오래 소요되는 레스토랑에서 식사하길 원하지 않는다면 미리 간단한 먹거리와 생수를 챙겨 길을 나서자.

TRAVEL INFO
청의 연못

● 청의 연못을 중심으로 둘러보는 비에이 드라이브 코스가 인기 높으니 렌터카 여행자라면 p.026을 참고하자. 이 지역은 날씨가 좋을 때 가야 제 모습을 만끽할 수 있어 무엇보다 맑고 푸른 하늘을 만나는 것이 최고의 행운이다.

1 백화가도
白樺街道

비에이 역에서부터 도카치다케 十勝岳 방면으로 가는 길인 국도 966번을 달리다 보면 볼 수 있는 자작나무 가로수길. 홋카이도 자연 100선에도 선정된 4km 정도의 길로, 6~7월에 신록이 우거졌을 때 더 아름답다.

구글 지도 GPS 43.499761, 142.601747

◎ MAP p.230

◎ 찾아가기 JR 비에이 역 美瑛駅에서 자동차로 20분
◎ 주소 上川郡美瑛白樺街道
◎ 전화 0166-94-3025(비에이 관광 안내소)
◎ 시간 여름 17:00, 겨울 15:00 이전 도착 추천

2 비에이 신사
美瑛神社

비에이 역에서 가까운 작은 신사, 신전 중앙에 있는 하트 모양 장식 때문인지 연애운과 결혼운을 상승시키는 곳으로 유명하다. 믿거나 말거나지만, 이곳을 방문한 이후 곧 데이트 신청을 받았다는 증언이 꽤 있다고 한다. 신사 곳곳에 숨어 있는 하트 모양도 찾아보자.

구글 지도 Biei Shrine

◎ MAP p.230
◎ 찾아가기 JR 비에이 역 美瑛駅에서 자동차로 5분 ◎ 주소 上川郡美瑛町東町4-1-1
◎ 전화 0166-92-1891
◎ 시간 사무소 운영 08:00~18:00, 이외 시간도 방문 가능

3 청의 연못
青い池

홋카이도 로망의 여행지 중 하나로, 신비롭고 푸른 물빛은 그야말로 반짝이는 보석 같은 느낌을 준다. 세상에 널리 알려진 것은 2012년 애플사의 맥북프로 바탕화면으로 등장하면서부터다. 대부분 CG라고 생각했지만, 현실 공간이라는 것이 알려지면서 유명세를 탔다. 연못 가운데 굳건히 서 있는 자작나무들이 신비로운 풍경에 방점을 찍는다.

구글 지도 청의 호수(아오이이케)

◎ VOL 1 p.016 ◎ MAP p.230
◎ 찾아가기 JR 비에이 역 美瑛駅에서 자동차로 약 20분 ◎ 주소 上川郡美瑛町白金
◎ 전화 0166-94-3025(비에이 관광 안내소)
◎ 시간 여름 17:00, 겨울 15:00까지 도착 추천(폭설 시에는 진입로가 폐쇄되어 견학 불가능)
◎ 휴무 부정기
◎ 가격 무료

4 시로히게 폭포
白ひげの滝

무료 주차

높이 30m, 폭 40m의 용수 폭포로, 계곡의 절벽 바위틈에서 폭넓게 떨어지는 모양과 푸른색 물이 마치 흰 수염처럼 보여 이름 붙였다. 겨울철에도 얼지 않은 폭포라 사시사철 방문 가능하다. 근처에 바로 시로가네 白金 온천 지역이 있다.

구글 지도 흰수염폭포

◉ MAP p.230
- 찾아가기 청의 연못에서 국도 966호를 따라 자동차로 5분
- 주소 上川郡美瑛町白金
- 전화 0166-94-3025(비에이 관광 안내소)
- 시간 여름 17:00, 겨울 15:00까지 도착 추천
- 가격 무료

5 카페&레스토랑 바치
Café&Restaurant BIRCH

무료 주차

966번 도로변에 있는 카페 겸 레스토랑으로, 주변을 둘러싼 숲속 풍경이 매우 평화롭다. 소박하지만 정갈하고 맛있는 음식을 먹을 수 있고, 주변을 산책해도 좋다. 시로히게 폭포 옆 온천 마을의 식당들도 있으니 점심때라면 이곳을 이용해도 된다.

구글 지도 카페 레스토랑 버치

◉ MAP p.230
- 찾아가기 비에이 신사에서 청의 호수로 가는 길에 위치
- 주소 美瑛町美沢生
- 전화 0166-92-1120
- 시간 11:00~16:45
- 휴무 5~10월 수요일, 11~4월 수·목요일
- 가격 식사류 1100¥~
- 홈페이지 birch.hokkaido.jp

TRAVEL INFO
파노라마 로드

● 가장 유명한 것은 크리스마스 나무다. 화려한 꽃밭이 인상적인 사계채 언덕도 인기가 높으며 전반적으로 아기자기한 분위기가 넘치는 지역이다.

1 파노라마 로드
パノラマロード

무료 주차

비에이 언덕과 들판이 어우러져 그림 같은 풍경이 펼쳐지는 곳. 크리스나무 나무 등의 포인트가 있으며 패치워크 로드와 더불어 비에이 여행의 하이라이트다. 렌터카나 자전거 등으로 돌아보면 되고, 1일 코스라면 패치워크의 포인트와 더불어 일정을 계획해보자.

구글 지도 크리스마스 나무

◉ MAP p.230
- 찾아가기 JR 비에이 역 美瑛駅 또는 JR 비바우시 역 美馬牛駅에서 렌터카나 자전거, 스쿠터 등 이용
- 홈페이지 biei-hokkaido.jp/ko

2 사계채 언덕
四季彩の丘

무료 주차

봄부터 가을까지는 화려한 꽃밭이 펼쳐지고 겨울에는 끝없는 눈밭이 이어지는 곳으로, 면적이 약 5만 평에 달한다. 라벤더는 물론 튤립, 해바라기, 양귀비 등 30여 종류의 꽃이 핀 양탄자 같은 꽃밭이 있는데, 걸어서 다 둘러볼 수 없을 정도. 겨울에는 스노모빌 등도 즐길 수 있다.

구글 지도 사계채의 언덕(시키사이노오카)

◉ MAP p.230
- 찾아가기 시로히게 폭포에서 자동차로 28분
- 주소 上川郡美瑛町新星
- 전화 0166-95-2758
- 시간 08:30~18:00
- 가격 무료(꽃밭 관리 비용 200¥ 모금)
- 홈페이지 shikisainooka.jp

3 다쿠신칸
拓真館

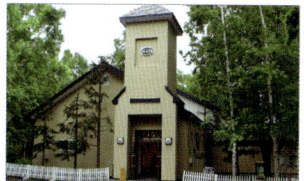

폐교인 지요다 소학교 체육관을 리뉴얼해 오픈한 마에다 신조의 사진 갤러리다. 이곳에서는 비에이의 아름다운 사계절 풍경 사진 80여 점을 볼 수 있다. 갤러리 뒤쪽에 조성한 자작나무 산책로도 분위기가 좋다.

구글 지도 타쿠신칸 갤러리

- **VOL 1** p.027 · **MAP** p.230
- **찾아가기** JR 비에이 역 美瑛駅에서 자동차로 15분
- **주소** 上川郡美瑛町字拓進
- **전화** 0166-92-3355
- **시간** 5~10월 09:00~17:00, 11~1월 10:00~16:00(매해 변경)
- **휴무** 1/23~4/1(매해 변경)
- **가격** 무료

4 비바우시 소학교
美馬牛小学校

풍경 사진 작가로 유명한 마에다 신조의 사진으로 유명해진 장소. 삼각형 첨탑과 정겨운 주변 풍경이 어우러진 모습이 아름답다. 유럽의 시골 교회를 연상시키는 첨탑은 1980년대 재건축 당시 학생들의 아이디어였다고. 현재도 학교이니 함부로 들어가거나 아이들을 촬영하는 것은 금물이다. 일반 개방은 하지 않으니 멀리서 방해가 되지 않는 선에서 바라보자.

구글 지도 Bibaushi Elementary School

- **MAP** p.230
- **찾아가기** JR 비바우시 역 美馬牛駅에서 자동차로 3분 · **주소** 美瑛町美馬牛南2-2-58
- **전화** 0166-95-2113

5 간노 팜
かんのファーム

라벤더와 넓은 꽃밭이 있는 곳으로 라벤더 관련 상품과 소프트아이스크림도 판매한다. 도로변에 있어 오가기 쉽게 들를 수 있다.
다른 곳에 비해 명성이 조금 떨어지는 곳이라 꼭 방문하는 장소는 아니지만 라벤더밭이 있어 미니 팜 도미타 같은 느낌을 준다.

구글 지도 칸노팜

- **MAP** p.230
- **찾아가기** JR 비바우시 역 美馬牛駅에서 자동차로 6분
- **주소** 空知郡上富良野町西12線北36号
- **전화** 0167-45-9528
- **시간** 일출~일몰
- **홈페이지** kanno-farm.com

6 크리스마스 나무
クリスマスの木

넓은 들판 한복판에 홀로 서 있는 이등변삼각형 나무가 크리스마스트리를 연상시켜 이런 이름이 붙었다. 사유지 안에 있는 곳이라 가까이 접근하는 것은 불가능하며 혹여 사진 욕심에 밭에 들어가서는 절대 안 된다.

구글 지도 크리스마스 나무

- **VOL 1** p.027 · **MAP** p.230
- **찾아가기** 사계채 언덕에서 자동차로 9분
- **주소** 上川郡美瑛町美馬牛
- **전화** 0166-92-4378(비에이 관광 정보 안내)
- **가격** 무료
- **홈페이지** www.biei-hokkaido.jp

7 신에이 언덕 전망 공원
新栄の丘展望公園

비에이의 푸른 하늘이 붉게 노을이 질 무렵 찾으면 좋은 곳으로, 근처에서 유명한 석양 포인트다. 사진작가들이 일부러 찾아오기도 하며 주변에 파노라마로 펼쳐지는 풍경이 한 폭의 수채화처럼 아름답다.

구글 지도 신영의 언덕 전망공원

- **MAP** p.230
- **찾아가기** 크리스마스 나무에서 자동차로 6분, JR 비에이 역에서 자동차로 7분
- **주소** 上川郡美瑛町新栄
- **전화** 0166-92-4378(비에이 관광 정보 안내)
- **가격** 무료
- **홈페이지** www.biei-hokkaido.jp

8 붉은 지붕 집
赤い屋根の家

도로 주차

유럽의 전원 풍경을 떠올리게 하는 빨간 지붕이 인상적이다. 길에 따라 잘 보이지 않는 경우가 있으니 시간이 없다면 패스해도 된다. 신에이 언덕 전망 공원 쪽에서도 보이지만, 여기서 바라보는 것이 오히려 예쁘다.

구글 지도 GPS 43.55756, 142.46632
◎ **MAP** p.230
◉ **찾아가기** 신에이 언덕 전망 공원에서 자동차로 5분
◉ **주소** 上川郡美瑛町三愛
◉ **전화** 0166-92-4378(비에이 관광 정보 안내)
◉ **가격** 무료
◉ **홈페이지** www.biei-hokkaido.jp

9 산아이노오카 전망 공원
三愛の丘展望公園

도로 주차

전망대에 올라가면 다이세쓰 산의 도카치 연봉이 가깝게 느껴진다. 풍요로운 대지와 우뚝 솟은 장엄한 산맥이 어우러진 모습은 한 폭의 그림을 연상시킨다. 비에이의 풍경을 감상하기에 아주 좋은 장소이다.

구글 지도 산아이노오카전망공원
◎ **MAP** p.230
◉ **찾아가기** JR 비에이 역 美瑛駅에서 자동차로 12분
◉ **주소** 上川郡美瑛町
◉ **전화** 0166-92-4378(비에이 관광 정보 안내)
◉ **가격** 무료
◉ **홈페이지** www.biei-hokkaido.jp

TRAVEL INFO
패치워크의 길

● 파노라마 로드보다 유명한 포인트가 좀 더 많은 지역으로, 특히 마일드세븐 언덕 주변 풍경이 호평받는다. 각자 나름대로의 분위기를 풍기니 시간이 허락되는 대로 둘러보자.

1 패치워크의 길
パッチワークの路

★★★
무료 주차

공중에서 내려다보면 저마다 다른 작물을 키우는 네모난 밭과 언덕이 모여 마치 헝겊 조각을 이어붙인 것처럼 보인다고 하여 '패치워크'라는 이름이 붙었다. 곳곳에 CF에 등장했던 포인트가 많아 어디를 가나 그림 같은 풍경을 볼 수 있다.

구글 지도 마일드세븐 언덕
◎ **MAP** p.230
◉ **찾아가기** JR 비에이 역 美瑛駅에서 렌터카나 자전거, 스쿠터 이용
◉ **홈페이지** www.biei-hokkaido.jp/search/sightseeing/patchwork.html

2 마일드세븐 언덕
マイルドセブンの丘

★★
도로 주차

담배 브랜드 마일드세븐의 프로모션에 등장한 장소로, 언덕 위에 나란히 선 나무들의 모습이 멋지다. 가까이 갈 수는 없고 멀리서 보는 장소지만, 완만한 언덕에 있는 밭들과 함께 어우러진 모습도 아름답고, 특히 노을 풍경이 예쁘다고 소문나 있다.

구글 지도 마일드세븐 언덕
◎ **MAP** p.230
◉ **찾아가기** JR 비에이 역 美瑛駅에서 자동차로 8분
◉ **주소** 上川郡美瑛町字美田
◉ **전화** 0166-92-4378(비에이 관광 정보 안내)
◉ **시간** 24시간
◉ **홈페이지** www.biei-hokkaido.jp

3 제루부 언덕
ぜるぶの丘

무료 주차

후라노의 팜 도미타와 함께 가장 유명한 화원으로, 7월의 라벤더는 물론 라벤더가 지면서 늦여름에 만발하는 해바라기밭이 명물이다. 제루부는 바람(가제 風), 향기 나다(가오루 香る), 놀다(아소부 遊ぶ)라는 세 단어의 끝 글자를 차례로 따서 이름을 지었다.

구글 지도 제루부언덕

- **MAP** p.230
- 찾아가기 JR 비에이 역 美瑛駅에서 자동차로 4분
- 주소 上川郡美瑛町大三
- 전화 0166-92-4378(비에이 관광 정보 안내)
- 가격 무료
- 홈페이지 www.biei-hokkaido.jp

4 켄과 메리의 나무
ケンとメリーの木

무료 주차

일본 유명 자동차 브랜드 닛산에서 출시한 '스카이라인' CF에 등장해 일약 유명세를 탄 포플러나무. 총 16편의 광고 중 1976년 9월에 방송된 15편 '지도 없는 여행'에서 두 연인이 함께 서 있는 모습과 닮은 나무를 바라보는 장면이 등장해 당시 큰 호응을 얻었다고 한다.

구글 지도 켄과메리의나무

- **VOL 1** p.027 **MAP** p.230
- 찾아가기 제루부노 언덕에서 자동차로 2분, 또는 JR 비에이 역 美瑛駅에서 자동차로 5분
- 주소 上川郡美瑛町大久保協生
- 전화 0166-92-4378(비에이 관광 정보 안내)
- 가격 무료
- 홈페이지 www.biei-hokkaido.jp

5 오야코 나무
親子の木

도로 주차

양옆에 큰 나무가 서 있고, 가운데 작은 나무 하나가 있어 부모와 아이의 모습을 연상시키는 곳이라 '부모와 자식'이란 뜻의 이름을 붙였다. 대지 위에 오롯이 서 있는 모습이 함께 살아가는 다정한 가족 같다. 세븐스타의 나무처럼 떡갈나무며 멀리서만 볼 수 있다.

구글 지도 오야코(부자)나무

- **VOL 1** p.027 **MAP** p.230
- 찾아가기 켄과 메리의 나무에서 자동차로 5분, 또는 JR 비에이 역 美瑛駅에서 자동차로 9분
- 주소 上川郡美瑛町美田夕張
- 전화 0166-92-4378(비에이 관광 정보 안내)
- 가격 무료
- 홈페이지 www.biei-hokkaido.jp

6 세븐스타 나무
セブンスターの木

무료 주차

1976년 담배 브랜드인 세븐스타의 선물용 담배 패키지 디자인에 등장한 나무. 넓은 들판 위에 홀로 풍성한 잎을 펼치고 있는 떡갈나무의 모습이 무척 인상적이다. 주변 들판이 감자밭이라 하얗게 감자꽃이 핀 여름 풍경과 눈밭 한가운데 놓인 겨울 풍경도 아름답다.

구글 지도 세븐스타 나무

- **VOL 1** p.027 **MAP** p.230
- 찾아가기 오야코 나무에서 자동차로 5분, 또는 JR 비에이 역 美瑛駅에서 자동차로 10분
- 주소 上川郡美瑛町北瑛
- 전화 0166-92-4378(비에이 관광 정보 안내)
- 가격 무료
- 홈페이지 www.biei-hokkaido.jp

7 호쿠세이노오카 전망 공원
北西の丘展望台

무료 주차

언덕 위에 피라미드 형태의 전망대가 있는데, 이곳에 오르면 비에이 언덕의 풍경과 더불어 멀리 다이세쓰 산의 모습까지 볼 수 있다. 전망대 아래쪽에는 6ha에 달하는 라벤더와 해바라기, 사루비아 등의 꽃밭으로 꾸몄다.

구글 지도 호쿠세이노오카 전망공원

- **MAP** p.230
- 찾아가기 JR 비에이 역 美瑛駅에서 자동차로 7분
- 주소 上川郡美瑛町大村大久保協生
- 전화 0166-92-4445
- 시간 5~10월 09:00~17:00
- 휴무 11~4월
- 가격 무료
- 홈페이지 www.biei-hokkaido.jp/search/sightseeing/viewspot/000061.html

8 다이마루
だいまる

비에이 지역의 인기 메뉴인 카레 우동으로 유명한 집이다. 카레 맛은 관광객들의 입맛에 맞추어 특별하지는 않지만, 누구나 맛있게 먹을 수 있다. 역에서 가까워 항상 손님들이 많아 일찍 가는 것이 좋다.

구글 지도 다이마루

- MAP p.231
- 찾아가기 JR 비에이 역 美瑛駅에서 도보 10분
- 주소 上川郡美瑛町中町1丁目7番地
- 전화 0166-92-3114
- 시간 목~화요일 11:00~15:00, 17:00~19:30
- 휴무 수요일
- 가격 카레 우동 980¥~, 각종 세트 1180¥~

11 카페 아루노파인
あるうのぱいん

패치워크 언덕에 위치한 카페로 숲속 오두막에 와 있는 느낌을 준다. 홋카이도산 밀로 직접 만든 천연 효모빵과 커피를 마시며 주위를 둘러보면 풍경도 좋고 느긋한 분위기가 넘쳐 저절로 힐링이 되는 듯한 기분이다.

구글 지도 Aruu no Pain

- MAP p.230
- 찾아가기 JR 비에이 역 美瑛駅에서 자동차로 7분
- 주소 上川郡美瑛町字大村村山1087-16
- 전화 0166-92-3229
- 시간 토~수요일 11:00~17:00
- 휴무 목·금요일, 겨울철
- 가격 커피 500¥~, 세트 메뉴 1600¥~
- 홈페이지 www.geocities.jp/aruu_no_pain

9 코에루
KOERU

카레 우동을 비롯해 비에이의 돼지고기를 넣은 음식을 합리적인 가격에 제공한다. 세트 메뉴를 주문하면 고소한 비에이 우유 한 잔을 함께 내온다. 감칠맛이 나는 일본식 육수에 13~14가지 향신료를 넣어 카레를 만든다.

구글 지도 코에루

- MAP p.231
- 찾아가기 JR 비에이 역 美瑛駅에서 도보 5분, 비에이 역 뒤편에 위치 주소 上川郡美瑛町大町1丁目1-7 전화 0166-92-5531 시간 수~월요일 11:00~14:30, 17:30~21:00
- 휴무 화요일, 부정기 가격 비에이 카레 우동 980¥~
- 홈페이지 biei-koeru.jp

12 카페레스트 기노이이나카마
Caferest 木のいいなかま

품질 좋은 비에이의 농산물을 사용해 자연의 맛을 듬뿍 담은 요리를 맛볼 수 있다. 통째로 나오는 단호박과 어우러진 달고 맛있는 채소를 먹으면 저절로 건강해지는 것 같은 느낌이다. 시내와 거리가 있는데도 인기가 좋아 오픈 시간 전부터 기다리는 손님도 있다.

구글 지도 Caferest Ki no Ii nakama

- MAP p.231
- 찾아가기 JR 비에이 역 美瑛駅에서 자동차로 6분
- 주소 上川郡美瑛町丸山2丁目5-21
- 전화 0166-92-2008
- 시간 화~일요일 11:30~15:00
- 휴무 월요일, 11~2월
- 가격 단호박 크림 스튜 1400¥~
- biei-hokkaido.jp

10 준페이
じゅんぺい

외관이 귀여운 준페이는 에비동 맛집으로 알려져 있다. 통통한 새우에 바삭한 튀김옷이 아주 맛있다. 어떤 튀김을 먹어도 겉은 바삭하고 속은 촉촉하게 먹는 재미가 있다. 재료가 다 떨어지면 영업을 끝내기 때문에 저녁보다는 점심시간에 맞춰 가는 것이 안전하다.

구글 지도 준페이

- MAP p.231
- 찾아가기 JR 비에이 역 美瑛駅에서 도보 10분
- 주소 上川郡美瑛町本町4丁目4-10 전화 0166-92-1028 시간 10:30~15:00, 17:00~20:00(L_O 19:30)
- 휴무 월요일 가격 새우튀김 정식 1331¥~
- 홈페이지 biei-junpei.com

13 카페 드 라 페
Café de La Paix

프랑스풍의 이국적인 소품으로 꾸민 예쁜 통나무집 레스토랑. 숲속에 있어 분위기가 더 좋다. 녹인 치즈와 함께 철판에 구운 감자, 소시지, 감자, 버섯 등과 함께 먹는 라클레트 등이 추천 요리. 날씨가 좋으면 숲을 바라볼 수 있는 야외 좌석에 앉아보자.

구글 지도 GPS 43,526454 142,540455

- MAP p.230
- 찾아가기 JR 비에이 역 美瑛駅에서 자동차로 15분
- 주소 上川郡美瑛町美沢希望19線
- 전화 0166-92-3489
- 시간 11:00~18:00
- 휴무 목요일, 동계 부정기 휴무
- 가격 라클레트 2400¥~
- 홈페이지 cafedelapaix-biei.com

14 호빗
步人
무료 주차 ★★

시골 도로변에 위치한 소박한 분위기의 상점&식당이다. 맛있는 수제 햄과 소시지를 제조하고 판매하는데, 신선도를 무엇보다 중시하기 때문에 직접 식육장에서 구매한다고. 함께 자리한 식당에서는 이곳 제품으로 만든 다양한 음식을 맛볼 수 있다.

구글 지도 HOBBITO

- MAP p.230
- 찾아가기 JR 비에이 역 美瑛駅에서 자동차로 15분
- 주소 上川郡美瑛町美沢美生
- 전화 0166-92-2953
- 시간 2월~12/25 수~월요일 10:00~18:00
- 휴무 12/26~1월, 화요일
- 가격 소시지&햄 모둠 5종 플레이트 900¥~
- 홈페이지 hobbito.com

15 아스페르주
ASPERGES
무료 주차 ★★

비에이의 대표 쇼핑몰인 비에이센카 내부에 있는 프렌치 레스토랑으로 깔끔하고 모던한 분위기에서 프렌치 풀코스를 맛볼 수 있다. 비에이에서 생산한 채소와 재료를 주로 이용하고, 비에이 돼지고기 등심과 홋카이도산 쇠고기 등으로 만든 메인 요리가 특히 훌륭하다.

구글 지도 ASPERGES

- MAP p.231
- 찾아가기 JR 비에이 역 美瑛駅 정문에서 도보 15분, 또는 자동차로 2분
- 주소 上川郡美瑛町大町2丁目6
- 전화 0166-92-5522
- 시간 11:00~14:30, 17:00~19:00(7~8월은 20:00까지)
- 휴무 수요일(7~8월 무휴), 11월 초~말 토·일요일, 12~1월
- 가격 런치 코스 3160¥~
- 홈페이지 biei-asperges.com

16 츠보야 베이커리
麦菓堂 TSUBOYA Biei Shop
주차 없음 ★★

홋카이도 곳곳에 지점이 있는 츠보야 베이커리의 비에이 숍. 특별나게 맛있는 집은 아니지만 역 바로 앞에 있어 간단한 간식거리를 사기에 좋다. 커스터드 크림이 풍부한 크림빵과 초콜릿 빵, 단팥빵 등 옛날 빵 종류가 특히 인기다.

구글 지도 TSUBOYA Biei Shop

- MAP p.231
- 찾아가기 비에이 역 정문 바로 건너편
- 주소 上川郡美瑛町榮町1丁目2-7
- 전화 0166-92-1844
- 시간 수~월요일 09:00~19:00
- 휴무 화요일
- 홈페이지 tsuboya.net

17 비에이센카
美瑛選果
무료 주차 ★★★

일본의 농협이라고 할 수 있는 JA 비에이에서 운영하는 농축산물 매장이다. 지역에서 생산한 쌀과 과일, 채소 등 농산물과 가공식품을 판매하며, 특히 가공식품은 여행자들이 구입하기 좋아 인기가 높다. 농축산물 매장 외에도 공방과 프렌치 레스토랑이 함께 자리하는데, 그중 옥수수 알이 꽉 찬 옥수수 빵, 비에이노 콘 빵 びえいのコーンぱん도 꼭 맛보자.

구글 지도 비에이센카 본점

- MAP p.231
- 찾아가기 JR 비에이 역 美瑛駅 정문에서 도보 15분
- 주소 上川郡美瑛町大町2丁目6
- 전화 0166-92-4400
- 시간 마켓 4·5·9월~11/3 09:30~17:00, 6~8월 09:00~18:00, 11/4~3월 금~일요일 10:00~17:00 / 공방 4월~11/4 10:00~19:00 / 신치토세 공항점 08:00~20:00
- 휴무 공방 수요일, 마켓 12/30~1/5
- 홈페이지 bieisenka.jp

18 팜 지요다
ファーム千代田
무료 주차

비에이 지역에 있는 목장으로, 이곳에서 기르는 염소나 양 등에게 먹이를 주거나 승마 체험 등을 할 수 있다. 또 이곳에 있는 인기 레스토랑에서는 직접 키우거나 생산한 재료로 만든 음식을 선보이는데, 특히 비에이 쇠고기(와규)를 이용한 메뉴가 최고 인기다.

구글 지도 팜치요다레스토랑

- MAP p.230
- 찾아가기 JR 비에이 역 美瑛駅에서 자동차로 10분
- 주소 上川郡美瑛町春日台4221
- 전화 0166-92-1718
- 시간 레스토랑 11:00~20:00(1~3월~16:00)
- 휴무 12/31~1/1
- 가격 비에이 와규 비프스튜 1880¥~
- 홈페이지 f-chiyoda.com

19 시로카네 온천
白金温泉
무료 주차

비에이 지역의 대표적인 온천 지역으로, 청의 호수에서 멀지 않다. 이곳 온천에서 머물며 온천욕과 여행을 함께 즐겨도 좋다. 대표적으로 다이셋쓰잔 시로카네 관광호텔 大雪山白金観光ホテル, 유모토 시로카네 온천 호텔 湯元白金温泉ホテル, 파크 힐스 호텔 ホテルパークヒルズ 등이 있다.

구글 지도 Shirogane Onsen

- MAP p.230
- 찾아가기 JR 비에이 역 美瑛駅에서 자동차로 27분
- 홈페이지 www.biei-shiroganeonsen.com

FURANO
후라노

홋카이도의 라벤더 마을로 잘 알려져 있는 후라노는 비에이와 더불어 여름 홋카이도 여행의 로망으로 꼽히는 곳이다. 로맨틱하고 몽환적인 분위기의 라벤더 꽃밭은 인생사진을 남기기에 가장 좋은 장소기도 하다. 마을 동서쪽으로 도카치다케 연봉 등 높은 봉우리가 둘러싸고 있으며, 유명 스키장에서는 전 일본 스키 선수권 대회나 FIS 월드컵이 열린다. 또한 '일본의 아름다운 마을 풍경 100선', '향기로운 풍경 100' 등에 선정된 바 있다.

지역 명물 음식

신선하고 고소한
치즈

후라노 특산품
와인

후라노 가는 법

비행기

후라노에서 가장 가까운 공항은 아사히카와 공항으로 우리 나라에서는 직항이 없어 도쿄 등을 경유해야 한다. 아사히카와 공항에서 비에이를 경유해 후라노까지 가는 후라노 버스의 라벤더호는 보통 1일 7~8회 정도 운행하지만 시즌에 따라 변경되니 홈페이지에서 미리 확인하자.

- ⓘ **시간** 아사히카와 공항에서 JR 후라노 역까지 약 1시간 소요
- ⓨ **요금** 편도 790¥ ㅣ **홈페이지** furanobus.jp/lavender/index.html

기차

삿포로에서 출발해 타키가와 또는 아사히카와에서 후라노행 열차로 환승하자. 라벤더 시즌에는 삿포로에서 후라노행 직행 열차인 '후라노 라벤더 익스프레스 フラノラベンダーエクスプレス Furano Ravender Express'를 운행한다. JR 후라노-비에이 노롯코호 富良野·美瑛ノロッコ号는 비에이~후라노 구간을 연결하는 관광열차다. 보통 때는 서지 않는 팜 도미타 바로 근처의 라벤더바다케역 ラベンダー畑駅에도 정차한다.

- ⓘ **운영** 후라노 리벤더 익스프레스 7월~8월 초 매일, 6·9월 주말과 공휴일(1일 2회), JR 후라노-비에이 노롯코호 6월 말~8월 매일, 8월 말~10월 중순 주말과 공휴일(1일 3회)

출발지	소요 시간	요금(편도)	운행
삿포로	2시간 10분~ (타키가와 등에서 환승)	2860¥~	1일 10회~
삿포로 (후라노 라벤더 익스프레스)	2시간~(삿포로에서 직행)	5220¥~ (지정석)	6~10월 1일 2회
아사히카와	1시간 20분~	1290¥~	1일 10회~
비에이	33~45분	750¥~	1일 10회~
비에이(노롯코호)	36~40분	1070¥~	6~10월 1일 3회
왓카나이	5시간 10분~	7920¥~	1일 2회~

버스

JR 삿포로 역 근처 삿포로 에키마에 정류장에서 주오 버스 '고속 후라노 高速ふらの号'를 이용한다. 08:50부터 2시간에 1대꼴로 출발한다(약 2시간 55분 소요. 요금 편도 2700¥, 왕복 5100¥). 아사히카와에서는 아사히카와 역에서 출발해 아사히카와 공항과 비에이를 경유해 후라노로 가는 버스 '라벤더호 ラベンダー号'를 이용하자(1시간 40분 소요, 요금 편도 900¥~).

- ⓘ **버스 안내** chuo-bus.co.jp/highway ㅣ **후라노 버스 홈페이지** furanobus.jp

렌터카

출발지	거리&시간
삿포로	고속도로 기준 약 115km~, 2시간 15분~
아사히카와	국도 237호 기준 약 56.6km, 1시간 15분~
비에이	국도 237호 기준 약 34km, 45분~

후라노 시내 교통

렌터카 レンタカー

시간 활용에는 렌터카 이용이 최선이다. 주요 렌터카의 영업소가 모두 있는 아사히카와 공항에서 픽업하는 것도 편리하며, 후라노 역과 시내에도 주요 렌터카 사무실 등이 있다.

한인 투어버스

삿포로에서 출발해 비에이와 후라노의 주요 명소를 하루에 둘러보는 버스 투어 상품으로 여름에는 팜 도미타, 겨울에는 흰수염 폭포 등 계절에 따라 코스가 조금씩 변경된다. 검색사이트에 '비에이 후라노 투어'라 입력하면 쉽게 찾을 수 있다.

- ⓨ **요금** 7~15만원

관광주유버스 観光周遊バス

후라노 버스에서도 다양한 투어버스를 운행한다. 6~9월 여름 시즌에 운영하며 후라노 치즈공방과 팜도미타 등 후라노 일대를 돌아보는 엔조이 코스, 후라노역에서 출발해 팜도미타와 사계채 언덕, 청의 연못과 흰수염 폭포 등 후라노와 비에이 일대를 도는 파노라마 코스, 아사히카와에서 출발해 파노라마 로드, 팜도미타, 청의 연못, 비에이 신사 등 비에이와 후라노를 여행하는 패치워크 코스 등이 있다. 해마다 프로그램과 시간 등이 변경되니 홈페이지에서 미리 확인하자.

엔조이 코스
- ⓘ **시간** 6/8~9, 6/15~8/12 매일
- ⓨ **요금** 어른 6000¥, 어린이 3000¥

파노라마 코스
- ⓘ **시간** 6/8~9, 6/15~8/12 매일, 8/17~9/23 토·일요일·공휴일
- ⓨ **요금** 어른 8000¥, 어린이 3000¥

패치워크 코스
- ⓘ **시간** 6/8~8/25 매일, 8/31~9/29 토·일요일·공휴일 ㅣ ⓨ **요금** 어른 8000¥, 어린이 3000¥ ㅣ **홈페이지** furanobus.jp

COURSE
후라노 1DAY 코스

많은 여행자들로 붐비기 전 일찍 출발해 여유롭게 둘러보자. 비에이 지역 숙소에서 머문다면 가미후라노 지역부터 시작해 남쪽으로 내려가면 된다. 하루에 모두 둘러보려면 렌터카를 이용하는 것이 정답이다. 대중교통을 이용한다면 라벤더 시즌에만 오픈하는 라벤더바타케 역에서 내려 팜 도미타를 둘러본 후 후라노 역으로 와서 마을을 둘러보거나, 후라노 역에서 출발하는 관광버스를 이용해 일대를 여행하는 방법이 있다.

START → ① 히노데 공원 — 자동차 20분 → ② 팜 도미타 — 도보 3분 → ③ 점심 - 팜 도미타 식당

#관광 언덕 위에서 바라보는 예쁜 꽃밭이 인상적인 곳으로, 공원 정상에서는 광대한 라벤더와 꽃밭을 볼 수 있다.

#관광 광활한 대지 위에 보랏빛 라벤더 꽃밭이 펼쳐져 있는 여름 시즌의 홋카이도 최고의 명소 중 하나.

#식사 자연이 선물해 준 신선한 재료들로 만든 다양한 먹거리가 있고 특히 보랏빛 라벤더 아이스크림이 최고 인기!

자동차 15분

⑥ 후라노 치즈 공방 ← 자동차 14분 — ⑤ 닝구르 테라스 ← 자동차 20분 — ④ 후라노 와인 공장

#관광 맛 좋은 치즈가 가득해 맛도 보고 구입도 가능! 아이스크림 공방의 젤라토와 치즈 피자도 명물.

#관광 반짝이는 작은 요정이 나올 것 같은 숲속에 자리한 아기자기한 상점가 마을. 조명이 켜지면 더욱 로맨틱한 분위기가 흐른다.

#관광 와인 제조 과정을 견학한 후 시음도 하고 후라노 와인도 저렴하게 구입하자.

자동차 9분

⑦ 저녁 - 후라노 마을

지도 한눈에 보기

#식사 맛집을 골라 여유롭게 저녁 식사를 즐기자.

TRAVEL INFO
가미후라노

● 후라노 역을 기준으로 북쪽에 위치한 지역으로 비에이에서 후라노로 오는 길에 둘러보면 편리하다. 도카치다케 온천에서 숙소를 잡고 온천욕을 즐겨도 좋다.

1 히노데 공원
日の出公園

비에이와 후라노를 잇는 길에 있는 화인가도에 속하는 꽃밭 중 하나로 정상에 올라서면 광대한 라벤더와 꽃밭을 감상할 수 있다. 도카치다케 연봉이 보이는 전망도 뛰어나고, 노을 풍경도 아름다워 예쁜 사진 찍기에 좋다. 7월 중순이 절정기다.

- **구글 지도** 히노데 공원
- **MAP** p.246
- **찾아가기** 비에이 역 美瑛駅에서 자동차로 28분, 또는 후라노 역 富良野駅에서 자동차로 약 35분 **주소** 上富良野町東1線北27号
- **전화** 0167-39-4200
- **시간** 24시간
- **가격** 무료
- **홈페이지** pref.hokkaido.lg.jp

2 고토 스미오 미술관
後藤純男美術館

풍경을 주로 그린 일본 미술계의 거장 고토 스미오 後藤純男의 작품을 1300여 점 전시하는 곳으로, 홋카이도의 자연 풍경을 담은 작품이 주를 이룬다. 1997년에 개관한 미술관 2층에는 도카치다케 연봉을 바라보며 식사할 수 있는 식당인 후라노 그릴이 있으며, 특산품인 돼지고기 요리를 선보인다.

- **구글 지도** Goto Sumio Museum
- **MAP** p.246
- **찾아가기** JR 가미후라노 역 上富良野駅에서 자동차로 5분 **주소** 空知郡上富良野町東4線北26号 **전화** 0167-45-6181
- **시간** 4~10월 09:00~17:00, 11~3월 09:00~16:00
- **가격** 어른 1210¥, 초·중·고생 605¥
- **홈페이지** gotosumiomuseum.com

3 도카치다케 전망대
十勝岳望岳台

웅장한 도카치다케를 가까이 볼 수 있고, 더불어 비에이와 후라노 풍경까지 바라보이는 곳이다. 차로 쉽게 접근할 수 있으며 산책로를 걷다 보면 고산식물 등을 관찰할 수 있다. 주변에 온천이 발달되어 있으니 시간이 된다면 근처에 머물러도 좋다.

- **구글 지도** 토카치다케 전망대
- **MAP** p.246
- **찾아가기** 고토 스미오 미술관에서 자동차로 약 30분
- **주소** 上川郡美瑛町白金
- **시간** 4월 말~11월 초 낮
- **휴무** 11월 중순~4월 중순
- **가격** 무료

4 도카치다케 온천
十勝岳温泉

홋카이도에서도 풍경 좋기로 유명한 온천 지역에서 느긋한 휴식 시간을 가져보자. 〈북쪽 나라에서〉에 등장한 무료 노천탕인 후키아게 노천 온천 吹上露天の湯과 더불어 노천탕에서 도카치다케 연봉을 감상하며 온천을 즐길 수 있는 도카치다케 온천 지역의 료운카쿠 凌雲閣 등이 유명하다. 특히 료운카쿠는 일본에서도 손꼽히는 경치를 자랑하는 노천탕이 있어 고급스러운 분위기는 아니지만, 외국인들도 많이 묵는 유명 온천이다. 도카치다케 연봉 중턱에 있는 후키아게 온천 吹上温泉은 드라마 〈북쪽 나라에서〉에도 등장한 곳으로, 신경통과 부인병 등에 효험 있는 온천수라고 알려졌다. 후키아게 온천 보양 센터 하쿠긴조에 공공 온천과 간이 숙소가 있다.

- **구글 지도** 료운카쿠
- **MAP** p.246
- **찾아가기** 도카치다케 전망대에서 자동차로 약 15분 **주소** 上富良野町十勝岳温泉
- **전화** 0167-39-4111
- **가격** 1박 2식 1만6000~2만1000¥(2인 1실 1인 요금)
- **홈페이지** www.ryounkaku.net

TRAVEL INFO

나카후라노

● 라벤더 시즌의 필수 여행지 팜 도미타. 꽃밭도 둘러보고 사진 찍고 쇼핑, 식사를 즐기다 보면 2시간은 훌쩍 지날 정도다. 다른 곳에도 유명한 꽃밭이 있으니 시간이 허락 되는 대로 둘러보자.

1 팜 도미타
ファーム富田

보랏빛 라벤더밭으로 유명한 곳으로, 주변에서 가장 넓고 인기가 높다. JR 홋카이도 달력에 사진이 실리면서 작은 마을 후라노를 일약 전국 스타로 등극시킨 화제의 장소이기도 하다. 라벤더 시즌이면 엄청난 관광객들로 붐비니, 되도록 일찍 가자.

구글 지도 팜 토미타

◎ MAP p.246
● 찾아가기 JR 라벤더비타케 역 ラベンダー畑駅 (6~8월에만 정차) 정문에서 도보 10분, 또는 JR 나카후라노 역 中富良野駅에서 도보 25분
● 주소 中富良野町基線北15号
● 전화 0167-39-3939 ● 시간 12~3월 09:30~16:30, 4·10~11월 09:00~16:30, 5~6·9월 08:30~17:00, 7~8월 08:30~17:00  가격 무료
● 홈페이지 farm-tomita.co.jp

2 팜 도미타 식당
ファーム食堂

라벤더와 신선한 식재료로 만든 다양한 먹거리가 있으니 골고루 맛보자. 보랏빛이 감도는 라벤더 소프트아이스크림은 물론 슈크림, 채소 카레, 수프 카레, 버터 감자와 라벤더 칼피스 등 모두 인기가 많다.

구글 지도 팜 토미타

◎ MAP p.246
● 찾아가기 JR 라벤더비타케 역 ラベンダー畑駅에서 도보 10분, 팜 도미타 안에 위치
● 주소 中富良野町基線北15号
● 전화 0167-39-3939
● 시간 12~3월 09:30~16:30, 4·10~11월 09:00~16:30, 5~6·9월 08:30~17:00, 7~8월 08:30~17:00
● 가격 소프트아이스크림 400¥~, 식사 1100¥~
● 홈페이지 www.farm-tomita.co.jp

3 도미타 멜론 하우스
とみたメロンハウス

홋카이도에서 가장 유명한 것은 유바리 멜론이지만, 후라노 멜론도 그에 못지않게 당도도 높고 부드러운 맛이 일품이다. 1쪽씩 나눠놓은 것이나 아이스크림을 얹은 멜론을 그 자리에서 맛볼 수도 있고, 품질 좋은 멜론을 저렴하게 구입할 수도 있으니 스태프의 조언을 받아 잘 골라보자.

구글 지도 토미타 멜론하우스

◎ MAP p.246
● 찾아가기 JR 라벤더비타케 역 ラベンダー畑駅에서 도보 10분, 팜 도미타 바로 옆에 위치
● 주소 中富良野町3-32 ● 시간 09:00~17:00
● 가격 1쪽 600¥~ ● 전화 0167-39-3333
● 홈페이지
tomita-m.co.jp

4 팜 도미타 상점
ファーム商店

라벤더 밭 못지않게 수많은 사람들로 붐비는 곳이 바로 여기다. 라벤더를 소재로 한 다양한 기념품과 생활용품, 향수, 화장품 등을 구입할 수 있다. 찬찬히 둘러보다 보면 점점 취하게 되는 라벤더 향 때문인지 몰라도 어느새 양손 가득 쇼핑 봉투를 들고 있는 경우가 대반사.

구글 지도 팜 토미타

◎ MAP p.246
● 찾아가기 JR 라벤더비타케 역 ラベンダー畑駅에서 도보 10분, 팜 도미타 안에 위치
● 주소 中富良野町基線北15号
● 전화 0167-39-3939
● 시간 12~3월 09:30~16:30, 4·10~11월 09:00~16:30, 5~6·9월 08:30~17:00, 7~8월 08:30~17:00
● 홈페이지 www.farm-tomita.co.jp

TRAVEL INFO

후라노

후라노 역을 중심으로 아기자기한 명소들이 있는 지역이다. 숲속의 요정 마을 같은 분위기의 닝구르 테라스를 중심으로 둘러보고 후라노 마을에서 식도락도 즐겨보자. 쇼핑은 후라노 마르셰가 중심!

1 후라노 와인 공장
ふらのワイン

1976년에 설립된 언덕 위에 위치한 벽돌 건물 공장으로, 후라노 와인의 제조 공정과 숙성실을 견학하고, 와인 시음 등을 할 수 있다. 후라노는 유럽의 기후와 토양 조건이 비슷해 상질의 포도가 재배되어 품질 좋은 와인을 생산할 수 있다고 한다.

- 구글 지도 Furano Winery
- MAP p.246
- 찾아가기 JR 후라노 역 富良野駅에서 자동차로 6분 정도 소요
- 주소 富良野市清水山 1161
- 전화 0167-22-3242
- 시간 09:00~17:00
- 휴무 연말연시
- 가격 무료
- 홈페이지 furanowine.jp

2 닝구르 테라스
ニングルテラス

'닝구르'는 홋카이도에 살고 있다는 작은 요정을 뜻한다. '요정의 숲'이라고 불리는 이곳은 울창한 숲속에 통나무로 만든 아기자기한 공방과 카페로 이루어진 작은 상점가이자 마을이다. 일몰 후 조명이 켜진 통나무집과 길목은 아름답고 로맨틱한 분위기를 자아낸다.

- 구글 지도 닝구르테라스
- MAP p.246
- 찾아가기 JR 후라노 역 富良野駅 앞에서 공항 리무진 버스 승차 후 신 후라노 프린스 호텔 하차 (20분 소요), 또는 JR 후라노 역에서 자동차로 15분
- 주소 富良野市中御料
- 전화 0167-22-1111
- 시간 12:00~20:45(7~8월 10:00~20:45)
- 가격 무료
- 홈페이지 princehotels.co.jp

3 후라노 치즈 공방
富良野チーズ工房

품질 높고 맛 좋은 후라노의 치즈를 맛보고 구입할 수 있는 곳으로, 치즈 생산 과정과 관련 이야기도 알아볼 수 있다. 함께 자리한 아이스크림 공방의 젤라토 또한 맛있기로 유명한데, 진한 우유 맛의 화이트와 치즈 맛이 깔끔하다. 이곳 치즈로 만든 피자도 인기 높지만, 치즈 양이 적어 조금은 실망스러운 느낌.

- 구글 지도 후라노 치즈공방
- VOL 1 p.050 MAP p.246
- 찾아가기 JR 후라노 역 富良野駅에서 자동차로 10분 주소 富良野市中五区富良野チーズ工房 전화 0167-23-1156 시간 4~10월 09:00~17:00, 11~3월 09:00~16:00
- 휴무 12/31~1/3
- 가격 젤라토 360¥~
- 홈페이지 www.furano-cheese.jp

4 이쿠토라 역
幾寅駅

소설을 영화로 만들어 많은 사람들에게 더 감동을 준 〈철도원〉의 배경이 된 장소. 후라노 역에서 다시 기차를 타고 꽤 가야 하지만, 겨울에 이곳을 방문한다면 영화 속 풍경을 실감할 수 있다. 꽤 오래된 영화이지만 세트장을 그대로 보존해 아직도 찾는 이들이 꽤 많다.

- 구글 지도 IKUTORA STATION
- MAP p.246
- 찾아가기 JR 후라노 역 富良野駅에서 히가시카코에에서 환승, 약 57분(편도 970¥)
- 주소 空知郡南富良野秒
- 시간 기차 운행 시간
- 가격 무료

5 모리노토케이
森の時計

닝구르 테라스를 지나 더 깊은 숲속으로 들어가면 드라마 〈자상한 시간〉의 배경이 된 작은 카페가 나온다. 세트장이던 곳을 계속 유지해 명소가 된 케이스로, 고요한 숲을 바라보며 맛 좋은 커피를 마실 수 있고, 오가는 산책길도 좋아 일부러라도 찾게 된다. 차는 호텔 주차장에 세워두면 된다.

- 구글 지도 모리노토케이
- MAP p.246
- 찾아가기 닝구르 테라스를 보고 왼쪽 내리막 숲길로 도보 5분 주소 富良野市中御料 전화 0167-22-1111
- 시간 12:00~20:45
- 가격 커피 1100¥~
- 홈페이지 princehotels.co.jp/shinfurano/restaurant/morinotokei

6 마사야
まさ屋
무료 주차

후라노산 재료만 사용해 만드는 철판 요리와 오므 카레 전문점으로, 가장 인기 있는 음식은 철판 오므 카레와 오코노미야키다. 주문을 하면 철판 위에서 바로 음식을 조리하기 때문에 리듬감이 살아 있는 요리 퍼포먼스를 보는 재미가 있다.

구글 지도 철판 오코노미야키 마사야

● MAP p.247
🚶 찾아가기 JR 후라노 역 富良野駅 정문에서 도보 5분 🏠 주소 北海道富良野市日の出町11-15
☎ 전화 0167-23-4464
🕐 시간 11:30~14:30, 17:00~21:30
❌ 휴무 목요일
💴 가격 오므 카레 800￥~
🌐 홈페이지 furanomasaya.com

7 신야
新谷
무료 주차

현지 식재료로 만들어 풍미가 좋은 유키도케 치즈 케이크가 인기다. 3일에 걸쳐 정성스레 반죽을 하고 치즈를 만들어 케이크를 제조한다. 근처에 있는 후라노 베이커리도 홋카이도산 재료를 사용한 맛있고 건강한 빵을 만들어 판매하고 있다.

구글 지도 shinya furano

● MAP p.247
🚶 찾아가기 JR 후라노 역 富良野駅 정문에서 도보 5분 🏠 주소 富良野市朝日町4-7
☎ 전화 0120-86-6411
🕐 시간 09:00~19:00
❌ 휴무 부정기 💴 가격 케이크 240￥~, 슈크림 200￥~
🌐 홈페이지 yukidoke.co.jp

8 후쿠스시
福寿司
무료 주차

여행자들 사이에서도 잘 알려진 스시 전문점으로, 일본어 외에도 영어와 한국어 메뉴판이 있어 주문할 때 매우 편하다. 스시를 주문할 때 밥 양을 선택할 수 있는데, 점포 사이즈의 경우 양이 월등히 많아 금세 배가 부른 느낌이 든다. 성게 알과 새우, 참치, 연어 알 등을 올린 8점 스시 세트가 가장 인기 많다. 주차는 3~4대만 가능하다.

구글 지도 후라노 후쿠스시

● MAP p.247
🚶 찾아가기 JR 후라노 역 富良野駅 정문에서 도보 4분 🏠 주소 富良野市朝日町1-24
☎ 전화 0167-23-2617
🕐 시간 11:00~21:30
❌ 휴무 월요일
💴 가격 2200￥~

9 산향 식당
山香食堂
무료 주차

후라노의 오므 카레 전문점으로, 겉보기에 허름하고 일반 가정집 같기도 하지만, 깔끔하고 맛있는 음식으로 소문나 찾는 사람이 꽤 많다. 가격도 900￥ 내외라 부담 없는 편이며, 식당 뒤편에 주차장이 있다.

구글 지도 GPS 43.334094, 142.396837

● MAP p.246
🚶 찾아가기 JR 후라노 역 富良野駅에서 자동차로 5분 정도 소요 🏠 주소 富良野市緑町9-20
☎ 전화 0167-22-1045
🕐 시간 11:00~15:00, 17:00~20:00
❌ 휴무 일요일(7~9월은 무휴)
💴 가격 오므 카레 900￥~

10 후라노 맛집

작은 마을이지만 관광객이 많이 찾는 후라노에는 맛집들이 많다. 후라노에서 인기 높은 식당인 일본식 카레 전문점 유아독존 唯我独尊 (구글지도 유아독존), 삿포로에서 커피 맛 좋기로 유명해 항상 대기줄이 긴 바리스타트 커피(구글지도 BARISTART COFFEE FURANO), 기본 교자는 물론 한식이 연상되는 겨울한정 찌개교자 메뉴도 있는 교자 전문점 SHIRONA (구글지도 餃子専門店 SHIRONA)등도 추천 맛집. 모두 후라노 역에서 도보로 가능한 거리에 있다.

11 후라노 마르셰
フラノマルシェ
무료 주차

농산물 시장인 오가루 オガール HOGAR와 기념품, 특산품 판매 매장인 아르장 アルジャン ARGENT, 스위츠 카페 사보르 SABOR, 그리고 푸드 코트인 푸라디시 フラディッシュ FURADISH로 구성된 쇼핑몰로, 품질 좋은 지역 특산품을 한자리에서 구입할 수 있어 편리하다. 베이커리와 식당도 함께 있어 더욱 인기.

구글 지도 후라노 마르셰1

● MAP p.247
🚶 찾아가기 JR 후라노 역 富良野駅 정문에서 도보 10분
🏠 주소 富良野市幸町13番1号
☎ 전화 0167-22-1001
🕐 시간 6/23~9/24 09:00~19:00, 그 외 기간 10:00~19:00 ❌ 휴무 11/26~11/30, 12/31~1/1
🌐 홈페이지 www.furano.ne.jp/marche

ZOOM IN
꽃을 따라 가는 길, 화인가도 237

평소 꽃구경을 좋아했다거나 예쁜 배경을 뒤로하고 사진을 찍고 싶은 사람이라면 놓칠 수 없는 장소가 바로 화인가도 237이다. '꽃밭' 하면 팜 도미타를 떠올리는 경우가 대부분이지만, 그 밖에도 후라노와 비에이를 잇는 국도 237호를 따라 형형색색 다양한 색을 자랑하는 여러 꽃밭이 연이어 있으니 꽃피는 계절에 꼭 방문해보자.

| 1 | **제루부 언덕**
ぜるぶの丘 | 팜 도미타와 함께 가장 유명한 화원으로 라벤더와 해바라기밭이 특징이다.
부지 약 6만㎡
시즌 7월 중순~9월 초 |

| 2 | **사계채 언덕**
四季彩の丘 | 파노라마 로드에 속한 명소로, 광대한 부지에 수많은 꽃밭이 펼쳐져 있다.
부지 약 15만㎡
시즌 6월 말~9월 말 |

| 3 | **다쿠신칸**
拓真館 | 비에이의 풍경을 더 유명하게 만든 사진작가 마에다 신조 前田眞三의 갤러리로, 사진과 함께 옆에 있는 작은 라벤더밭을 볼 수 있다.
부지 약 3300㎡
시즌 7월 초~중순 |

| 4 | **히노데 공원**
日の出公園 | 정상에 올라서면 광대한 라벤더 꽃밭을 감상할 수 있으며, 도카치다케 연봉이 보이는 전망도 뛰어나다. 노을 풍경 또한 아름답다.
부지 약 4만㎡
시즌 7월 중순~말 |

| 5 | **플라워랜드 카미 후라노**
フラワーランドかみふらの | 광활하게 조성되어 있는 꽃밭을 커다란 트랙터가 끄는 귀여운 차를 타고 유람하며 예쁜 풍경을 즐길 수 있는 곳. 토카치다케 산과 어울러진 풍경도 멋지다.
부지 약 15만㎡
시즌 7월 |

ZOOM IN
당신과 함께 걷고 싶은
팜 도미타

후라노의 이미지를 생각할 때 문득 떠오르는 보랏빛 라벤더밭이 바로 이곳에 있다. 영화 <러브레터>의 새하얀 설경과 함께 홋카이도 여행을 결심하게 했던 결정적 풍경, 홀릴 듯이 아름다운 풍경이 펼쳐지는 이곳으로 지금 바로 떠나보자.

라벤더 하나로 인생, 아니 욥 롬생 역전!

1976년, 홋카이도의 작은 마을 후라노에는 세상이 바뀔 만한 기적이 일어난다. JR 홋카이도 달력에 팜 도미타의 라벤더 사진이 실리면서 전국적으로 유명한 스타가 된 것이다! 달력을 보고 이곳을 찾는 사람들이 점점 늘어나면서 침체기였던 후라노와 라벤더 농가는 일본에서 손꼽히는 최고의 관광 마을로 거듭났다. 이후 팜 도미타는 후라노에서도 가장 유명한 농원이 되어 지금까지도 보는 순간 저절로 감탄사를 연발하게 만드는 아름다운 꽃의 천국을 선보인다.

팜 도미타 개화 캘린더

<팜 도미타 꽃밭, 이곳을 즐기자!>

하나비토 들판
花人の畑

구근식물 꽃과 비올라 등 봄부터 피는 꽃을 시작으로 금잔화 등 가을까지 계속 화려한 꽃밭을 볼 수 있는 곳. 곡선이 완만한 꽃밭 너머로는 라벤더 꽃밭이 보인다.
개화 5월 초~10월 초 | **절정** 7월 초~9월 말

사키와이 들판
倖の畑

각기 색깔이 조금씩 다른 네 종류의 라벤더가 그러데이션되어 평평하고 너른 들판에 심어져 있다. 이곳을 찾은 방문객들의 행복을 비는 마음을 담아 이름 지었다고 한다(사키와이는 '행운'이라는 뜻).
개화 6월 말~8월 초 | **절정** 7월 초~중순

이로도리 들판
彩りの畑

라벤더를 비롯해 붉은 양귀비, 흰색 안개꽃, 오렌지색 캘리포니아 양귀비 등으로 구성된 일곱 빛깔 꽃 언덕. 경사가 완만한 넓고 긴 언덕 끝까지 꽃이 이어져 있어 장관을 이루며 마치 꽃 무지개를 보는 듯하다.
개화 7월 초~말 | **절정** 7월 중순~말

라벤더 들판
トラディショナル
ラベンダー畑

JR 달력에 등장해 오늘날의 후라노와 팜 도미타를 있게 만든 바로 그 장소. 일본에서 가장 오래된 라벤더밭으로 아름다운 보랏빛 카펫이 깔린 듯해 몽환적인 기분까지 느끼게 한다.
개화 6월 말~8월 초 | **절정** 7월 초~말

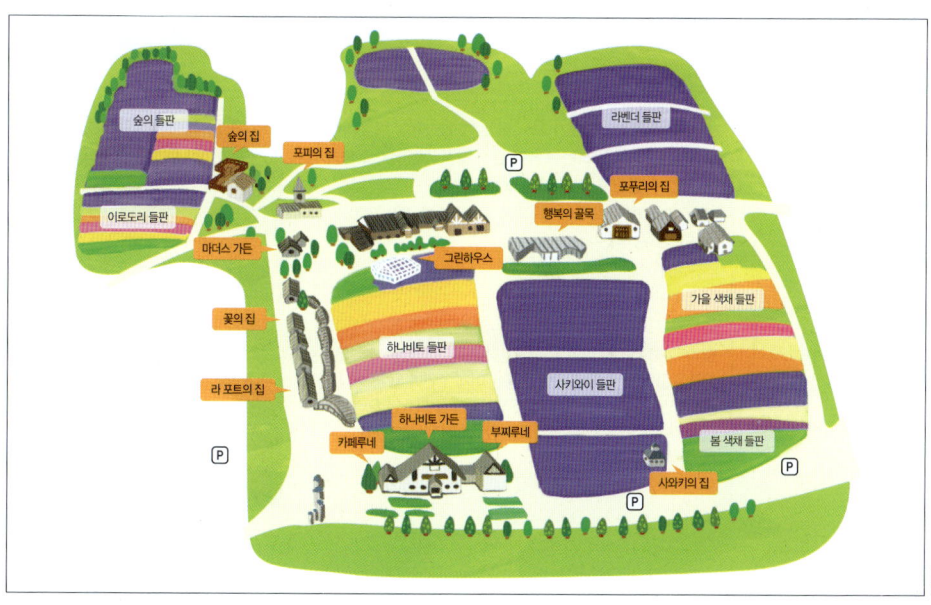

봄 색채 들판 春の彩りの畑	혹독한 겨울을 이겨낸 다년초가 봄을 맞아 꽃을 피워내는 곳으로, 차이브, 아이슬란드 양귀비, 오리엔탈 포피 등을 볼 수 있다. 라벤더가 피는 6월 말 전에는 가장 화려한 곳이다. 꽃밭 너머로 보이는 산꼭대기에는 아직 녹지 않은 눈이 남아 겨울의 흔적을 보여준다. **개화** 5월 중순~6월 말 | **절정** 6월 초~중순	
가을 색채 들판 秋の彩りの畑	가을부터 서리가 내릴 때까지 피는 꽃들이 모여 있는 곳. 클레오메와 해당화, 노랑 코스모스와 맨드라미가 유독 푸르고 높은 가을 하늘을 배경으로 피어 있는 모습이 매우 인상적이다. **개화** 6월 초~10월 초 | **절정** 7월 초~9월 말	
숲의 들판 森の彩りの畑	라벤더와 양귀비, 노랑 코스모스 등 화사한 꽃들이 숲에 둘러싸인 경사면을 장식하고 있다. 짙은 녹색 배경이 꽃들의 화사함을 더욱 돋보이게 한다. 이곳의 라벤더는 드라이플라워용으로 재배된다. **개화** 7월 초~말 | **절정** 7월 초~중순	
하나비토 가든 花人ガーデン	다양한 꽃과 더불어 허브 등을 재배하는 곳으로, 규모 작은 밭에 150여 종의 식물이 옹기종기 모여 있다. 초롱꽃, 도라지, 달리아, 덩굴장미 등 다양한 꽃을 볼 수 있다는 것이 장점이며 흰 라벤더도 있다. **개화&절정** 품종에 따라 다름	
그린 하우스 グリーンハウス	야외에 라벤더가 피는 여름이 아닌 때 방문해도 라벤더를 볼 수 있다. 한겨울에도 온실 속에 핀 보랏빛 라벤더의 그윽한 향에 취할 수 있으며, 여러 꽃과 식물도 있다. **시간** 7~8월 08:30~18:00, 5・6・9월 08:30~17:00, 10~11월 09:00~16:30, 12~4월 09:30~16:30	
마더스 가든 マザーズガーデン	50여 가지 식물이 함께 자라는 곳으로, 봄에는 꽃을, 늦가을에는 단풍을 즐길 수 있다. 이곳의 이름은 이제 고인이 된 지 수십 년이 흘렀지만, 언제나 매일같이 수고하며 이곳을 가꿨던 오너의 할머니를 기리는 뜻에서 명명했다고 한다. **개화** 5월 초~8월 말 | **절정** 6월 중순	

팜 도미타 먹거리

버터를 곁들인 감자
월동 감자를 쪄서 짭조름한 버터를 곁들였다. 맛이 없으려야 없을 수 없는 조합(280¥~)

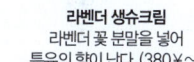

라벤더 생슈크림
라벤더 꽃 분말을 넣어 특유의 향이 난다.(380¥~)

라벤더 소프트아이스크림
이곳을 방문한 거의 모든 사람이 맛본다 해도 과언이 아닌 대표 먹거리, 보랏빛이 살짝 도는 아이스크림을 들고 찍는 인증숏은 필수!(350¥~)

채소 카레
지역에서 생산한 채소를 넣은 카레로, 제철 재료를 사용한다.(700¥~)

라벤더 칼피스
새콤달콤한 음료수로 역시 라벤더 향기와 빛깔을 띤다.(260¥~)

수프 카레
신선한 지역산 채소를 큼지막하게 썰어 넣어 입맛을 돋운다.(1200¥~)

라벤더 에센셜 오일
1990년 프랑스 라벤더 오일 페어에서 1등을 차지한 바 있는 고품질 오일. 이것을 주원료로 여러 제품을 생산하고 있다.(1620¥~)

팜 도미타 쇼핑

라벤더 향수
향기가 다양하니 취향에 맞는 것을 선택해보자. 테스트 코너가 따로 마련되어 있다.(2400¥~)

라벤더 비누
사용할 때마다 기분을 상쾌하게 해준다. 선물용으로도 적합(808¥~)

페이스 타월
라벤더 향을 물씬 풍길 것 같은 보랏빛 페이스 타월은 욕실을 화사하게 해주는 아이템(1567¥~)

포푸리 주머니
마음을 안정시키는 홋카이도의 라벤더 향기를 집으로 가져가자.(700¥~)

OBIHIRO
오비히로

오비히로는 도카치 十勝 지역의 중심 도시로, 여행 적기는 5~10월 말이다. 도카치는 일본에서도 인기 많은 여름 휴양지이자 넓은 초록빛 목장에 양이 뛰어노는 아름다운 곳으로 유명하다. 유명한 스위츠의 본점이 이곳에 있는 것도 깨끗한 자연과 드넓은 평원과 목장이 가깝기 때문일 듯하다. 마치 유럽의 한 목장에 와 있는 것 같은 착각이 들 정도로 로맨틱한 오비히로에서 반짝거리는 예쁜 추억을 만들어보자.

오비히로 가는 법

비행기

도쿄에서 국내선이 운항하는 도카치 오비히로 공항은 작은 규모로 시내와 오갈 때는 버스를 이용하면 된다. 오비히로 시내에서 약 24km 떨어져 있으며 자동차로 약 35분 정도 거리라 접근성도 좋다. 공항버스 帯広空港連絡バス는 비행시간에 맞춰 공항과 시내에서 버스가 출발하며 시내에서는 JR 오비히로 역 버스 터미널에서 출·도착한다. 공항에서는 도착 로비에 버스 티켓 자판기가 있으며, 시내에서는 버스 터미널 입구 앞에 정류장이 있다.

⏱ **시간** 공항에서 JR 오비히로 역&버스 터미널까지 38~40분 소요
💴 **요금** 편도 1100¥~

버스

출발지	소요 시간	요금(편도)	운행
삿포로	3시간 30분	3600~4500¥	1일 4~6회
신치토세 공항	2시간 50분	1800~4300¥	1일 6회
아사히카와	4시간 10분	3300~3700¥	1일 4회

*예매 일자에 따라 요금 상이

기차

쇼핑몰 등과 연결된 오비히로 역은 시내 중심에 위치하며, 삿포로와 구시로 등 주요 도시에서 오비히로로 가는 열차를 운행한다(지정석 요금 별도).

출발지	소요 시간	요금(편도)	운행
삿포로	2시간 30분~	4840¥	1일 12회
신치토세 공항 (미나미치토세 역에서 환승)	2시간 20분~	3650¥	1일 6회~
구시로	1시간 30분~	2860¥	1일 7회

렌터카

국도를 이용할 때는 시간을 여유롭게 잡고 이동하자.

출발지	거리&시간
삿포로	국도 기준 189km, 3시간 15분~
아사히카와	고속도로 기준 171km, 3시간 15분~
구시로	국도 기준 120km, 2시간~

오비히로 시내 교통

도보

JR 오비히로 역 주변의 스위츠 본점과 유명 식당에 갈 때는 도보로 충분하며 역에서 도보로 20여 분 소요되는 미도리가오카 공원 緑ヶ丘公園까지도 날씨에 따라 걸어서 돌아볼 수 있다. 그외 지역은 도보 여행은 불가능하다.

도카치 버스 十勝バス

JR 오비히로 역 북쪽 출구 앞쪽에 버스터미널이 있으며, 이곳에서 시내와 시외곽으로 가는 도카치 버스를 탈 수 있다. 도카치 버스로 갈 수 있는 주요 명소는 마나베 정원, 행복역, 도카치가와 온천 등이다. 홈페이지에서 미리 운행 스케줄 등을 체크한 후 이용하면 더 편리하다.

🌐 **도카치 버스** www.tokachibus.jp.

렌터카 レンタカー

대중교통이 잘 발달하지 않은 곳이라 렌터카를 이용하는 것이 가장 편리하다. 특히 천 년의 숲, 외곽의 정원, 행복역 등의 명소를 둘러볼 때 자유로운 이동이 가능한 렌터카가 위력을 발휘한다. 오비히로 역 주변으로 렌터카 사무실이 있다.

지역 명물 음식

불 맛 가득한 돼지고기 덮밥
부타동

다이어트는 내일부터!
스위츠

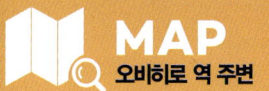

MAP
오비히로 역 주변

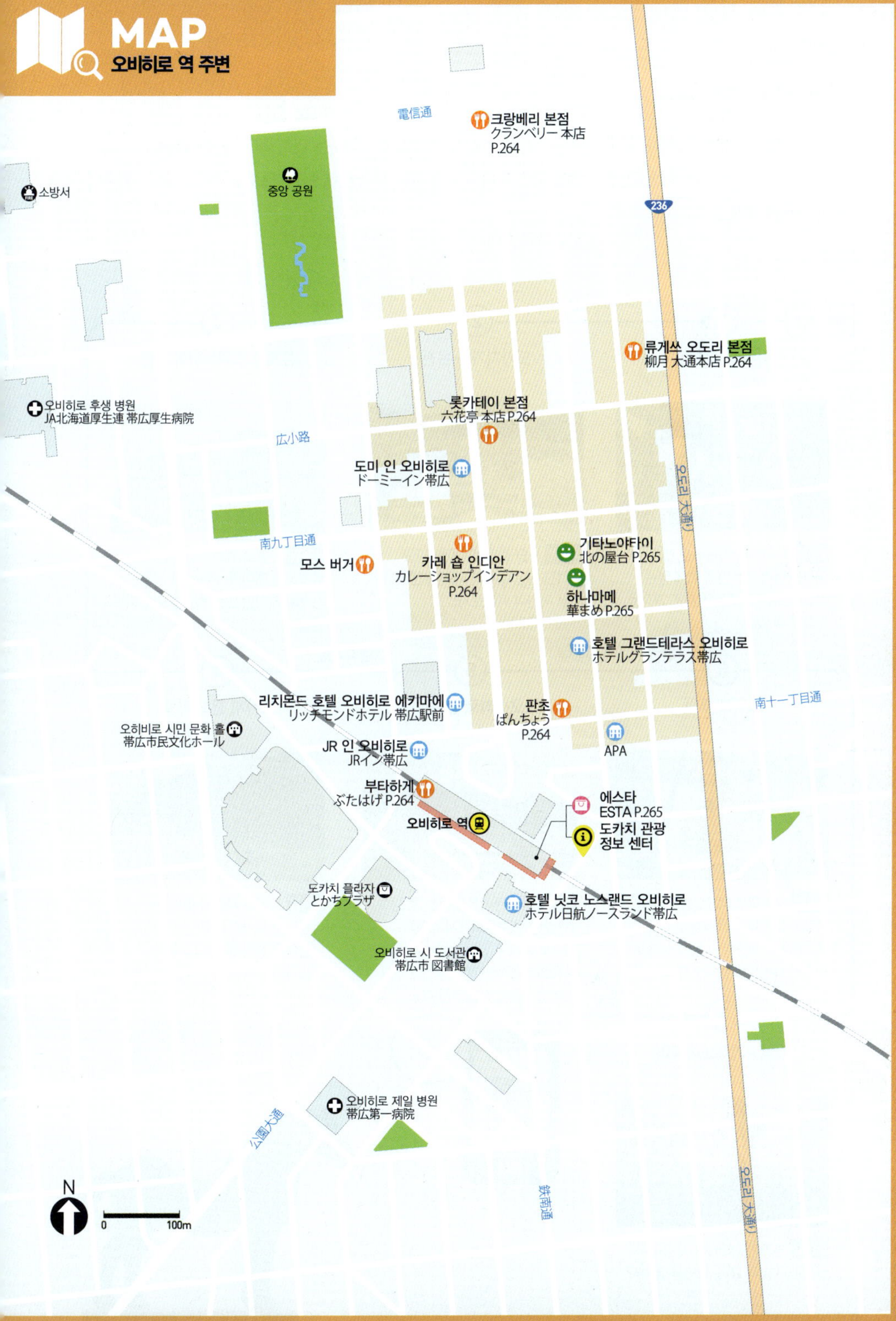

電信通
크랑베리 본점
クランベリー 本店
P.264
중앙 공원
소방서
236
류게쓰 오도리 본점
柳月 大通本店 P.264
롯카테이 본점
六花亭 本店 P.264
오비히로 후생 병원
JA北海道厚生連 帯広厚生病院
広小路
도미 인 오비히로
ドーミーイン帯広
오도리 大通り
南九丁目通
기타노야타이
北の屋台 P.265
모스 버거
카레 숍 인디안
カレーショップインデアン
P.264
하나마메
華まめ P.265
호텔 그랜드테라스 오비히로
ホテルグランテラス帯広
리치몬드 호텔 오비히로 에키마에
リッチモンドホテル 帯広駅前
판초
ぱんちょう
P.264
南十一丁目通
오비히로 시민 문화 홀
帯広市民文化ホール
APA
JR 인 오비히로
JRイン帯広
부타하게
ぶたはげ P.264
에스타
ESTA P.265
오비히로 역
도카치 관광
정보 센터
도카치 플라자
とかちプラザ
호텔 닛코 노스랜드 오비히로
ホテル日航ノースランド帯広
오비히로 시 도서관
帯広市図書館
오비히로 제일 병원
帯広第一病院
公園大通
鉄南通
오도리 大通り
N
0
100m

COURSE

오비히로 1DAY 코스

시 외곽의 정원과 명소를 중심으로 둘러보는 코스로, 아침 일찍 일정을 시작하는 것이 좋다. 또 렌터카로 움직여야 일정을 소화할 수 있으니, 대중교통을 이용한다면 시내 스위츠 본점 투어와 대중교통으로 이동 가능한 곳 위주로 코스를 계획해보자.

START → ① 이케다 와인 성 (자동차 18분)
#관광 도카치의 아름다운 전원 풍경을 바라보는 언덕 위에 있는 곳으로, 도카치 와인의 제조 과정을 견학할 수 있다.

② 도카치가와 온천 (자동차 18분)
#관광 보습 효과가 뛰어나다고 알려진 일본 유일의 모르 온천에서 피부 미인이 되어보자!

③ 류게쓰 스위트피아 가든 (자동차 32분)
#관광 유명 스위츠 브랜드인 류게쓰의 베이커리 아웃렛. 모양은 좀 떨어지지만 맛은 똑같아 가성비는 만점!

④ 도카치 천 년의 숲 (자동차 40분)
#관광 자연과 사람의 조화가 아름다운 도카치 대표 정원. 아름다운 정원 뿐 아니라 현대 미술가들의 작품도 감상할 수 있다.

⑤ 오비히로 경마장 (자동차 5분)
#관광 전통 경마가 열리는 곳. 함께 위치한 도카치무라에서 쇼핑과 식사도 즐길 수 있다. 이후 일정은 차가 없는 것이 편하니 숙소에 주차 후 도보로 이동할 것을 추천한다.

⑥ 스위츠 투어 (도보 8분)
#관광 오비히로 대표 스위츠점을 차례로 둘러보는 즐거운 코스. 롯카테이와 크랑베리 본점 등 4대 스위츠 브랜드를 둘러보자.

⑦ 저녁 - 기타노야타이
#식사 홋카이도의 대표 포장마차 골목에서 술과 요리, 낭만을 즐기자.

지도 한눈에 보기

TRAVEL INFO
오비히로 시내

- 건강한 땅 도카치에서는 멋진 정원을 둘러보고 건강에 좋은 음식도 즐겨보자. 명물 부타동도 맛보고 유명 스위츠의 본점을 순방하는 것도 큰 즐거움이다. 저녁에는 낭만이 넘치는 포장마차 거리에서 즐거운 시간을 보내자.

1 오비히로 경마장
帯広競馬場

홋카이도 전통 경마인 반에이 ばんえい 경마가 열리는 경기장으로, 오직 이곳에서만 볼 수 있는 이벤트다. 반에이 경마는 기수가 말이 끄는 썰매를 타고 장애물을 넘는 형식이다. 경주마들은 몸은 크지만 다리가 짧은 농경마로, 몸무게가 1톤 정도이며 썰매도 500kg~1톤 정도라 아주 느린 속도로 달린다. 2개의 언덕이 있는 200m 코스지만 두 번째 언덕을 넘을 때 나름 박진감이 넘친다는 것이 대부분의 평가다. 경마일(홈페이지에서 경기일 확인 가능)에는 베팅도 가능하며 경기가 없을 때도 경마장을 둘러볼 수 있다.

- 구글 지도 반에이 경마장
- MAP p.260
- 찾아가기 JR 오비히로 역 帯広駅에서 자동차로 7분, 또는 오비히로 역 북쪽 출구 앞 버스 터미널 12번 정류장에서 경마장행 버스 승차 후 게이바조 競馬場 정류장에서 하차, 10분 소요
- 주소 帯広市西13条南9丁目
- 전화 0155-34-0825
- 시간 4월 중순~6월 중순·10월 중순~3월 말 10:00~17:45, 6월 중순~10월 중순 토·일·월요일 13:10~20:30
- 휴무 6월 중순~10월 중순 월~금요일
- 가격 200¥
- 홈페이지 www.banei-keiba.or.jp

2 미도리가오카 공원
緑ヶ丘公園

도심 속 녹지대로, 산책하기에도 좋다. 지역 530여 종의 식물 보존이 목적인 야생초 화원, 오비히로 시민들의 휴식 공간인 그린 파크, 근현대의 작품과 지방 예술가들의 작품을 감상할 수 있는 오비히로 도립 미술관, 도카치 지방의 역사와 자연 관련 전시물이 있는 오비히로 백 년 기념관 등이 있다.

- 구글 지도 Midorigaoka Park
- MAP p.260
- 찾아가기 JR 오비히로 역 帯広駅 남쪽 출구에서 도보 20분
- 주소 帯広市緑ヶ丘2
- 전화 0155-21-3172
- 시간 24시간(시설에 따라 다름)
- 가격 공원 무료, 오비히로 도립 미술관 260¥, 오비히로 백 년 기념관 470¥
- 홈페이지 백 년 기념관 octv.ne.jp, 도립 미술관 dokyoi.pref.hokkaido.jp

3 마나베 정원
真鍋庭園

일본식과 서양식 정원이 있는 아기자기한 장소로, 홋카이도 가든가도 중 하나이다. 약 2만 5천여 평의 규모로 1966년부터 일반에 개방하고 있다. 3개의 테마 가든으로 구성되어 있으며, 전 세계에서 끊임없이 수집하고 있는 수천 종의 식물들이 모여 있다. 그 중 북유럽과 캐나다 등에서 온 침엽수림을 비롯해 테마 정원 곳곳을 산책하며 둘러보는 재미가 있고, 정원과 더불어 예쁜 사진 찍기에도 좋다. 또한 새들이 지저귀는 카페테라스에서 차를 마시며 풍경을 즐겨보아도 좋다.

- 구글 지도 Manabe Garden
- MAP p.260
- 찾아가기 JR 오비히로 역 帯広駅에서 자동차로 10분. 또는 오비히로 역 앞에서 2번 도카치 버스 승차 후 니시온조 산주큐초메 西4条39丁目 정류장에서 하차(9분 소요)해 도보 3분(여름에는 정기 관광버스 이용 가능)
- 주소 帯広市稲田町東2-6
- 전화 0155-48-2120
- 시간 4월 말~11월 08:30~17:30
- 휴무 12월~4월 말
- 가격 어른 1000¥, 중학생 이하 200¥
- 홈페이지 www.manabegarden.jp

4 부타하게
ぶたはげ

유료 주차 ★★

오비히로 역 내에 자리한 쇼핑몰 에스타 ESTA 서관에 자리한 부타동 전문점. 1934년에 오픈한 곳으로, 메뉴는 밥 위에 얹는 고기 양으로 나누어진다. 4·6장이 있는데, 도시락으로 포장해 에키벤으로 열차 안에서 먹을 수도 있다. 숯불 향이 솔솔 나는 두툼한 돼지고기는 언제 먹어도 맛있고 든든한 오비히로 최고의 메뉴!

구글 지도 부타하게

- **MAP** p.261
- **찾아가기** 오비히로 역 帯広駅 내 에스타 ESTA 서관 **주소** 帯広市西3条南12丁目9 **전화** 0155-24-9822
- **시간** 10:00~20:00
- **휴무** 셋째 주 수요일
- **가격** 부타동 1080¥~
- **홈페이지** butahage.com

5 판초
ぱんちょう

주차 없음 ★★

원조 부타동 元祖豚丼으로 유명한 집. 1933년 오픈했으며, 숯불에 구운 고기는 특제 간장 소스로 양념했다. 메뉴는 고기 양에 따라서 송 松·죽 竹·매 梅·화 華로 나뉘며 가격이 다르다. 송 松은 돼지고기를 2장 정도 얹고 화 華는 8장을 얹는다. 항상 긴 줄이 늘어서 있으니 식사 시간을 조금 피해 가는 것이 좋다.

구글 지도 부타동 판쵸

- **MAP** p.261
- **찾아가기** 오비히로 역 帯広駅 버스 터미널 건너편에 위치 **주소** 帯広市西1条南11丁目19番地1 **전화** 0155-22-1974 **시간** 11:00~19:00 **휴무** 월요일, 첫째·셋째 주 화요일 **가격** 1150¥~
- **홈페이지** butadon.com

6 카레 숍 인디언
カレーショップインデアン

주차 없음 ★★

오비히로의 유명한 커리 전문 체인점. 홋카이도산 재료로 만든 맛있는 커리를 맛볼 수 있다. 일본식 채소 절임인 쓰케모노를 곁들여 먹으면 더 맛있다는 것이 팁. 특히 부드러운 맛의 쇠고기 카레는 아이들도 잘 먹는 스테디셀러다. 밥 양을 조절할 수 있으며 메뉴도 다양하다. 포장도 가능.

구글 지도 인디언 커리샵 오비히로점

- **MAP** p.261
- **찾아가기** 오비히로 역 帯広駅 북쪽 출구에서 도보 5분 **주소** 帯広市西2条南10丁目1-1
- **전화** 0155-25-1818
- **시간** 11:00~21:00
- **가격** 카레 528~869¥
- **홈페이지** www.fujimori-kk.co.jp/indian

7 롯카테이 본점
六花亭 本店

무료 주차 ★★★

맛도 좋고 포장도 예뻐 선물 사기에도 좋은 곳으로, 주요 상품은 즉석에서 맛볼 수 있게 판매한다. 롯카테이 최고의 스테디셀러인 마루세이 버터 샌드 マルセイバターサンド와 딸기가 들어 있는 초콜릿 ストロベリーチョコホワイト, 포장이 예쁜 유키야콩코 雪やこんこ 등이 최고의 베스트셀러다.

구글 지도 롯카테이본점

- **MAP** p.261
- **찾아가기** 오비히로 역 帯広駅 북쪽 출구에서 도보 7분
- **주소** 帯広市西2条南9丁目6
- **전화** 0155-24-6666
- **시간** 09:00~18:30
- **가격** 마루세이 버터 샌드 250¥~, 딸기 초콜릿 680¥~ **홈페이지** rokkatei.co.jp

8 크랜베리 본점
クランベリー 本店

무료 주차 ★★★

오비히로에서만 맛볼 수 있는 스위츠 브랜드로, 1972년에 개점했다. 소박한 매장에 들어서면 달콤한 고구마 냄새가 나는데, 짐작대로 이곳의 시그니처 메뉴는 큰 고구마 모양의 스위트 포테이토 スイートポテト다. 무게를 재서 가격을 매긴다.

구글 지도 크랜베리 패스트리 샵

- **MAP** p.261
- **찾아가기** 오비히로 역 帯広駅 북쪽 출구에서 도보 10분
- **주소** 帯広市西2条南6丁目2-5
- **전화** 0155-22-6656
- **시간** 09:00~20:00
- **가격** 스위트 포테이토 100g당 250¥~ **홈페이지** www.cranberry.jp

9 류게쓰 오도리 본점
柳月 大通本店

무료 주차 ★★

1947년에 문을 연 곳으로, 독일의 바움쿠헨을 모티브로 만든 산포로쿠 三方六가 시그니처 메뉴다. 오비히로뿐 아니라 오타루나 신치토세 공항에서도 구입할 수 있지만, 본점을 방문하는 의미도 있다. 이곳의 제품은 홋카이도산 재료로 만든 것으로, 촉촉한 맛이 일품이다.

구글 지도 류게쓰본점

- **MAP** p.261
- **찾아가기** 오비히로 역 帯広駅 북쪽 출구에서 도보 10분 **주소** 帯広市大通南8丁目15
- **전화** 0155-23-2101
- **시간** 08:30~19:30
- **가격** 산포로쿠 750¥~
- **홈페이지** ryugetsu.co.jp

10 도카치 도텟포 공방
十勝トテッポ工房

무료 주차

내추럴 치즈 케이크 ナチュラルチーズケーキ 가 맛있다고 소문난 곳으로, 다른 곳에 비하면 덜 유명하지만 역시 맛있는 스위츠를 즐길 수 있다. 치즈 케이크에 커피를 곁들이면 더욱 맛있게 즐길 수 있고, 신선한 치즈도 구매할 수 있다.

- 구글 지도 토카치 토텝포 공방
- MAP p.260
- 찾아가기 오비히로 역 帯広駅 남쪽 출구에서 도보 10분   주소 帯広市西6条南17-3-1
- 전화 0155-21-0101
- 시간 10:00~18:00
- 가격 600¥~
- 홈페이지 toteppo-factory.com

11 도카치무라
とかちむら

무료 주차

오비히로 경마장에 함께 자리한 식문화 테마몰. 세 동의 건물에 산지 채소와 과일, 가공식품을 판매하는 산초쿠 시장, 수프 카레, 라멘, 부타동 등을 파는 4개의 식당이 있는 푸드 코트 키친, 커피와 스콘을 판매하는 시치쿠 가든 카페가 있다. 주말에는 벼룩시장도 열리고 산초쿠 시장에는 오비히로를 배경으로 한 만화 《긴노사지(銀の匙 은수저)》 캐릭터 상품도 있다.

- 구글 지도 TOKACHIMURA
- MAP p.260
- 찾아가기 오비히로 경마장에서 도보 1분
- 주소 帯広市西13条南8-1
- 전화 0155-66-6830(산초쿠 시장)
- 시간 시장&카페 10:00~19:00(겨울 18:00까지), 키친 11:30~21:00(점포마다 다름)
- 홈페이지 www.tokachimura.jp

12 기타노야타이
北の屋台

주차 없음

화려하게 부활한 오비호로의 포장마차가 밀집한 골목으로, 여러 매체에 소개되면서 도시의 명물이 되었다. 밤이 되면 이곳에 들른 시민들과 여행자들이 함께 어울려 저마다 개성 있는 가게에서 술과 맛있는 안주를 즐기며 하루를 기분 좋게 마무리하는 풍경이 넘치는 활기찬 나이트 스폿이다.

- 구글 지도 기타노 야타이(북쪽의 포장마차)
- MAP p.261
- 찾아가기 JR 오비히로 역 帯広駅 북쪽 출구에서 도보 5분
- 주소 帯広市西1条南10丁目8
- 전화 가게마다 다름
- 시간 18:00~24:00(가게에 따라 다름)
- 가격 2200¥~
- 홈페이지 www.kitanoyatai.com

13 하나마메
華まめ

주차 없음

기타노야타이에 있는 작은 술집으로 오사카 출신의 능숙한 주인이 맛있는 안주를 선보인다. 이곳의 대표 메뉴는 소 힘줄 된장 조림 牛すじの味噌煮込み으로, 짭조름한 맛이 술과 아우 잘 어울린다. 그 밖에 된장 맛 탄두리 치킨과 새우 요리 등도 맛있다.

- 구글 지도 GPS 42.920924, 143.203613
- MAP p.261
- 찾아가기 기타노야타이 내
- 주소 帯広市西1条南10丁目8
- 전화 090-6448-5549
- 시간 17:00~24:00
- 휴무 일요일
- 가격 소 힘줄 된장 조림·된장 맛 탄두리 치킨·새우 된장 마요 각 800¥, 돼지 불고기 750¥
- 홈페이지 www.kitanoyatai.com

14 에스타
ESTA

유료 주차

JR 오히비로 기차역과 연결된 쇼핑몰로, 여행 중 필요한 물건이 있거나 지방 특산물을 구입하기에 좋다. 동관과 서관으로 나뉘어 있으며, 가장 인기 높은 곳은 서관 1층 스위츠 숍, 부타동 전문점 등이 있는 식당가도 찾는 이가 많다.

- 구글 지도 Esta Obihiro
- MAP p.261
- 찾아가기 오비히로 기차역 내에 위치
- 주소 帯広市西2条南12丁目4 エスタ帯広事務所
- 전화 0155-23-2181
- 시간 09:00~19:00(숍마다 다름)
- 휴무 셋째 주 수요일(8월에는 무휴)
- 홈페이지 esta.tv/obihiro

TRAVEL INFO

오비히로 시외
(홋카이도 가든가도)

● 가든가도는 홋카이도에서 지정한 아름다운 가든 총 8개 중 이 지역에 있는 도카치 천년의 숲 十勝千年の森, 마나베 정원 真鍋庭園, 도카치 힐즈 十勝ヒルズ, 시치쿠 가든 紫竹ガーデン, 롯카노모리 六花の森 등 다섯 군데를 말한다. 총 250km에 걸친 광대한 지역이기 때문에 각 정원을 모두 둘러보려면 렌터카를 이용하는 것이 가장 편하다.

1 도카치 천 년의 숲(센넨노모리)
十勝千年の森

거대한 대지 위에 펼쳐진 숲과 사람의 공존과 조화가 아름다운 자연 공원으로, 도카치 지방의 숲을 복원한다는 목표로 조성되었다. 땅, 숲, 농장, 초원을 주제로 한 네 곳의 정원이 있고, 현대미술가 8인이 조성한 아트라인 ARTLINE도 함께 둘러볼 수 있다.

구글 지도 Tokachi Millennium Forest

◉ MAP p.260

◉ 찾아가기 JR 오비히로 역 帯広駅에서 자동차로 45분, 또는 JR 도카치시미즈 역 十勝清水駅에서 택시나 자동차로 15분 ◉ 주소 上川郡清水町字羽帯南10線103-6 ◉ 전화 0156-63-3000 ◉ 시간 4/29~6/30 09:30~17:00, 7/1~8/31 09:00~17:00, 9/1~10/15 09:30~16:00 ◉ 휴무 10/16~4/28 ◉ 가격 어른 1200¥, 중학생 이하 600¥ ◉ 홈페이지 www.tmf.jp

2 롯카노모리
六花の森

스위츠 기업 롯카테이가 운영하는 아름다운 정원으로 산야초를 비롯한 회사 제품에 널리 사용하는 그림의 실물을 볼 수 있다. 꽃이 만발한 들판과 유럽풍의 작은 미술관, 맑은 시냇물이 어우러져 산책만 해도 마음이 편안해진다. 출구 쪽에는 숍&레스토랑이 있다.

구글 지도 Rokka Forest

◉ MAP p.260
◉ 찾아가기 JR 오비히로 역 帯広駅에서 자동차로 40분(여름에는 정기 관광버스 이용 가능) ◉ 주소 河東郡中札内村常盤西3線249-6 ◉ 전화 0155-63-1000 ◉ 시간 4/28~5/31 10:00~17:00, 6/1~8/31 09:00~17:00, 9/1~9/24 10:00~17:00, 9/25~10/15 10:00~16:00(매해 변경) ◉ 휴무 10/16~4/27(매해 변경) ◉ 가격 1000¥, 중학생 이하 600¥ ◉ 홈페이지 www.rokkatei.co.jp/facilities/index2.html

3 시치쿠 가든
紫竹ガーデン

'하루 종일 꽃과 놀고 싶다'라고 꿈꾸던 한 여성의 생각을 실현한 장소로 총 1만5000평에 이르는 정원에는 계절에 따라 약 2500종의 꽃과 홋카이도의 나무가 자라고 있다. 암석, 허브, 들꽃 등이 모여 있는 정원과 흰 꽃만 모아놓은 화이트 가든도 눈길을 끈다. 제대로 즐기려면 5~9월에 걸친 꽃이 활짝 피는 계절에 들러야 한다.

구글 지도 Shichiku Garden

◉ MAP p.260
◉ 찾아가기 JR 오비히로 역 帯広駅에서 자동차로 30분 ◉ 주소 帯広市美栄町西4線107 ◉ 전화 0155-60-2377 ◉ 시간 4/15~11월 말 08:00~18:00 ◉ 휴무 11월 말~4/14 ◉ 가격 1000¥ ◉ 홈페이지 shichikugarden.com

4 이케다 와인 성
池田ワイン城

도카치의 아름다운 전원 풍경이 한눈에 내려다보이는 언덕 위에 자리한 건물. 홋카이도의 유명 도카치 와인의 제작 과정을 견학·시음하고 관련 제품을 구입할 수 있다. 레스토랑에서 와인과 요리를 즐길 수도 있으며 1층 숍의 와인을 넣은 소프트아이스크림도 인기다.

구글 지도 이케다 와인 성

◉ MAP p.260
◉ 찾아가기 JR 오비히로 역 帯広駅 정문에서 자동차로 40분, 또는 JR 이케다 역 池田駅 정문에서 도보 10분 ◉ 주소 北海道中川郡池田町清見83番地電話 ◉ 전화 015-572-2467 ◉ 시간 견학 09:00~17:00, 레스토랑 11:00~17:00 ◉ 홈페이지 www.tokachi-wine.com

5 나카사쓰나이 미술촌
中札内美術村

★★ 무료 주차

롯카테이에서 운영하는 5개의 미술관과 레스토랑이 있는 곳. 아이하라 규이치로 등 도카치 지방의 유명 예술가의 작품을 감상할 수 있다. 또 울창한 숲속에 있어 산책로를 따라 걷기만 해도 힐링되는 듯한 느낌이라, 여유를 찾고 싶을 때 들르면 좋다.

구글 지도 Nakasatsunai Art Village

- **MAP** p.260
- **찾아가기** JR 오비히로 역 帯広駅에서 자동차로 40분 · **주소** 河西郡中札内村東5線172-1
- **전화** 0155-68-3003 · **시간** 4/28~9/15 10:00~17:00, 9/16~10/16 10:00~16:00(매해 변경)
- **휴무** 10/17~4/27(매해 변경)
- **가격** 나카사쓰나이 미술관 패스 어른 1700¥, 중학생 이하 1100¥
- **홈페이지** rokkatei.co.jp/facilities/index.html

6 구 행복역
旧幸福駅

★★ 무료 주차

'행복'이라는 이름이 붙은 옛 역으로, 지금은 기차가 달리지 않지만 여전히 많은 사람들이 찾는 아기자기한 분위기의 인기 명소다. 옛날식 기차 두 량이 선로 위에 서 있고, 역사 안에는 행운과 복을 기원하는 많은 사람들의 메모가 빼곡하게 들어차 있다. 역 주변 매점에서 행복역행 기차표를 구입할 수 있다.

구글 지도 Kofuku eki

- **MAP** p.260
- **찾아가기** JR 오비히로 역 帯広駅에서 자동차로 30분, 또는 오비히로 역 앞에서 60번 도카치 버스 승차 후 행복역 幸福駅 정류장에서 하차(46분 소요)해 도보 5분 · **주소** 帯広市幸福町東線
- **시간** 07:00~18:00
- **가격** 무료
- **홈페이지** koufuku-eki.com

7 애국역
愛国駅

★ 무료 주차

1987년에 기차가 끊긴 이후에도 주변의 행복역과 더불어 인기 명소가 된 곳으로 '사랑의 나라에서 행복에게'라는 모토로 함께 유명해졌다. 작은 역사 내부는 교통 기념관으로 사용되어 당시의 자료와 이곳을 찾은 사람들의 메모도 볼 수 있다.

구글 지도 Remains of Aikoku Train Station

- **MAP** p.260
- **찾아가기** JR 오비히로 역 帯広駅에서 자동차로 20분, 또는 오비히로 역 앞에서 60번 도카치 버스 승차 후 애국역 愛国駅 정류장에서 하차(37분 소요)해 도보 2분 · **주소** 帯広市愛国町基線39-40
- **시간** 09:00~18:00(겨울에는 일요일만 개관)
- **휴무** 겨울 월~토요일 · **가격** 무료
- **홈페이지** www.koufuku-eki.com

8 가든 카페 라우라우
Garden Café Raurau

★★ 무료 주차

도카치 천 년의 숲 내에 있는 레스토랑 겸 카페로, 간소하지만 건강한 메뉴를 선보인다. 허브 피자와 치즈 플레이트, 크림 파스타 등이 주메뉴. 주변에 있는 작은 정원을 바라보며 식사를 하면 기분이 편안해진다.

구글 지도 GPS 42.93223, 142.86824

- **MAP** p.260
- **찾아가기** JR 오비히로 역 帯広駅에서 자동차로 45분, 도카치 천 년의 숲 내부의 로즈 가든 근처
- **주소** 上川郡清水町字羽帯南10線103-6
- **전화** 0156-63-3400
- **시간** 5월 중순~10월 10:00~16:00(변동 있음)
- **가격** 치즈 플레이트 1300¥~
- **휴무** 11월~4월 초순
- **홈페이지** www.tmf.jp/restaurant_raurau.php

9 류게쓰 스위트피아 가든
柳月スイートピアガーデン

★★ 무료 주차

오비히로 시내에 본점이 있지만 이곳이 인기가 있는 것은 바로 공장 겸 매장이라 대표 상품인 산포로쿠 등을 저렴하게 살 수 있기 때문이다. 공장에서 완제품을 생산한 뒤 남은 것을 절반 가격 정도에 판매하는데, 모양은 없지만 맛은 똑같아 실속파 소비자에게 인기 만점이다. 무료로 커피도 제공해 함께 즐기면 더욱 맛있다.

구글 지도 Ryugetsu Sweetpia Garden

- **MAP** p.260
- **찾아가기** JR 오비히로 역 帯広駅에서 자동차로 20분 · **주소** 河東郡音更町下音更北9線西18-2
- **전화** 0155-32-3366
- **시간** 4월 중순~11월 초 09:00~18:00, 11월 초순~4월 중순 09:30~17:30
- **홈페이지** ryugetsu.co.jp

10 도카치가와 온천
十勝川温泉

★★★ 무료 주차

식물성 유기물인 모르 moor가 퇴적된 상태에서 지열로 뜨거워진 후 온천과 함께 솟아오르는 일본 유일의 모르 온천이라 들러볼 만하다. 보습 효과가 뛰어나 언제나 인기 만점이다. 숙박하지 않더라도 목욕만 가능한 곳도 있으니 꼭 들러보자(간게쓰엔 観月苑 13:00~20:00, 어른 1200¥ · 어린이 600¥, 0155-46-2001, www.kangetsuen.com/spa).

구글 지도 도카치가와온센

- **VOL 1** p.089 · **MAP** p.260
- **찾아가기** JR 오비히로 역 帯広駅에서 자동차로 20분, 또는 JR 오비히로 역 남쪽 출구 6번 승강장에서 45번 버스 승차 후 도카치가와온센 정류장에서 하차, 30분 소요 · **주소** 河東郡音更十勝川温泉 · **홈페이지** www.tokachigawa.net

ZOOM IN
천 년을 바라보는 홋카이도의 정원
도카치 천 년의 숲 (센넨노모리)

센넨노모리의 탄생

'천년의 숲'이라는 뜻을 지닌 이곳은 무려 약 121만 평에 이르는 거대한 부지에 조성된 자연 공원이다. 히다카 日高 산맥과 도카치 평원 사이에 있으며 낙엽송, 침엽수처럼 인위적인 산림을 모두 없앤 후 홋카이도 도카치 지방의 원래 숲을 1000년에 걸쳐 복원한다는 야심 찬 계획 아래 2008년부터 조성된 숲과 사람이 공존하는 공간이다. 2002년 일본의 다카노 랜드스케이프 플래닝 대표인 다카노 후미아키 高野文影와 영국의 가든 디자이너인 댄 피어슨 Dan Pearson의 합작으로 대역사가 시작되었다. 아사히카와부터 시작해 도카치로 이어지는 홋카이도 가든가도 北海道ガーデン街道는 250km에 걸쳐 있는 정원을 잇는 길로, 그 중 대표적인 곳이 바로 이곳이다.

홋카이도의 기후와 땅에 맞는 전통 숲을 살리면서 그곳에서 자라난 신선한 농산물을 수확하며 자연과 인간이 공존하도록 하는 것이 이곳의 목적이다. 땅, 숲, 농장, 초원을 주제로 한 네 곳의 정원이 있다.

풍요로운 숲과 정원

숲과 정원을 둘러보다 보면 사람의 손길이 닿은 흔적도 많이 보이지만, 많은 곳이 자연 그대로의 모습을 유지해 풍요로운 대지의 모습을 그대로 보여준다. 도카치 지역에서 자생하는 온갖 들꽃과 졸졸졸 흐르는 실개천, 그 옆으로 자라나는 도카치의 채소, 곡식, 여유롭고 행복해 보이는 염소 무리를 바라보고 있노라면 자연의 넉넉함에 저절로 포근한 마음이 든다.

건강에 좋은 맥반석

센넨노모리의 지하에는 화강암의 일종인 맥반석이 많다. 이것은 물과 공기를 정화하고 냄새를 흡착하는 기능이 있으며, 의학서인 《본초강목》에서는 악성종양을 치료하는 돌이라고 말할 정도로 건강에 좋은 영향을 주는 돌로 알려져 있다. 이곳에 있는 레스토랑이나 카페에서는 지하에서 맥반석을 거쳐 정화된 천연수를 사용해 각종 음식을 만든다.

씽씽 달리는 세그웨이 Segway

우리나라에서도 젊은 층을 중심으로 인기를 끌고 있는 세그웨이를 타고 센넨노모리를 둘러볼 수 있다. 전기를 동력으로 하기 때문에 탄소를 배출하지 않아 친환경 교통수단으로도 각광받는다. 숲 입구 매표소를 지나면 세그웨이 출발 장소가 보이는데, 2시간 프로그램으로 구성되어 있으며 30분간 교습을 받은 후 1시간 30분 동안 가이드와 함께 숲 이곳저곳을 함께 둘러본다. 나이 16~69세, 몸무게 45~100kg에 해당되어야 세그웨이 탑승이 가능하다. 장시간 투어가 부담스럽다면 세그웨이 출발장에서 10분 정도 시승하며 살짝 맛을 볼 수도 있다. 그 밖에도 트레킹과 승마 프로그램, 치즈 만들기 체험도 있으니 관심이 있다면 홈페이지에서 운영 시간을 확인해보자.

⏰ **시간** 4월 말~10월 중순 09:45, 13:15 (2시간 15분 소요)
💰 **가격** 9800¥ 🌐 **홈페이지** tmf.jp/segway.php

로즈 가든 Rose Garden
가든 디자이너 댄 피어슨과 잉글리시 로즈를 만든 영국의 데이비드 오스틴 로지즈 David Austin Roses가 합작해 조성한 장미 정원. 홋카이도의 혹독한 겨울 환경에도 견디는 품종을 선정해 가꾸었다고 한다.

입구 숲 Entrance Forest
조릿대가 무성해 어두운 숲이라는 느낌이 들지만, 4년간의 노력 끝에 들꽃이 만발했다고 한다. 5월 초~8월 말이 개화 시기인데, 특히 늦여름에 많은 꽃이 피어난다.

키친 가든 Kitchen Garden
채소와 허브, 과일나무가 자라는 이곳은 안전한 먹거리를 지향한다고 한다. 우리가 먹는 음식의 재료가 곧 건강과 안전에 직결되는 것이니 삶과 음식의 관계를 생각하게 하는 장소이기도 하다.

팜 가든 Farm Garden
자연과 공생하는 것을 전제로 운영하며 신선하고 맛있는 채소를 기르는 농장과 더불어 귀여운 염소와 양을 만날 수 있다.

아트라인 ARTLINE
일본 출신 행위 예술가이자 존 레논의 부인으로도 유명한 오노 요코와 예술가 7인의 작품을 만날 수 있는 장소. 다른 것들은 자유롭게 둘러볼 수 있지만 오노 요코의 작품은 예약제로 전시하며 가이드가 동반하는 유료 투어로만 감상할 수 있다(일본어 진행).

어스 가든 Earth Garden
약 1만 5000평의 초원에 펼쳐진 드넓은 잔디 언덕으로, 뒤로 보이는 산들은 히다카 산맥이다. 총 13개의 잔디 언덕은 히다카 산맥의 모양을 모티브로 삼아 조성했는데, 자연스러워 보이지만 언덕의 높이와 기울기, 위치 등을 치밀하게 계산해 만든 것이다.

메도 가든 Meadow Garden
댄 피어슨이 도카치의 풍경과 자연에서 영감을 받아 디자인한 들꽃 정원으로 아름다운 초원과 꽃들 사이를 거닐 수 있는 공간이다. 1년간 여러 화초의 생태를 지켜보며 가장 조화로운 재배 패턴을 만들 정도로 정성이 듬뿍 담긴 곳이다. 가장 아름다운 때는 5월 말~8월 초다.

 # HAKODATE
하코다테

하코다테는 예부터 항구가 발달해 홋카이도와 혼슈를 잇는 교통의 요지이자 홋카이도 남부의 중심 도시인 곳이다. 비록 거주 인구는 현저히 감소하고 있지만 한 해 약 500만 명 이상의 관광객이 방문한다. 이곳은 머물면 머물수록 매료되는 감성 가득한 따뜻하고 푸근한 매력을 지녔다. 홋카이도에서도 가장 매력 넘치는 도시로 꼽히며 <미슐랭 그린 가이드>에 뽑힌 여행지가 시내에만 20여 곳 정도다.

하코다테 가는 법

비행기

우리나라에서는 직항편이 없어 도쿄나 오사카, 삿포로 등을 거쳐 하코다테행 국내선으로 환승해야 한다. 한국에서 출발하면 보통 경유 시간을 포함해 약 7~8시간 소요된다. 일본 국내에서 갈 때는 출발지에 따라 40분~2시간 정도 소요된다. 시내에서 약 10km 정도 떨어져 있어 접근성이 매우 좋다.

⊙ 하코다테 공항 홈페이지 airport.ne.jp/hakodate

기차

하코다테의 주요 기차역은 시내에 있는 JR 하코다테 역 函館駅과 외곽에 있는 JR 신하코다테 호쿠도 역 新函館北斗駅이다. 티켓 예매는 각 기차역 티켓 판매소와 자동 판매기에서 가능하다.

JR 하코다테 역 JR函館駅

홋카이도 내에서 열차를 탔을 때 도착하는 역으로 시내에 위치한다. 삿포로와 오누마 공원, 노보리베쓰, 도야를 거쳐 삿포로까지 이어지는 JR 하코다테 본선의 출·도착점이며 일본 본토로 연결되는 해저 터널인 세이칸 터널 青函トンネル의 기점이다.

JR 신하코다테 호쿠도 역 JR新函館北斗駅

JR 하코다테 본선과 호쿠도선, 도호쿠 신칸센이 사용하는 역. 시 외곽에 위치하며 도쿄와 연결하는 신칸센이 출·도착한다.

출발지	출·도착 역	소요 시간	요금(편도)	운행
도쿄	신하코다테 호쿠도 역	4시간~4시간 26분	1만8000~2만5000¥	1일 8회~
도쿄	하코다테 역	5시간 40분	2만4090¥	1일 1회
삿포로	하코다테 역	3시간 32~54분	6270¥~	1일 9회~
노보리베쓰	하코다테 역	2시간 44~54분	4510¥~	1일 9회~
도야 호수	하코다테 역	1시간 50분~	3970¥~	1일 9회~

버스

삿포로에서 홋카이도 중앙 버스 北海道中央バス의 고속 하코다테호 高速はこだて号를 이용해 갈 수 있다. 기차보다 오래 걸리지만 훨씬 저렴하다. JR 삿포로 역 남쪽 출입구 앞쪽에 있는 중앙 버스터미널에서 출발해 JR 하코다테 역 앞 터미널과 유노카와 온천 등으로 간다. 예약제로 운영하니 반드시 터미널이나 전화, 인터넷, 편의점에서 예매하자.

홋카이도 중앙 버스 ☎ 전화 삿포로 011-231-0600(07:30~18:00), 하코다테 0138-22-3265(07:00~20:30)
⊙ 홈페이지 www.chuo-bus.co.jp/highway
하코다테 버스 ⊙ 홈페이지 www.hakobus.co.jp

렌터카

출발지	거리 & 시간
삿포로	고속도로 기준 258~316km, 4시간 10~40분
노보리베쓰	고속도로 기준 198km, 2시간 40분~
도야 호수	고속도로 기준 163km, 2시간 20분~

공항에서 시내로 가기

공항에서 시내로 갈 때는 셔틀 버스를 이용하면 편하다. 국내선 항공편 도착 시간에 맞춰 버스가 출발한다. 공항에서 출발해 유노카와 온천, JR 하코다테 역, 하코다테 베이 지역을 경유해 운행한다.

공항버스 空港バス

국내선 항공편의 도착 시간에 맞춰 버스가 출발하며 짐을 찾은 후 공항 외부의 3번 버스 정류장으로 가면 된다. 공항에서 출발해 유노카와 온천, JR 하코다테 역, 하코다테 베이 지역을 경유한다. 공항에서 JR 하코다테 역까지 약 20분 소요되고 하코다테 역에서는 역 앞 11번 버스 정류장에서 출·도착한다.

⊙ 요금 공항~유노카와 온천 230¥, 공항~JR 하코다테 역 450¥ ☎ 전화 0138-55-1111
⊙ 홈페이지 www.hakotaxi.co.jp/shuttlebus

택시 Taxi

일행이 있고 짐이 많다면 택시가 편하지만 버스 요금과 워낙 차이가 많이 나니 상황에 따라 선택하자. 도착층 밖에 택시 승차장이 있고 시내까지는 3000¥~.

지역 명물 음식

아침 일찍부터 먹어도 맛있는
가이센동

소금으로 간을 해 담백하고 깔끔한
시오 라멘

하코다테에서만 맛볼 수 있는
러키 피에로 햄버거

하코다테 시내 교통

하코다테 대중교통 티켓

티켓 요금은 거리에 따라 달라지기 때문에 전차나 버스를 타면서 뽑은 티켓과 함께 현금으로 요금을 지불하면 된다. 전차나 버스의 경우 1일 동안 마음껏 타고 내릴 수 있는 1일 승차권도 있다. 1일권은 JR 하코다테 역 1층에 있는 관광 안내소나 역 앞 버스 터미널의 안내소에서 구매할 수 있다.

버스 · 전차 1일권   전차 1일권

ⓥ **가격** 거리에 따라 220~250¥, 전차 1일권 600¥, 전차&버스 1일권 1000¥

도보

도보로 여행할 때가 많은 하코다테지만 모든 곳을 걸어 다니는 것은 무리다. 숙소 위치에 따라 도보나 전차 등 요령껏 교통수단을 이용해 목적지로 이동하자.

하코다테 버스 관광노선버스 5계통 函館バス観光路線バス5系統

하코다테 역 앞 4번 승강장에서 출발하는 관광노선버스. 노면전차로는 갈 수 없는 시 외곽 명소들을 갈 때, 편리하다. 고료카쿠, 유노카와 온천, 트라피스탄 수도원 등을 잇는다. 요금은 현금으로 지불하거나 관광 안내소 또는 하코다테 역 앞 버스 터미널에 있는 버스 안내소에서 구입한 1일 티켓을 보여주자.

ⓥ **가격** 하코다테 역 → 고료카쿠 280¥ → 트라피스탄 수도원 310¥
🌐 **홈페이지** hakodate-kankou.com/news/2023/0420-9448

Q&A

Q 티켓 구입 시 보증금이 있나요?
A 없습니다. 티켓 가격만 지불하면 됩니다.

Q 1일권 등을 구입하는 것이 경제적인가요?
A 전차를 세 번만 이용해도 본전이 넘기 때문에 구입하면 좋습니다. 하코다테의 모든 명소를 도보로 다닐 수는 없기 때문에 하루에 세 번 이상은 전차를 타는 것이 일반적입니다.

Q 일행이 함께 사용할 수 있나요?
A 1인용 티켓이기 때문에 1인 1티켓을 구매해야 합니다.

Q 어떻게 개시하면 되나요?
A 1일권은 긁는 복권 같은 형식입니다. 구입 후 사용을 원하는 연, 월, 일을 스스로 긁도록 되어 있습니다. 혹시라도 잘못 긁으면 절대 환불되지 않으니 주의해야 합니다.

Q 티켓을 구매하면 혜택이 있나요?
A 1일 승차권 소지자들은 하코다테 로프웨이를 포함해 식당이나 기념품점 등에서 할인을 받을 수 있으니 해당 업소를 체크해보면 됩니다.

노면전차 函館市電

1913년에 개통해 100년이 넘는 전통을 지닌 하코다테 노면전차는 낭만적인 빈티지 교통수단이다. 단 2개의 노선을 운행하며 그나마 유노카와 湯の川~주지가이 十字街까지는 같이 운행하다가 주지카이에서 두 갈래로 갈리므로 여행자들이 매우 편하게 이용할 수 있다. 바깥 풍경을 보며 갈 수 있다는 장점이 있고, 하코다테의 명소와 가까운 곳에 정류장이 있어 전차를 이용하면 JR 하코다테 역을 비롯한 웬만한 곳은 다 갈 수 있다. 5노선은 하코다테돗쿠마에 函館どつく前, 2노선은 야치가시라 谷地頭로 향한다. 출퇴근이나 등·하교 시간에는 특히 복잡하며 워낙 관광객이 많은 곳이라 항상 붐비는 편이다.

- **가격** 1회권 거리에 따라 210~250¥, 1일권 600¥
- **시간** 06:30~22:00 **전화** 0138-52-1273
- **홈페이지** www.city.hakodate.hokkaido.jp/docs/20140121002671

전차 이용 방법

Step 1 뒷문으로 탑승해 바로 티켓을 뽑는다. (1일권 소지자는 티켓을 뽑을 필요가 없다.)

Step 2 모니터에서 정류장 이름과 안내 방송이 나오며, 목적지까지 요금도 표시되니 미리 확인해둔다.

Step 3 목적지에 도착하면 운전사에게 티켓을 보여준 후 해당 요금을 지불한 뒤 내리면 된다. (1일권 소지자는 티켓을 운전사에게 보여주기만 하면 된다.)

주의점

1. 티켓 요금은 현금으로만 지불 가능하다.
2. 1일권은 분실하면 재발급이 불가하니 반드시 잘 챙겨서 다닌다.
3. 소매치기는 별로 없지만 항상 소지품 보관에 유의하자.

MAP 고료카쿠 주변

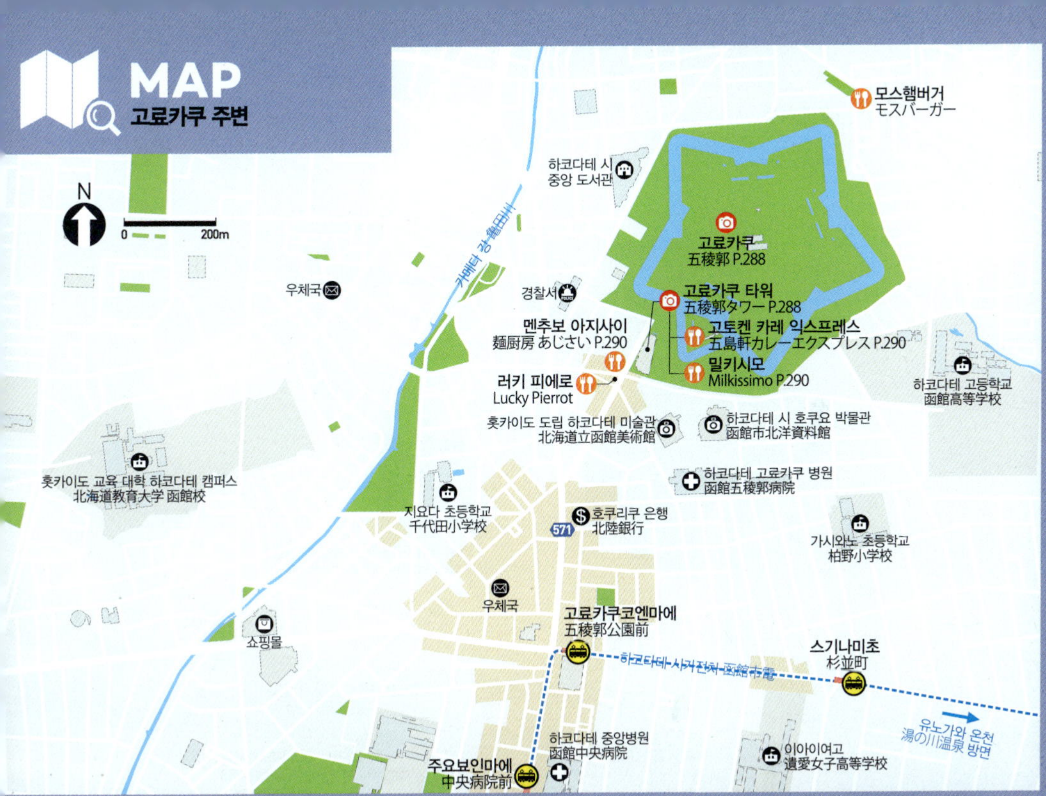
MAP
고료카쿠 주변
N
0
200m
모스햄버거
モスバーガー
하코다테 시
중앙 도서관
가메다 강 亀田川
고료카쿠
五稜郭 P.288
우체국
경찰서
고료카쿠 타워
五稜郭タワー P.288
멘추보 아지사이
麺厨房 あじさい P.290
고토켄 카레 익스프레스
五島軒カレーエクスプレス P.290
밀키시모
Milkissimo P.290
러키 피에로
Lucky Pierrot
하코다테 고등학교
函館高等学校
홋카이도 도립 하코다테 미술관
北海道立函館美術館
하코다테 시 호쿠요 박물관
函館市北洋資料館
홋카이도 교육 대학 하코다테 캠퍼스
北海道教育大学 函館校
하코다테 고료카쿠 병원
函館五稜郭病院
지요다 초등학교
千代田小学校
호쿠리쿠 은행
北陸銀行
571
가시와노 초등학교
柏野小学校
우체국
고료카쿠코엔마에
五稜郭公園前
쇼핑몰
스기나미초
杉並町
하코다테 시가전차 函館市電
유노카와 온천
湯の川温泉 방면
하코다테 중앙병원
函館中央病院
이아이여고
遺愛女子高等学校
주요뵤인마에
中央病院前

MAP 유노카와 주변

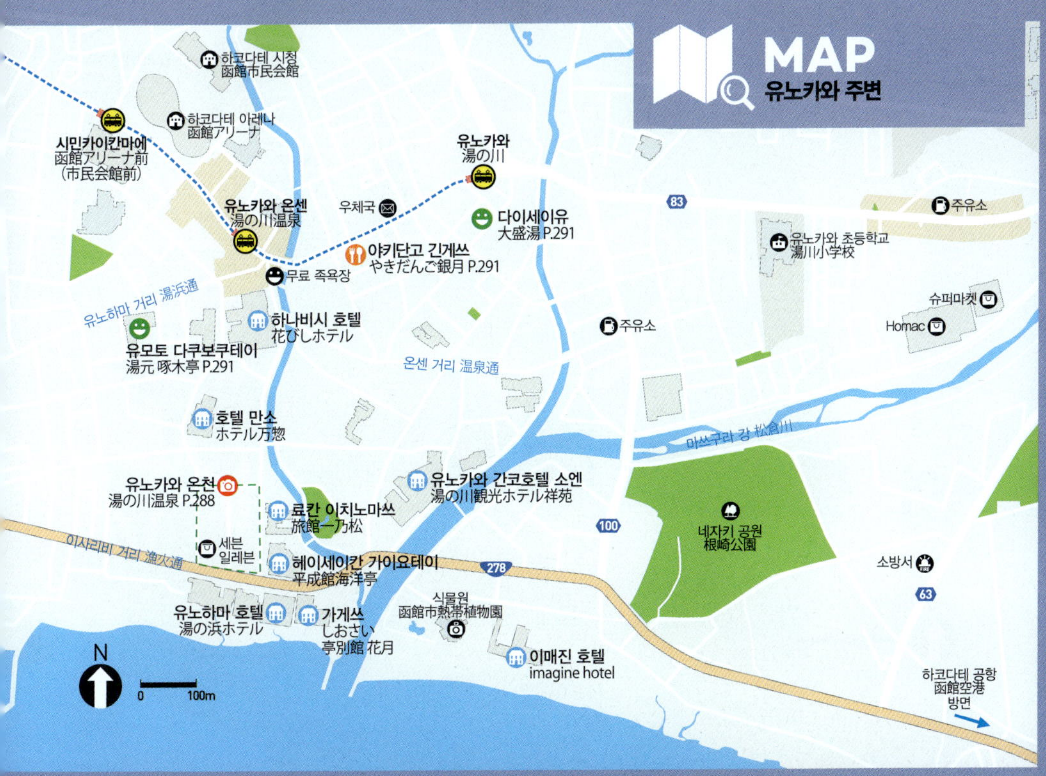
MAP
유노카와 주변
하코다테 시청
函館市民会館
하코다테 아레나
函館アリーナ
시민카이칸마에
函館アリーナ前
(市民会館前)
유노카와
湯の川
유노카와 온센
湯の川温泉
우체국
다이세이유
大盛湯 P.291
83
주유소
유노카와 초등학교
湯川小学校
야키단고 긴게쓰
やきだんご銀月 P.291
무료 족욕장
유노하마 거리 湯浜通
하나비시 호텔
花びしホテル
유모토 다쿠보쿠테이
湯元 啄木亭 P.291
주유소
슈퍼마켓
Homac
온센 거리 温泉通
호텔 만소
ホテル万惣
마쓰쿠라 강 松倉川
유노카와 온천
湯の川温泉 P.288
유노카와 간코호텔 소엔
湯の川観光ホテル祥苑
료칸 이치노마쓰
旅館一乃松
100
네자키 공원
根崎公園
세븐
일레븐
이사리비 거리 漁火通
헤이세이칸 가이요테이
平成館海洋亭
278
소방서
63
식물원
函館市熱帯植物園
유노하마 호텔
湯の浜ホテル
가게쓰
しおさい
亭別館 花月
이매진 호텔
imagine hotel
N
0
100m
하코다테 공항
函館空港
방면

COURSE

하코다테 1DAY 코스

하코다테를 처음 방문하고 하루밖에 시간이 없다면 조금 바쁘게 움직여보자. 노면전차 등 대중교통을 효율적으로 이용해 이동 시간을 최대한 절약하는 것이 좋다. 아주 빡빡한 일정은 아니니 산책하기에도 좋은 도시인 하코다테의 여유로움도 함께 즐겨보자.

지도 한눈에 보기

START — ① 하코다테 아침 시장 — 도보 1분 — ② 아침 - 가이센동 — 노면전차 17분 + 도보 10분 — ③ 고료카쿠

#관광 싱싱한 해산물이 즐비한 홋카이도의 가장 번화하고 유명한 시장을 구경하자.

#식사 하코다테 아침 시장에서 여러 가지 해물을 얹은 덮밥인 가이센동을 즐기자. 이면수 등 생선구이 정식도 맛있다.

#관광 일본 최초의 서양식 성곽으로 홋카이도 근대사의 역사가 어려 있는 장소. 고료카쿠 타워에 올라가면 더욱 잘 보인다.

⑤ 가네모리 아카렌가 창고군 — 도보 약 13분 — ④-B 점심 - 러키 피에로 — 도보 11분 + 노면전차 21분 + 도보 6분 — ④-A 점심 - 멘추보 아지사이

#관광 붉은 벽돌로 된 오래된 건물은 개항 시대의 향수를 불러일으킨다. 천천히 둘러보다 식사나 간식을 먹거나 쇼핑하기 좋은 곳.

#식사 하코다테에만 있는 독특한 햄버거 체인 전문점이라 일부러 찾아가기도 한다. 유명 관광지 옆에는 거의 지점이 있다.

#식사 하코다테에서 가장 유명한 시오 라멘 전문점의 본점. 항상 대기줄이 늘어서 있어 되도록 식사 시간을 피하는 것이 좋다.

⑥ 모토마치 언덕 — 도보 7분 + 로프웨이 3분 — ⑦ 하코다테 산 — 로프웨이 3분 + 도보 10분 + 노면전차 6분 + 도보 5분 — ⑧ 저녁 - 다이몬 요코초

#관광 하치만자카, 구 영국 영사관 등 개항 시기의 이국적인 하코다테의 모습을 간직하고 있는 지역

#관광 하코다테 시내 어디서나 보이는 곳. 특히 이곳에서 바라보는 하코다테 야경이 유명하다.

#식사 맛있는 술과 안주가 있는 포장마차 골목. 가게마다 음식과 분위기가 다르니 여러 곳을 들러도 좋다.

TRAVEL INFO

JR 하코다테 역 & 베이 에어리어

- 주목할 포인트는 하코다테 아침 시장과 가네모리 아카렌가 창고군이다. 쇼핑과 음식을 다양하게 즐길 수 있어 항상 여행자들로 북적인다. 아침 시장에서 판매하는 가이센동은 꼭 먹어야 한다.

1 하코다테 아침 시장
函館朝市

홋카이도의 많은 시장 중에서도 유명한 곳으로, 아침도 먹을 겸 일찍 나가 시장 특유의 북적거리는 기분을 즐겨보자. 가이센동을 전문으로 하는 유명 식당도 많고, 커다란 게찜과 구이, 오징어 먹물 아이스크림, 즉석에서 낚시해 바로 회로 떠주는 오징어 등 각종 먹거리와 쇼핑할 것도 많아 시간 가는 줄 모른다.

구글 지도 Hakodate Morning Market

- MAP p.277
- 찾아가기 JR 하코다테 역 函館駅 서쪽 출구에서 신호등을 건너면 시장 입구다.
- 주소 函館市若松町9-19
- 전화 0138-22-7981
- 시간 05:00~14:00
- 홈페이지 hakodate-asaichi.com

2 가네모리 아카렌가 창고군
金森赤レンガ倉庫

일본 개항 시대에 건축된 붉은 벽돌 창고 건물들로, 현재의 모습은 화재 이후 1909년에 재건된 것이다. 창고 역할이 끝난 이후에는 음식점과 상점 등이 들어서면서 하코다테의 명소가 되었다. 총 7동의 시설은 히스토리 플라자, 가네모리 홀, 가네모리 양물관, 베이 하코다테 등으로 나뉘어 있다. 밤에도 분위기가 좋으니 산책 겸 나와도 좋다.

구글 지도 카네모리 아카렌가 창고

- MAP p.277 [1]
- 찾아가기 노면전차 주지가이 十字街 정류장에서 도보 5분 ● 주소 函館市末広町14-14번지2호
- 전화 0138-27-5530
- 시간 09:30~19:00
- 홈페이지 hakodate-kanemori.com

3 베이 하코다테
BAYはこだて

2개의 창고 사이에 운하가 흐르는 곳으로 하코다테 항구를 20분 정도 돌아보는 가네모리 베이 크루즈가 여기서 출발한다. 또 오르골당과 결혼식이 열리는 작은 교회도 있어 호젓한 분위기를 풍긴다. 두 창고 건물 사이에는 가네모리의 로고 모양인 종이 매달려 있다.

구글 지도 Kanemori Red Brick Warehouse—Bay Hakodate

- MAP p.277 [1]
- 찾아가기 노면전차 주지가이 十字街 정류장에서 도보 5분
- 주소 函館市豊川町11-5
- 전화 0138-27-5530
- 시간 09:30~19:00
- 홈페이지 hakodate-kanemori.com

4 기쿠요 식당
きくよ食堂

하코다테 아침 시장의 식당 중 하나로 가이센동을 최초로 판매한 곳으로 유명하다. 20여 종이 넘는 가이센동이 있으며 특히 연어 알, 성게 알, 가리비 등을 올린 원조 하코다테 도모에동 元祖函館巴丼과 생새우, 조개관자, 성게 알, 계살, 오징어를 올린 오색 가이센동 五種お好み丼(2100¥~)이 인기다.

구글 지도 키쿠요식당

- MAP p.277
- 찾아가기 JR 하코다테 역 函館駅 서쪽 출구에서 도보 3분 ● 주소 函館市若松町11-15
- 전화 0138-22-3732
- 시간 5~11월 05:00~14:00, 12~4월 06:00~13:30
- 가격 가이센동 2180¥~, 임연수 구이 1350¥
- 홈페이지 hakodate-kikuyo.com

5 아사이치노 아지토코로자무
朝市の味処 茶夢

아침 시장의 가이센동 전문점 식당가에 있는 곳으로 다양한 가이센동 중에서도 오징어와 게, 연어 알을 넣은 덮밥 いさいび丼이 최고 인기 메뉴다. 일본은 기본 반찬이 거의 없는데, 이곳은 정식류를 주문하면 해산물이 주재료인 맛있고 다양한 반찬이 함께 나온다.

구글 지도 Chamu Seafood Restaurant

- MAP p.277
- 찾아가기 JR 하코다테 역 函館駅에서 바로 앞
- 주소 函館市若松町9-15 ● 전화 0138-27-1749 ● 시간 07:00~14:45
- 가격 가이센동 2100¥~

6 니반칸
二番館

비교적 저렴한 가이센동과 더불어 예전에 500¥짜리 동전 하나로 먹을 수 있어 붙은 이 이름의 원 코인 덮밥으로 유명해졌다. 저렴한 비용으로 해산물 덮밥을 먹고 싶다면 이곳으로 가는 것도 방법. 해산물 덮밥, 털게 등 여러 메뉴가 있다.

구글 지도 Asaichi Shokudo Nibankan

- **MAP** p.277
- **찾아가기** 하코다테 아침 시장 내 위치, JR 하코다테 역 函館駅에서 바로 앞
- **주소** 函館市若松町9-10
- **전화** 0138-22-5330
- **시간** 07:00~14:00
- **가격** 가이센동 1900¥~ **홈페이지** hakodate-asaichi.com

7 잇카테이 타비지
一花亭たびじ

신선한 활오징어 한마리가 덮밥 위에서 얹혀 나오는 카츠이카 오도리동 活いか踊り丼으로 유명세를 얻은 식당. 몸통은 가늘게 채를 썰고 다리는 통으로 주는데 간장을 뿌리면 아직 살아있는 신경이 떨리기도 한다. 그밖에 다양한 가이센동과 임연수 등의 생선 구이 정식 메뉴도 있다.

구글 지도 Tabiji

- **MAP** p.277
- **찾아가기** 하코다테 아침시장 내 위치
- **주소** 函館市若松町9-15どんぶり横丁市場内
- **전화** 0138-27-6171 **시간** 5~10월 05:00~15:00, 11~4월 06:00~14:00
- **가격** 카츠이카 오도리동 2800¥~, 가이센동 2310¥~, 생선구이 정식 1210¥~

8 우니 무라카미
うにむらかみ 函館本店

가격은 다른 곳보다 조금 비싸지만 믿고 먹을 수 있는 우니 전문점. 비린내도 거의 없는 신선한 우니를 사용하며 된장국과 함께 심플하게 나온다. 스몰 사이즈는 양이 적으니 넉넉히 맛보고 싶다면 조금 비싸더라도 큰 사이즈를 주문하는 것이 후회가 없다. 회전율이 빨라 웨이팅이 오래 걸리지는 않는다.

구글 지도 우니 무라카미

- **MAP** p.277
- **찾아가기** 하코다테 아침시장에서 도보 1분
- **주소** 函館市大手町22-1 **전화** 0138-26-8821 **시간** 목~화요일 08:30~15:00
- **휴무** 수요일 **가격** 자연산 우니동 4345~7260¥, 우니이쿠라동 4290¥~ **홈페이지** uni-murakami.com/hakodate

9 지요켄
滋養軒

1947년에 창업한 오래된 라멘 전문점으로, 시오 라멘이 대표 메뉴. 깔끔하면서도 담백한 국물은 돼지와 닭 뼈를 삶으면서 거품을 완전히 걷어내는 과정을 거쳐 투명하게 완성한다고 한다.

구글 지도 지요켄

- **MAP** p.277
- **찾아가기** JR 하코다테 역 函館駅에서 도보 5분
- **주소** 函館市松風町7-12
- **전화** 0138-22-2433 **시간** 11:30~14:00, 17:00~19:00 **휴무** 화·수요일
- **가격** 시오 라멘 850¥

10 시나노
はこだて塩らーめん しなの

깔끔한 맛의 시오라멘이 대표 메뉴인 활기찬 분위기의 인기 라멘집. 하코다테 역과 가까워 오가며 들르기에도 좋다. 평일에도 줄을 서는 경우가 많으니 되도록 오픈 시간에 맞추 가는 것이 좋다. 바삭하게 구워 나오는 교자나 시원한 생맥주를 곁들이면 더욱 좋다.

구글 지도 시나노

- **MAP** p.277
- **찾아가기** JR 하코다테 역 정문 앞 광장 건너편, 역에서 도보 3분 **주소** 函館市若松町20-10
- **전화** 0138-22-5552 **시간** 월~토요일 11:30~14:00, 17:00~22:30 **휴무** 일요일 **가격** 시오라멘 850¥, 미소라멘 900¥, 교자 500¥
- **홈페이지** hakodate-shioramen-shinano.net/shinano

11 스내플스
Snaffle's

1998년 창업한 이래 좋은 평가를 받으면서 하코다테를 대표하는 디저트 카페가 된 곳으로, 특히 치즈 오믈렛 チーズオムレット이 유명하다. 입에 넣으면 오믈렛 비슷한 수플레 타입 케이크로 부드러운 맛이 일품이다. 베이 에어리어의 가네모리 요모노칸에도 지점이 있다.

구글 지도 Pastry SNAFFLE'S

- **MAP** p.277
- **찾아가기** JR 하코다테 역 函館駅에서 도보 5분
- **주소** 函館市若松町18-2
- **전화** 0138-22-4704
- **시간** 10:00~19:00
- **휴무** 수요일
- **가격** 케이크 450¥~
- **홈페이지** www.snaffles.jp

12 마루카쓰 수산
まるかつ水産
★★ 무료 주차

합리적인 가격으로 회전 스시를 즐길 수 있는 곳으로, 재료는 하코다테 아침 시장에서 구하기 때문에 신선도는 꽤 좋다. 계절에 따라 특선 메뉴도 선보이며 재료가 다채로워 골라 먹는 재미가 있다.

- 구글 지도 Marukatsu Suisan
- MAP p.277 ①
- 찾아가기 노면전차 우오이치바도리 漁市場通 정류장에서 도보 5분
- 주소 北海道函館市豊川町12-10函館ベイ美食倶楽部
- 전화 0138-22-0696
- 시간 11:30~15:00, 16:30~21:00
- 가격 접시당 250~900¥
- 홈페이지 www.hakodate-factory.com/sushi

13 러키 피에로
Lucky Pierrot
★★★ 주차 없음

맛이 훌륭하다기보다는 하코다테에만 있는 햄버거 전문점이니 들러볼 만한 가치가 있다. 도시 안에 10개 넘는 체인점을 운영하며 유명 관광지 옆에는 거의 다 있다. 가장 인기가 많은 것은 차이니스 치킨 버거이며, 이곳만의 독특한 음료인 러키 과라나는 새콤한 탄산음료수다. 계산은 현금만 가능.

- 구글 지도 럭키 삐에로
- MAP p.277 ①
- 찾아가기 노면전차 스에히로초 末広町 정류장에서 도보 5분 주소 函館市末広町14-17(베이에어리어점)
- 전화 0138-27-5000
- 시간 24시간(점마다 다름) 가격 차이니스 치킨 버거 462¥, 러키 과라나 198¥~ 홈페이지 luckypierrot.jp

14 프티 메르베유
PETITE MERVEILLE
★★ 주차 없음

한 입에 쏙 넣어 맛있게 먹는 작은 치즈 케이크인 메르 치즈 メルチーズ로 유명한 하코다테의 디저트 전문점이다. 각종 스위츠 콘테스트에서도 좋은 평가를 받아 하코다테 방문 선물로도 인기가 높다. 플레인, 펌프킨, 캐러멜 맛 등 세 종류가 있고 세 종류 모두 든 선물 세트도 인기 만점.

- 구글 지도 Petite Merveille
- MAP p.277 ①
- 찾아가기 노면전차 주지가이 十字街 정류장에서 도보 5분, 베이 하코다테 내부에 위치
- 주소 函館市豊川町11-5
- 전화 0138-84-5677 시간 09:30~19:00
- 가격 메르 치즈 1개 220¥
- 홈페이지 petite-merveille.jp

15 캘리포니아 베이비
カリフォルニアベイビー
★★ 주차 없음

레트로풍 건물은 1917년에 건축된 곳으로 원래 우체국이었다. 마치 1960~1970년대 미국 서부 해안에 있는 레스토랑의 분위기를 풍기는데, 음식 또한 미국과 일본의 맛을 함께 낸다. 가장 대표적인 메뉴는 시스코 라이스로, 커다란 소시지와 미트소스를 버터 라이스 위에 얹은 것이다. 그 외에 햄버거도 맛있다.

- 구글 지도 캘리포니아 베이비
- MAP p.277 ①
- 찾아가기 노면전차 스에히로초 末広町 정류장에서 도보 5분 주소 函館市末広町23-15
- 전화 0138-22-0643
- 시간 11:00~21:00
- 휴무 목요일 가격 라이스·스파게티 각 900~1000¥, 샌드위치 680¥~

16 하세가와 스토어
ハセガワストア
★★ 무료 주차

하코다테 일대에서 영업하는 편의점 체인으로, 이곳이 특별한 이유는 즉석에서 구운 맛있는 돼지고기 꼬치구이 때문이다. 밥에 얹어 도시락으로 만든 야키토리 벤토 やきとり弁 当는 물론 꼬치구이만도 사 먹을 수 있다. 일부러 들르는 사람이 많을 정도로 인기 높으며 편의점 안에 식탁도 마련되어 있다.

- 구글 지도 Hasegawa Store Bay Area Shop
- MAP p.277 ①
- 찾아가기 노면전차 스에히로초 末広町 정류장에서 도보 3분 주소 函館市末広町23-5
- 전화 0138-24-0024
- 시간 07:00~22:00
- 가격 야키토리 벤토 560¥~ 홈페이지 hasesuto.co.jp

17 하코다테 명치관
はこだて明治館
★★ 주차 없음

1911년에 우체국으로 건축한 오래된 빨간 벽돌 건물로, 현재는 오르골 전문점 등 아기자기한 전시실과 상품이 모여 있는 쇼핑몰로 사용된다. 담쟁이덩굴로 뒤덮여 더욱 분위기가 좋아 오가며 들러 쇼핑하기 좋다.

- 구글 지도 Hakodate Meijikan
- MAP p.277 ①
- 찾아가기 노면전차 우오이치바도리 漁市場通 정류장에서 도보 5분
- 주소 函館市豊川町12-12
- 전화 0138-27-7070
- 시간 10:00~18:00
- 휴무 부정기
- 홈페이지 hakodate-factory.com/meijikan

18 가네모리 요모노칸
金森洋物館
주차 없음

이국적인 생활용품이나 인테리어용품, 잡화 등을 판매하는 상점이 모인 곳으로, 창고 건물 두 동을 사용하고 있다. 아기자기한 것이 많아 자세히 둘러보려면 꽤 많은 시간이 걸릴 정도인데, 선물하기에도 좋은 것이 많으니 찬찬히 쇼핑해보자.

- 구글 지도 Kanemori Red Brick Warehouse–Youbutsukan
- MAP p.277 ①
- 찾아가기 노면전차 주지가이 十字街 정류장에서 도보 5분
- 주소 函館市末広町13-9
- 전화 0138-23-0350
- 시간 09:30~19:00
- 홈페이지 hakodate-kanemori.com

19 싱글러즈
Singlar's
주차 없음

하코다테의 명물인 오징어의 먹물로 염색한 각종 생활용품과 패션 잡화를 판매하는 곳으로 자연스럽게 면과 실크에 염색된 것이 꽤 고급스럽다. 여러 가지 상품이 있는데, 가격이 저렴한 것은 아니지만 선물로 구입하기에 적당한 것이 많아 인기 높다.

- 구글 지도 GPS 41,766762, 140,717325
- MAP p.277 ①
- 찾아가기 노면전차 주지가이 十字街 정류장에서 도보 5분, 베이 하코다테 내에 위치
- 주소 函館市豊川町12-5
- 전화 0138-27-5555
- 시간 09:30~19:00
- 가격 소품 1200~1500¥, 보자기 1700¥~
- 홈페이지 www.ikasumi.jp

20 하코다테 니시하토바
函館西波止場
주차 없음

하코다테의 지역 특산품을 살 수 있는 곳. 지역 맥주를 비롯해 사케와 와인 등의 주류, 오징어를 재료로 한 이카메시와 홋카이도의 유명 과자, 스위츠까지 판매해 그야말로 원스톱 쇼핑이 가능하다. 일본 최초의 소시지 가게로 유명한 카를 레이몬 カール・レイモン 브랜드의 다양한 햄이나 소시지, 베이컨도 인기다.

- 구글 지도 Hakodate Seafood Market
- MAP p.277 ①
- 찾아가기 노면전차 주지가이 十字街 정류장에서 도보 5분, 가네모리 아카렌가 창고군 맞은편
- 주소 函館市末広町24-6
- 전화 0138-24-8108
- 시간 09:00~19:00
- 홈페이지 www.hakodate-factory.com/wharf

21 하코다테 비어
Hakodate Beer
★★ 주차 없음

붉은 벽돌 건물에 자리한 곳으로 신선한 맥주와 맛있는 음식을 즐길 수 있는 지역 맥주 집이자 유명 맛집이다. 메뉴는 크게 고기와 해산물, 기타 등 세 가지로 나뉘며 해산물 샐러드, 양고기 꼬치구이, 오징어 구이 등이 인기다.

- 구글 지도 Hakodate BeerHall
- MAP p.277
- 찾아가기 노면전차 우오이치바도리 漁市場通 정류장에서 도보 5분
- 주소 函館市大手町5-22
- 전화 0138-23-8000
- 시간 11:00~15:00, 17:00~21:30
- 휴무 수요일
- 가격 시음 세트 3종 1265¥~, 소시지 880¥~, 양고기 꼬치구이 990¥~
- 홈페이지 www.hakodate-factory.com/beer

22 다이몬 요코초
大門横丁
★★ 주차 없음

하루를 마무리하기에 딱 좋은 장소. 좁은 골목에 30여 개의 작은 가게가 옹기종기 모여 있는 포장마차 골목으로 가게마다 개성 만점 메뉴를 선보여 여러 집 다니면서 술과 음식을 즐기기에도 좋다. 홋카이도에서 가장 유명한 술집 거리 중 하나로 현지인은 물론 여행자들도 많이 찾는다.

- 구글 지도 다이몬 요코초
- MAP p.277
- 찾아가기 JR 하코다테 역 函館駅 정문에서 도보 5분 · 전화 가게마다 다름
- 주소 函館市松風町7
- 시간 17:00~23:00(가게에 따라 다름)
- 홈페이지 www.hakodate-yatai.com

23 하코다테 크리스마스 판타지
Hakodate Christmas Fantasy
★★★ 주차 없음

12월 1~25일에 베이 에어리어 일대에서 개최되는 축제로, 항구에는 10만여 개의 전구가 빛나는 20m의 대형 크리스마스트리가 세워지고 거리 곳곳에 환상적인 느낌이 드는 일루미네이션이 설치된다. 그 밖에도 다양한 행사가 열리며 따뜻한 수프를 판매하는 수프 거리 등도 조성된다.

- 구글 지도 Kanemori Red Brick Warehouse–Bay Hakodate
- VOL 1 p.084 · MAP p.277 ①
- 찾아가기 베이 에어리어와 가네모리 창고군 일대 · 주소 函館市
- 전화 0138-27-3535
- 시간 트리 점등 16:30~17:45, 18:00~24:00, 12/22~25 금·토요일 18:00~02:00
- 홈페이지 www.hakodatexmas.com

TRAVEL INFO

모토마치 & 하코다테 산

● 옛 건축물들이 잘 보존된 이곳에 가면 홋카이도 개항의 역사와 근대의 모습이 보여 타임머신을 타고 과거로 돌아간 듯 느껴진다. 야경으로 유명한 하코다테 산에 올라 낮과 밤 풍경 모두 감상해보자.

1 하코다테시 구 영국 영사관
函館市旧イギリス領事館

1913~1934년에 영국 영사관으로 사용되었으며, 1992년에 개항 기념관이 되었다. 개항 당시의 자료를 전시하며 화려한 장미 정원과 함께 영국 홍차와 갓 구운 스콘을 즐길 수 있는 티 룸, 빅토리안 로즈도 있다. 장미 정원은 6월 말~7월 초가 가장 아름답다.

- 구글 지도 하코다테시 구 영국 영사관
- MAP p.276
- 찾아가기 노면전차 스에히로초 末広町 정류장에서 도보 5분
- 주소 函館市元町33-14
- 전화 0138 27 8159
- 시간 4~10월 09:00~19:00, 11~3월 09:00~17:00
- 가격 어른 300¥, 학생 150¥
- 홈페이지 fbcoh.net

2 하코다테 시 사진 역사관
函館市写真歴史館

하코다테 청사 건물이었던 곳. 총 2층 건물로 2층에는 사진 역사관이 있었다. 과거 2층 전시실에는 오래된 카메라와 렌즈 등 희귀 촬영 장비와 더불어 일본 최초의 동판 사진 등을 전시 했지만 현재는 폐관된 상태라 겉모습만 관람 가능.

- 구글 지도 GPS 41.765224, 140.709505
- MAP p.276
- 찾아가기 노면전차 스에히로초 末広町 정류장에서 도보 8분
- 주소 函館市元町12-18
- 전화 0138-27-3333
- 홈페이지 www.hakodate-kankou.com

3 구 하코다테 공회당
旧函館区公会堂

서양식 2층 목조건물로, 황금빛 테두리와 파스텔 블루 벽이 조화를 이루는 예쁜 건물이다. 1910년 건축 당시 한화로 100억 원이나 되는 거금을 들였으며, 일본 왕과 왕세자가 머물렀던 침실을 2층에 그대로 재현했다. 화려한 장식품과 샹들리에 등의 인테리어가 눈길을 끈다. 하이칼라 의상관에서는 드레스를 입고 발코니에서 기념 촬영도 할 수 있다.

- 구글 지도 하코다테구 공회당
- MAP p.276
- 찾아가기 노면전차 스에히로초 末広町 정류장에서 도보 10분 | 주소 函館元町11-13 | 전화 0138-22-1001 | 시간 4~10월 09:00~19:00, 11~3월 09:00~17:00, 하이칼라 의상관 3/3~12/25 09:00~17:00 | 휴무 12/31~1/3
- 가격 어른 300¥, 초·중·고·대학생 150¥
- 홈페이지 zaidan-hakodate.com

4 하치만자카
八幡坂

하코다테 항구가 내려다보이며 모토마치 언덕에서 가장 예쁜 언덕길 중 하나다. CF와 영화 촬영지로도 인기가 많고, 예전에는 곡선 길이었지만 하지만 현재는 바다를 향한 똑바른 길이다. 정면으로 멀리 보이는 항구에 정박한 큰 배는 현재 기념관이 된 세이칸 연락선이다. 겨울에는 가로수에 예쁜 등을 달아놓아 밤에도 분위기가 좋다.

- 구글 지도 하치만자카
- MAP p.276
- 찾아가기 노면전차 스에히로초 末広町 정류장에서 도보 5분
- 주소 函館市末広町八幡坂
- 가격 무료
- 홈페이지 city.hakodate.hokkaido.jp

5 가톨릭 모토마치 교회
カトリック元町教会

빨간 지붕과 33m 높이의 육각 종루, 그리고 종루 끝의 닭이 동화 같은 풍경을 자아내는 프랑스 고딕 양식의 교회다. 1876년에 프랑스인 선교사가 건축했고, 화재 때문에 두 차례나 소실되었지만, 1924년에 다시 공사를 마치고 개방되었다. 이곳 제단은 교황 베네딕트 15세가 보내온 것이다.

- 구글 지도 모토마치 성당
- MAP p.276
- 찾아가기 노면전차 주지가이 十字街 정류장에서 도보 10분
- 주소 函館元町15-30
- 시간 10:00~16:00(주말에 행사가 있을 경우에는 입장 불가)
- 가격 무료
- 홈페이지 www.hakobura.jp

6 하코다테 하리스토스 정교회
函館ハリストス正教会
★★ 주차 없음

아름다운 곡선이 돋보이는 건물로, 1859년 일본의 러시아 영사 고시케뷔치가 세운 러시아 영사관 부속 성당이다. 이후 1861년 일본 최초로 그리스정교를 선교하는 장소로 쓰였다. 화재로 소실된 것을 1916년에 러시아 비잔틴 양식의 건물로 다시 건축했다. 지금은 종탑에 종이 하나뿐이지만 초기에는 5개의 종이 있었다.

🔍 구글 지도 하코다테 하리스토스 성당

📍 MAP p.276
- 찾아가기 노면전차 주지가이 十字街 정류장에서 도보 10분
- 주소 函館元町3-13
- 시간 월~금요일 10:00~17:00, 토요일 10:00~16:00, 일요일 13:00~16:00
- 가격 200¥
- 홈페이지 www.orthodox-hakodate.jp

7 하코다테 성 요하네 교회
函館聖ヨハネ教会
★★ 주차 없음

사면의 흰 벽에 십자가가 새겨져 있고 십자형 갈색 지붕이 독특한 이곳은 영국 성공회 계열의 교회다. 1874년 영국인 선교사인 데닝이 세운 것으로, 역대 목사들은 학교와 병원, 복지 분야에 많은 업적을 남겼다고 한다. 거듭된 화재로 소실된 후 현재 모습은 1979년에 완성된 것이며 내부에는 파이프오르간과 스테인드글라스가 있다.

🔍 구글 지도 하코다테 성요한 교회

📍 MAP p.276
- 찾아가기 노면전차 주지가이 十字街 정류장에서 도보 10분
- 주소 函館元町3-23
- 전화 0138-21-3323
- 시간 5/1~11/3
- 휴무 11/4~4/31
- 가격 무료

8 모토마치 공원
元町公園
★★ 주차 없음

모토마치 언덕에 있는 작고 예쁜 공원으로, 구 하코다테 공회당 앞쪽에 있다. 이곳 전망대에서는 하코다테의 아름다운 항구와 바다가 한눈에 들어온다.
전망대에 설치된 안내판을 보며 어떤 건물과 장소인지 찾아보는 재미도 쏠쏠하다.

🔍 구글 지도 모토마치 공원

📍 MAP p.276
- 찾아가기 노면전차 스에히로초 末広町 정류장에서 도보 5분
- 주소 函館市元町12-18
- 가격 무료

9 일본 기독교단 하코다테 교회
日本基督教団函館教会
★ 주차 없음

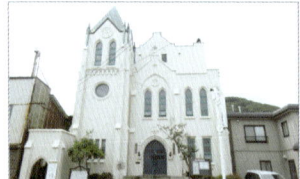

일본에 있는 기독교 교회 중 세 번째로 오래된 곳. 미국인 선교사이자 영사 해리스가 1877년에 세운 것으로, 시원하게 뻗은 깔끔한 외관이 인상적이다. 그의 부인은 현재 하코다테에 있는 유애 여자중고등학교의 개설을 추진하기도 했다. 현재 건물은 몇 번의 화재로 소실되어 1931년에 완성되었다.

🔍 구글 지도 일본 기독교단 하코다테 교회

📍 MAP p.276
- 찾아가기 노면전차 스에히로초 末広町 정류장에서 도보 5분
- 주소 函館市元町31-19
- 전화 0138-22-3342
- 시간 외관 견학 24시간(예배 일요일 10:30, 수요일 10:30·19:00)
- 휴무 예배 시간 외 내부 관람 불가
- 가격 무료
- 홈페이지 hako-ch.sakura.ne.jp

10 하코다테 산 로프웨이
函館山ロープウェイ
★★ 무료 주차

대부분의 여행자들이 이용하는 교통수단으로 모토마치 언덕 근처에 있는 로프웨이 정류장에서 단 3분이면 정상에 도착할 수 있다. 한 번에 125명을 태울 수 있는데, 보통 10분 간격으로 운행하며 사람들이 몰리는 시간에는 5분 간격까지 좁혀진다.

🔍 구글 지도 하코다테야마 로프웨이

📖 VOL 1 p.104 📍 MAP p.276

- 찾아가기 노면전차 주지가이 十字街 정류장에서 오르막길로 도보 10분
- 주소 函館市元町19-7
- 전화 0138-23-3105
- 시간 10:00~22:00(10/16~4/24 10:00~21:00)
- 휴무 부정기
- 가격 왕복 1800¥
- 홈페이지 334.co.jp

11 하코다테 산
函館山

비록 해발 334m 높이지만 하코다테의 대표 산으로, 하코다테 시내 어디에 있든 보이는 경우가 많아 실제 높이보다 더 우뚝 솟은 듯 느껴지기도 한다.

이곳에 오르면 시내와 항구를 모두 조망할 수 있으며 낮 풍경도 좋지만 특히 스스로 '세계 3대 야경'이라 꼽으며 자랑스러워하는 하코다테의 야경을 감상할 수 있는 최고의 장소이기도 하다.

구글 지도 하코다테 산

VOL 1 p.021 MAP p.276

- **찾아가기** 하코다테 산 정상으로 올라가는 방법은 다양하다. 가장 많이 이용하는 방법은 로프웨이이며, 버스를 타고 갈 수도 있다. 또 봄부터 가을까지는 등산로를 이용해 걸어서 올라갈 수도 있다.
- **주소** 函館市函館山
- **전화** 0138-27-3130
- **시간** 4/25~10/15 10:00~22:00, 10/16~4/24 10:00~21:00
- **가격** 전망대 무료입장
- **홈페이지** www.hakodate.travel/kr/things-to-do/top7/night-view(한국어)

12 외국인 묘지
外国人墓地

기독교와 천주교, 러시아정교 등 여러 종교인의 묘지가 있는 곳. 바닷가를 끼고 있어 바다를 바라보는 전망이 꽤 좋다. 1854년 페리 제독이 왔을 때 당시 사망한 2명의 수병을 이곳에 안장했던 것을 시작으로 조성되었다고 한다.

구글 지도 하코다테 외국인묘지

- MAP p.276
- **찾아가기** JR 하코다테 역 函館駅에서 고류지마에 高龍寺前행 버스 이용, 종점에서 하차 후 도보 5분, 또는 노면전차 하코다테돗쿠마에 函館どっく前 정류장에서 도보 20분
- **주소** 函館市船見町23先
- **전화** 0138-21-3323
- **가격** 무료

13 칼 레이몬 하우스
カール・レイモンハウス元町店

독일 출신 칼 레이몬이 하코다테에 자리 잡고 만든 독일 전통 소시지를 맛보고 구입할 수 있는 곳. 모토마치 언덕을 둘러 본 후 핫도그 등으로 간식 먹기에 딱 좋은 곳이다. 1층에 식당과 숍이 있고 2층에는 칼 레이몬의 역사가 담겨 있는 전시물이 있다.

구글 지도 RAYMON HOUSE Motomachi Store

- MAP p.276
- **찾아가기** 노면전차 주지카이 十字街 정류장에서 도보 7분 **주소** 函館市元町30-3
- **전화** 0138-22-4596 **시간** 09:00~18:00
- **가격** 그릴 소시지 핫도그 500¥, 레이몬 핫도그 380¥~, 그릴 소시지 세트 1080¥~
- **홈페이지** raymon.co.jp

14 빅토리안 로즈
ヴィクトリアンローズ

구 영국 영사관 내에 있는 티 룸으로, 옛날 느낌이 물씬 나는 고풍스러운 영국풍 가구로 꾸며져 있다. 영국인들이 오후가 되면 즐기던 애프터눈 티를 맛볼 수 있는 곳으로 홍차와 더불어 스콘, 케이크, 쿠키 등으로 구성되어 있다. 티 룸 옆에는 영국풍 생활용품과 잡화를 판매하는 퀸스 메모리 숍이 있다.

구글 지도 Tea Room Victorian Rose

- MAP p.276
- **찾아가기** 노면전차 스에히로초 末広町 정류장에서 도보 5분 **주소** 函館市元町33-14
- **전화** 0138-27-8159
- **시간** 4~10월 09:00~19:00, 11~3월 09:00~17:00
- **가격** 애프터눈 티 세트 1인분 1500¥, 홍차 600¥~
- **홈페이지** fbcoh.net

15 사보 기쿠이즈미
茶房 菊泉

원래 '기쿠이즈미'라는 술 도매상의 별장이던 건물을 개조한 분위기 좋은 찻집. 건물은 1910~1920년대 것으로, 당시 분위기와 거의 바뀐 것이 없어 그 시대를 배경으로 한 일본 드라마의 세트장에 들어온 듯한 느낌이 든다. 테이블도 있지만 다다미 방식의 좌식 자리도 있다. 팥 등을 이용한 전통 디저트를 다양하게 갖추었다.

- 구글 지도 Kikuizumi
- MAP p.276
- 찾아가기 노면전차 스에히로초 末広町 정류장에서 모토마치 언덕 쪽으로 도보 8분
- 주소 函館市元町14-5 전화 0138-22-0306
- 시간 금~수요일 10:00~17:00
- 휴무 목요일 가격 디저트 세트 900¥~

16 다치카와 카페 레스토랑 메종
Tachikawa Café Restaurant Maison

원래 해운업과 미곡상으로 재산을 모은 상인 다치카와의 주택 겸 점포를 개조한 것이다. 1901년(메이지 34년)에 건축되어 국가중요문화재로 지정된 옛 건축물에 들어선 카페 겸 레스토랑으로 여자들끼리 브런치나 식사, 차 한잔을 마시며 이야기를 나누기에 좋은 분위기다. 큰 대들보 등 옛 건물의 구조를 그대로 유지하면서도 현대적인 분위기를 풍긴다.

- 구글 지도 TACHIKAWA CAFE RESTAURANT MAISON
- MAP p.276
- 찾아가기 노면전차 오마치 大町 정류장에서 도보 3분 주소 函館市弁天町15-15
- 전화 0138-22-0340
- 시간 10:00~18:00 휴무 월요일
- 가격 식사 1700¥~, 음료 700¥~
- 홈페이지 tachikawacafe.com

17 하코다테 소프트 하우스 모토마치
ハコダテソフトハウス元町

소프트아이스크림집이 모여 있는 거리에서 가장 유명하고 인기 높은 가게로, TV나 잡지에 단골로 소개된다. 인기 넘버 원은 도카치 지역 우유와 하코다테 우유를 혼합해 만든 우유 아이스크림. 그 밖에도 20여 종의 소프트 아이스크림이 있다.

- 구글 지도 Hakodate Soft Hous
- MAP p.276
- 찾아가기 노면전차 스에히로초 末広町 정류장에서 도보 10분
- 주소 函館市元町14-4
- 전화 0138-27-8155
- 시간 4~10월 09:00~19:00, 12~3월 09:00~17:00
- 가격 아이스크림 450¥~

18 다방 큐차야테이
茶房 旧茶屋亭

1900년대 초에 건축된 메이지 시대의 건축물을 사용하는 레트로 카페. 갈색톤의 내부에 유럽풍 가구와 아기자기한 소품이 어우러져 있다. 커피나 말차가 기본인 음료 세트에는 커스터드 푸딩, 고구마 양갱, 팥으로 만든 킨츠바 등에서 선택할 수 있는 홈메이드 스위츠와 셔벗이 포함되어 있다.

- 구글 지도 Kyuchaya Tei
- MAP p.277 ①
- 찾아가기 노면전차 주지카이 十字街 정류장에서 도보 4분 주소 函館市末広町14-28 전화 0138-22-4418 시간 금~월요일·수요일 11:30~17:00(7~9월 11:00~17:00) 휴무 화·목요일·부정기 가격 음료+홈메이트 스위츠 세트 1200¥~, 과일 안미츠 세트 1400¥~, 커피 700¥~
- 홈페이지 kyuchayatei.hakodate.jp

19 레스토랑 제노바
レストラン ジェノバ

하코다테야마 전망대 레스토랑으로 전면 통유리창 너머로 야경을 즐기며 식사할 수 있다. 야경이 잘 보이는 좋은 자리를 맡으려면 사전 예약은 필수다. 메뉴는 퓨전 일식으로 주로 구성되어 있다. 점심시간에는 라멘 830¥~, 정식 1700¥~ 정도에 식사할 수 있다.

- 구글 지도 Restaurant Genova
- VOL 1 p.021 MAP p.276
- 찾아가기 로프웨이 이용, 하코다테 산 전망대로 간다. 하코다테 전망대 내 2층에 위치
- 주소 函館市函館山展望台 2F
- 전화 0138-27-3127
- 시간 4/25~10/15 11:00~21:30, 10/16~4/24 11:00~20:30
- 가격 디너 3500¥~, 디너 코스 7200¥~
- 홈페이지 334.co.jp/restaurant

20 하코다테 고게이샤
はこだて工芸舎

★★ 무료 주차

지역 예술인들의 전시회를 기회로 만든 곳으로, 하코다테를 포함해 일본의 예술가들이 제작한 생활용품과 도기, 잡화, 장식용품 등을 판매한다. 작가들의 작품이라 가격이 저렴하기보다는 독특한 아이템을 구입하는 데 의미를 두다. 도예 체험 코스도 운영한다. 영화 〈세상에서 고양이가 사라진다면〉에 배경으로 등장해 유명세를 타기도 하였다.

- 구글 지도 Hakodate kogeisya
- MAP p.277
- 찾아가기 노면전차 주지가이 十字街 정류장에서 바로
- 주소 函館市末広町8-8
- 전화 0138-22-7706
- 시간 10:00~18:00
- 휴무 부정기
- 홈페이지 kogeisya.blueboxcraft.com

21 오지오
Ozio

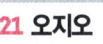

★★★ 주차 없음

모토마치 언덕에 있는 서양식 건물에 입점한 가죽 공방 매장으로, 질 좋은 제품을 구입할 수 있다. 이탈리아 어로 '안락하다'라는 뜻의 이름처럼 가게 분위기도 따뜻하고 편하다. 공방 주인은 도쿄 예술 대학 공예과 출신으로, 일본과 이탈리아에서 생산된 가죽을 이용해 개성이 넘치는 작품을 선보인다.

- 구글 지도 OZIO
- MAP p.276
- 찾아가기 노면전차 주지가이 十字街 정류장에서 모토마치 언덕 쪽으로 도보 3분
- 주소 函館市元町29-14
- 전화 0138-23-1773
- 시간 4~10월 11:00~19:00, 11~3월 11:00~18:00
- 가격 가방 2만~5만¥, 지갑 1만6000¥~
- 홈페이지 www.oziodesign.com

22 전망대 기념품점
展望台のお土産店

★★ 주차 없음

로프웨이 미니어처를 비롯해 하코다테 산과 전망대를 주제로 한 각종 기념품을 구입할 수 있다. 다른 곳에 비해 가격이 저렴한 편은 아니니 꼭 이곳에서만 살 수 있는 것 위주로 구입한다.

- 구글 지도 하코다테 산 전망대
- MAP p.276
- 찾아가기 하코다테 전망대 내에 위치
- 주소 函館市函館山展望台
- 전화 0138-26-8160
- 시간 4/25~10/15 10:00~21:45, 10/16~4/24 10:00~20:45

23 하코다테 일루미네이션
Hakodate Illumination

★★★ 주차 없음

겨울이 되면 모토마치 언덕 일대는 환상적인 야경이 펼쳐진다. '빛에 둘러싸인 사랑의 하코다테'라는 테마로 하코다테 역 앞과 더불어 모토마치의 대표 언덕길, 모토마치 공원 등의 가로수에는 수만 개의 전구가 밝혀진다. 조금 춥더라도 로맨틱한 분위기가 흐르는 이곳을 꼭 산책해보자.

- 구글 지도 하치만자카
- MAP p.276
- 찾아가기 모토마치 언덕 일대
- 시간 12~2월 말 일몰~22:00
- 전화 0138-27-3535
- 홈페이지 www.hakodate-illumination.com

TRAVEL INFO

고료카쿠 & 하코다테 외곽

시내 못지않게 하코다테 외곽에도 보고 즐길 것이 많다. 서로 거리가 있으니 전차나 버스, 기차나 렌터카를 이용하자. 책과 서점에 관심 있다면 쓰타야 서점 방문은 필수!

1 고료카쿠
五稜郭

1864년 건축된 이곳은 일본 최초의 서양식 성곽으로 하코다테의 방비를 위해 건설되었으며 별 모양의 성곽이 독특하다. 1914년부터 공원으로 개방했으며 특히 봄에는 공원에 있는 1600여 그루의 왕벚꽃나무에서 꽃이 만발해 홋카이도에서도 벚꽃 명소지로 꼽힌다.

구글 지도 고료카쿠

- MAP p.275
- 찾아가기 노면전차 고료가쿠코엔마에 五稜郭公園入口 정류장에서 도보 15분
- 주소 函館市五稜郭町44
- 전화 0138-21-3456
- 시간 4~10월 05:00~19:00, 11~3월 05:00~18:00
- 가격 무료
- 홈페이지 www.city.hakodate.hokkaido.jp

2 고료카쿠 타워
五稜郭タワー

1964년 건축된 높이 107m의 타워로 하코다테에서 가장 높은 건물이라 전망대에 오르면 시내가 한눈에 들어온다. 무료로 개방하는 1~2층에는 카페와 레스토랑, 기념품점이 있으며 전용 엘리베이터를 타고 전망대로 올라가면 고료카쿠의 역사에 대한 미니어처와 고료카쿠 성곽을 내려다볼 수 있다. 오전에는 역광이니 일정에 여유가 있다면 오후에 가면 좋다.

구글 지도 고료가쿠 타워

- MAP p.275
- 찾아가기 고료카쿠 터 입구에 위치
- 주소 函館市五稜郭町43-9
- 전화 0138-51-4785
- 시간 4/21~10/20 08:00~19:00, 10/21~4/20 09:00~18:00
- 가격 전망대 1000¥, 중·고생 750¥, 초등학생 500¥ (주차장 없음, 근처 도립 미술관 유료 주차장 이용 가능)
- 홈페이지 www.goryokaku-tower.co.jp

3 유노카와 온천
湯の川温泉

하코다테 공항에서 자동차로 10분, 시내에서는 노면전차로 30분이면 갈 수 있는 온천으로 수질도 좋고 일대에 편의 시설도 잘 갖추어 온천이 주목적이라면 이곳 호텔에 머물러도 좋다. 바다를 내려다보며 온천욕을 할 수 있는 유노카와 그랜드 호텔을 비롯해 료칸보다는 대규모 호텔이 많다. 호텔에 머물지 않더라도 욕장을 개방해 당일 입욕할 수 있는 곳도 있고, 몇십 년 전의 모습을 그대로 간직한 옛날식 목욕탕도 있어 취향에 따라 즐길 수 있다. 시간이 없다면 노면전차 유노카와 온센 정류장 앞에 있는 무료 족욕장이 있으니 이곳에서 잠시 쉬어 가도 좋다.

구글 지도 유노카와 족욕탕

- VOL 1 p.088
- MAP p.275
- 찾아가기 노면전차 유노카와 온센 湯の川温泉 또는 유노카와 湯の川 정류장 하차, 하코다테 공항에서는 버스로 10분

ZOOM ─── IN
별 모양의 성곽 공원
고료카쿠 터

하코다테 시내 중심부를 조금 벗어나면 또 다른 볼거리가 있는데, 그중에서도 고료카쿠 터는 하코다테를 방문한 사람들은 거의 다 들리는 곳이다. 1853년 미국 함대의 개국 요구에 굴복한 도쿠카와 막부는 1854년의 미일 화친 조약 체결 이후 하코다테를 개항하기에 이르렀다. 이때 도시의 방비를 강화하기 위해 새롭게 요새 설계를 계획해 만든 곳이 바로 고료카쿠다. 일본에서도 희귀한 별 모양의 성곽인 고료카쿠와 더불어 하코다테 시내 풍경을 조망할 수 있는 고료카쿠 타워가 이곳의 포인트다. 특히 봄에는 만발한 벚꽃이, 겨울에는 성곽에 쌓여 있는 눈이 자아내는 풍경이 이곳의 인상을 강하게 각인시킨다.

일본 최초의 서양식 성곽 고료카쿠 五稜郭

1864년 건축된 일본 최초의 서양식 성곽으로, 홋카이도의 유산이자 일본의 특별사적지다. 개항 후 하코다테 방비를 위해 건설했으며 별처럼 다섯 꼭짓점으로 이루어진 모양이 독특하다. 교육자이자 군학자 다케다 아야사부로가 서양의 성곽 도시를 모델로 삼아 설계하고 감독하였고, 이후 약 7년간의 공사 끝에 완성하였다. 이후 고료카쿠는 홋카이도의 정치, 외교, 방어의 거점, 그야말로 '에조(옛 홋카이도의 별칭)의 중심'이 되었다.

이후 1869년 도쿠가와 막부 말기에 일어난 구 막부군과 정부 정벌군 간의 하코다테 전쟁에서 고료가쿠를 거점으로 하던 구 막부군이 항복한 역사의 현장이기도 하다. 1914년부터 일반에 개방하였고 특히 봄에는 1600여 그루 왕벚꽃나무의 꽃이 만발해 벚꽃 명승지로 꼽힌다.

고료카쿠의 계절 이벤트

12~2월 겨울에는 성곽 모양을 따라 조명이 켜지기 때문에 마치 하늘에서 떨어져 땅에 박힌 거대한 별을 보는 듯한 느낌이 든다. 5월 중순 주말에는 하코다테 고료카쿠사이 축제가 열리는데, 전통 일본 음악이 흐르는 가운데 퍼레이드가 펼쳐진다. 이곳에서 전사한 에도 막부 말기의 경비대 부장 히지카타 도시조 콘테스트가 열리기도 한다.

4 오누마 국정 공원
大沼国定公園

화산활동으로 생성된 오누마·고누마·준사이누마 호수가 있는 공원으로, 하코다테 근교의 인기 여행지다. 기차나 렌터카로 공원에 도착하면 각 15~50분 정도 소요되는 산책 코스가 있으니 천천히 걸으며 아름다운 자연 풍경을 만끽해보자. 날씨가 좋을 때는 마치 한 폭의 산수화를 보는 듯한 풍경이 연출된다.
공원 곳곳에 전망 포인트가 있는데, 그중 유명한 것이 '천의 바람 모뉴먼트 千の風モニュメント'로, 클래식 최초로 오리콘 차트 1위를 했던 '센노카제니낫테'의 영감이 된 오누마 공원을 기념하기 위해 조성되었다.
공원 안에서는 4~12월 초까지 운행하는 유람선을 타거나 자전거를 대여해 좀 더 찬찬히 둘러볼 수 있으며, 그 밖에도 여러 레저 활동을 즐길 수 있어 하루 종일 시간을 보내도 충분하다.

구글 지도 오누마 국정공원

- MAP p.274
- 찾아가기 JR 하코다테 역 函館駅에서 보통열차로 52분 내외(편도 640¥)
- 주소 亀田郡七飯町大沼町1023-1
- 전화 0138-47-9439 ⊙ 시간 09:00~18:00(시즌별로 변경)
- 가격 공원 무료입장(주차 500¥), 유람선 1320¥, 모터보트 2000¥, 보트 2000¥~, 자전거 대여 1일 1200¥~
- 홈페이지 onuma-guide.com

5 고토켄 카레 익스프레스
五島軒カレーエクスプレス

고료카쿠 타워의 무료 개방 구역 2층에 있는 레스토랑으로 모토마치에 있는 하코다테의 유명 레스토랑 고토켄의 지점이다. 해산물과 오징어 등을 넣은 고토켄의 다양한 카레를 맛볼 수 있으며 고토켄 카레 레토르트 상품을 판매하기도 한다.

구글 지도 Gotoken Hakodate Curry EXPRESS

- MAP p.275
- 찾아가기 노면전차 고료카쿠코엔마에 五稜郭公園前 정류장에서 도보 15분, 고료카쿠 타워 2층에 위치 ⊙ 주소 函館市五稜郭町43-9
- 전화 0138-52-5811
- 시간 11:00~19:00, 10월 중순~4월 중순 11:00~18:00
- 가격 카레 1650~1980¥
- 홈페이지 gotoken1879.jp

6 밀키시모
Milkissimo

하코다테의 유명 젤라토 전문점으로, 하코다테 근교에서 생산된 우유와 홋카이도의 재료를 사용해 신선하고 맛있는 젤라토를 만든다. 계절 과일로 만든 것이 특히 인기. 삿포로 신치토세 공항에서도 맛볼 수 있다.

구글 지도 MILKISSIMO - Goryokaku Tower Shop

- MAP p.275
- 찾아가기 노면전차 고료카쿠코엔마에 五稜郭公園前 정류장에서 도보 15분, 고료카쿠 타워 2층에 위치 ⊙ 주소 函館市五稜郭町43-9
- 전화 0138-30-3369
- 시간 4/21~10/20 08:00~19:00, 10/21~4/20 09:00~18:00
- 가격 싱글 450¥, 더블 530¥~
- 홈페이지 milkissimo.com

7 멘추보 아지사이
麺厨房 あじさい

하코다테 시오라멘의 대표 주자로, 특히 이곳이 본점이라 대기 시간이 항상 긴 편이다. 메뉴판에는 한국어가 있어 편하다. 아지사이의 시오 라멘 塩ラーメン은 돼지와 닭 뼈를 오랜 시간 우려낸 국물을 사용한다. 베이 에어리어와 하코다테 역, 삿포로에도 지점이 있다.

구글 지도 아지사이 본점

- MAP p.275
- 찾아가기 노면전차 고료카쿠코엔마에 五稜郭公園前 정류장에서 도보 15분, 고료가쿠 타워 길 건너편 ⊙ 주소 函館市五稜郭町29-22
- 전화 0138-51-8373
- 시간 11:00~20:25
- 휴무 넷째 주 수요일
- 가격 시오 라멘·쇼유 라멘 각 1050¥, 카레 라멘 930¥, 교자 3개 350¥
- 홈페이지 ajisai.tv

8 야키단고 긴게쓰
やきだんご銀月

유노카와 지역에 있는 유명 당고 전문점으로 쫄깃한 식감의 당고에 팥, 간장, 흑임자를 기본으로 계절마다 특별 메뉴도 선보인다. 전국 과자 박람회에서 대상을 수상한 바 있어 일부러 방문하는 사람들도 많다. 저녁에는 다 떨어질 수 있으니 조금 일찍 방문하자. 온천욕 뒤에 출출한 허기를 달래기에도 최고.

구글 지도 긴게츠
⊙ MAP p.275
🚶 찾아가기 노면전차 유노카와 온센 湯の川温泉 정류장에서 도보 3분 🏠 주소 函館市湯川町 2丁目22-5
☎ 전화 0138-57-6504
⏰ 시간 08:30~17:30
✖ 휴무 부정기
💰 가격 꼬치 1꿰 140¥~

9 누마노야
沼の家

1905년 창업한 당고 전문점으로, 당시의 제조법과 맛을 그대로 유지하는 것으로 유명하다. 천연 재료만 사용하기 때문에 당일에 바로 먹는 것이 좋다. 한 입에 쏙쏙 들어가며 쫄깃한 맛이 일품. 참깨, 간장, 팥 맛이 있는데, 모두 맛도 좋다.

구글 지도 Numa No Ya
⊙ MAP p.274
🚶 찾아가기 JR 오누마코엔 역 大沼公園駅에서 도보 2분 🏠 주소 亀田郡七飯町大沼町145
☎ 전화 0138-67-2104 ⏰ 시간 08:30~18:00 💰 가격 세트 대 710¥, 소 430¥
🌐 홈페이지 www.onuma-guide.com/spot/numanoya

10 다이세이유
大盛湯

저렴한 가격으로 온천욕을 즐길 수 있는 오래된 동네 목욕탕. 지금은 쉽게 찾아볼 수 있는 예스러운 목욕탕으로, 구식 체중계와 남녀 탕 사이 천장이 구분되어 있지 않은 것 등도 옛 일본식 그대로다. 열탕부터 미지근한 것까지 탕이 구분되어 있으며 목욕 후 우유를 마시면 어릴 적 추억이 그대로 되살아난다. 비누나 샴푸, 타월 등은 모두 준비해 가야 한다.

구글 지도 TAISEIYU
⊙ MAP p.275
🚶 찾아가기 노면전차 유노카와 湯の川 정류장 하차, 도보 2분 🏠 주소 函館市湯川町 2丁目18-23
☎ 전화 0138-57-6205 ⏰ 시간 06:30~21:30
✖ 휴무 첫째·셋째·다섯째 주 수요일
💰 가격 어른 490¥, 어린이 80¥
🌐 홈페이지 taiseiyu.com

11 유모토 다쿠보쿠테이
湯元 啄木亭

전망 좋은 노천탕이 있는 곳으로 호텔이지만 당일 온천도 가능한 곳이다. 멀리 하코다테 산도 보이고 온천 주변 풍경이 보이며 호텔 자체에 원천이 있어 수질도 좋다. 욕탕은 11층에 위치하며 밤에는 야경도 즐길 수 있다. 비누와 샴푸, 린스, 드라이어가 구비되어 있으니 타월만 가져가면 된다. 호텔 정원도 아름답기로 유명하니 잠시 둘러보자.

구글 지도 Yumoto Takubokutei
⊙ MAP p.275
🚶 찾아가기 노면전차 유노카와 온센 湯の川温泉 정류장에서 도보 5분
🏠 주소 函館市湯川町 1丁目18-15
☎ 전화 0138-59-5355 ⏰ 시간 08:00~21:00
💰 가격 1000¥~
🌐 홈페이지 takubokutei.com

12 쓰타야 서점
函館 蔦屋書店

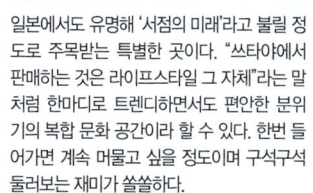

일본에서도 유명해 '서점의 미래'라고 불릴 정도로 주목받는 특별한 곳이다. "쓰타야에서 판매하는 것은 라이프스타일 그 자체"라는 말처럼 한마디로 트렌디하면서도 편안한 분위기의 복합 문화 공간이라 할 수 있다. 한번 들어가면 계속 머물고 싶을 정도이며 구석구석 둘러보는 재미가 쏠쏠하다.

구글 지도 TSUTAYA BOOKS Hakodate Store
⊙ MAP p.274

🚶 찾아가기 노면전차 도라이 桔梗 정류장에서 도보 30분, 또는 JR 하코다테 역 函館駅 옆 버스 정류장에서 가미야마 神山·미하라 美原 순환버스 승차 후 가미야마 쓰타야 서점 앞 정류장에서 하차해 도보 10분, 또는 JR 하코다테 역에서 자동차로 약 20분(주차 650대 가능, 무료)
🏠 주소 函館市石川町85-1
☎ 전화 0138-47-2600 ⏰ 시간 07:00~01:00
🌐 홈페이지 www.hakodate-t.com

KUSHIRO
구시로

홋카이도의 동부 태평양 연안에 위치한 도시로, 연중 100일 이상 안개가 피어나는 곳이다. 정답고 차분하면서도 신비로운 느낌까지 든다. 시 북쪽의 외곽으로 나가면 양탄자같이 펼쳐진 구시로 습지가 있는데, 홋카이도에서도 생태 여행으로 유명한 곳이다. 구시로 습원은 서울 면적의 1/2에 해당하는 일본 최대의 습원 지역으로, 두루미를 비롯한 희귀 동식물의 보금자리기도 하다.

지역 명물 음식

| 왓쇼 시장의 해산물 덮밥 **갓테동** | 좋아하는 것을 골라 구워보는 **로바타야키** | 맥주와 함께 닭튀김 **장기** |

구시로 가는 법

비행기

우리나라에서 구시로 공항으로 갈 때는 약 5~12시간 소요되는 경유편을 이용해야 한다. 보통 김포~하네다~구시로 노선을 많이 이용하며 하네다에서 구시로까지는 약 1시간 35분 걸린다. 일본 내에서는 도쿄와 삿포로에서만 직항으로 갈 수 있다. 시기에 따라서는 기차나 버스보다도 가격이 저렴하니 미리 비교해보고 티켓을 예매하는 것이 좋다.

기차

삿포로에서 오비히로를 거쳐 구시로로 오는 특급열차가 있다. 삿포로(편도 6820¥~)에서는 4시간 24분 정도 소요되며 오비히로(편도 2869¥~)에서는 1시간 35분 정도 소요된다.

버스

삿포로, 아사히카와 등에서 고속버스를 타고 갈 수 있다. 기차보다 시간은 오래 걸리지만 저렴하다.

- **시간 및 요금** 삿포로 약 5시간 40분~, 5230¥~, 아사히카와 약 6시간 30분, 1000~6700¥
- **홈페이지** www.akanbus.co.jp

렌터카

대부분 국도를 따라 가는데 동물들이 갑자기 출현하는 산길과 대형 화물차 등을 특히 조심해야 한다.

아바시리 → 구시로 약 149~153km, 2시간 50분
아사히카와 → 구시로 약 210km, 3시간 30분~4시간
아칸 호수 → 구시로 약 85km, 1시간 30분~

공항에서 구시로 시내 가기

버스

보통 버스나 택시를 이용해 시내로 가는데, 버스는 비행기 도착 시간에 맞춰 유동적으로 움직인다. 놓쳤다면 택시를 타는 방법이 있지만 택시비가 비싸니 되도록 버스를 타는 편이 좋다.

- **시간** 도착편 시간에 맞춰 운행
- **요금** 공항버스 구시로 역까지 940¥(45분)
- **홈페이지** kushiro-airport.co.jp/p-accses

택시

편안하게 갈 수 있는 장점이 있지만 요금이 비싸다는 단점이 있다. 요금은 구시로 역까지 소형차 약 5680¥~, 중형차 약 6960¥~이다. 소요 시간 약 30분.

렌터카 レンタカー

시간을 잘 활용하려면 렌터카를 이용하는 것이 최선이다. 구시로 공항과 JR 구시로 역 근처에 렌터카 사무소가 모여 있다.

구시로 시내 교통

SL 습원호 SL冬の湿原号

겨울에만 운행하는 증기기관차로, 빈티지 느낌이 물씬 나는 명물 기차다. 구시로 역과 시베차 역을 1일 1회 왕복하며 창밖에 펼쳐진 설경과 습원의 풍경을 만끽하며 달릴 수 있어 언제나 인기 만점이다. 1개월 전부터 예약 가능하니 서둘러 예약하는 것이 좋다.

- **시간** 겨울철 구시로 역 11:08 출발, 시베차 역 13:55 출발(변경 가능)
- **요금** 1290¥+지정석 1680¥ 추가, 사전 예약 및 전 좌석 지정석 예약 필수
- **홈페이지** jrhokkaido.co.jp/train

버스 バス

시내에서 버스를 타면 서부 습원을 볼 수 있다. 구시로 역 앞에서 쓰루이선 鶴居線·호로로선 幌呂線 노선버스인 아칸 버스 阿寒バス를 타고 구시로 습원 전망대 湿原展望台에서 내려 새틀라이트 광장, 온네나이 비지터 센터, 온네나이 산책로 등을 둘러보자.

- **시간** 구시로 역에서 08:55·10:25·13:25·14:45·16:35·16:55 출발(구시로 역에서 약 40분 소요)
- **요금** 편도 780¥
- **홈페이지** akanbus.co.jp

일반 열차 列車

노롯코나 SL 열차가 아니더라도 구시로에서 구시로 습원까지 가는 일반 열차를 1일 6회 운행한다. 구시로 역에서 출발해 구시로 습원 역, 호소오카 역, 도로 역 등에 정차하니 계획에 따라 하차하면 된다. 구시로에서 출발할 때는 진행 방향을 기준으로 왼쪽, 돌아올 때는 오른쪽이 풍경이 좋으니 자리를 잡을 때 참고하자.

- **요금** 1일권 640¥(JR 홋카이도 레일 패스 소지자 무료)
- **시간** 1일 2~6회 운영
- **홈페이지** jrhokkaidonorikae.com

노롯코 열차 ノロッコ号

봄에서 가을까지는 관광열차로 특별히 개조한 노롯코 열차를 타고 동부 습원을 둘러볼 수 있다. 시즌에 따라 하루 1~2회 운행하니 홈페이지를 통해 시간을 확인한 후 JR 역 티켓 창구와 관광 안내소 등에서 예매해두는 것이 확실하다.

- **시간** 4월 말~10월 초 1일 1~2회 운행
- **요금** 640¥(지정석 840¥ 추가, JR 홋카이도 레일 패스 소지자 무료)
- **홈페이지** jrhokkaido.co.jp/train

COURSE

구시로 1DAY 코스

아침 일찍 시장에 들러 식사를 하는 것으로 시작해 낮에는 구시로 습원 지역을 돌아보고 밤에는 시내로 돌아와 로바타야키 등을 즐겨보자. 시간이 없다면 하루 코스로 둘러보아도 되지만, 이왕 여기까지 왔다면 시즌에 따라 즐길 거리도 다양하니 2~3일 동안 동서부 습원을 모두 둘러보며 여유롭게 여행해도 좋다.

START

1. 와쇼 시장 (도보 5분)
#관광 홋카이도의 3대 어시장 중 하나로, 내가 좋아하는 것으로만 선택하여 맘대로 만드는 갓테동이 명물이다.

2. JR 구시로 역 (기차 32분)
#관광 교통의 중심지이자 구시로 시내와 습원 여행의 관문이다.

3. 구시로 습원역 (도보 8분)
#관광 통나무로 만들어진 무인역으로, 습원 여행의 첫 포인트. 가벼운 산책을 즐겨보자.

4. 호소오카 비지터 센터 (도보 4분)
#관광 습원의 사진과 자료가 전시돼 있으며, 습원 방문 기념 스탬프도 있으니 잊지 말고 추억도 남겨보자.

5. 호소오카 전망대 (도보 1시간)
#관광 구시로 습원의 모습과 구시로 강을 한 눈에 볼 수 있는 곳으로 특히 저녁 노을이 아름답기로 유명하다.

6. 호소오카 역 (기차 30분 + 도보 18분)
#관광 전망대에서 걸어서 1시간 정도 걸린다. 하루 일정이라면 이곳에서 기차를 타고 다시 시내로 돌아오자.

7. 누사마이바시 (도보 4분)
#관광 구시로를 대표하는 명물 다리로 석양과 야경이 포인트. 특히 안개가 피어오르면 더 분위기가 좋다.

8. 저녁 - 간페키 로바타
#식사 시끌벅적한 분위기에서 즐기는 야외 천막 로바타야키. 5~10월에만 운영한다.

지도 한눈에 보기

TRAVEL INFO
구시로 시내

- 구시로 시내에는 큰 볼거리는 없는 편이다. 아침에 와쇼시장에서 식사를 하고 외곽을 둘러본 후 저녁때 시내로 돌아와 로바타야키와 장기 등을 맛보며 식도락을 즐겨보자.

1 와쇼 시장
和商市場

홋카이도 3대 어시장으로 구시로의 대표 명소. 어획량이 많기로 유명한 이곳의 풍부한 해산물도 구경하고 내 맘대로 골라 만드는 해산물 덮밥인 갓테동도 즐겨보자. 시장 이용 시, 지하 주차장이 2시간 무료다. 시장 맞은편에는 주로 농산물을 취급하는 단초 시장 丹頂市場도 있다.

구글 지도 kushiro WASHOU market

◉ MAP p.295
- 찾아가기 JR 구시로 역 釧路駅 남쪽 출구에서도 보 5분. 시장 지하에 주차장 있음
- 주소 釧路市黒金町13-25
- 전화 0154-22-3226
- 시간 08:00~18:00
- 휴무 일요일
- 가격 2000¥~
- 홈페이지 washoichiba.com

2 누사마이바시
幣舞橋

구시로의 석양과 야경 포인트이자 산책하기 좋은 곳이다. 구시로를 배경으로 한 영화나 드라마에 반드시 등장하는 도시의 대표 아이콘이기도 하다. 여름밤 안개가 피어오르면 분위기가 더욱 좋아진다. 다리 중간에는 사계절을 상징하는 4개의 여인상이 서 있다.

구글 지도 누사마이 다리

◉ MAP p.295
- 찾아가기 JR 구시로 역 釧路駅 남쪽 출구에서 도보 15분
- 주소 釧路市大通り1丁目

3 무&에그
MOO&EGG

구시로의 종합 쇼핑몰로 수족관, 기념품 숍, 건물 가게, 수족관, 포장마차 등이 들어서 있으며 1층은 시장 같은 분위기다. 2~3층에는 늦게까지 영업하는 식당과 실내 포장마차 촌이 있다. 쇼핑몰은 에그 EGG라 불리는 실내 정원과 연결되어 있으며, 높은 천장 밑에 나무와 화초가 울창하게 자라 마치 작은 숲속에 들어온 듯하다.

구글 지도 Kushiro Fisherman's Wharf MOO

◉ MAP p.295
- 찾아가기 누사마이바시에서 시내 쪽 끝과 연결된 계단을 따라 내려간다. 주소 釧路市錦町2-4
- 전화 0154-23-0600
- 시간 무 Moo 10:00~19:00, 에그 EGG 4~10월 06:00~22:00·11~3월 07:00~22:00
- 휴무 가게마다 다름
- 홈페이지 moo946.com

4 간페키 로바타
岸壁炉ばた
★★★ 주차 없음

5월 중순~10월에 운영하는 떠들썩한 분위기의 야외 천막 로바타야키집이다. 부스에서 판매하는 티켓을 구입한 다음 원하는 점포로 가서 먹고 싶은 것을 고르면 된다. 구입한 티켓으로 계산한 후 자리에 설치된 석쇠에 직접 구워 먹자.

🔍 구글 지도 간페키로바타

📍 MAP p.295
🚶 찾아가기 JR 구시로 역 釧路駅 남쪽 출구에서 누사마이바시 쪽으로 도보 15분, 누사마이바시에서 바다를 바라보고 오른쪽에 위치한 천막
🏠 주소 釧路市錦町2-4 釧路フィッシャーマンズワーフMOO
🕐 시간 5·6·10월 17:00~21:00, 7~9월 17:00~22:00
🚫 휴무 11~4월
💴 가격 1인 예산 1700¥~
🌐 홈페이지 moo946.com/robata

5 구시로 아부리야
くし炉 あぶり家
★★ 계약 주차장

숯불에 구운 다양한 해산물을 맛볼 수 있는 곳으로 특히 임연수와 통오징어가 인기다. 하얀 빛의 숯인 비장탄을 사용해 더욱 깔끔한 맛이 난다. 1인석부터 대형 홀까지 다양한 좌석으로 갖추었으며 영어 메뉴판도 구비하고 있다.

🔍 구글 지도 GPS 42.98433, 144.38621

📍 MAP p.295
🚶 찾아가기 JR 구시로 역 釧路駅 남쪽 출구에서 도보 10분
🏠 주소 釧路市末広町5-6
📞 전화 0154-22-7777
🕐 시간 16:30~23:30
💴 가격 임연수어 구이(반 마리) 680¥~, 통오징어 구이 680¥~
🌐 홈페이지 aburiya946.com

6 라멘 긴스이
ラーメン専門店 銀水
★★ 무료 주차

쇼와 10년인 1935년에 개업한 라멘 전문점으로 일명 '구시로라멘'이라고 불리기도 한다. 수타로 만든 가는 면이 더욱 쫄깃한 식감을 주며 기본 쇼유, 미소, 시오라멘 등 다양한 메뉴가 있다. 구시로 라멘은 항구에서 일하는 사람들에게 따뜻한 라멘을 제공하기 위한 포장마차에서 시작되었다고 한다.

🔍 구글 지도 Ginsui

📍 MAP p.295
🚶 찾아가기 JR구시로 역에서 도보 10분
🏠 주소 釧路市浪花町12丁目1
📞 전화 0154-24-7041
🕐 시간 월~화, 목~토요일 11:00~18:30, 일요일·공휴일 11:00~15:30
🚫 휴무 수요일
💴 가격 800¥~
🌐 홈페이지 946ginsui.com

7 도리마쓰
鳥松
★★ 주차 없음

'장기'라고 불리는 닭튀김을 파는 식당. 구시로 장기집의 원조라고도 불리는 이 집은 현지인들의 맛집으로 아담하고 예스러운 분위기다. 오픈 키친으로 주문을 하면 바로 튀기는 모습을 볼 수 있고, 이 집만의 소스와 가루를 찍어 먹으면 맛있다. 여행 중 치맥이 생각난다면 이곳에서 장기와 함께 맥주를 먹어보자.

🔍 구글 지도 Torimatsu

📍 MAP p.295
🚶 찾아가기 JR 구시로 역 釧路駅 남쪽 출구에서 도보 13분, 쇼핑몰 무 MOO에서 도보 7분
🏠 주소 釧路市草加丁目1番
📞 전화 0154-22-9761
🕐 시간 월~토요일 17:00~23:00
🚫 휴무 일요일
💴 가격 640¥~

8 우옷치 라멘 공방
魚—らーめん工房
★★ 공용 주차장

구시로의 인기 라멘집으로, 잡지나 신문에 자주 소개될 만큼 유명하다. 이곳의 특징은 생선소스를 이용한다는 것인데, 담백한 생선소스 라멘 魚醬ラーメン과 바지락을 넣고 끓인 조개 라멘 アサリラーメン이 특히 인기가 많다. 또 굴을 넣고 끓인 것도 맛있다.

🔍 구글 지도 Uocchi Ramen Kōbō

📍 MAP p.295
🚶 찾아가기 JR 구시로 역 釧路駅 남쪽 출구에서 도보 6분, 왓쇼 시장 건너편 단초 시장 내
🏠 주소 釧路市幸町13-1 釧路丹頂市場内
📞 전화 0154-23-4541
🕐 시간 월~토요일 09:00~16:30
🚫 휴무 일요일
💴 가격 라멘 800~1100¥

9 레스토랑 이즈미야 본점(스파카쓰)
レストラン泉屋 本店
★★ 주차 없음

스파게티 위에 돈가스를 올린 스파카쓰가 인기 메뉴다. 내부는 1980~1990년대 분위기로, 맛 또한 어릴 때 식당에서 먹던 추억의 맛이다. 메뉴는 스파게티, 돈가스, 스테이크 등 다양하고 음식 양도 많은 데다 맛과 가격 모두 합리적이다.

🔍 구글 지도 IZUMIYA

📍 MAP p.295
🚶 찾아가기 JR 구시로 역 釧路駅 남쪽 출구에서 도보 15분, 쇼핑몰 무 MOO에서 도보 5분
🏠 주소 釧路市末広町2丁目2-28
📞 전화 0154-24-4611
🕐 시간 수~일요일 11:00~21:30
🚫 휴무 화요일
💴 가격 1000¥~
🌐 홈페이지 kushiro-izumiya.com

TRAVEL INFO
구시로 습원 동부

구시로의 여행 포인트인 구시로 습원을 즐기는 방법은 다양하다. 관광열차를 타거나 직접 걸어서 둘러보고 각종 액티비티를 체험할 수도 있다. 일정이 허락된다면 2~3일 머물며 여유롭게 즐겨보자.

1 구시로 습원
釧路湿原国立公園

구시로 시 북쪽에 펼쳐진 습원은 일본 최대의 습원 지역으로, 4개의 호수가 있는데, 그중 가장 큰 도로호는 둘레가 18km에 달한다. 해수면이 낮아지면서 습원이 생성되었고, 두루미를 비롯한 약 2000종 동식물의 보금자리기도 하다.

구글 지도 쿠시로습원 호소오카 전망대

VOL 1 p.018 MAP p.294

찾아가기 JR 구시로 역 釧路駅에서 열차 승차 후 구시로 습원역 釧路湿原駅 하차(약 20분 소요), 또는 구시로 역에서 열차로 도로 역 塘路駅 하차(약 32분 소요). 주차는 구시로 시 습원 전망대 앞 무료 주차장 이용.

주소 釧路湿原国立公園
전화 0154-56-2345 시간 구시로 습원 전망대 5~10월 08:30~18:00, 11~4월 09:00~17:00
가격 산책로 무료, 구시로 습원 전망대 480¥, 각종 체험 5000¥~
홈페이지 www.env.go.jp/park/kushiro

2 JR 구시로 역
釧路駅

구시로 지역을 여행하는 출발점으로, 습원으로 향하는 노롯코 열차와 SL 증기기관차, 일반 열차를 운행한다. 예스러운 느낌이지만 관광 안내소와 코인 로커, 매점 등 편의 시설은 잘 갖추었다.

구글 지도 구시로 역

MAP p.294
찾아가기 열차 이용 JR 구시로 역 釧路駅 하차
주소 釧路市黑金町北大通14丁目
전화 0154-24-3176
시간 기차 운영 시간 내
홈페이지 jrhokkaido.co.jp

3 구시로 철교
釧路鉄橋

역을 출발해 동쪽으로 달리다 보면 구시로 철교가 나오며, 기차는 이곳을 넘어 강을 건넌다. 이후 JR 센모 본선 JR 釧網本線에 진입해 구시로 강을 나란히 하며 달리게 된다. 겨울철에 이곳을 건너는 SL 증기기관차의 모습을 촬영하려는 사람들이 모이는 곳이기도 하다. 다리 오른쪽에 작은 공원이 있는데, 이곳에 6~7대 정도 세울 수 있는 주차장이 있다. 증기기관차가 지나기 몇 분 전에 보통 열차가 통과하는 경우가 많아 보통 이때 테스트 촬영을 하기도 한다.

구글 지도 GPS 42.988724, 144.396421

VOL 1 p.093 MAP p.294
찾아가기 구시로 습원행 기차 이용

4 이와봇키 수문
岩保木水門

열차를 타고 가다 볼 수 있는 곳으로, 1920년에 발생한 구시로 강 홍수 후 건설한 것이다. 당시 홍수의 여파로 구시로 시내가 일주일 이상 침수되었다고 한다. 1990년에 콘크리트로 된 현재의 모습으로 재정비했다. 1931년에 건설된 원래의 수문은 상부 구조물이 나무로 되어 있었다고 한다. 역사적 건축물로 지정되었으며 현재 수문 역할을 하지는 않는다.

구글 지도 GPS 43.083283, 144.425212

MAP p.294
찾아가기 구시로 습원행 기차 이용

5 구시로 습원역
釧路湿原駅

무료 주차

구시로 시내와는 다른 매력을 지닌, 통나무로 지은 무인역이다. 이 역에서 도보 15분 거리에 호소오카 전망대가 있다. 보통 5월에서 11월에만 열차가 이 역에 정차하고, 여름에는 구시로~도로행 노롯코호를 운행하는데, 시속 30km로 달리기 때문에 여유롭게 창밖 습지 풍경을 감상할 수 있다. 노롯코호의 스케줄은 매년 달라지니 홈페이지를 통해 확인해야 한다.

- 구글 지도 구시로시쓰겐 역
- MAP p.294
- 찾아가기 JR 구시로 역 釧路駅에서 JR 열차로 약 25분 주소 釧路郡釧路町字達古武
- 가격 무료
- 홈페이지 www.jrhokkaido.co.jp

6 호소오카 비지터 센터
細岡ビジター・センター

무료 주차

구시로 습원역과 호소오카 전망대 중간 지점에 있어 오가며 쉴 수 있다. 관내에서는 습원의 사진과 자료를 전시하고, 간단한 음식과 음료, 기념품 등도 판매한다. 방명록을 남기는 공책과 습원 스탬프도 있어 추억을 남기는 재미도 있다. 구시로 습원역과 그리 멀지 않기 때문에 전망을 감상한 뒤 열차를 기다리며 쉬기 좋다.

- 구글 지도 Hosooka Visitors Lounge
- MAP p.294
- 찾아가기 JR 구시로 습원역 釧路湿原駅에서 도보 10분 주소 釧路郡釧路町字達古武22番地9
- 전화 0154-40-4455 시간 4~5월 09:00~17:00, 6~9월 09:00~18:00, 10~11월 09:00~16:00, 12~3월 10:00~16:00 휴무 12/31~1/5 가격 무료 홈페이지 city.hokkai.or.jp

7 호소오카 전망대
細岡展望台

★★
주차 없음

구시로 습원의 동쪽에 위치하는 전망대다. 넓게 펼쳐진 습원과 그 사이를 굽이굽이 흐르는 구시로 강을 한눈에 볼 수 있다. 이 전망대는 아름다운 일몰 풍경으로 유명하며 구시로 강 수면에 반사되는 석양과 붉은 하늘을 감상할 수 있다. 여름에 간다면 벌레가 많으니 얇은 겉옷과 모자를 챙기자.

- 구글 지도 쿠시로습원 호소오카 전망대
- MAP p.294
- 찾아가기 구시로 습원역 釧路湿原駅에서 도보 15분 주소 釧路郡釧路町字達古武22番地9
- 전화 0154-40-4455(비지터 센터)
- 시간 일출~일몰
- 가격 무료
- 홈페이지 city.hokkai.or.jp

8 호소오카 역
細岡駅

★
주차 없음

구시로 습원역과 도로 역 중간 역이다. 호소오카 전망대에서 호소오카 역까지 도보로 1시간 정도라서 산책 겸 걸어갈 수 있다. 주변에는 닷코부 호수가 있는데, 호수 옆에 자리한 캠핑장에서 하루를 보내는 것도 좋다.

- 구글 지도 호소오카 역
- MAP p.294
- 찾아가기 구시로 습원역 釧路湿原駅에서 JR 열차로 3분, 또는 도로 역 塘路駅에서 JR 열차로 8분
- 주소 釧路郡釧路町字達古武
- 가격 무료
- 홈페이지 www.jrhokkaido.co.jp

9 닷코부 나뭇길
達古武木道

★★
무료 주차

닷코부 호수를 따라 나 있는 산책길로, 왕복 4.6km의 나뭇길이 깔려 있다. 닷코부 오토캠핑장에서 호숫가를 따라 조성되었으며 전망대에 도착하면 아름다운 풍경을 조망할 수 있다. 이곳까지 둘러보려면 주차장이 있는 오토캠핑장에서 왕복으로 1시간 30분 이상 소요된다.

- 구글 지도 Kushirocho Tatsukobu Auto Camping Ground
- MAP p.294
- 찾아가기 JR 구시로 역 釧路駅에서 자동차로 약 35분
- 주소 釧路郡釧路町字達古武
- 시간 일출~일몰
- 가격 무료

10 도로 역
塘路駅

★
무료 주차

도로 역에서 산책로를 따라 1시간 거리에 사루보 전망대가 있고, 도보 20분 거리에는 구시로 습원의 자연과 동식물의 모습 등 정보를 제공하는 도로 에코 뮤지엄 센터가 있다. 도로 역 주변에서는 카누나 빙어 낚시 등 여러 가지 레저를 즐길 수 있다. 예약은 홈페이지나 도로 네이처 센터 등에서 할 수 있다.

- 구글 지도 도로 역
- MAP p.294
- 찾아가기 호소오카 역 細岡駅에서 JR 열차로 8분, 또는 구시로 습원역 釧路湿原駅에서 JR 열차로 12분
- 주소 北海道川上郡標茶町字オソツベツ原野
- 홈페이지 jrhokkaido.co.jp, dotoinfo.com/naturecenter(카누 예약)

11 사루보 전망대
サルボ展望台

주차 없음

★★

도로 역에서 산책로를 따라 1시간 정도 소요되는 전망대에 오르면 4개의 늪으로 구성된 습지와 호수의 멋진 경관을 감상할 수 있다. 도로 호수는 둘레 17.9km, 면적 약 637ha, 최대 수심 약 7m로, 구시로 습원에 있는 호수 중 가장 크다.

구글 지도 Sarubo Observatory

- **MAP** p.294
- **찾아가기** 도로 역 塘路駅에서 도보 1시간
- **주소** 北海道川上郡標茶町字塘路
- **전화** 015-485-2111
- **시간** 일출~일몰
- **가격** 무료
- **홈페이지** city.hokkai.or.jp

12 구시로 습원 노롯코호
釧路湿原ノロッコ号

유료 주차
★★★

봄~가을에 운행하는 관광열차로 시원한 바람을 맞으며 구시로 습원을 여행할 수 있다. JR 구시로 역을 출발해 구시로 습원역, 호소오카, 도로 구간을 1일 1~2회 운행하니 홈페이지에서 미리 스케줄을 확인해 예약해두자.

구글 지도 GPS 42.990361, 144.382750 (구시로 역)

- **VOL 1** p.093 **MAP** p.295
- **찾아가기** JR 구시로 역 釧路駅에서 출발
- **시간** 5월 초~9월 말 매일 운행, 5/1 1회, 6~9월 1일 2회 왕복 운행
- **휴무** 10~4월
- **가격** 구시로~구시로 습원 360¥, ~도로 540¥
- **홈페이지** www.jrhokkaido.co.jp

13 SL 후유노시쓰겐호
SL冬の湿原号

유료 주차

★★★

겨울철 운행일에 한해 1일 단 1회 출발하며 현재 홋카이도에서 유일하게 운행하는 증기기관차다. 누구나 꼭 한번 타보고 싶어 하는 명물 열차로, 구시로와 시베차 구간을 약 1시간 30분에 걸쳐 천천히 달린다. 로맨틱하고 빈티지 느낌을 물씬 풍겨 항상 인기가 많다.

구글 지도 GPS 42.990361, 144.382750 (구시로 역)

- **VOL 1** p.093 **MAP** p.295
- **찾아가기** JR 구시로 역 釧路駅에서 출발
- **주소** 釧路市黒金町北大通14丁目
- **전화** 0154-22-4314(구시로 역)
- **시간** 1월 말~2월 발(운행 일링 1회)
- **가격** 승차권 1070¥+지정석 820¥
- **홈페이지** www.jrhokkaido.co.jp

14 구시로 습원 액티비티

무료 주차
★★★

도로 호수에서 호소오카에 이르는 9km의 강을 카누를 타고 내려오는 체험, 지상 50m 높이에서 습지를 내려다보는 열기구 플라이트, 말을 타고 습지를 둘러보는 프로그램 등이 있다. JR 도로 역 塘路駅 근처 도로 네이처 센터 塘路네이처센터에서 운영한다.

구글 지도 GPS 43.13885, 144.53729

- **MAP** p.294
- **찾아가기** JR 도로 역 塘路駅에서 산책로를 따라 도보 20분, 도로 네이처 센터로 간다.
- **주소** 川上郡標茶町塘路北七線86-17
- **전화** 0154-87-3100
- **시간** 3~12월 07:00~16:00(코스별로 시간 다름)
- **가격** 1만6000¥
- **홈페이지** dotoinfo.com/naturecenter/toronc-e.htm, sotoasobi.net/company/107

TRAVEL INFO
구시로 습원 서부

● 여름에는 나무길을 따라 산책을 하고 트레킹도 즐겨보자. 승마 등의 액티비티를 하는 것도 좋다. 겨울에는 우아한 몸짓으로 날아오르는 단정학을 만나러 가보자.

1 구시로 습원 전망대
釧路湿原展望台

무료 주차
★★★

구시로 습원의 서쪽에 위치한 전망대로 동식물, 주변 유적, 습원의 형성 과정과 영상 등을 볼 수 있으며 3층에서는 습원을 360도로 조망할 수 있다. 전망대 주변 2.5km를 도는 1시간 코스의 산책길에는 7개의 광장과 사테라이트 전망대가 있어 습원의 경관을 더 가까이에서 볼 수 있다.

구글 지도 쿠시로 습원 전망대

- **MAP** p.294
- **찾아가기** JR 구시로 역 釧路駅에서 쓰루미다이행 아칸 버스 승차 후 시쓰겐덴보다이 정류장 湿原展望台駅 하차, 40분 소요
- **주소** 釧路市北斗6-11 **전화** 0154-56-2424
- **시간** 5~10월 08:30~18:00, 11~4월 09:00~17:00 **휴무** 12/31~1/3
- **가격** 어른 480¥, 고등학생 250¥, 초·중학생 120¥ **홈페이지** en.kushiro-lakeakan.com

2 호쿠토 나뭇길
北斗木道 무료 주차

구시로 습원 전망대에서 시작되는 약 2.5km 의 나뭇길로, 길을 따라가다 보면 많은 식물과 야생 조류를 관찰할 수 있다.
꼭 동물을 만나지 않더라도 선선한 바람이 부는 길이라 산책하기만 해도 기분 좋아지는 힐링 코스다.

구글 지도 GPS 43.073977, 144.320715 (쿠시로 습원 전망대)
◉ MAP p.294
🚗 찾아가기 JR 구시로 역 釧路駅에서 자동차로 약 30분. 차는 구시로 습원 전망대에 세워둔다.
🏠 주소 釧路市北斗
🕐 시간 일출~일몰
💴 가격 무료

3 사테라이트 전망대
サテライト展望台 무료 주차

구시로 습원 전망대에서 약 1.2km 거리에 있는 사테라이트 전망대에서는 아프리카 대초원 같은 습원의 광활한 경관을 볼 수 있다.
습원 전망대보다 좀 더 가까운 곳에서 더욱 실감 나게 대자연을 즐길 수 있다. 차는 습원 전망대 주차장에 두면 된다.

구글 지도 GPS 43.075771, 144.327689
◉ MAP p.294
🚗 찾아가기 구시로 습원 전망대 주변 산책길에서 전망대 표지판을 따라간다. 🏠 주소 釧路市北斗
🕐 시간 일출~일몰
💴 가격 무료

4 온네나이 비지터 센터
温根内ビジター・センター 무료 주차

온네나이 고층 습원 군락지에 위치한 구시로 습원 전망대에서 5km 떨어진 곳에 있다. 습원에 관련된 여러 정보를 얻을 수 있고, 휴식을 취할 수도 있다. 이곳에서 시작되는 산책로는 나무 덱으로 이루어져 비지터 센터에서 무료로 대여해주는 휠체어를 타고 다닐 수 있다.

구글 지도 온네나이 비지터 센터
◉ MAP p.294
🚗 찾아가기 JR 구시로 역 釧路駅에서 쓰루미다이 행 아칸 버스 승차 후 온네나이 비지터 센터 하차. 45분 소요 🏠 주소 阿寒郡鶴居村温根内
📞 전화 0154-65-2323
🕐 시간 4~10월 10:00~17:00, 11~3월 10:00~16:00
🚫 휴무 화요일, 12/29~1/3 💴 가격 무료
🌐 홈페이지 en.kushiro-lakeakan.com

5 온네나이 고층 습원 군락지
温根内高層湿原群落地 무료 주차

온네나이 비지터 센터에서 본격적으로 시작되는 숲과 습원의 접점에 있는 산책로다. 나무 덱을 따라 걸으며 갈대와 다양한 꽃을 비롯해 숲에서는 오색딱따구리 같은 삼림성 야생 조류를 볼 수 있고, 습원에서는 초원성 야생 조류와 두루미 등을 볼 수 있다. 7~8월에는 애반딧불이를 관찰할 수 있다. 산책로는 0.5km부터 3.1km까지 다양한 코스가 있다.

구글 지도 온네나이 비지터 센터
◉ MAP p.294
🚗 찾아가기 JR 구시로 역 釧路駅에서 쓰루미다이 행 아칸 버스 승차 후 온네나이 비지터 센터 하차. 45분 소요 🏠 주소 阿寒郡鶴居村温根内
📞 전화 0154-65-2323
🕐 시간 4~10월 10:00~17:00, 11~3월 10:00~16:00
🚫 휴무 화요일, 12/29~1/3 💴 가격 무료
🌐 홈페이지 en.kushiro-lakeakan.com

6 학견대
鶴見台 무료 주차

겨울철에 구시로를 찾아오는 두루미를 관찰할 수 있는 장소. 매년 11~3월이면 약 200마리의 새가 우아한 자태를 뽐내며 노니는 것을 볼 수 있다.
오전 9시와 오후 2시 30분경 두루미들에게 먹이를 주는데, 원래 1962년쯤 근처 초등학교 교사와 학생들이 두루미에게 먹이를 주던 것이 현재까지 이어지고 있다.

구글 지도 Tancho Village-Tsurui-mura (Crane Scenic Spot)
◉ MAP p.294
🚗 찾아가기 JR 구시로 역 釧路駅에서 자동차로 약 40분. 🏠 주소 阿寒郡鶴居村下雪裡
🕐 시간 11~3월 09:30, 14:30(먹이 주기)

7 쓰루이 도산코 목장
鶴居どさんこ牧場 무료 주차

홋카이도의 말인 도산코를 타고 습원을 둘러보는 코스로, 신청 후 간단한 레슨을 받고 시작한다. 도산코는 덩치도 작고 얌전한 종이라 별로 무섭지 않다. 승마 체험은 예약제로 운영하며 코치가 고삐를 잡고 함께 안내해주는 체험 코스는 예약 없이도 이용 가능하다.

구글 지도 Tsurui Dosanko Farm
◉ MAP p.294
🚗 찾아가기 JR 구시로 역 釧路駅에서 자동차로 약 40분
🏠 주소 阿寒郡鶴居村久著呂71-1
📞 전화 0154-64-2931
🕐 시간 5~10월 09:00~17:00, 11~4월 09:00~16:00
💴 가격 반나절 승마 체험 9100¥~, 산책 안내 코스 1200¥~ 🌐 홈페이지 dosanko-farm.com

ZOOM IN
일본 최대의 습지, 생태계의 보고 구시로 습원

구시로 시 북쪽에 거대한 양탄자같이 펼쳐져 있는 이곳은 서울 면적의 1/2에 달하는 일본최대의 습원 지역이다. 1980년 국제 습지 보전 조약인 람사르 협약에 등록된 후 국립공원이 되었고, 공원 내 개발이나 내부 접근은 제한된다. 습원에는 4개의 호수가 있는데, 그중 가장 큰 도로호는 둘레가 18km 정도라고 하니 광활한 습원의 크기를 조금은 짐작해볼 수 있을 것 같다. 원래 바다이던 곳이지만 해수면이 낮아지면서 습원이 생겨났고, 이후 두루미를 비롯한 약 2000종의 희귀 동식물이 살아가며 자연 그대로의 모습을 유지하고 있다.

람사르 조약	물새 서식지를 비롯해 보존 가치가 있는 습지 보호를 위해 맺은 국제 협약으로 현재 159개국의 1800여 개 습지가 지정되어 있다. 우리나라에서는 창녕 우포늪, 전남 순천만, 제주 물영아리 등 19개가 등록되어 있다. 구시로 습원은 일본 최초의 람사르 습지이기도 하다.

최적의 방문 시기	동식물의 활동이 활발한 여름철이 가장 인기 높으며 보통 5~9월에 많이 방문한다. 구시로 습원을 처음 여행한다면 꽃이 피는 봄부터 여름, 단풍을 볼 수 있는 가을이 좋지만, 특별천연기념물인 단정학 丹頂鶴(붉은 볏이 달린 학)을 관찰할 수 있는 겨울철도 나름 분위기 있다. 3~4월에는 조금 황량한 느낌이 있어 다른 시즌보다 방문객이 뜸해진다.

구시로 습원 서식 동물	습원에는 에조사슴, 흰꼬리 독수리, 여우, 두루미를 비롯한 2000종의 동식물이 서식하며, 여름철에 수많은 꽃이 피어나면 생명의 기운이 넘쳐난다. 눈이 오는 겨울에는 단정학이 머물기도 한다. 또 일본 최대의 담수어이자 '환상의 물고기'라는 별명이 있는 이토와 북도롱뇽, 큰기러기, 왜가리, 큰깍도요 등의 각종 물새 등도 이곳에서 살고 있다.

여행 포인트	크게 동부 습원과 서부 습원으로 나뉘는데, 동부 습원은 기차를 타고 여행하는 경우가 대부분이며 서부 습원은 렌터카 등을 이용하는 것이 편리하다. 동부 습원은 전망 좋기로 유명한 호소오카 전망대가 최고 인기 포인트다. 카누나 승마, 래프팅 등을 즐기려면 도로 역에 내리면 된다. 서부 습원은 규모가 가장 큰 전망대이며 각종 관련 자료를 전시하는 구시로 습원 전망대 釧路湿原展望台를 중심으로 둘러보면 된다. 전망대 3층에서 서부 습원을 한 눈에 내려다볼 수 있고, 주변에 산책로가 잘 조성되어 있다.

구시로 습원을 제대로 여행하는 방법

특별 구역인 이곳에는 개인 여행자가 함부로 내부에 들어갈 수 없다. 관광객은 열차를 타고 습원을 지나가며 풍경을 감상하거나 전망대에 올라 광활한 습원을 바라볼 수 있다. 아래와 같은 방법이 있으니 취향껏 선택해보자.

기차 타고 둘러보기

여름에는 느릿느릿 운행하는 관광열차 노롯코호 釧路湿原ノロッコ号를 타고 습지로 가보자. 구시로 역에서 출발해 시베차 역 標茶駅까지 운행하는데, 습원 바로 옆을 달리기 때문에 신비로운 자연의 모습에 보다 가까이 다가갈 수 있다. 탁 트인 창을 통해 바람을 맞으며 달리다가 습원에 들어서면 시속 30km로 감속해 기차 안에서 풍경을 여유롭게 바라볼 수 있다. 겨울이라면 그야말로 낭만적인 느낌이 충만한 증기기관차 SL 후유노시쓰겐(겨울의 습원)호 SL冬の湿原号를 타도 좋다. 역시 구시로 역에서 시베차 역을 연결하며 1일 1회 운행된다.

1. 구시로 역 釧路駅
여름휴가철이나 주말에는 더욱 붐비니 지정석을 예약해두는 것도 방법이다.

2. 구시로 철교 釧路鉄橋
역을 출발해 동쪽으로 달리다 보면 구시로 철교가 나온다. 다리를 넘어 JR 센모 본선에 진입해 구시로 강을 나란히 하며 달린다.

3. 이와봇키 수문 岩保木水門
1920년에 발생한 구시로 강 홍수 후 건설한 곳으로, 1990년에 콘크리트로 된 현재의 모습으로 재정비했다.

4. 구시로 습원역 釧路湿原駅
습원 중앙에 위치한 역으로 이곳에 내리면 호소오카 비지터스 라운지와 호소오카 전망대로 갈 수 있다.

5. 구시로 습원역~도로 역
열차가 달리는 왼쪽으로 초록색 양탄자처럼 펼쳐진 구시로 습원을 바라볼 수 있다. 습원 구간에서는 천천히 달리며 보다 여유롭게 감상할 수 있도록 배려했다.

6. 도로 역 塘路駅
도로 호수 옆에 위치한 노롯코호의 종점으로, 작은 역이지만 구내에 노롯코&8001이라는 카페가 있어 커피를 마시며 여유를 즐기기에 좋다.

습원 여행 시 주의점

1. 자연 그대로의 모습이라 7~9월에는 우리나라보다 훨씬 큰 벌과 모기, 각종 곤충을 만나는 것은 각오해야 한다. 향수 등 향기나 냄새가 나는 것은 뿌리지 않는 것이 좋고, 미리 모기 방지 패치를 붙이는 것도 방법이다.
2. 두루미나 새 둥지에 절대 가까이 가지 않는다. 특히 두루미는 사람이 접근하면 둥지와 새끼를 버리고 떠나기도 한다.
3. 쓰레기를 버리거나 동물에게 먹이를 주는 것도 절대 금지다. 동물이 산책로로 들어오거나 음식을 잘못 먹어 자칫 목숨을 잃는 일까지 발생한다.

| 전망대에서 바라보기 | 구시로 습원에는 습지를 바라볼 수 있는 전망대가 여러 곳에 있는데, 대부분 높은 구릉 위에 위치해 한눈에 조망하기 좋다. 특히 그중에서도 산 정상에 있는 호소오카 전망대 細岡展望台에 가면 구시로 강이 흐르는 모습과 습원, 멀리 아칸군의 연봉을 볼 수 있어 특히 인기가 높다. 이곳에서 바라보는 석양 풍경도 유명하다. |

| 산책로 걷기 | 전망대 주변에 나무로 된 산책로를 정비해 습원 위나 숲을 거닐 수 있다. 가까이에서 관찰할 수 있으니 시간 여유가 된다면 걸어보는 것도 좋다. 대부분 30분~1시간 내외의 코스로 조성되어 있다. 산책로를 걸을 때는 모자와 선글라스 등을 쓰고 흰색 옷을 입는 것을 추천한다. 새와 동물이 멀리 있으니 망원경을 준비하는 것도 좋다. |

| 액티비티 즐기기 | 도로 호수에서 호소오카에 이르는 9km의 강을 카누를 타고 내려오는 체험이 가장 인기다. 그 밖에도 지상 50m의 높이에서 습지를 내려다보는 열기구 플라이트와 말을 타고 습지를 둘러보는 프로그램도 있는데, 액티비티는 JR 도로 역 塘路駅에서 내려갈 수 있는 도로 네이처 센터 塘路ネイチャーセンター를 중심으로 운영한다. 일어 투어뿐 아니라 영어 투어도 운영하니 홈페이지에서 문의해보자.
홈페이지 dotoinfo.com/naturecenter/toronc-e.htm, sotoasobi.net/company/107 |

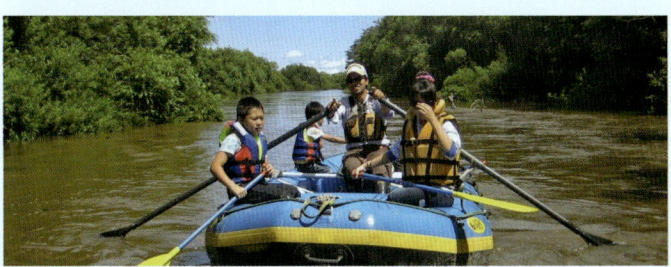

AKAN-MASHU NATIONAL PARK

아칸 마슈 국립공원

아칸 마슈 국립공원은 마슈 호수, 굿샤로 호수, 아칸 호수 등으로 이루어진 곳이다. 1934년 국립공원으로 지정되어 홋카이도에서도 가장 오래된 국립공원 중 하나다. 조용하고 잔잔한 호수와 녹음이 우거진 주변 풍경은 바라만 보고 있어도 편안해져 힐링 여행지로도 좋다. 메아칸다케, 오아칸다케, 모코토 산 등의 화산과 침엽수림을 중심으로 한 원시림, 여러 호수와 온천, 유황산 등 여유롭게 둘러볼 만한 곳이 많다.

아칸 마슈 국립공원 가는 법

비행기

구시로 공항에 내리면 아칸코 버스센터로 가는 아칸 버스 阿寒バス, 에어포트라이너호와 정기버스가 있어 편리하다. 공항에서 출발해 아칸 호수 버스 터미널까지 운행한다.

- **시간** 구시로 공항 → 아칸 호수 10:00, 10:75, 12:47, 15:37, 18:02 / 아칸 호수 → 구시로 공항 07:30, 10:20, 11:50, 12:30, 16:00
- **전화** 0154-37-2221(아칸 버스)
- **요금** 편도 어른 2190¥, 어린이 1080¥
- **홈페이지** akanbus.co.jp/airport

기차

구시로 역과 센모 본선을 이용해 마슈 호수에서 가까운 마슈 역 摩周駅, 굿샤로 호수와 마슈 호수에서 가까운 가와유 온센 역 川湯温泉駅 등으로 갈 수 있다.

- **시간** 구시로 역 → 마슈 역 1시간 20분, 구시로 역 → 가와유 온센 역 1시간 35분~, 마슈 역 → 가와유 온센 역 15분

버스

많은 여행자들이 구시로에서 출발하는 버스를 이용하는 경우가 많다. 구시로 공항이나 구시로 역 앞에서 1일 5편 정도 버스를 운행한다.

- **시간** 구시로 역 → 아칸 호수 버스 터미널 2시간(2650¥), 구시로 공항 → 아칸 호수 버스 터미널 1시간 25분(2150¥)

렌터카

구불거리는 산길이나 좁은 도로는 물론 갑자기 출몰하는 동물들에 항상 유의하면서 천천히 운전하는 것이 좋다.

- **구시로 → 아칸 호수** 약 72km, 1시간 25분~
- **구시로 → 마슈 호수** 약 87km, 1시간 45분~
- **구시로 → 가와유 온천** 약 92km, 1시간 45분~
- **구시로 → 굿샤로 호수** 약 96km, 1시간 50분~

아칸 마슈 국립공원 내 교통

렌터카 レンタカー

세 호수를 비롯해 주변 지역을 효율적으로 돌아보려면 렌터카를 이용하는 것이 가장 편리하다. 시간에 구애받지 않는 것도 장점! 메만베쓰 공항과 구시로 공항, JR 구시로 역 등에 렌터카 사무소가 많다. 묵고 있는 숙소가 호텔급이라면 보통 렌터카 예약을 안내해준다.

정기 관광버스 定期観光バス

대중교통으로는 이동하기 힘들기 때문에 렌터카 이용이 힘들다면 관광버스인 피리카호 ピリカ号 Pirika를 이용해 버스 코스를 따라 둘러보는 것이 좋다. 아칸 버스에서 운행하는 정기 관광버스로, 구시로 역에서 출발해 마슈호와 굿샤로호, 아칸호 등을 경유하는 코스이며, 보통 아침 08:00에 구시로에서 출발해 총 9시간 정도 소요된다. 사전 예약을 해야 승차할 수 있으니 홈페이지와 전화 등을 이용하자. 예약은 탑승일 3개월 전부터 가능하다.

- **전화** 0154-37-2221
- **요금** 어른 5600~6800¥, 어린이 2800~4200¥
- **홈페이지** akanbus.co.jp/sightse/pirika.html

지역 명물 음식

회도 구이도 맛난
송어

마슈호를 바라보며 먹는
안개 소프트 아이스크림

정기 관광버스 운행 시간 및 주요 정류장

정기 관광버스 운행	운행 시간	주요 정류장	요금
4/22~10/29 (2023년 기준) 피리카호 ピリカ号	08:00~16:55	구시로 역 → 구시로 습원 북두 전망대 → 마슈 호수 → 이오 산 → 아칸호 온천 → 구시로 공항 → 구시로 역	어른 5600¥ 어린이 2800¥
1/13~3/17 (2024년 기준) 화이트 피리카호 ホワイトピリカ号	08:30~18:00	구시로 역 → 학견대 → 굿샤로 호수(스나유) → 이오 산 → 데시카가 → 마슈 호수 제1 전망대 → 아칸 호수 온천 → 구시로 공항 → 구시로 역	어른 6800¥ 어린이 4200¥

MAP 아칸 호수 주변

- 아칸 호수 阿寒湖 P.314
- 아칸호 쓰루가리조트 스파 쓰루가 윙스 あかん湖鶴雅リゾート スパ鶴雅ウィングス
- 아칸 관광 기선 阿寒観光汽船 P.315
- 호텔 고젠스이 ホテル御前水
- 아칸호반 에코뮤지엄센터 阿寒湖畔エコミュージアムセンタ
- 호텔 아칸코소 ホテル阿寒湖荘
- 아이누코탄 アイヌコタン P.315
- 향토 요리 나베큐 郷土料理 奈辺久 P.315
- 세이코 마트 Seicomart
- 뉴아칸 호텔 ニュー阿寒ホテル
- 히나노자 鄙の座
- 아지신 味心 P.315
- 관광 안내소 阿寒観光協会
- 우체국
- 신사
- 시민 문화 회관 阿寒湖まりむ館
- 경찰서 阿寒湖畔駐在所
- 세이코 마트
- 아칸호 버스 센터 阿寒湖バスセンター
- 소방서
- 아칸 버스 터미널 阿寒バスターミナル
- 마리모 국도 まりも国道
- 국도 240

MAP 굿샤로·마슈 호수 주변

- 굿샤로 호수 屈斜路湖 P.311
- 니부시 온천 仁伏温泉
- 가와유 간코호텔 川湯観光ホテル
- 노천탕 砂湯 P.311
- 사완치사푸 サワンチサップ
- 세이코 마트 Seicomart
- 모리노 홀 森のホール P.312
- 스나유 캠핑장 砂湯キャンプ場
- 폰폰 산 ポンポン山
- 호텔 파크웨이 ホテルパークウェイ
- 가와유 온천역 川湯温泉駅 P.312
- 오차드 그라스 Orchard Grass P.312
- 마쿠완치사푸 マクワンチサップ
- 이케노유 노천 온천 池ノ湯温泉
- 이오 산 硫黄山 P.312
- 파나파나 PANAPANA P.312
- 토사모시베 トサモシベ
- 유누마 湯沼
- 마슈호 제3 전망대 摩周第三展望台 P.313
- 마슈 호수 摩周湖 P.313
- 이시 산 石山
- 아칸 호수 阿寒湖 방면
- 마슈호 제1 전망대 摩周湖第一展望台 방면
- 국도 391, 52

COURSE

아칸 마슈 국립공원 1DAY 코스

전날 굿샤로 호수의 온천 호텔에서 머문 후 아침 일찍 렌터카로 출발한다는 전제 아래 둘러볼 수 있는 1일 코스이니 본인 상황에 맞춰 조절해보자.

START → ① 굿샤로 호수 — 자동차 13분 — ② 이오 산 — 자동차 4분 — ③ 가와유 온천역 — 자동차 25분 — ④ 마슈호 제1 전망대 — 자동차 15분 — ⑤ 점심 - 폿포테이 — 자동차 50분 — ⑥ 아이누코탄 — 자동차 3분 — ⑦ 아칸 호수 — 자동차 20분 — ⑧ 온네토 호수

①굿샤로 호수
#관광 일본에서 가장 큰 칼데라 호수로, 무지개 송어가 많아 낚시 여행도 많이 온다. 한때 일본판 네시가 나타났다하여 화제가 되기도!

②이오 산
#관광 유황이 펄펄 끓어오르는 활화산 지역으로 가까이 갈수록 코를 찌르는 매캐한 유황냄새가 진하게 난다.

③가와유 온천역
#관광 고즈넉한 분위기의 무인역으로 무료로 이용할 수 있는 족욕 시설도 있다.

⑥아이누코탄
#관광 홋카이도 원주민인 아이누 족의 생활과 문화를 엿볼 수 있는 곳으로 일본과는 전혀 다른 그들의 모습을 살펴보자.

⑤점심 - 폿포테이
#식사 JR 마슈 역 바로 앞에 있는 유명 부타동 전문점으로 숯불향이 가득한 맛있는 돼지고기 덮밥을 맛볼 수 있다.

④마슈호 제1 전망대
#관광 일본에서 가장 깨끗하고 맑은 칼데라 호수. 자주 끼는 안개로 인한 아쉬움 때문에 재미있는 속설도 생겨났다.

⑦아칸 호수
#관광 귀여운 마리모가 살고 있는 아름다운 호수로 유람선과 모터보트, 온천 등 다양한 즐길거리가 함께 있다.

⑧온네토 호수
#관광 신비로운 분위기의 호수. 맑은 날에 방문해야 호수의 오묘한 색을 제대로 볼 수 있다.

지도 한눈에 보기

TRAVEL INFO
굿샤로 호수 주변

1 굿샤로 호수
屈斜路湖

둘레 57km의 호수로 일본에서 가장 큰 칼데라 호수다. 주변 작은 하천에서 물이 유입된 후 구시로 강으로 빠져나가는데, 호수와 강이 만나는 상류에 있던 마을을 아이누어로 '목구멍, 호수가 강으로 빠져나가는 곳'이라는 뜻인 '굿차로'라고 부른 것이 호수 이름의 유래가 되었다. 호수 중앙에는 나카지마 섬 中島이 있는데, 호수 안의 섬으로는 일본에서 가장 크다. 둘레 12km, 면적 5.7km², 높이 355m의 용암 원암 원구가 있다. 무지개송어가 많이 살기 때문에 낚시를 즐기는 사람도 많다. 겨울에는 고니들을 가까이에서 볼 수 있다. 또한 굿샤로 호수에는 '일본판 네시'가 나타났다는 소문이 돌기도 했다. 1970년대부터 큰 물체가 헤엄을 치는 모습과 호수의 물결이 여러 번 목격되면서 이곳에 미확인 거대 생물이 살고 있다는 이야기가 퍼진 것. 옛 전설에도 이곳에 거대한 홍송어가 살았다는 이야기가 있었는데, 아직 확실하게 밝혀진 것은 없다. 지금도 이 미확인 생물을 '굿시'라고 불러 영국 스코틀랜드 지방에 나타났다는 '네시'를 연상 시킨다.

구글 지도 굿샤로 호

MAP p.308
찾아가기 JR 가와유 온천 역 川湯温泉駅에서 자동차로 14분, 또는 JR 가와유 온천 역 川湯温泉駅에서 굿샤로 버스 屈斜路バス로 40분 소요, 스나유 砂湯 정류장에서 하차 **주소** 川上郡弟子屈町字美留和 **전화** 0154-82-2200(마슈호 관광협회) **시간** 24시간 **휴무** 12/1~3/31(굿샤로 버스 운휴)

● 직접 모래를 파도 좋고 노천탕에서 느긋하게 족욕을 즐겨도 좋다. 잔잔한 호수 풍경을 바라보며 즐기는 족욕은 그야말로 천국이다.

2 노천탕
砂湯

호수 주변의 모래를 파면 따뜻한 온천수가 나오기 때문에 이곳에 발을 담그고 느긋한 한때를 보낼 수 있다. 도구가 있다면 내가 직접 팔 수도 있지만, 굳이 그럴 필요 없이 무료로 족욕을 할 수 있는 시설이 호수 주변에 마련되어 있다. 수건을 지참해가면 편리하며 노천탕 주변으로 기념품점과 식당이 있어 간식을 먹기에도 좋다.

구글 지도 스나유 노천온천

MAP p.309
찾아가기 JR 가와유 온천역 川湯温泉駅에서 자동차로 14분, JR 가와유 온천 역 川湯温泉駅에서 굿샤로 버스 屈斜路バス로 40분 소요, 스나유 砂湯 정류장에서 하차 **주소** 川上郡弟子屈町字美留和 **시간** 24시간 **가격** 무료

TRAVEL INFO
가와유 온천 주변

고풍스러운 역 주변을 산책하며 족욕을 즐기고 아기자기한 생활 잡화점도 둘러보자. 아직도 활발한 화산 활동을 하고 있는 이오 산에서는 매캐한 유황 냄새와 더불어 솟아오르는 흰 연기가 신비로워 보인다.

1 이오 산
硫黄山 유료 주차

원래 이름은 아토사누푸리 アトサヌプリ로, 높이 512m의 활화산이라 주변에 유황 연기와 냄새가 가득한 풍경을 볼 수 있다. 아이누 말로 '벌거숭이 언덕'이라는 뜻이며 가까이 갈수록 강한 열기가 느껴지니 너무 가까이 접근하지는 말자. 한때 유황 광산을 운영하기도 했지만 지금은 관광지로만 남아 있다.

구글 지도 이오 산
⊙ MAP p.309
- 찾아가기 굿샤로 호수 노천탕에서 자동차로 12분
- 주소 川上郡弟子屈町
- 전화 015-483-3511(이오 산 주차장 기념품점)
- 시간 일출~일몰
- 가격 주차 500¥(마슈호 제1 전망대와 공통권)

2 가와유 온천역
川湯温泉駅 무료 주차

아름다운 숲이 우거진 가와유 온천은 물 좋고 풍경 좋은 곳으로 유명하다. 특히 가을에는 단풍이 볼만하다. 1936년에 건축된 무인역이자 고풍스러운 분위기를 풍기는 가와유 온천역에는 이오 산에서 솟아난 온천을 사용한 무료 족욕 시설을 갖추었고, 주변에 카페나 식당도 있으니 잠시 쉬어 가도 좋다.

구글 지도 가와유 온센
⊙ MAP p.309
- 찾아가기 열차 이용, 가와유 온천 역 川湯温泉駅 하차, 또는 이오 산에서 자동차로 5분
- 주소 川上郡弟子屈町川湯駅前1丁目
- 시간 24시간

3 모리노 홀
森のホール 무료 주차

맛도 좋고 예쁘기도 한 도넛, 케이크, 각종 빵을 구입하고 맛도 볼 수 있는 곳으로, 잠시 쉬면서 간식 먹기에 딱 좋다. 편안한 분위기의 인테리어가 주변 분위기와 무척 잘 어울린다. 밀가루와 버터, 달걀 등의 재료는 홋카이도산만 사용한다고 한다.

구글 지도 Mori no Hall
⊙ MAP p.309
- 찾아가기 JR 가와유 온천 역 川湯温泉駅에서 도보 1분
- 주소 川上郡弟子屈町川湯駅前2丁目 1-2
- 전화 015-483-2906
- 시간 수~월요일 09:30~18:00
- 휴무 화요일
- 가격 케이크 1조각 600¥~

4 오차드 그라스
Orchard Grass 무료 주차

빈티지한 가와유 온천역 내부에 있는 1960년대 분위기의 카페 레스토랑으로, 소박한 메뉴를 제공한다. 인기 메뉴는 하이라이스와 홋카이도 쇠고기를 사용해 만든 비프스튜이며 그 밖에도 햄버거나 피자, 케이크, 아이스크림 등도 있다. 창밖으로는 선로와 숲이 보이고 내부의 레트로풍 인테리어도 편안한 느낌이다.

구글 지도 Orchard Glass Kawayu
⊙ MAP p.309
- 찾아가기 JR 가와유 온천 역 川湯温泉駅 내에 위치
- 주소 川上郡弟子屈町1-1-18
- 전화 015-483-3787
- 시간 수~월요일 10:00~17:30
- 휴무 화요일
- 가격 식사 1200¥~

5 파나파나
PANAPANA バナバナ 무료 주차

아기자기한 잡화와 건강한 수제 빵을 살 수 있는 곳. 와인잔이나 도자기, 각종 인테리어 소품들도 눈길을 끄는데, 전반적으로 화려하지는 않지만 편안하면서도 소박한 것들이 많다. 매장 내에서는 점주가 직접 구운 멜론빵 등 신선한 빵도 함께 판매한다.

구글 지도 PANAPANA
⊙ MAP p.309
- 찾아가기 가와유 온천 역 川湯温泉駅에서 도보 1분, 역을 바라보고 오른쪽에 위치
- 주소 川上郡弟子屈町川湯駅前1丁目 1-14
- 전화 015-483-3188
- 시간 하절기 10:00~18:00, 동절기 10:00~17:00
- 휴무 수요일, 동절기 화·수요일
- 가격 제품마다 다름
- 홈페이지 panapana87.com

TRAVEL INFO
마슈 호수 주변

1 마슈 호수
摩周湖

약 7000년 전 화산활동으로 생성된 칼데라 호수로, 일본에서 가장 맑은 호수로 꼽힌다. 보통 햇빛이 쏟아지는 한낮에는 물빛이 흐려지고, 저녁 무렵부터 호수색이 점점 더 선명해 보인다. 방문에 좋은 시기는 호수의 파란색과 나무의 녹색이 어우러지는 7~8월이다. 하지만 안개가 자주 껴 헛걸음할 확률이 높다는 것이 단점. 그래서인지 '안개로 호수를 보지 못한 커플은 서로 오래 사랑한다'라거나 '호수를 보지 못한 싱글은 곧 커플이 된다'라는 믿거나 말거나 식 위로를 담은 속설이 탄생하기도 했다. 한겨울에는 더 푸르게 보이는데, 흰 눈꽃과 푸른 호수가 대비되는 풍경이 환상적이다. 단, 호수 표면이 얼어붙어 그 위에 눈이 쌓인 날도 많아 기대하는 풍경을 보기는 어렵다.

구글 지도 마슈호 제1 전망대

- ⓘ MAP p.309
- 찾아가기 JR 마슈 역 摩周駅에서 마슈호 버스 摩周湖バス로 제1 전망대까지 20분 소요. 또는 JR 가와유 온천 역 川湯温泉駅에서 굿샤로 버스 屈斜路バス로 제3 전망대까지 20분 소요
- 주소 弟子屈町字弟子屈原野
- 전화 0154-82-1530
- 가격 무료(주차 500¥, 이오 산과 공통권)
- 홈페이지 masyuko.or.jp

● 가와유 온천 쪽에서 올라간다면 꽤 구불구불한 길을 지나가야 하니 능숙한 사람이 운전을 맡자. 혹시 안개에 갇혀 호수에 보이지 않는다면 좋은 연인이 나타날 징조도 하니 너무 상심하지 말 것!

2 마슈호 제3 전망대
摩周第三展望台

제1 전망대보다 찾는 사람이 적어 호젓한 분위기에서 호수를 바라볼 수 있는 곳으로, 전망대까지 올라가는 산등성이를 따라 산책하기에 좋다. 앞으로는 마슈호, 뒤로는 홋카이도의 빽빽한 원시림이 우거져 앞뒤 모두 절경을 이룬다. 주차장이 협소하고 그냥 지나치기 쉬우니 주의하자.

구글 지도 마슈호 제3 전망대

- ⓘ MAP p.309
- 찾아가기 가와유 온천 역 川湯温泉駅에서 자동차로 20분
- 주소 弟子屈町字弟子屈原野
- 시간 일출~일몰
- 가격 무료
- 홈페이지 masyuko.or.jp

3 마슈호 제1 전망대
摩周湖第一展望台

마슈 호수는 푸르디푸른 물빛 덕분에 '마슈 블루'라로 불리며, 아이누 인들은 '신의 호수'라 불렀다. 접근할 수 없는 절벽에 둘러싸여 더욱 신비롭다. 호수를 잘 바라볼 수 있는 해발 857m의 제1전망대에는 대형 주차장이 함께 있어 편리하다. 전망대 기념품점 Lake Mashu Kamuy Terrace에서는 마슈 호수의 푸른색을 담은 소프트아이스크림이 가장 인기 높다. 특별한 맛은 아니지만 푸른 호수를 배경으로 한 인증샷을 찍을 때 좋은 소품이 되기도 한다. 새롭게 리뉴얼된 넓은 테라스에서는 호수 전망을 즐기며 여유로운 시간을 보내기에 좋다.

구글 지도 마슈호 제1 전망대

- ⓘ MAP p.308
- 찾아가기 JR 마슈 摩周駅에서 자동차로 20분, 또는 마슈 역에서 마슈호 버스로 20분
- 주소 弟子屈町字弟子屈原野
- 전화 015-482-1530
- 시간 일출~일몰, 기념품점 08:00~18:00 (겨울에는 17:00까지)
- 가격 주차장 500¥(이오 산과 공통 주차권), 11~4월은 무료

4 카미노코이케
神の子池

'신의 호수'인 마슈 호수의 복류수로 만들어져 다하여 '신의 아들 연못'이라 불린다. 주변이 우거진 숲이라 새파란 물빛이 더욱 투명하고 맑게 보인다. 수심 5m의 바닥까지 훤히 보이는 작은 연못에 가라앉은 나무 사이로 헤엄치는 물고기가 보이는 풍경도 예쁘다. 되도록 날씨 맑은 날에 가는 것이 좋고, 겨울에는 비포장 숲길이 눈에 덮여 있어 방문이 힘들다.

구글 지도 신의 아들 연못(카미노코이케)
MAP p.308
찾아가기 미도리 역 緑駅에서 국도 1115호 등 이용 자동차로 15분(시레토코 쪽에서 온다면 먼저 이곳에 들른 후 마슈 호수로 가는 동선 추천)
주소 斜里郡清里町清泉 **전화** 0152-25-4411
홈페이지 kiyosatokankou.com/kaminokoike.htm

5 폿포테이
御食事処 ぽっぽ亭

숯불 향이 강한 달콤 짭조름한 돼지고기 구이 덮밥인 부타동을 먹을 수 있는 곳으로, 이곳 부타동은 전국 에키벤 대회에서 2위를 차지한 이후 더욱 유명해졌다. 깔끔한 가게는 규모는 작지만 언제나 꽉 차 있는 손님으로 바쁜 분위기. 주차는 마슈 역 앞 역 주차장을 이용하면 된다.

구글 지도 poppotei
MAP p.308
찾아가기 JR 마슈 역 摩周駅 정문에서 도보 1분
주소 弟子屈町朝日1丁目7-18
전화 015-482-2412
시간 월~목요일 11:00~13:30, 금~일요일 10:00~18:30
휴무 부정기 **가격** 부타동 1100¥~
홈페이지 poppotei.wixsite.com

6 쓰지야 상점・식당
辻谷商店・食堂

건물로 들어가면 식당과 상점이 함께 위치한 분위기 좋은 곳이 눈에 띈다. 꽤 큰 규모의 잡화점에는 인테리어 소품과 잡화, 의류가 있는데, 가격이 저렴한 편은 아니지만 욕심나는 것들이 꽤 있다. 수프 카레가 대표 메뉴인 레스토랑도 잠시 쉬어 가기 좋은 분위기다.

구글 지도 Tujiya syokudo
MAP p.308
찾아가기 JR 마슈 역 摩周駅에서 자동차로 5분, 길 건너편에 있는 휴게소 摩周温泉 道の駅店에 차를 세워두면 편리하다. **주소** 弟子屈町湯の島3丁目5-12 **전화** 015-482-4020 **시간** 목~월요일 12:00~17:00 **휴무** 수요일 **가격** 수프 카레 1230¥ **홈페이지** tsujiya.com

TRAVEL INFO
아칸 호수 주변

1 아칸 호수
阿寒湖

홋카이도 동부에 있는 아칸 마슈 국립공원은 아름답기로 유명한 마슈 호수와 굿샤로 호수, 아칸 호수 등 3개의 호수로 이루어진 국립공원이다. 세계적으로 희귀하고 동글동글 귀여운 마리모 マリモ와 홍연어가 살고 있는 아칸 호수는 약 1만 년 전에 오아칸다케 화산 폭발로 생긴 호수이다. 특히 호수 바닥에는 무려 6억 개 이상의 마리모가 자라고 있으며, 아칸호 주변 기념품점에 가면 실물도 볼 수 있다. 호수는 아기자기한 온천 마을을 끼고 있어 휴식하기에도 좋고, 주변을 여행하기에도 편리하다. 여름에는 유람선, 겨울에는 스노모빌 등의 액티비티도 즐길 수 있다.

구글 지도 아칸호
MAP p.309
찾아가기 JR 구시로 역 釧路駅 앞 버스 정류장에서 하루 3편 아칸행 버스 출발(구시로 공항 경유). 기차를 탄다면 가장 가까운 편리한 기차역은 가와유 온천 역 川湯温泉駅이다. **주소** 釧路市阿寒町阿寒湖温泉2-6-20(아칸 관광협회)
전화 0154-67-3200(아칸관광협회)
홈페이지 en.kushiro-lakeakan.com

● 동글동글 귀여운 마리모가 살고 있는 아칸 호수에는 아이누 족의 삶을 엿볼 수 있는 아이누코탄도 함께 있다. 주변에 맛있는 식당도 많고 상점가가 형성되어 있어 편리하다. 온네토 호수는 거리가 있지만 꼭 가볼 만한 곳으로 꼽힌다.

2 아이누코탄
アイヌコタン

홋카이도 원주민인 아이누 족이 모여 사는 마을로 아칸 호수 옆에 있다. 마을을 방문하면 아이누 족의 역사와 문화, 전통에 관련된 전시관과 기념품점 등과 함께 아이누 족의 음식을 맛볼 수 있는 식당도 있다. 공연 관람이나 체험 프로그램도 있는데 생김새부터 전혀 다른 아이누족의 문화는 일본 것과는 완전히 색다른 느낌이라 더욱 흥미롭다.

구글 지도 아칸호 아이누 민속마을

- MAP p.309
- 찾아가기 아칸호 버스 정류장에서 도보 18분
- 주소 釧路市阿寒町阿寒湖温泉4-7-19
- 전화 0154-67-2727(아이누 공예협동조합)
- 시간 10:00~22:00
- 홈페이지 akanainu.jp

3 온네토 호수
オンネト-湖

깊은 숲속에 자리한 신비한 느낌의 작은 호수로 렌터카로만 접근 가능하며, 일부러 찾아가야 하는 번거로움이 있지만 가본 사람들은 모두 감탄하는 곳이다. 물빛이 시간과 계절에 따라 변한다고 하여 '오색 연못 五色沼'이라 불리기도 한다. 물론 햇빛이 반짝이는 맑은 날이라야 제대로 된 풍경을 감상할 수 있으니 날씨에 따라 방문 여부를 결정하자.

구글 지도 온네토 호수 아쇼로조

- MAP p.308
- 찾아가기 아칸 호수 본천에서 자동차로 26분
- 주소 足寄郡足寄町茂足寄国有林内
- 시간 일출~일몰
- 가격 무료

4 아지신
味心

깔끔한 정식은 물론 면과 덮밥 등의 다양한 메뉴가 있는 곳으로 점심은 주로 식당, 저녁은 주점으로 운영한다. 이곳의 아칸 꼬치 덮밥은 목장에서 자란 홋카이 사슴 고기를 사용한 것으로, 냄새도 나지 않고 맛도 좋아 관광객에게도 인기 높다.

구글 지도 Ajishin Akancho

- MAP p.309
- 찾아가기 아칸코 버스 터미널에서 도보 7분
- 주소 釧路市阿寒湖畔阿寒湖温泉1丁目3-20
- 전화 0154-67-2848
- 시간 11:00~13:00, 18:00~22:00
- 휴무 부정기
- 가격 사슴 고기 로스트 1000¥~, 식사 750~1500¥

5 향토 요리 나베큐
郷土料理 奈辺久

다양한 메뉴를 선보이는 곳으로, 아칸 호수에서 잡은 빙어를 바삭하게 튀겨낸 것이 특히 유명하다. 빙어튀김 덮밥은 생선과 소스 모두 맛있어 따뜻한 밥과 잘 어울린다. 그 밖에도 각종 튀김과 덮밥, 생선 구이 정식, 메밀국수 등도 맛볼 수 있다. 식사 메뉴가 위주라 점심시간에 더 인기가 많다.

구글 지도 Nabekyu

- MAP p.309
- 찾아가기 아칸 호수 버스 터미널에서 도보 10분
- 주소 釧路市阿寒町阿寒湖温泉4丁目4-1
- 전화 0154-67-2607
- 시간 11:00~15:00(여름 18:00~20:00 추가 운영)
- 가격 빙어튀김 정식 1180¥~

6 아칸 관광 기선
阿寒観光汽船

5~11월 사이에 운행되는 유람선으로 호수 중간에 있는 주루이 섬 관광을 포함해 총 85분간 운행한다. 산책 코스를 걷다 보면 희귀 담수성 녹조류이며 특별 천연기념물인 마리모를 전시하는 관람 센터를 둘러볼 수 있다. 호수 위를 쏜살같이 달리며 스피디한 속도감을 만끽할 수 있는 아칸호 모터보트 또한 신나는 즐길거리다. 5~45분 등 소요 시간별로 가격이 달라진다. 보트 크기가 작아 일행만 타기 때문에 편한 것도 장점이다.

구글 지도 Akan Sightseeing Cruise Company

- MAP p.309
- 찾아가기 아칸호 버스 정류장에서 도보 10분
- 주소 釧路市阿寒町阿寒湖温泉1-5-20
- 전화 0154-67-2511
- 시간 08:00~17:00 매시 정각(기간에 따라 변경)
- 휴무 부정기
- 가격 어른 2000¥ · 어린이 1100¥, 모터보트 1500¥~

12 ABASHIRI

아바시리

오호츠크 해에 닿아 있는 아바시리는 홋카이도 북동부에 있는 도시다. 인구는 적은 편이지만, 다른 지역에서 볼 수 없는 경관을 선사하는 곳이다. 아바시리 감옥 박물관 등 역사적 유적지와 더불어 1월 중순부터 3월 말까지 유빙 체험을 할 수 있는 곳이라 여행자들에게 인기다. 추운 홋카이도에서도 북쪽이라 바람이 매섭지만 오호츠크 해에서 온 유빙을 보면 위대한 자연을 느낄 수 있다.

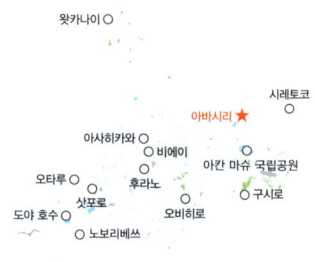

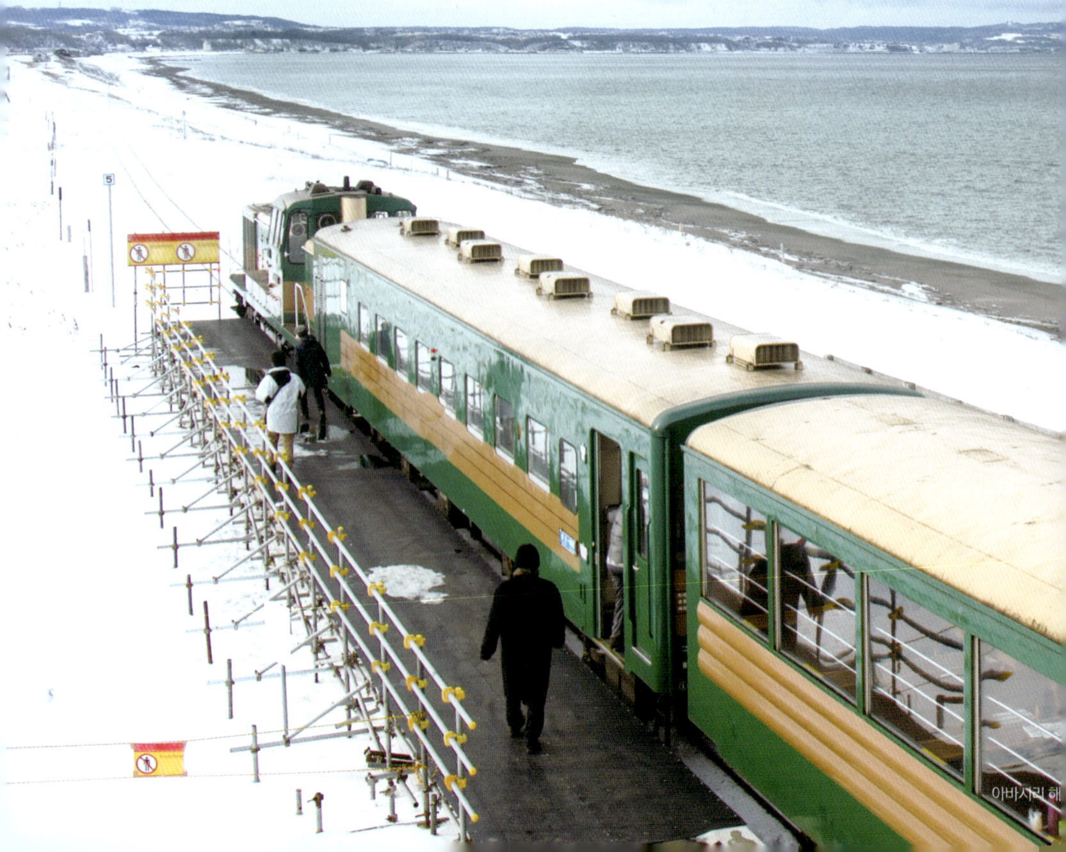
아바시리 해

아바시리 가는 법

비행기

메만베쓰 공항 女満別空港은 아바시리 중심부에서 남서쪽으로 약 22km 떨어져 있다. 삿포로 신치토세 공항에서 국내선으로 갈 수 있으며 45분 정도 소요된다. 이외에도 도쿄와 나고야 등에서 오는 국내선도 있다. 비행기 도착 스케줄에 맞춰 공항버스를 운행하며, 버스는 JR 아바시리 역을 경유해 아바시리 버스 터미널까지 간다. 메만베쓰 공항 건물 밖으로 나와 1번 버스 승강장에서 탑승하면 된다. 시기에 따라 변경되는 시각표는 홈페이지에서 확인할 수 있다.

- 요금 공항버스 아바시리 버스 터미널까지 1050¥ (35분)
- 홈페이지 abashiribus.com/memanbetsu

기차

삿포로에서 직행 노선인 특급 오호츠크는 1일 1회 운행한다. 삿포로에서 출발해 1회 환승하는 노선도 있다. 아사히카와 구시로 등에서도 갈 수 있다.
- 삿포로 5시간 26분~7시간 57분, 1만540¥~
- 아사히카와 3시간 41분~, 8560¥~
- 구시로 3시간~3시간 16분, 4070¥~
(지정석 포함 요금)

버스

삿포로에서 아바시리행 돌리민트 오츠크호 ドリーミントオホーツク号를 1일 6회 운행하며, 6시간 소요된다. JR 삿포로 역 앞 버스 터미널 札幌駅前에서 출발, 삿포로 버스 터미널 札幌ターミナル 등을 경유해 JR 아바시리 역 網走駅과 아바시리 버스 터미널 網走バスターミナル에 각각 정차한다. 사전 예약 필수.
- 요금 편도 6510~7250¥~(요일에 따라 차등)
- 홈페이지 chuo-bus.co.jp/highway

렌터카

아바시리까지 장거리 운전을 하는 경우가 많으니 주유 등을 미리 체크하고 무리하지 말고 쉬면서 이동하자.
- 우토로 → 아바시리 약 78km, 1시간 30분~
- 오비히로 → 아바시리 약 183km~, 3시간 10분~
- 구시로 → 아바시리 약 150km~, 2시간 50분~

아바시리 시내 교통

아바시리 관광 시설 메구리 버스 観光施設めぐりバス

아바시리 시내에 있는 주요 명소를 순환하는 버스다. 아바시리 버스 터미널에서 출발해 JR 아바시리 역과 박물관 아바시리 감옥, 북방 민족 박물관 등을 순환한다. 겨울에는 쇄빙선 오로라호를 탑승할 수 있는 곳까지 운행한다.
- 요금 1일권 어른 1800¥, 어린이 900¥
- 홈페이지 abashiribus.com/regular-sightseeing-bus

렌터카 レンタカー

시간에 구애받지 않고 자유롭게 이동하고 싶다면 렌터카를 이용하는 것이 가장 편하다. 메만베쓰 공항과 JR 아바시리 역 앞에 역 렌터카, 도요타, 닛산, 마쓰다, 오릭스 등의 주요 렌터카 사무소가 있다.

운행 일자	운행 시간	주요 정류장
1/20~3/31	08:22~17:00 1시간 1~2회 운행	오로라 터미널(쇄빙선 승강장) → 아바시리 버스 터미널 → JR 아바시리 역 → 박물관 아바시리 감옥 → 덴토 산(유빙관) → 북방 민족 박물관
4/1~9/30 매일 운행 9/30~ (홈페이지 확인)	1일 4회 09:05, 10:55, 12:40, 15:40	아바시리 버스 터미널 → JR 아바시리 역 → 박물관 아바시리 감옥 → 덴토 산(유빙관) → 북방 민족 박물관 → 플라워 가든 하나덴토 (7~9월에만 운행)

지역 명물 음식

아바시리 대표 생선
홍살치(킨키)

추위를 녹여주는 따뜻한 전골요리
모요로 전골

COURSE

아바시리 1DAY 코스

봄에서 가을까지는 시내외 명소를 중심으로 둘러보고, 겨울에는 유빙이나 쇄빙선도 체험해보자. 겨울 이벤트를 체험하려면 거의 하루가 소요되니 명소들과 더불어 둘러보려면 1박 2일은 머물러야 한다. 아바시리 여행은 렌터카를 이용하는 것이 편리하며 대중교통으로 모두 다니기는 매우 불편하다.

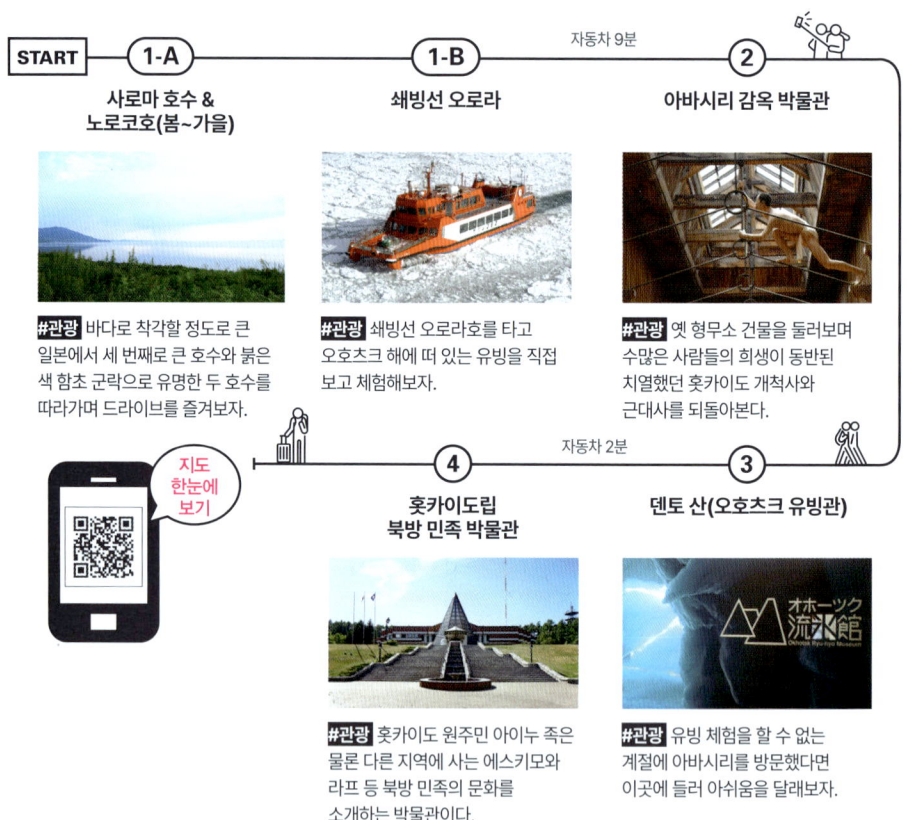

TRAVEL INFO
아바시리 시내

겨울이라면 쇄빙 유람선을 타고 나가 직접 유빙을 감상해보자. 다른 계절이라면 오호츠크 유빙관에 가도 좋다. 아바시리 감옥 박물관은 아바시리뿐 아니라 홋카이도에서도 유명하면서도 독특한 여행지다.

1 아바시리 감옥 박물관
博物館網走監獄

1890년에 세운 아바시리 형무소의 옛 건물이다. 당시 죄수들을 홋카이도 개척 사업 프로젝트에 노동력으로 투입했는데, 상당수가 힘든 노동으로 숨졌다고 한다. 감옥 박물관은 마치 공원처럼 잘 꾸며놓았는데, 감옥과 교도관들이 살던 집, 죄수들의 수감 생활을 재현한 마네킹 전시물이 인상적이다.

구글 지도 아바시리 감옥 박물관

MAP p.318
- **찾아가기** JR 아바시리 역 網走駅에서 자동차로 7분, 또는 메구리버스 승차 후 박물관 아바시리 감옥에서 하차, 도보 3분 ● **주소** 網走市字呼人1-1 ● **전화** 0152-45-2411 ● **시간** 5~9월 08:00~18:00, 10~4월 09:00~17:00 ● **가격** 어른 1500¥, 대학·고교생 1000¥, 초·중학생 750¥
- **홈페이지** www.kangoku.jp

2 덴토 산(오호츠크 유빙관)
オホーツク流氷館

여름에 아바시리를 방문했다면 유빙 체험을 할 수 없어 아쉬울 것이다. 이런 때 추천할 곳이 바로 오호츠크 유빙관이다. 러시아의 유빙이 오호츠크 해로 떠내려오는 동영상도 보고, 신비롭고 예쁜 클리오네 등 바다 생물도 볼 수 있다. 또 유빙 체험 코너도 마련되어 있다.

구글 지도 오호츠크 유빙관

VOL 1 p.101 ● **MAP** p.318
- **찾아가기** JR 아바시리 역網走駅에서 자동차로 15분, 또는 메구리버스로 15분 ● **주소** 網走市天都山244番地の3 ● **전화** 0152-43-5951
- **시간** 5~10월 08:30~18:00, 11~4월 09:00~16:30, 12/29~1/5 10:00~15:00
- **가격** 어른 990¥, 고등학생 880¥, 초·중학생 770¥
- **홈페이지** www.ryuhyokan.com

3 홋카이도립 북방 민족 박물관
北海道立北方民族博物館

홋카이도와 함께 그린란드의 에스키모에서 스칸디나비아의 라프에 걸친 북방 민족들의 문화를 소개하는 곳. 세계 곳곳의 생활용품을 의식주로 분류 전시해놓아 흥미롭다. 또 아이누 족을 비롯해서 니브후 족이나 위르타 족 등 홋카이도 북방 민족의 생활용품도 함께 볼 수 있다.

구글 지도 홋카이도 북방민족박물관

MAP p.318
- **찾아가기** JR 아바시리 역網走駅에서 자동차로 10분, 또는 메구리버스 승차 후, 북방 민족 박물관 앞 하차, 15분 소요 ● **주소** 網走市字潮見309-1
- **전화** 0152-45-3888 ● **시간** 09:30~16:30
- **휴무** 10~6월 월요일(월요일이 공휴일인 경우 다음 날), 12/28~1/3
- **가격** 어른 550¥, 고등학생 200¥
- **홈페이지** hoppohm.org

4 라멘 다루마야
ラーメンだるまや

뜨듯한 국물의 라멘이 생각난다면 이곳으로 가자. 소박한 외관의 부담 없는 분위기지만 라멘 맛집으로 소문난 곳이다. 돈코츠 육수와 간장이 베이스가 된 도로라멘 ドロラーメン과 미소라멘 みそラーメン이 인기며, 라면에 다 일본식 닭튀김인 가라아게와 밥 등이 포함된 세트메뉴를 선택할 수 있다. 결제는 현금으로만 가능하다.

구글 지도 Darumaya Ramen–Abashiri Branch

MAP p.319
- **찾아가기** 아바시리 시립 미술관 바로 옆에 위치. 아바시리 버스 터미널에서는 도보 6분 소요
- **주소** 網走市南6条西1丁目
- **전화** 0152-44-7877 ● **시간** 11:15~21:00
- **가격** 라멘 850¥~, 가라아케&라멘 정식 1050¥~

5 사카나테이 키하치
酒菜亭 喜八

싱싱한 제철 해산물을 제대로 맛볼 수 있는 이자카야로 맛도 좋고 가격도 합리적이라 좋은 평가를 받고 있다. 사시미 모둠, 덴푸라, 꼬치구이, 고래 고기, 임연수 구이, 홍살치 등 다양한 메뉴가 있지만 특히 아바시리의 명물 음식인 모요로 전골 モコロ鍋이 추천 메뉴. 전골은 2인분부터 주문이 가능하다.

구글 지도 KIHACHI

MAP p.319
- **찾아가기** JR아바시리 역에서 차로 3분 또는 도보 14분
- **주소** 網走市南4条西3丁目
- **전화** 0152-43-8108 ● **시간** 16:00~22:30
- **휴무** 부정기
- **가격** 모요로 전골 1800¥~

6 빅토리아 스테이션
ヴィクトリアステーション

패밀리 레스토랑 체인점으로 저렴한 가격에 스테이크와 샐러드, 수프, 카레, 디저트 등 다양한 음식이 있는 샐러드 바를 즐길 수 있다. 일본 음식이 아닌 다른 메뉴가 생각날 때 찾으면 좋다. 늦게까지 영업해 편리하며 위치도 역과 가까워 찾기 쉽다.

- 구글 지도 Victoria Station
- MAP p.319
- 찾아가기 JR 아바시리 역 網走駅 정문에서 도보 2분 ● 주소 網走市新町1丁目18-51
- 전화 0152-61-2555 ● 시간 월~토요일 11:00~01:00, 일요일 11:00~24:00
- 가격 메인 메뉴 1100¥~
- 홈페이지 bigboyjapan.co.jp/menu-victoria

7 야키니쿠 아바시리 맥주관
網走ビール館

아바시리 강 근처에 자리한 식당으로, 아바시리산 보리로 만든 지비루 한잔 맛보기에 적당한 곳. 쇠고기·양고기·돼지고기 등 육류와 해산물, 샐러드 등 다양한 메뉴가 있고, 돌솥비빔밥 등 우리에게 익숙한 음식도 많다.

- 구글 지도 야키니쿠 아바시리 비어관
- MAP p.319
- 찾아가기 JR 아바시리 역 網走駅에서 역을 뒤로 하고 오른쪽으로 큰길 따라 도보 7분
- 주소 網走市南2条西4丁目1-2
- 전화 0152-41-0008
- 시간 17:00~22:00 (금·토·공휴일 전날은 23:00까지)
- 가격 돌솥 비빔밥 803¥~, 생맥주 600¥~
- 홈페이지 takahasi.co.jp

8 쇄빙선 오로라
砕氷船 おーろら

오로라호 おーろら를 타고 나가면 러시아에서 떠내려온 유빙이 보인다. 배에 달려 있는 스크루에 부딪힌 유빙이 부서지는 소리도 들을 수 있다. 원하는 시간에 탑승하고 싶다면 예약은 필수.

- 구글 지도 유빙 관광 쇄빙선 오로라
- VOL 1 p.099 ● MAP p.319
- 찾아가기 JR 아바시리 역 網走駅 앞 1번 승강장에서 아바시리 메구리 버스 승차 후 미치노에키류효사이효센 道の駅流氷砕氷船 정류장 하차, 8분 소요(요금 200¥). 또는 아바시리 버스 터미널에서 도보 15분 ● 주소 網走市南3条東4丁目5の1
- 전화 0152-43-6000 ● 시간 1월 09:00, 11:00, 13:00, 15:00, 2월 09:30, 11:00, 12:30, 14:00, 15:30, 3월 09:30, 11:30, 13:30, 15:30 ● 휴무 1/20~3/31 이외
- 가격 어른 4000¥, 초등학생 2000¥ ● 홈페이지 ms-aurora.com/abashiri

TRAVEL INFO
아바시리 시외

1 사로마 호수
サロマ湖

면적 약 152km², 둘레 82.4km로 일본에서 세 번째, 홋카이도에서 가장 큰 호수인 사로마 호수는 바다인가 착각할 정도로 넓은 호수다. 호로이와 산 정상에 있는 사로마호 전망대에서 호수 풍경을 시원하게 조망할 수 있다. 6~8월까지는 해당화 등의 꽃이 만발한 왓카 원생 화원이 주변에 있다.

- 구글 지도 Saroma Observation Deck
- MAP p.318
- 찾아가기 JR 아바시리 역 網走駅에서 아바시리 버스로 사로마 호수까지 52분, 사로마호 전망대까지 자동차로 1시간(겨울에는 폐쇄)
- 주소 サロマ湖
- 시간 일출~일몰

2 노토로 호수
能取湖

둘레 약 35km인 노토로 호수는 일본에서 14번째로 큰 호수로, 9월이 되면 주로 해안가에서 사는 함초(산호잔디)라는 한해살이풀이 녹색에서 산호초처럼 짙은 붉은색으로 물드는 장관이 펼쳐진다. 일본 최대의 함초 군락이기도 하며 매해 9월에는 축제도 열린다.

- 구글 지도 노토로 호수
- MAP p.318
- 찾아가기 JR 아바시리 역 網走駅에서 아바시리 버스로 20분
- 주소 能取湖
- 시간 일출~일몰

● 자동차를 렌털했다면 해안과 호숫가를 따라 드라이브를 해보는 것도 좋다. 여름에는 야생화 관찰도 가능하고 특히 9월이면 붉은색 평야처럼 보이는 함초 군락이 여행자들을 매료시킨다.

ZOOM IN
홋카이도 개척 역사와 함께 하는 아바시리 감옥 박물관

아바시리 감옥의 시작

1890년(메이지 23년) 총 인구가 불과 631명이었던 작은 마을 아바시리에 홋카이도의 중앙 도로 개척 작업을 위해 죄수 1200명과 교도관 173명이 오면서 감옥이 생겼다. 이곳 수감자들은 혹독하고 척박한 자연환경을 이겨내며 홋카이도를 일궈나가는 데 많은 부분을 담당했다.

처참한 노동력 수탈

죄수들이 투입된 대표적인 작업은 오호츠크 해안과 홋카이도 중앙 지방을 잇는 163km의 중앙 도로 공사인데, 8개월 동안 이어진 공사에서만 200여 명이 사망했고, 이후 1000명 이상의 죄수가 실종되었다. 영화 <아바시리의 번지도 없는 땅에서>가 흥행한 이후 아바시리 감옥은 '흉악범만 있는 북쪽 땅 끝의 외진 감옥'이라고 인식되었지만, 사실 메이지 시대에 일어난 자유 민권운동으로 죄수 중에는 정치범도 무척 많았다고 한다. 일제강점기에 끌려와 강제 노동을 한 조선인도 있었다고 하니 우리로서도 가슴 아픈 역사의 현장이다. 공사가 끝난 후 도로변 일대에서 수많은 백골이 나왔다고 하는데, 그래서인지 그에 얽힌 으스스한 귀신 이야기가 많다.

옛 감옥이 인기 명소로 탈바꿈!

아바시리 감옥 박물관은 감옥 시설로는 일본에서, 목조 감옥으로는 세계에서 가장 오래된 곳이다. 1973년에 감옥 개축 계획이 발표되자 역사적 가치가 있는 건물이 손상되는 것을 우려한 아바시리 신문사 사주가 건축물의 이전을 제의했다고 한다. 오익 방사형 감옥과 교회당 등은 일본의 국가중요문화재로 지정되었으며, 이후 아바시리를 방문한 여행자들이 꼭 방문하는 명소로 자리 잡았다. 여행 전문 사이트인 트립 어드바이저에서도 2014년에 일본 내 인기 박물관 10위에 랭크되기도 했다. 박물관 내·외부를 함께 둘러보는 유·무료 가이드를 운영하니 일어가 가능하다면 설명을 들으며 관람하는 것도 좋다.

감옥 식사 체험

현재 아바시리 감옥에서 수감자들이 먹는 식단을 재현한 감옥 식단을 메뉴로 선보인다. 꽤 맛있다고 평가받으며 박물관 내에

식당이 두 곳 있다. 감옥 뒤쪽에 있는 아바시리 감옥 농장 식당 동은 1896년에 건축된 곳으로 유형문화재로 지정되어 있기도 하다. 밥은 보리 3, 백미 7 비율로 짓고 꽁치나 임연수어 구이와 더불어 된장국과 간단한 반찬을 곁들인다. 원래 식단은 된장국이 아니라 엽차를 제공한다고 한다.
◎ **찾아가기** 1) 박물관 출입구 근처 무료 휴게소 안(번외지 식당 番外地食堂) 2) 농장 식당 동은 감옥 역사관 뒤편에 위치 ◉ **가격** 임연수어 구이 900¥

〈감옥 박물관 기념품〉

탈옥범 쿠키&빵 600¥~

탈옥수 마그네틱 600¥~

수갑 형태 자물쇠 700¥~

ZOOM ──────── IN
아바시리 감옥 박물관 주요 관람 포인트

거울 다리 鏡橋
원래 아바시리 감옥은 강 안쪽 기슭에 있었기 때문에 이 다리를 건너지 않고는 출입이 불가능했다고 한다. '흐르는 맑은 물에 비치는 자신을 보며 나를 돌아보고 반성해 바르게 살자'라는 의미라고 한다.

정문 正門
보통 '붉은 벽돌 문'이라고 불리는 곳으로, 가마에 소금을 넣어 구운 150만 개의 벽돌로 5년에 걸쳐 건축해 1924년에 완성했다고 한다. 정면에 둥글게 돌출된 2개의 방은 면회 접수 등을 받는 공간이었다. 현재 건물은 2013년에 다시 만든 재현 건축물이다.

후타미가오카 농장 二見ヶ岡農場
1896년에 건축된 일본에서 가장 오래된 목조 형무소로 이축한 건물이다. 농장은 약 500만평의 넓은 부지에 운영되었으며 건물은 문화재로 등록되었다. 5~10월에는 감옥 식사를 맛볼 수 있는 식당을 운영한다.

청사 庁舎
1912년에 건축된 이래 1987년까지 실제로 사용되었으며 중요문화재 중 하나이다. 2013년에 지금의 자리에 이축되 복원되었다. 감옥을 관리하던 사무실 건물로 소장실을 비롯해 보안, 교육, 총무부 등 부서마다 사무실이 있었다. 현재는 박물관 소개 비디오(한국어 있음) 상영실, 자료 전시실 등으로 사용한다.

구 아바시리 감옥 직원 관사 職員官舍
교도관실이라 불리던 건물로 지금 건물은 재현한 것이다. 원래는 1912년에 건축되어 1970년까지 형무소 양쪽 강가에 176채가 있었다고 하며, 1채의 넓이는 9평 정도다. 안으로 들어가면 방과 부엌 등의 모습을 볼 수 있고, 간수 가족이 생활하던 모습을 마네킹으로 재현해놓았다.

휴박소 休泊所
수감자들이 도로 공사 등을 위해 감옥에서 멀리 떨어진 곳에 노역을 나갔을 때 머무르던 임시 숙소를 재현해 놓은 곳. 작업에 맞춰 이동하며 지었기 때문에 '움직이는 감옥'이라 부르기도 했다고. 내부에는 마네킹으로 당시 모습을 재현해놓았다.

감옥 역사관 監獄歷史館
아바시리 감옥의 역사를 각종 전시물과 <붉은 옷을 입은 죄수들의 숲> 등을 비롯한 영상을 통해 한눈에 살펴볼 수 있는 곳. 죄수들의 얼굴 전체를 가리던 삿갓과 붉은색 옷을 재현한 것을 입고 사진도 찍을 수 있다. 또 현재 아바시리 감옥의 내부를 재현한 것을 볼 수 있다.

벽돌 독방 煉瓦造り独房
독방 처분을 받은 죄수를 수감해놓는 곳. 식사량을 줄이는 것은 물론 햇빛이 전혀 들어오지 않은 좁은 방이었기 때문에 수감자들이 가장 두려워한 공간이었다고.

목욕탕 浴場
수감자들이 가장 손꼽아 기다린 것은 바로 목욕 시간이었다. 그러나 한정된 공간 안에서 1000명 이상의 수감자가 목욕을 해야 했기 때문에 제한 시간은 단 15분이었다. 메이지 시대 당시 6~9월에는 월 5회, 그 외 달에는 월 1회만 목욕을 할 수 있었다고 한다.

교회당 教誨堂
중요문화재 중 하나로 역시 2013년에 이축해 복원한 곳이다. 죄수를 갱생시키기 위해 운영했는데, 많은 수감자가 이곳에서 목사와 승려를 만나며 마음을 의지했다고 한다. 일본식과 서양식이 혼합되어 있는 건물 또한 수감자들이 직접 지은 것이다.

오익 방사상 단층 옥사 五翼放射状平屋舎房
이름 그대로 5개의 감옥 동이 날개를 편듯한 독특한 구조 때문에 간수 한 사람이 모든 감옥을 한 번에 볼 수 있었다. 벨기에에 있는 감옥을 모델로 해서 만들었는데, 마주 보는 방에는 서로 다른 방향을 향하는 대각선 창살을 사용했기 때문에 서로의 방이 보이지 않는다고 한다. 감방과 독방을 비롯해 총 226개의 방이 있으며 1912년에 건축해 1984년까지 사용했다. 일부 방에는 마네킹으로 수감된 죄수의 모습을 보여주기도 한다. 이 중 특히 주목할 곳은 4사의 24호 방 위다. 천장 위에 훈도시만 입은 사람의 마네킹이 있는데, 1944년에 채광창을 뚫고 탈옥했던 수감자를 재현해놓은 것이다.

> **참혹한 근대사의 한 장면, 문어 방 노동** タコ部屋労働
>
> 노동자 수십 명을 방에 넣고 감금해가며 일을 시킨 것으로, 낙지를 잡을 때 일단 항아리에 들어가면 다시는 나올 수 없도록 하는 상황이 비슷해 이런 이름이 붙었다고도 한다. 노동자들의 구성은 크게 재소자, 한일강제병합 이후 일본으로 간 이주 조선인, 국가총동원법 시행 후 징용된 조선인을 비롯한 외지인과 일본인, 문어 방을 전전하는 직업 노동자 등이었고, 대공황 때는 대졸자도 있었다고 한다. 이들은 쇠사슬 등을 찬 채 일했는데, 길도 없는 곳을 헤쳐가며 도로와 철도, 광산을 개발했다. 하루 15시간 이상 일했고, 식사도 서서 했으며, 밤이 되면 허술한 오두막에서 통나무 베개를 베고 자다가 감독관이 베개 끝을 두드리면 일어나 다시 힘겨운 노동을 했다. 이후 비판 여론이 높아지면서 1946년 정식으로 금지되었다.

SHIRETOKO
시레코토

세계자연유산으로 등록된 시레토코 반도의 지명은 아이누 어 '시레토구 siretok'에서 유래한 말로 '지반의 앞, 지반의 튀어나온 곳'이라는 뜻이다. 험난한 지형으로 판 운동과 화산활동, 해식 등으로 형성되었으며 기암과 화산 지형, 해식 절벽 등이 어우러져 멋진 풍경을 보여준다. 시레토코 5호를 비롯해 여러 명소와 곰, 고래를 만날 수도 있는 유람선, 겨울이면 유빙 위를 걷는 체험까지 할 수 있다.

↑시레토코 5호 고가목

시레토코 가는 법

비행기

아바시리에서 약 20km 떨어져 있는 메만베쓰 공항 女満別空港이나 나카시베쓰 공항 中標津空港이 가까우니 국내선을 이용해 이곳으로 간 후 여행을 시작해도 된다. 메만베쓰나 나카시베쓰 공항에서 우토로 ウトロ까지는 국도 224·334호 선등을 이용해 차로 약 1시간 30~40분 소요된다.

기차

삿포로에서 JR 열차로 아바시리까지 와서 다시 렌터카나 샤리 버스 등을 이용해 이동해야 한다. 아바시리에서 반도의 중심 마을 중 하나인 우토로 ウトロ까지는 차로 약 1시간 25분, 샤리 버스로 약 2시간 소요된다.

렌터카

아바시리나 구시로 등에서 올 때는 국도를 이용하는 경우가 대부분이다. 산길을 지날 때가 많으니 운전에 유의하자.

아바시리 → 시레토코 약 78km, 1시간 25분~
굿샤로 호수 → 시레토코 약 87km, 1시간 40분~
구시로 → 시레토코 약 168km, 3시간 10분~

시레토코 교통

샤리 버스 斜里バス(시레토코 선)

시레토코 반도 최고의 볼거리 시레토코 5호까지 갈 때는 우토로 온천 버스 터미널에서 1일 6회 정도 운행하는 샤리 버스(시레토코 선)를 이용한다. 자주 운행하는 것은 아니라 반드시 돌아오는 버스 시간을 확인한 후 여행해야 낭패를 면할 수 있으니 명심하자.

요금 700¥ 　홈페이지 sharibus.co.jp/rbus.html

바이크&자전거

시레토코 반도를 여행하다 보면 바이크를 이용해 여행하는 현지 여행자들을 꽤 볼 수 있다. 물론 자전거 여행자도 있지만 지형 특성상 계속되는 오르막길과 산길이 많아 웬만한 체력으로는 감당하기 힘들다.

도보

산길이 많고 도로에 그늘이 별로 없는 시레토코 반도를 도보로 여행하는 것은 거의 고강도 체력 훈련에 가깝다. 명소 간 이동은 차량을 이용하고 명소를 둘러볼 때만 도보로 다니는 일정이 일반적이다.

렌터카 レンタカー

우토로 주변이나 시레토코 5호까지는 샤리 버스 등을 이용해 갈 수 있지만, 대중교통이 자주 있는 편이 아니라 효율적으로 움직이고 여러 명소를 둘러보려면 아무래도 렌터카를 이용하는 것이 최선의 방법이다. 우토로에서도 렌터카를 할 수 있지만 조금 더 편리하고 규모가 큰 곳이 많은 메만베쓰 공항이나 아바시리에서 렌털하는 것이 좋다. 메반베쓰 공항과 JR 아바시리 역 근처에 주요 렌터카 업체가 모여 있다.

지역 명물 음식

신선한 해산물이 듬뿍 올려진
가이센동

문어, 털게, 연어 등
제철 해산물

MAP
시레토코 광역

MAP
시레토코 반도

MAP 우토로

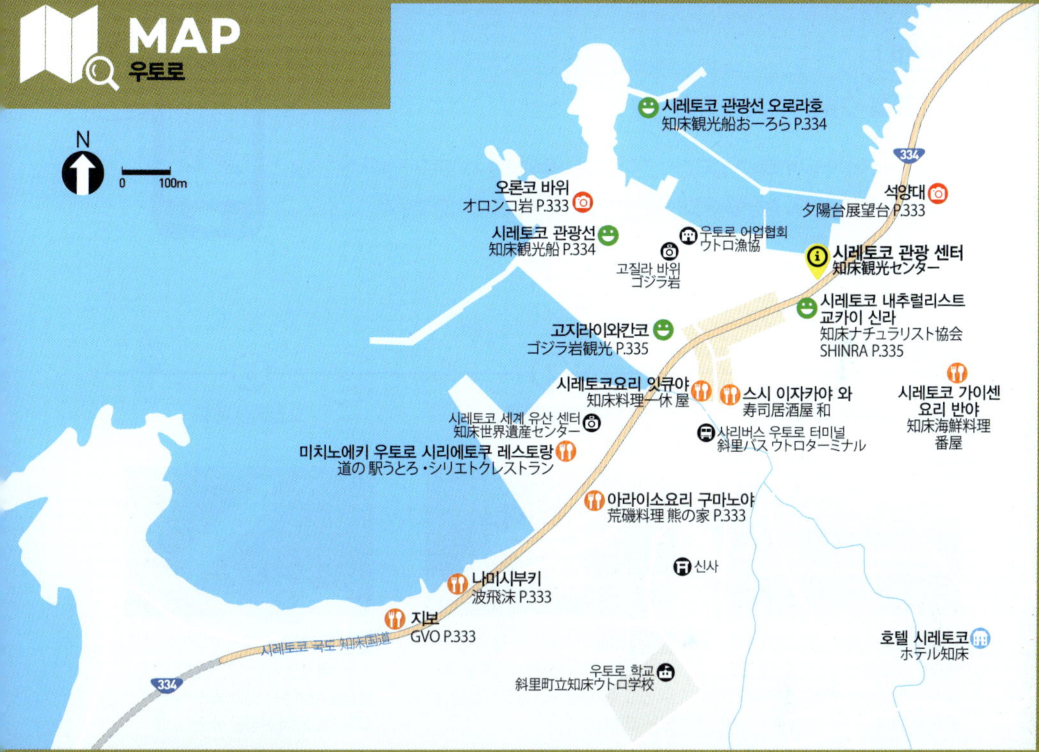

N
0 100m
시레토코 관광선 오로라호
知床観光船おーろら P.334
334
오론코 바위
オロンコ岩 P.333
석양대
夕陽台展望台 P.333
시레토코 관광선
知床観光船 P.334
우토로 어업협회
ウトロ漁協
고질라 바위
ゴジラ岩
시레토코 관광 센터
知床観光センター
시레토코 내추럴리스트
교카이 신라
知床ナチュラリスト協会
SHINRA P.335
고지라이와칸코
ゴジラ岩観光 P.335
시레토코요리 잇큐야
知床料理一休屋
스시 이자카야 와
寿司居酒屋 和
시레토코 가이센
요리 반야
知床海鮮料理
番屋
시레토코 세계 유산 센터
知床世界遺産センター
샤리버스 우토로 터미널
斜里バス ウトロターミナル
미치노에키 우토로 시리에토쿠 레스토랑
道の駅うとろ・シリエトクレストラン
아라이소요리 구마노야
荒磯料理 熊の家 P.333
신사
나미시부키
波飛沫 P.333
지보
GVO P.333
시레토코 국도 知床国道
호텔 시레토코
ホテル知床
334
우토로 학교
斜里町立知床ウトロ学校

MAP 시레토코 5호

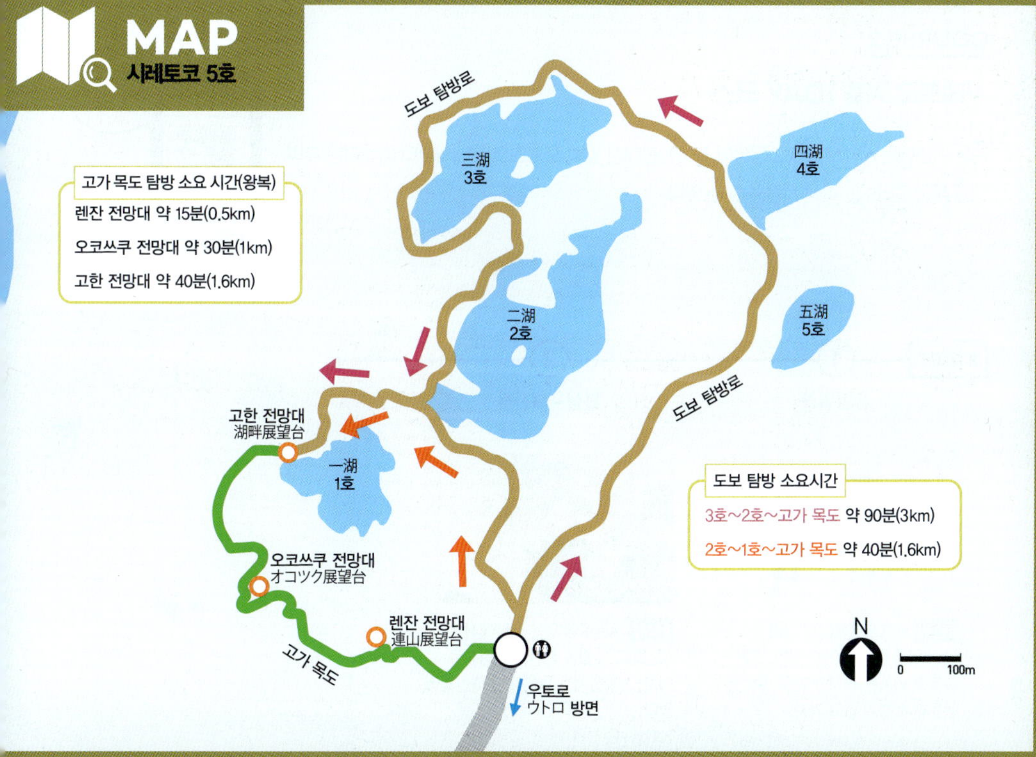

도보 탐방로
三湖
3호
四湖
4호
고가 목도 탐방 소요 시간(왕복)
렌잔 전망대 약 15분(0.5km)
오코쓰쿠 전망대 약 30분(1km)
고한 전망대 약 40분(1.6km)
二湖
2호
五湖
5호
도보 탐방로
고한 전망대
湖畔展望台
一湖
1호
도보 탐방 소요시간
3호~2호~고가 목도 약 90분(3km)
2호~1호~고가 목도 약 40분(1.6km)
오코쓰쿠 전망대
オコツク展望台
렌잔 전망대
連山展望台
고가 목도
우토로
ウトロ 방면
N
0 100m

COURSE 1

시레토코 봄~가을 1DAY 코스

시레토코는 시즌에 따라 여행지가 달라지는 곳이다. 봄가을이라면 시레토코 5호와 해안선을 따라가며 아름다운 풍경을 감상할 수 있는 유람선 코스를 중심으로 여행해보자.

지도 한눈에 보기

START — ① 시레토코 5호 — 자동차 20분 — ② 시레토코 관광선 — 자동차 10분 — ③ 오신코신 폭포

#관광 백문이 불여일견! 대자연의 모습을 그대로 느낄 수 있는 곳으로 짧은 산책부터 본격적인 트레킹도 즐길 수 있다.

#관광 배를 타지 않고는 볼 수 없는 해안 절경의 기암절벽과 폭포를 볼 수 있고, 운이 좋으면 곰까지 만날 수 있는 코스!

#관광 높이 80m에서 수량이 풍부한 2개의 폭포가 시원스럽게 떨어지는 모습을 보여주는 멋진 폭포. '일본 폭포 100선'에 선정된 바 있다.

COURSE 2

시레토코 겨울 1DAY 코스

겨울 시즌에는 시레토코 5호 탐방이 불가능한대신 멀리 오호츠크 해에서부터 떠내려온 유빙 위를 직접 걸어보는 이색 체험을 할 수 있다.

지도 한눈에 보기

START — ① 유빙워크 — ② 점심 - 해산물

#관광 오호츠크해에서 내려 온 유빙 위를 걷는 신기한 체험. 전용 슈트를 입기는 하지만 발열 속옷 등 든든하게 챙겨 입고 가자.

#식사 우토로에 있는 식당에서 싱싱하고 맛있는 해산물로 점심을 먹자. 겨울철에는 특히 맛난 해산물이 많다.

COURSE 3
시레토코 5호 코스

5호를 둘러보는 코스에는 아래와 같이 3개의 코스가 있다. 시기에 따라 개방 루트가 달라지니 방문 일정에 맞춰 계획을 세워보자. 주차장에서 공원 쪽을 보면 필드 하우스와 서비스 센터 건물이 보이는데, 고가 나뭇길은 두 건물의 왼쪽 입구, 산책 코스는 오른쪽 입구로 나뉜다.(p.329 참고)

고가 목도~1호 코스(약 40분)

공원 입구에서 나무로 만든, 지면보다 높은 도로인 고가를 따라가면 된다. 이 길로 갈 수 있는 1호 호수까지 20~25분 정도 소요되는데, 길 끝에 있는 호반 전망대 湖畔展望台까지 왕복하려면 40분 이상 잡아야 한다. 고가 목도는 공원 개방 시기에는 언제나 자유롭게 다녀올 수 있다. 주의할 점은 고가 목도에서 2호 호수 등으로 이어지는 산책로로는 내려갈 수 없으며 돌아올 때는 다시 목도를 따라 같은 길을 와야 한다는 것이다. 더 가고 싶어도 할 수 없으니 처음부터 코스를 잘 선택해야 한다.
ⓒ **개방 기간** 4/19~11월 말

2~1호 코스(약 40분)

필드 하우스 입구에서 시작해 2호부터 둘러보고 1호 쪽으로 가서 고가 목도를 따라 가는 약 1.6km의 코스다. 짧게 트레킹하고 싶은 여행자들이 선호하는 코스로, 개방 기간은 한정되어 있다.
ⓒ **개방 기간** 4월 말~5/9, 8/1~11월 말

5~1호 코스(약 3시간)

5개의 호수를 모두 둘러보려면 최소 3시간 이상 트레킹을 해야 한다. 불곰이 출몰하는 5월 초부터 7월 말까지는 가이드와 동반하는 유료 투어로만 돌아볼 수 있다. 유료 투어를 하고 싶다면 우선 신청 후 교육을 받아야 한다. 이외 개방 시기에는 무료 교육을 수료한 후 자유롭게 둘러볼 수 있다. 겨울철 또한 가이드와 함께 호수 표면을 걷고 유빙을 볼 수 있는 투어가 진행된다.
산책길로만 이루어진 탐방 코스로 음식 냄새가 주변 야생동물을 자극할 수 있어 생수 정도만 갖고 가는 것이 좋다. 야생동물에게 음식을 주는 것은 절대 금물이다. 산책로는 일방통행이며 길이 평탄해 운동화나 스포츠 샌들 정도만 신으면 충분하다. 다만 주변 식물 보호와 본인의 안전을 위해 절대 산책로 밖으로 나가서는 안 된다. 산책로를 걷다 보면 나무에 남아 있는 곰의 발톱 자국을 볼 수 있다. 짧은 것은 올라갈 때, 긴 것은 내려올 때 긁힌 자국이다.
ⓒ **장소** 필드 하우스에서 신청&출발 ⓒ **개방 기간** 자유 견학 4월 말~5월 9일, 8/1~11월 말, 가이드 투어 5/10~7/31, 2024/1/21~3/20(자유 견학 2시간~, 가이드 투어 약 3시간) ⓒ **전화** 0152-24-3323 ⓒ **가격** 자유 견학 350¥, 가이드 투어 6000¥ ⓒ **홈페이지** goko.go.jp

TRAVEL INFO
시레토코 반도

- 명소 간 서로 거리가 꽤 많이 떨어져 있어 이동 시간을 넉넉히 잡고 다니는 것이 좋다. 또 여행 일정에 따라 둘러보는 시간을 잘 조정해야 다음 여행지로 갈 때 무리가 없다. 여름이라면 시레토코 5호 둘러보기와 관광선 탑승이, 겨울이라면 유빙 워크가 이곳의 포인트다.

1 시레토코 5호
知床五湖

시레토코 반도 중에서도 가장 인기 높은 여행지로 5개의 호수가 모여 있는 신비로운 곳이다. 불곰과 사슴을 비롯한 동식물의 파라다이스라 할 수 있으며, 트레킹과 산책도 즐길 수 있고 대자연의 아름다운 풍경을 마음껏 감상할 수 있다. 특히 '그린 시즌'이라 불리는 7~8월쯤의 여름이 최고 성수기다.
1호 코스는 언제든 자유롭게 견학할 수 있지만 2~5호 코스는 5~7월 불곰 출현시기에 안전 교육을 받은 후 가이드와 동행해야 한다.

- **구글 지도** 시레토코고코(知床五湖)
- **MAP** p.328
- **찾아가기** 우토로 온천 ウトロ温泉에서 자동차로 20분, 또는 샤리 버스(1일 6회)로 25분(편도 750¥)
- **주소** 斜里郡知床五湖
- **전화** 0152-24-2299
- **시간** 4/20~11월 말 07:30~18:00
- **휴무** 12월~4/19(매해 변동 가능)
- **가격** 고가 목도 무료, 평상시 산책로 자유 견학 250¥, 불곰 활동기 유료 가이드 5000¥
  주차 공원 입구 유료 주차장 이용(주차 500¥)
- **홈페이지** www.goko.go.jp(공원 안내)

2 프레페 폭포
フレペの滝

관광선을 타고 볼 수 있지만 도보로 폭포 근처까지도 갈 수 있다. '처녀의 눈물'이라 불리는 폭포로 약 100m의 절벽 아래로 떨어지는 2개의 물줄기가 있다. 시레토코 국립공원 정보를 얻을 수 있는 시레토코 자연 센터 知床自然センター 근처에 있다.

- **구글 지도** 후레페 폭포
- **MAP** p.328
- **찾아가기** 시레토코 자연 센터에서 산책길을 따라 도보 20분. 차는 자연 센터 주차장에 세워놓고 걸어가면 된다.
- **주소** 斜里町遠音別村岩宇別536(시레토코 자연 센터)
- **전화** 0152-24-2114(시레토코 자연 센터)
- **시간** 일출~일몰
- **가격** 무료

3 시레토코 고개
知床峠

시레토코 반도의 동서쪽인 샤리와 라우스를 잇는 횡단 도로의 전망대로 해발 740m에 있다. 날씨가 좋을 때는 시레토코 연봉과 네무로 해협, 쿠릴 열도의 섬까지도 보인다고 한다, 여름에도 잔설을 볼 수 있고, 가을에는 단풍이 아름다워 드라이브 코스로도 인기 만점. 여름에는 짙은 안개가 끼는 날이 많으니 운전에 주의하자.

- **구글 지도** 시레토코 고개 주차장
- **MAP** p.328
- **찾아가기** 시레토코 자연 센터에서 자동차로 16분
- **주소** 斜里町岩尾別知床峠
- **시간** 일출~일몰
- **가격** 무료

4 오신코신 폭포
オシンコシンの滝

일본 폭포 100선에 선정된 아름다운 폭포로 해안 도로 바로 옆에 있어 드라이브 때 둘러보면 좋다. 80m 높이에서 떨어지는 2개의 폭포가 있어 쌍미 폭포 双美の滝라고도 한다. 폭포 앞으로 꽤 가까이 다가가 시원한 물소리는 물론 떨어지는 폭포수도 느낄 수 있어 마치 미스트를 온 피부에 뿌리는 듯하다. 겨울에도 얼지 않고 폭포가 떨어져 여름과는 또 다른 풍경을 보여준다.

- **구글 지도** 오신코신 폭포
- **MAP** p.328
- **찾아가기** 시레토코 관광선 선착장에서 자동차로 9분. 주차장에 기념품점도 있다.
- **주소** 斜里郡斜里町
- **시간** 일출~일몰
- **가격** 무료

5 오론코 바위
オロンコ岩
주차 없음

우토로 항구 어디에서나 눈에 띄는 높이 60m의 커다란 바위로 올라가는 길이 조금 힘들기는 하지만 정상에 오르면 바다와 우토로 시내 등의 주변 풍경이 한 눈에 들어온다. 주변에 여우가 서식하고 있어 간혹 마주치기도 하는 곳.

구글 지도 Oronko Rock

MAP p.329
- **찾아가기** 샤리버스 우토로 버스 터미널에서 자동차로 2분, 또는 도보로 10분
- **주소** 斜里郡斜里町ウトロ東

6 석양대
夕陽台展望台
무료 주차

우토로와 앞바다의 멋진 풍경이 한 눈에 들어오는 전망대로 겨울철에는 유빙을 볼 수도 있다. 명소 이름 그대로 날씨가 좋은 날에는 바다가 붉게 물드는 아름다운 일몰을 즐길 수 있다. 일몰 조금 전에 올라가 사진 찍기 좋은 자리를 잡아보자.

구글 지도 Yuhidai Observatory

MAP p.329
- **찾아가기** 샤리버스 우토로 버스 터미널에서 자동차로 4분, 또는 도보 20분
- **주소** 斜里郡斜里町ウトロ香川

7 시레토코 5호 파크 서비스 센터
知床5湖パークサービスセンター
유료주차

기념품점과 식당이 함께 있는 시레토코 5호 파크 서비스 센터에서는 사슴 고기 햄버거 鹿肉バーガ를 맛볼 수 있다. 냄새도 별로 없고 보통 햄버거 맛과 큰 차이도 없다. 그 외에도 카레라이스와 소프트아이스크림 등도 있다. 기념품점에는 곰 고기 카레 통조림을 판매하는데, 맛은 별로라는 평이 많다.

구글 지도 Shiretoko Goko Park Service Cente

MAP p.328
- **찾아가기** 시레토코 5호 공원 입구
- **주소** 斜里町遠音別村岩宇別
- **전화** 0152-24-2299
- **시간** 공원 개방 시간과 동일 **가격** 사슴 고기 햄버거·아이스크림 각 450¥

8 아라이소요리 구마노야
荒磯料理 熊の家
무료주차

새우와 연어 알, 성게 알을 얹은 가이센동과 7~9월이 제철인 곱사연어, 9~11월이 제철인 연어, 가리비, 문어, 털게 등을 계절에 따라 맛볼 수 있다. 특히 우토로 주변 물고기가 맛있는 것은 먹이인 플랑크톤도 풍부하고 온도가 낮은 오호츠크 해의 특성상 몸을 보호하기 위해 지방 함량이 높기 때문이라고 한다.

구글 지도 Kumanoya seafood restaurant

MAP p.329
- **찾아가기** 샤리 버스 우토로 터미널에서 도보 4분
- **주소** 斜里郡斜里町ウトロ西187-11
- **전화** 0152-24-2917
- **시간** 11:00~15:30
- **휴무** 부정기
- **가격** 모둠 사시미 1950¥~, 가이센동 2300¥~, 식사류 1200¥~

9 나미시부키
波飛沫
무료주차

추운 날에 더욱 맛있게 느껴지는 일본라멘 전문점. 낮에는 미소, 시오, 쇼유 등 라멘을 주로 팔고 밤에는 라멘과 함께 꼬치구이와 안주, 사케 등을 맛볼 수 있는 이자카야 형태로 영업한다. 우토로 인기 식당 중 하나라 성수기에는 되도록 개점 시간 전에 가야 웨이팅 없이 들어갈 수 있다.

구글 지도 Namishibuki

MAP p.329
- **찾아가기** 샤리 버스 우토로 터미널에서 도보 8분
- **주소** 斜里郡斜里町ウトロ西176-10
- **전화** 0152-24-3557
- **시간** 월~토요일 11:00~14:30, 17:30~21:00
- **휴무** 일요일
- **홈페이지** namishibuki.jp

10 지보
GVO
무료주차

바다 전망 카페&바로 실내에 많은 기타가 장식되어 있는 편안한 분위기의 장소다. 커피, 아이스커피, 밀크티 등의 카페 메뉴와 함께 점심에는 명란 파스타, 가라아케 정식, 카레라이스 등 단품메뉴 식사도 판매한다. 여름 시즌에 한정 판매하는 성게알이 넉넉하게 올려진 우니동도 인기 메뉴.

구글 지도 GVO

MAP p.329
- **찾아가기** 샤리 버스 우토로 터미널에서 도보 9분
- **주소** 斜里郡斜里町ウトロ西91-5
- **전화** 0152-24-3040 **시간** 금~화요일 11:00~14:00, 18:00~21:00
- **휴무** 수·목요일
- **홈페이지** facebook.com/CafeBarGvo

11 우토로 해산물
ウトロの海鮮

가이센동 2800¥~

신선한 해선(かいせん/海鮮) 요리를 즐겨보자. 새우와 연어 알, 성게 알을 얹은 가이센동과 7~9월이 제철인 곱사연어, 9~11월이 제철인 연어뿐 아니라 가리비, 문어, 털게 등 맛있는 해산물이 한가득이다. 특히 이곳 물고기가 맛있는 것은 먹이인 플랑크톤도 풍부하고 온도가 낮은 오호츠크 해의 특성상 몸을 보호하기 위해 지방 함량이 높기 때문이라고 한다.

📍 MAP p.329

추천 식당 아라이소요리 구마노야 荒磯料理 熊の家, 시레토코 요리 잇큐야 知床料理一休屋, 시레토코 가이센 요리 반야 知床海鮮料理 番屋, 미치노에키 우토로 시리에토쿠 레스토랑 道の駅うとろ・シリエトクレストラン, 스시 이자카야 와 寿司居酒屋 和

🚶 **찾아가기** 우토로 온천 버스 터미널 근처에 모여 있다.
💴 **가격** 가이센동 2800¥~, 스시 세트 2800¥~, 연어 구이 정식 1400¥~

12 시레토코 관광선 오로라호
知床観光船おーろら

걸어서는 접근이 힘든 해안의 절경과 원시림 등을 둘러보려면 유람선을 타는 것이 최고의 방법이다. 천연 동굴과 폭포, 200m 높이의 기암절벽이 늘어서 있으며 계절에 따라서는 곰을 보거나 에조 사슴, 여우, 독수리, 바다표범과 돌고래 등과 마주칠 수 있다. 관광선은 시레토코 곶 코스, 루샤 코스, 이오잔(가무이와카 폭포) 코스 등 3코스로 운행하며 코스에 따라 소요 시간과 요금이 달라진다. 조금씩 달라지지만 우토로 항구에서 출발해 프레페 폭포, 동굴이 늘어서 있는 구노네포르, 신의 폭포라 불리는 가무이와카 폭포, 곰이 출현하는 장소인 루샤와 등을 경유해 우토로 항으로 돌아오는 것이 기본 코스다.

구글 지도 Shiretoko Sightseeing Boat Aurora Boarding Area

📖 VOL 1 p.105 📍 MAP p.328, 329
🚶 **찾아가기** 우토로 버스 터미널에서 도보 10~15분
🏠 **주소** 斜里郡斜里町ウトロ東107 ☎ **전화** 0152-24-2147 🕐 **시간** 시레토코 곶 코스 6~9월 매일 10:15(3시간 45분 소요) / 루샤 코스 6~9월 매일 09:45, 14:30, 10월 매일 09:45(2시간 소요) / 이오잔(가무이와카 폭포) 코스 4월 말~10월 08:30, 14:45(때에 따라 1~3편 추가 운행, 1시간 30분 소요), 단 인원수를 채우지 못하면 운휴 ❌ **휴무** 11~3월 💴 **가격** 시레토코 곶 코스 어른 7800¥, 초등학생 3900¥ / 루샤 코스 어른 5000¥, 초등학생 2500¥ / 이오잔(가무이와카 폭포)코스 어른 3500¥, 초등학생 1750¥
🌐 **홈페이지** ms-aurora.com/shiretoko

13 유빙 워크
流氷ウォーク

바다 위에 둥둥 떠 있는 유빙 위를 직접 걸어 다닐 수 있는 특별한 경험으로 전용 슈트를 입고 가이드와 함께 다니는 투어다. 온난화 현상으로 유빙이 점점 적어지는 추세라 3월까지 운영하기는 하지만 2월 이전에 해야 좋다. 운이 따르면 이곳에 사는 바다표범도 볼 수 있다고 한다.

고지라이와칸코 ゴジラ岩観光

구글 지도 GOJIRAWA KANKO Utoro Office

VOL 1 p.100　MAP p.329

찾아가기 샤리 버스 터미널에서 버스 이용 1시간 소요, 우토로 온천에서 하차, 도보 3분　주소 斜里郡斜里町ウトロ東51　전화 0152-24-3060　시간 오픈 2/1~3월 말 10:00·13:30·15:30　가격 초등학생 이상 6000¥　홈페이지 kamuiwakka.jp

시레토코 나추라리스토 교카이 신라 知床ナチュラリスト協会 SHINRA

구글 지도 Shinra

VOL 1 p.100　MAP p.329

찾아가기 샤리 버스 터미널에서 버스 이용 1시간 소요, 우토로 온천에서 하차　주소 斜里郡斜里町ウトロ東284　전화 0152-22-5522　시간 오픈 2월 초~3월 말 06:30·09:30·13:00·15:15　가격 초등학생 이상 6000¥~　홈페이지 www.shinra.or.jp/ryuhyo_walk.html

WAKKANAI
왓카나이

일본에서 러시아와 가장 가까운 곳으로, 사할린과의 거리는 불과 43km 정도다. 옛날부터 아이누 족은 이 곳을 '차가운 물이 흐르는 계곡'이라 불렀다. 파란 하늘과 바다가 한눈에 들어오는 탁 트인 풍경이 여유로움을 주며, 아름다운 리시리 섬과 레분 섬으로 가는 베이스캠프 역할을 톡톡히 한다. 겨울에는 특히 많은 눈이 내리기로 유명하다.

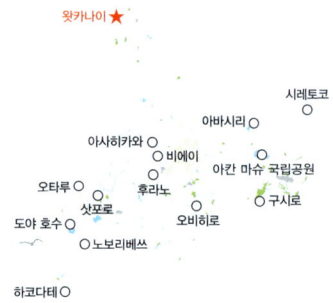

시로이 고이비토의 모델, 리시리 산

왓카나이 가는 법

비행기

우리나라에서 왓카나이로 가는 직항편은 없고 도쿄나 삿포로를 경유해 일본 국내선을 이용해야 한다. 시내에서 12km 떨어져 있는 왓카나이 공항 稚内空港은 매우 작은 규모로 마치 버스터미널 같은 분위기다. 도쿄 하네다 공항에서는 약 1시간 55분, 신치토세 공항에서는 약 50분 소요. 여름 성수기에는 나고야 주부 국제공항 中部國際空港과 오사카 간사이 국제공항 關西國際空港에서도 직항편이 있다. 왓카나이 공항에서 시내로 갈 때는 택시를 이용하면 약 20분 소요되며 요금은 4500¥ 내외다. 도착하는 비행기 스케줄에 맞추어 운행하는 공항버스 空港連絡버스는 시내까지 약 35분 정도 소요, 요금 편도 어른 700¥, 어린이 350¥이다.

⊙ 왓카나이 공항 홈페이지 www.wkj-airport.jp

기차

일본 최북단 기차역인 JR 왓카나이 역은 기차 마니아들이 일부러 방문하는 곳이기도 하다. 시내 중심과 가까이 위치해 있어 이동이 편리하다. 삿포로에서 왓카나이까지는 직항 기준 1일 3회, 5시 12분 정도 소요된다. 요금은 지정석 기준 편도 1만1090¥이다. 아사히카와 등에서 1회 환승하는 스케줄도 있으며 소요시간과 요금은 비슷하다. 아사히카와에서는 3시간 50분 내외 소요되며 요금은 지정석 기준 편도 8890¥.

버스

삿포로의 센트리로열 호텔앞 오도리버스 센터 大通バスセンタ 1층 승강장에서 출발해 왓카나이 역 앞 버스 터미널 駅前バスターミナル과 페리 터미널 フェリーターミナル까지 간다. 1일 총 6회 운행하며 야간버스도 있다. 왓카나이 종착점이 페리 터미널인 것과 역앞 터미널인 것이 있으니 시간표를 확인한 후 예매하자.

⊙ 요금 편도 6700¥, 왕복 1만2200¥~, 6시간 소요.
⊙ 버스 스케줄 조회 hokto.co.jp/sapporo-wakkanai

렌터카

아래의 경우 모두 유료도로 포함인 경우로, 무료인 국도로만 갈 경우 30분~1시간 정도 더 소요된다.
삿포로 → 왓카나이 약 328km, 5시간~
아사히카와 → 왓카나이 약 248km, 4시간~

왓카나이 시내 교통

렌터카 レンタカー

JR 왓카나이 역에서 북방파제 돔이나 시내 중심까지는 도보로 둘러볼 수 있지만, 그 밖의 명소는 관광버스나 렌터카를 이용해야 한다. 자유롭게 이동하려면 아무래도 렌터카만큼 편한 교통수단은 없다. 왓카나이 공항과 JR 왓카나이 역에 도요타, 닛산, 니폰, 오릭스 등의 주요 렌터카 사무실이 있으니 편한 곳에서 픽업할 것.

관광버스 観光バス

소야 버스 宗谷バス 회사에서 운행하는 관광버스로, 4월 말~10월 초에 운행한다. 왓카나이 시내를 비롯해 외곽에 있는 소야곶 등을 순회하는 코스로, 총 두 가지 코스가 있다.
⊙ 홈페이지 www.soyabus.co.jp/teikan/course

코스	노선	운행 시간 및 요금
A코스 일본 최북단과 홋카이도 유산 순회 코스 (2024년 5/3~5/6, 5/20~9/30)	왓카나이 버스 터미널 → 왓카나이 항 북방파제 돔 → 왓카나이 공원 → 노샷푸 곶 → 소야 구릉지대 → 소야 곶 → 왓카나이 공항 → 왓카나이 버스 터미널	• 08:00~11:55 • 어른 3600¥, 어린이 1900¥
B코스 일본 최북단과 기념탑 파노라마 코스 (2024년 5/3~5/6, 5/20~8/31, 9/1~9/30)	왓카나이 버스 터미널 → 왓카나이 항 북방파제 돔 → 백 년 기념탑 → 왓카나이 공원 → 소야 구릉지대 → 소야 곶 → 노샷푸 곶 → 왓카나이 버스 터미널	• 5/3~5/6, 5/20~8/31 14:00~18:15, 9/1~9/30 13:45~18:00 • 어른 3900¥, 어린이 2000¥

자전거 レンタサイクル

왓카나이 시내를 둘러보고 노샷푸 곶까지 다녀오는 것이 일반적인 라이딩 코스. 4월 말~10월 말 경에만 탈 수 있으며, 자전거 대여는 JR 왓카나이 역 내부에 있는 왓카나이 관광협회에서 할 수 있다.
⊙ 가격 종류에 따라 1시간 500~1000¥, 1일 2000~3000¥

지역 명물 음식

성게, 가리비, 문어 등
최고의 해산물

싱싱한 문어를 살짝 데쳐 먹는
다코 샤부샤부

리시리 섬 가는 법

비행기

작은 섬이지만 리시리 공항 利尻空港 (RIS)이 있다. 삿포로의 오카다마 공항 丘珠空港와 신치토세 공항을 오가는 항공편을 운행한다. 소요 시간은 약 40분, 요금 편도 1만 7000¥~.

◎ 리시리 공항 홈페이지 town.rishirifuji. hokkaido.jp/rishirifuji/1184.htm

페리

하트랜드 페리가 왓카나이 페리 터미널과 리시리 섬의 오시도마리 항 페리 터미널 海の駅おしどまり 사이를 운행한다. 왓카나이를 거치지 않고 레분 섬으로 바로 갈 수 있는 페리도 있어 계획을 잘 세우면 하루에 두 섬을 모두 둘러볼 수도 있다.

하트랜드페리
- 운행 왓카나이 1일 2~4회, 레분 섬 1일 1~4회
- 시간 왓카나이 편도 1시간 40분, 레분 섬 편도 45분 소요
- 요금 왓카나이 1등칸 4960¥, 2등칸 2990¥ / 레분 1등칸 1870¥, 2등칸 1140¥
- 홈페이지 heartlandferry.jp

리시리 섬 내 교통

관광버스

봄에서 가을(5/1~9/30)까지 운행하는 관광버스를 이용하면 설명을 들으며 편하게 주요 여행지를 둘러볼 수 있다. 티켓은 페리 터미널 안에서 판매하며 총 2개 코스로 운행하고 요금과 소요 시간은 코스별로 다르다. 장소에 따라 하차하지 않고 버스 내에서 보고 지나기도 한다. 페리 도착

시간에 맞춰 출발하며 티켓은 페리 터미널 안에서 판매하니 예약하지 않았다면 배에서 내리자마자 바로 티켓 판매소로 가자. 구입은 현금으로만 가능하다.

◎ 전화 (소야 버스 리시리 영업소) 0163-84-2550

<A코스> 3시간 20분 소요, 요금 3500¥~
- 운행 5/3~5/6, 5/20~5/31(출발 08:35, 도착 11:45), 6/1~9/30(출발 9:05, 도착 12:15)
오시도마리 페리 터미널 → 히메누마 → 오타도마리누마 → 미사키 공원 → 박물관 → 진멘이와&네구마노이와 → 오시도마리 페리 터미널

<B코스> 2시간 20분 소요/요금 3500¥~
- 운행 6/1~9/30(출발 13:40, 도착 16:55)
오시도마리 페리 터미널 → 노즈카 전망대 → 오타도마리누마 → 미사키 공원 → 진멘이와&네구마노이와 → 오시도마리 페리 터미널

렌터카

하루 이상 머물며 여유롭게 돌아볼 예정이라면 렌터카나 바이크를 페리에 싣고 가거나 섬에서 직접 렌트하는 방법도 있다. 항구 앞 건물들에 렌터카 사무실이 밀집해 차를 빌릴 수 있지만, 요금과 기름 값이 왓카나이에 비해 무척 비싸다. 렌터카 여행자라면 왓카나이에서 페리에 차를 싣고 갈 수도 있지만, 비용이 만만치 않다.

◎ 요금 렌터카 6시간 6000¥~

자전거&바이크

자전거나 오토바이크를 타고 라이딩을 하는 것도 리시리 섬의 로망의 코스다. 페리 터미널 앞 대여점이나 숙소 등 지에서 렌탈할 수 있다.

◎ 요금 1일 2000¥~

트레킹&등반

일본에서도 명산으로 꼽히는 리시리 산을 등반하는 것도 좋다. 등산 코스는 왕복 11.4km로, 보통 휴식 시간을 포함해 11시간 정도 소요된다. 섬을 걸어서 돌아보는 트레킹도 할 수 있으나 일주 도로는 큰 관광버스나 차량이 자주 지나가니 특히 안전에 유의해야 한다.

지역 명물 음식

근처에서 갓 잡은 싱싱한 해산물을 듬뿍 넣은
해물 라멘

깔끔하고 시원한 맛의
만년설 아이스크림

오직 이곳에서만 맛볼 수 있는
미루피스

레분 섬 가는 법

페리

공항은 없고 왓카나이와 리시리 섬에서 하루 2~4회 정도 운항하는 하트랜드 페리 Heart land Ferry를 운항한다. 페리는 레분 섬의 가후카 페리 터미널 香深港フェリーターミナル에 도착한다.

- 운행 왓카나이 1일 2~4편, 리시리 섬 1일 1~4회
- 시간 왓카나이 편도 1시간 55분, 리시리 섬 편도 45분 소요
- 요금 왓카나이 1등권 5510¥, 2등권 3290¥ / 리시리 1등권 1870¥, 2등권 1140¥
- 홈페이지 heartlandferry.jp

레분 섬 내 교통

관광버스

여름철에 운행하는 정기 관광버스는 가후카 페리 터미널에서 출발하며 티켓은 페리 터미널에서 판매한다. 소요 시간과 요금은 코스별로 다르다.

- 홈페이지 soyabus.co.jp/teikan/course

**<A코스> 유메노우키시마 레분 메구리 코스
3시간 55분 소요, 요금 3400¥~**

5/3~5/16, 5/20~9/30(출발 08:40, 도착 12:35)
가후카 페리 터미널 → 미나이 신사 → 일식 관측 기념비 → 구슈호 → 니시우에도마리&스카이 곶 → 레분 복주머니꽃 군생지 → 스코톤 곶 → 모모이와&네코다이 → 가후카 페리 터미널

**<B코스> 레분 스폿 메구리 코스
2시간 25분 소요, 요금 3200¥~**

6/1~9/30(출발 14:05, 도착 16:40)
가후카 페리 터미널 → 레분 복주머니꽃 군생지(5~6월) → 스코톤 곶 → 모모이와&네코다이 → 가후카 페리 터미널

자전거&바이크

많은 여행자들이 자전거나 오토바이크 라이딩으로 섬을 둘러본다. 날씨와 체력에 따라 코스를 조절하고 절대 무리해서는 안 된다. 또 절벽 길이 많으니 운전 시 항상 조심하자.

- 요금 1일 2000¥~

렌터카

항구 앞에 렌터카 사무실이 몇 개 있어 차를 빌릴 수 있지만, 요금은 무척 비싸다. 왓카나이에서 아예 페리에 차를 싣고 갈 수도 있는데, 그 또한 요금이 만만치 않아 홀로 떠난 여행이라면 비용 면에서는 관광버스가 가장 저렴한 편이다.

트레킹

아름다운 트레킹 코스로 유명해 평소 걷는 것을 좋아한다면 매우 즐거운 시간을 보낼 수 있다. 여러 개의 코스가 개발되어 있으니 안내를 참고해 마음에 드는 코스를 선택해보자.

<레분 섬 트레킹 코스 BEST 7>

❶ 곶 순례 코스 岬めぐりコース Course Going Around the Capes of Rebun 섬의 북쪽 코스로, 산과 바다를 함께 보며 걸을 수 있다.

❷ 8시간 코스 8時間コース Eight-hour Course 이름 그대로 8시간 정도 소요되는 코스이니 체력과 시간이 허락되는 사람만 도전할 것.

❸ 레분 산 등산 코스 礼文岳コース Rebun-dake Course 상행 2시간, 하행 1시간 30분 정도 소요되는 등산 코스. 일본 북단의 아름다운 경치를 감상할 수 있다.

❹ 모모이와 바위 전망대 코스 桃岩展望台コース Momo-iwa Tenbo-dai(Observation Point) Course 남쪽의 트레킹 코스로, 초보자가 걷기 좋다. 예쁜 꽃밭과 바다가 보이는 것이 특징.

❺ 레분 숲길 코스 礼文林道コース Rebun-rindo(Forest Road) Course 야생화를 보며 숲길을 걸을 수 있는 트레킹 코스.

❻ 레분 폭포 코스 礼文滝コース Rebun-taki(waterfall) Course 섬 남쪽 지역의 코스로, 다소 가파르지만 폭포를 볼 수 있다는 것이 특징.

❼ 구슈 호반 코스 久種湖畔コース Lake Kushu 일본 최북단에 자리한 아름다운 호수를 볼 수 있는 코스.

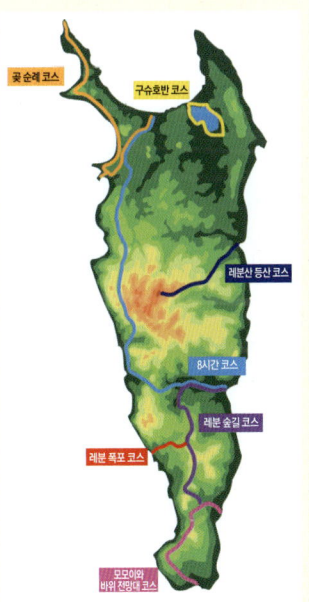

MAP
왓카나이 시내

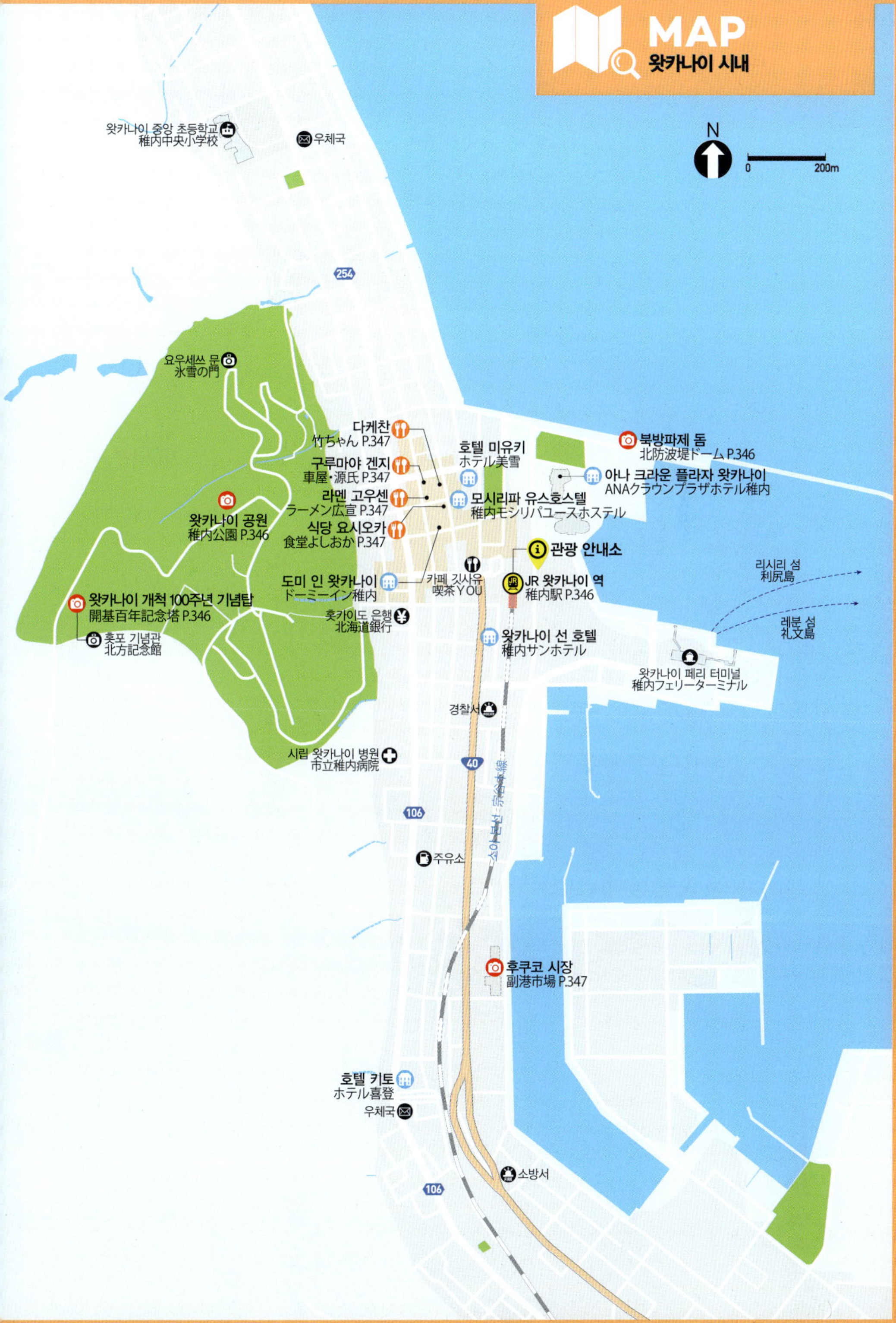

N
0
200m
왓카나이 중앙 초등학교
稚内中央小学校
우체국
254
요우세쓰 문
氷雪の門
다케찬
竹ちゃん P.347
구루마야 겐지
車屋・源氏 P.347
라멘 고우센
ラーメン広宣 P.347
식당 요시오카
食堂よしおか P.347
호텔 미유키
ホテル美雪
모시리파 유스호스텔
稚内モシリパユースホステル
북방파제 돔
北防波堤ドーム P.346
아나 크라운 플라자 왓카나이
ANAクラウンプラザホテル稚内
왓카나이 공원
稚内公園 P.346
관광 안내소
JR 왓카나이 역
稚内駅 P.346
리시리 섬
利尻島
레분 섬
礼文島
도미 인 왓카나이
ドーミーイン稚内
카페 깃사유
喫茶YOU
왓카나이 개척 100주년 기념탑
開基百年記念塔 P.346
홋포 기념관
北方記念館
홋카이도 은행
北海道銀行
왓카나이 선 호텔
稚内サンホテル
왓카나이 페리 터미널
稚内フェリーターミナル
경찰서
시립 왓카나이 병원
市立稚内病院
40
106
소야 본선
宗谷本線
주유소
후쿠코 시장
副港市場 P.347
호텔 키토
ホテル喜登
우체국
소방서
106

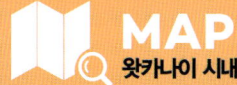

MAP
리시리 섬

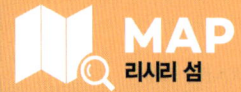

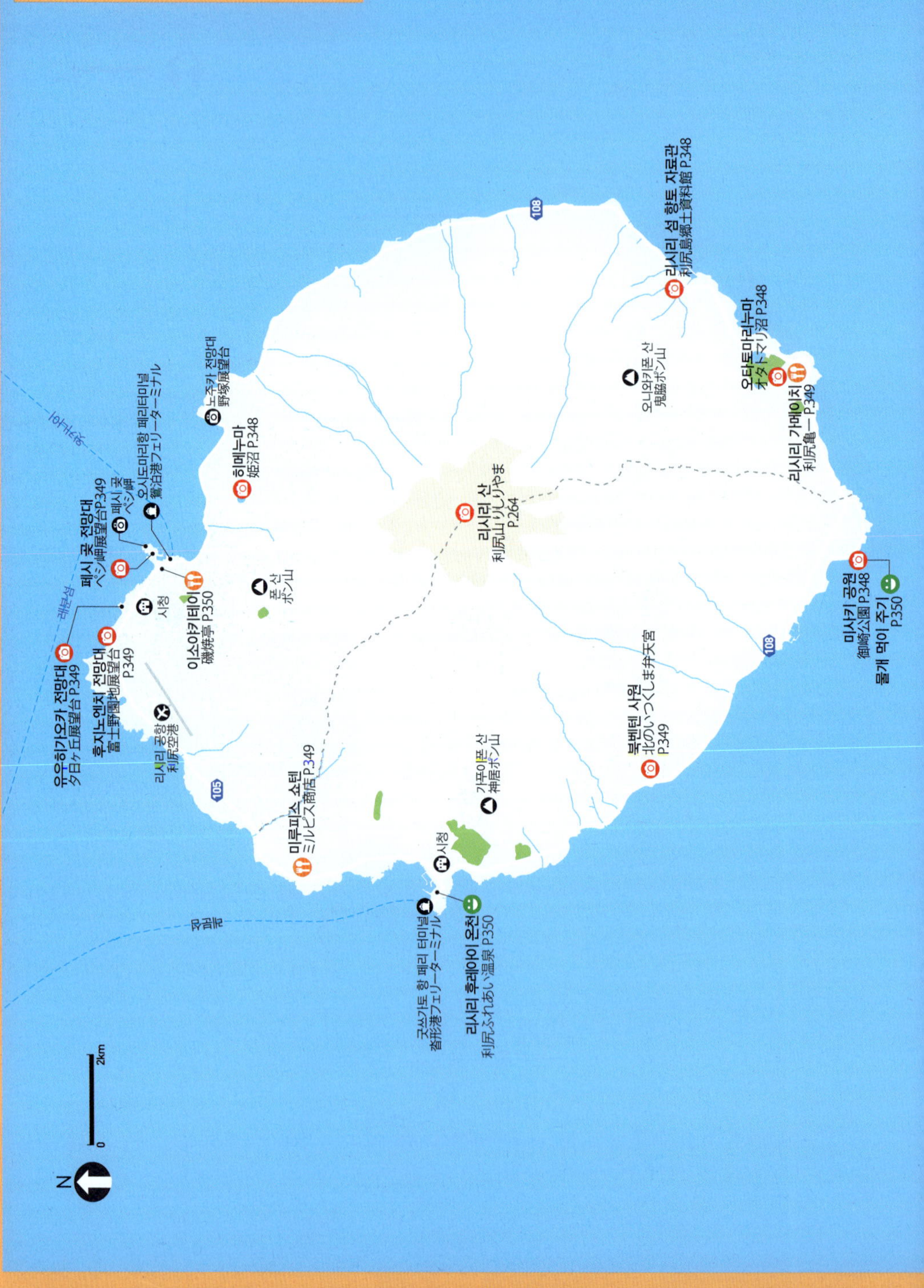

리시리 산
利尻山りしりやま
P.264
유우히가오카 전망대
夕日ヶ丘展望台 P349
후지노엔치 전망대
富士野園地展望台
P349
페시 곶 전망대
ペシ岬展望台P349
페시 곶
ペシ岬
오시도마리항 페리터미널
鴛泊港フェリーターミナル
노즈카 전망대
野塚展望台
히메누마
姫沼 P.348
이소야키테이
磯焼亭 P350
시청
폰 산
ポン山
리시리 공항
利尻空港
리시리 섬 향토 자료관
利尻島郷土資料館 P.348
오니와키폰 산
鬼脇ポン山
오타토마리누마
オタトマリ沼 P.348
리시리 가메이치
利尻亀一 P.349
미사키 공원
御崎公園 P.348
물개 먹이 주기
P350
북벤텐 사원
北のいつくしま弁天宮
P349
가무이폰 산
神居ポン山
미루피스 쇼텐
ミルピス商店 P.349
시청
구쓰가타 항 페리 터미널
沓形港フェリーターミナル
리시리 후레아이 온천
利尻ふれあい温泉 P350
108
105
N
0
2km

COURSE 1

리시리 섬 & 레분 섬 1DAY 코스

시내와 더불어 섬을 둘러보려면 하루로는 도저히 불가능하다. 하루는 섬 여행을 하고, 또 하루는 왓카나이 시내와 외곽 명소를 둘러보는 일정을 계획해보자. 섬에서는 관광버스나 렌터카를 이용하는 것이 편하다. 두 섬을 하루에 여행하려면 페리 시간을 잘 체크해 서두르며 이동해야 하므로 식당에 앉아 여유롭게 식사할 시간이 없으니 틈틈이 먹어두어야 한다.

START → ① 왓카나이 페리 터미널 (페리 1시간 40분)
#관광 리시리와 레분 섬으로 가는 하트랜드 페리가 출·도착하는 곳. 되도록 여유를 넉넉하게 두고 도착하는 것이 좋다.

② 오시도마리 페리 터미널 (투어 이용)
#관광 리시리 섬의 관문으로 관광버스 티켓을 예매하지 않았다면 바로 구입한 후 버스를 탄다.

③ 리시리 섬 일주
#관광 아름다운 호수인 오타토마리 누마와 해안 절경과 리시리 산이 인상적이다. 꼭 먹어봐야 할 음료인 미루피스 쇼텐도 잊지말고 맛보자.

④ 오시도마리 페리 터미널 (페리 45분)
#식사 시간이 된다면 근처 식당에서 점심 식사를 한다. 페리 터미널 근처 식당에서는 해산물을 듬뿍 넣고 끓인 라멘 등이 특히 유명하다.

⑤ 가후카 페리 터미널 (투어 이용)
#관광 리시리 섬에서 레분 섬으로 가는 페리를 타면 이곳에 도착한다. 역시 바로 레분 섬 일주를 하는 관광버스에 탑승하면 된다.

⑥ 레분 섬 일주
#관광 들꽃이 흐드러지게 피어 있는 절경의 연속. 날씨가 좋은 날에는 더욱 멋진 풍경을 즐길 수 있다.

⑦ 가후카 페리 터미널
#식사 터미널이나 근처에서 저녁 식사를 하고 19:00 이후 페리를 타고 왓카나이로 간다.

지도 한눈에 보기

COURSE 2
왓카나이 렌터카 1DAY 코스

'일본 최북단'이라는 타이틀을 달고 있는 왓카나이의 명소를 찾아 여행해보자. 시내에서 소야 곶까지 이어지는 해안 도로 드라이브도 즐겁다. 왓카나이 주변 지역은 대중교통으로는 여행하기가 힘들어서 렌터카를 이용하는 것이 편리하다. 여의치 않다면 시내 명소를 중심으로 일정을 계획해보자.

START → ① JR 왓카나이 역 — 자동차 30분 — ② 소야 곶 — 자동차 30분 — ③ 점심 - 시내

#관광 여기가 일본 최북단 역! 철도 관련 의미 있는 장소를 찾아다니는 마니아들에게는 꼭 방문해 볼 장소 중 하나이기도 하다.

#관광 일본 최북단을 표시하는 비석과 함께 인증샷! 1983년 대한항공 격추 희생자를 기리는 기도의 탑도 있다.

#식사 라멘이나 게 요리 등 취향껏 즐겨보자. 항구 도시라 특히 해산물을 재료로 한 요리가 인기가 높다.

⑥ 노샷푸 곶 — 자동차 10분 — ⑤ 북방파제 돔 — 자동차 7분 — ④ 왓카나이 공원

#관광 왓카나이의 노을 전망 포인트! 바다를 향해 뾰족하게 돌출되어 있어 파노라마로 펼쳐지는 시원한 전망을 즐길 수 있다.

#관광 강풍과 높은 파도를 막기 위해 세운 왓카나이의 명물. 드라마나 광고에도 종종 등장하고는 한다.

#관광 왓카나이 시내와 오호츠크 해가 한눈에 내려다보이는 전망이 일품. 날씨가 좋으면 사할린까지도 볼 수 있다.

⑦ 저녁 - 다코샤부샤부

#식사 왓카나이에서 꼭 먹어야 하는 명물음식. 양이 많지 않으니 추가로 일품요리들도 주문하면 좋다.

TRAVEL INFO
왓카나이&외곽

● '일본 최북단' 타이틀을 건 장소를 찾아 여행해보자. 최북단 역, 최북단 지점 등 흥미로운 지점이 있다. 점심이나 저녁에는 왓카나이의 명물인 문어 샤부샤부도 맛보자.

1 JR 왓카나이 역
稚内駅

유료 주차

JR 홋카이도 철도의 소야 혼선 노선의 종착역으로, 일본 기차역 중 가장 북단에 있다. 역 앞에는 '최북단 노선' 표지판이 있어 이것을 배경으로 기념사진을 찍는 여행자와 철도 마니아를 볼 수 있다. 역 내부에는 관광안내소와 영화관, 휴게소 등을 갖추었으며 역 옆에 버스터미널이 함께 들어서 있다.

- 구글 지도 왓카나이 역
- VOL 1 p.025 ⓜ MAP p.340
- 찾아가기 기차를 타고 JR 왓카나이 역 稚内駅 하차
- 주소 稚内市中央3丁目6-1
- 전화 0162-23-2583
- 시간 열차 운행 시간
- 가격 무료
- 홈페이지 jrhokkaido.co.jp

2 소야 곶
宗谷岬

무료 주차

북위 45도 52분 26초인 이곳은 일본 최북단 지점으로, 곳곳에 기념 조형물이 있다. 북극성의 꼭짓점을 표현한 일본 최북단 비 日本最北端の地の碑부터 평화의 비, 평화의 종, 해군 망루 등이 있고, 맑은 날에는 러시아도 보인다. 언덕 위 평화 공원의 기도의 탑 祈りの塔은 1983년 사할린 상공에서 미사일로 격추된 대한항공 탑승 희생자를 기리는 장소다.

- 구글 지도 Cape Soya
- VOL 1 p.025 ⓜ MAP p.340
- 찾아가기 왓카나이 시내에서 238번 해안 도로를 따라 자동차로 30~40분, 또는 버스로 약 40분
- 주소 稚内市宗谷岬
- 시간 24시간
- 가격 무료
- 홈페이지 welcome.wakkanai.hokkaido.jp

3 왓카나이 공원
稚内公園

무료 주차

날씨가 맑을 때면 리시리 섬과 사할린까지 한눈에 보이는 전망 포인트. 넓은 공원 안에는 '얼음과 눈의 문'이라는 뜻의 효우세쓰 문 氷雪の門, 왓카나이의 역사 자료를 전시하는 홋포 기념관 北方記念館 등이 있다. 두 군데 모두 전망이 훌륭하며 야경 포인트이기도 하다.

- 구글 지도 왓카나이 공원
- MAP p.341
- 찾아가기 JR 왓카나이 역 稚内駅에서 시내와 언덕을 따라 도보 30분, 또는 자동차로 10분
- 주소 稚内市中央1丁目
- 전화 0162-23-6161
- 시간 일출~일몰
- 홈페이지 city.wakkanai.hokkaido.jp

4 왓카나이 개척 100주년 기념탑
開基百年記念塔

무료 주차

왓카나이 시와 바다를 한눈에 내려다 볼 수 있는 왓카나이 공원 언덕 위에 세워진 기념탑. 80m 높이의 탑 아래쪽은 왓카나이 개척 역사와 자연 풍경에 관련된 전시물이 있는 북방 기념관이 있다. 탑 위쪽 70m 높이에 전망대가 있어 맑은 날에는 멀리 사할린 섬까지 조망할 수 있다.

- 구글 지도 Wakkanai Centennial Memorial Tower
- MAP p.341
- 찾아가기 JR왓카나이 역에서 자동차로 약 10분
- 주소 稚内市稚内村ヤムワッカナイ
- 시간 10~5월 09:00~17:00, 6~9월 09:00~21:00
- 가격 어른 400¥, 초중학생 200¥

5 북방파제 돔
北防波堤ドーム

무료 주차

서양 고대 건축물을 연상시키는 독특한 외관으로 유명해져 드라마나 광고에도 등장한 왓카나이의 명소. 높이 13.6m, 길이 400m가 넘는 이곳은 70개의 기둥에 의해 옛 모습대로 유지되고 있다. 원래는 이 근처까지 들어왔던 열차를 강한 바람과 파도에서 보호하기 위해 건축한 것이다.

- 구글 지도 왓카나이항 북방파제 돔
- MAP p.341
- 찾아가기 JR 왓카나이 역 稚内駅에서 역을 뒤로하고 크라운 플라자 호텔을 지나 도보 10분
- 주소 稚内市北防波堤ドーム
- 가격 무료
- 홈페이지 city.wakkanai.hokkaido.jp

6 노샷푸 곶
ノシャップ岬

무료 주차

왓카나이 시내의 가장 북쪽 끝으로 바다를 향해 돌출되어 있다. 광장에는 은빛으로 빛나는 돌고래 조각상이 있으며 날씨가 좋으면 서쪽에 있는 리시리와 레분 섬이 잘 보인다. 왓카나이의 노을 포인트이기도 하니 날씨가 좋으면 가보자. 근처의 왓카나이의 등대는 높이 42.7m로 일본에서 두 번째로 높은 등대이며 노샷푸 한류 수족관에서는 한류 어종을 볼 수 있다.

구글 지도 노샷푸 곶

ⓥ VOL 1 p.025 ⓜ MAP p.340
ⓐ 찾아가기 JR 왓카나이 역 稚内駅에서 노샷푸 곶 행 버스로 15분, 또는 자동차로 약 10분
ⓐ 주소 稚内市ノシャップ
ⓐ 가격 무료
ⓐ 홈페이지 city.wakkanai.hokkaido.jp

9 구루마야 겐지
車屋・源氏

무료 주차

왓카나이에서 꼭 먹어봐야 하는 메뉴인 다코샤부 たこしゃぶ 전문점으로, 냉동 문어를 얇게 저며 샤부샤부 방식으로 먹는 요리다. 식당마다 찍어 먹으면 더 맛있는 특제 소스를 함께 제공한다.

구글 지도 Kurumaya Genji

ⓜ MAP p.341
ⓐ 찾아가기 JR 왓카나이 역 稚内駅 정문에서 도보 9분 ⓐ 주소 稚内市中央2丁目8
ⓐ 전화 0162-23-4111
ⓐ 시간 11:00~14:00, 17:00~22:00
ⓐ 휴무 부정기
ⓐ 가격 다코 샤부 2200¥~

7 후쿠코 시장
副港市場

무료 주차

왓카나이 지역에서 생산된 농수산물과 기념품, 선물용품 등을 판매하는 재래시장으로, 규모가 커서 둘러보는 재미가 있다. 상점 사이에서 카페, 아이스크림 등 소소한 먹거리를 팔기도 하고, 러시아 요리 전문점도 있다. 2층에는 항구를 바라보고 위치한 노천 온천인 미나토 노유가 있다.

구글 지도 Wakkanai Fukuko Market

ⓜ MAP p.341
ⓐ 찾아가기 JR 왓카나이 역 稚内駅 정문에서 왼쪽으로 해안을 끼고 도보 15분 ⓐ 주소 稚内市港1丁目6番 28号 ⓐ 전화 0162-29-0829
ⓐ 시간 09:30~18:00(시즌, 점포마다 다름)
ⓐ 휴무 부정기
ⓐ 가격 미나토노유 800¥
ⓐ 홈페이지 wakkanai-fukukou.com

10 다케찬
竹ちゃん

무료 주차

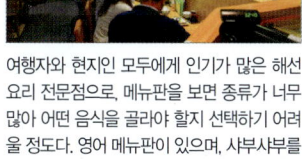

여행자와 현지인 모두에게 인기가 많은 해선 요리 전문점으로, 메뉴판을 보면 종류가 너무 많아 어떤 음식을 골라야 할지 선택하기 어려울 정도다. 영어 메뉴판이 있으며, 샤부샤부를 비롯해 사시미와 각종 구이 등 일품요리도 다양하다.

구글 지도 TAKE-chan

ⓜ MAP p.341
ⓐ 찾아가기 JR 왓카나이 역 稚内駅 정문에서 도보 7분 ⓐ 주소 稚内市中央2丁目8-8
ⓐ 전화 0162-22-7130 ⓐ 시간 17:00~21:30
ⓐ 휴무 부정기 ⓐ 가격 문어 샤부샤부 1575¥~, 게 샤부샤부 2200¥~
ⓐ 홈페이지 take-chan.co.jp

8 라멘 고우센
ラーメン広宣

주차 없음

관광객보다는 현지 단골이 많은 편안한 분위기의 라멘집으로 크게 맛있는 집은 아니지만 비교적 무난한 평가를 받고 있다. 시내 먹자골목에 있어 접근성이 좋으며 양도 푸짐하고 주인 내외도 친절하다. 대각선 건너편에 자리한 아오이토리 라멘 青い鳥ラーメン도 근처에서 인기 있는 라멘 전문점이다.

구글 지도 Ramen KOUSEN

ⓜ MAP p.341
ⓐ 찾아가기 JR 왓카나이 역 稚内駅 정문에서 도보 7분 ⓐ 주소 稚内市中央2丁目8-18 ⓐ 전화 0162-23-2526 ⓐ 시간 월~토요일 18:00~02:00, 일요일 08:00~24:00 ⓐ 휴무 부정기 ⓐ 가격 라멘 800¥~

11 식당 요시오카
食堂よしおか

주차 없음

저녁에만 문을 여는 소박한 식당으로 부담 없는 분위기에 할머니가 해주시는 집밥 같은 음식을 먹을 수 있다. 이런 분위기 때문인지 여행자보다는 현지 단골이 많다. 계절에 따라 각종 덮밥을 선보이며 푸짐한 양에서 넉넉한 인심이 느껴진다.

구글 지도 Shokudo Yoshioka

ⓜ MAP p.341
ⓐ 찾아가기 JR 왓카나이 역 稚内駅 정문에서 도보 7분 ⓐ 주소 稚内市中央2丁目7-7
ⓐ 전화 0162-22-6364
ⓐ 시간 17:30~24:00
ⓐ 휴무 일요일 ⓐ 가격 식사류 1000~2100¥, 라멘 750¥~

TRAVEL INFO
리시리 섬

- 짧은 일정으로 다녀간다면 페리 터미널에서 출발하는 관광버스를 타고 둘러보는 것이 편리하다. 일정에 여유가 있다면 렌터카를 이용하든가 바이크 또는 자전거 여행을 계획해 보자.

1 히메누마
姫沼 ひめぬま
 ★★ 무료 주차

날씨가 맑은 날에는 호수에 리시리 산의 모습이 비치는 것을 볼 수 있다. 연못을 한 바퀴 도는 산책로가 조성되어 있으며, 보통 15~20분 정도 소요된다. 관광버스를 이용하면 이곳에 내려 20분 정도 자유 시간을 갖는다.

구글 지도 Himenuma Pond

📍 MAP p.342
- 찾아가기 오시도마리 페리 터미널에서 자동차로 10분
- 주소 利尻郡利尻富士町鴛泊湾内
- 시간 일출~일몰
- 가격 무료

2 리시리 섬 향토 자료관
利尻島郷土資料館
 ★★ 무료 주차

1913년에 구 동사무소 청사로 건축된 서양식 건물로 1973년에 자료관으로 다시 개관했다. 100년이 넘은 건물의 모습을 보면 근대의 리시리 풍경을 짐작할 수 있을 듯한데, 현재는 갈조류를 테마로 한 디오라마 등을 전시하고 있다. 또 리시리 섬의 고대 시대부터 개척기에 이르는 섬 주민의 생활 모습, 암석 자료, 동물 표본, 어구 등을 볼 수 있다.

구글 지도 Rishiri Museum of Folklore

📍 MAP p.342
- 찾아가기 오시도마리 페리 터미널에서 자동차로 25분 주소 利尻郡利尻富士町鬼脇257
- 전화 0163-83-1620 시간 09:00~17:00
- 휴무 월요일 가격 어른 200¥, 어린이 50¥
- 홈페이지 town.rishirifuji.hokkaido.jp

3 오타토마리누마
オタトマリ沼
 ★★★ 무료 주차

원시림이 둘러싼 호수로 날씨가 좋은 날에는 물에 비치 멋진 리시리 산의 모습을 감상할 수 있다. 주차장에 식당과 휴게소, 상점이 모여 있어 쇼핑과 식사를 하기에도 좋다.

구글 지도 오타토마리 늪

📍 MAP p.342
- 찾아가기 오시도마리 페리 터미널에서 108번 해안 도로를 따라 자동차로 30분
- 주소 利尻郡利尻富士町鬼脇沼浦
- 시간 일출~일몰
- 가격 무료

4 리시리 산
利尻山
 ★★★ 주차 없음

고도 1,721m인 이곳은 '일본의 명산 100선'에 꼽힌 곳이며 시로이 고이비토 포장지의 모델이다. 정상에 올라서면 섬 전체는 물론 날씨만 좋으면 레분 섬과 사할린까지도 보인다. 등산로를 따라가다 보면 들꽃도 많이 피어 있다. 등산로는 왕복 10시간 30분~11시간이 걸리는 코스로 꽤 험한 길도 많으니 주의하자.

구글 지도 리시리 산

📍 MAP p.342
- 찾아가기 오시도마리 페리 터미널에서 등산로 입구까지 자동차로 10분
- 주소 利尻郡利尻山
- 시간 일출~일몰 전
- 가격 무료
- 홈페이지 www.town.rishirifuji.hokkaido.jp/rishirifuji/1131.htm

5 미사키 공원
御崎公園
 ★ 무료 주차

리시리 섬의 최남단에 있는 공원으로, 주변 바다는 섬 내에서도 투명하고 아름다운 바다 색으로 유명하니 렌터카나 자전거 등으로 여행 중이라면 잠시 들러 산책을 즐겨보자. 해변 옆에는 물개가 있어 먹이를 사서 직접 줄 수도 있다.

구글 지도 Misaki Park Parking Lot

📍 MAP p.342
- 찾아가기 오타토마리누마에서 자동차로 14분
- 주소 利尻郡利尻
- 시간 일출~일몰
- 가격 무료
- 홈페이지 www.town.rishiri.hokkaido.jp/kankou-annai/1040.htm

6 북벤텐 사원
北のいつくしま弁天宮

무료 주차

바다 쪽으로 뻗은 바위 위에 서 있는 빨간색 사당으로, 검은색 바위와 대비되어 더 선명해 보인다. 리시리 섬의 어부들의 안전과 풍어를 기원하는 곳인데, 이를 통해 섬 생활의 단면을 엿볼 수 있다. 건너편에는 레이호 우스이 약수터가 있다.

구글 지도 Itsukushima Benten Shrine of the North

◉ MAP p.342
- 찾아가기 미사키 공원에서 자동차로 16분
- 주소 利尻郡利尻
- 가격 무료

7 후지노엔치 전망대
富士野園地展望台

무료 주차

영화 〈북쪽의 카나리아〉의 배경이 된 곳으로, 넓은 들판 한가득 노란색 꽃이 피어나는 아름다운 장소다. 꽃이 피는 시즌에는 꽃밭과 절벽, 바다가 어우러진 보기 드문 광경을 마음껏 감상할 수 있다.

구글 지도 GPS 45.253417, 141.207552

◉ MAP p.342
- 찾아가기 오시도마리 항에서 자동차로 16분
- 주소 利尻郡富士野園地
- 시간 일출~일몰
- 가격 무료
- 홈페이지 town.rishiri.hokkaido.jp

8 유우히가오카 전망대
夕日ヶ丘展望台

무료 주차

오시도마리에서 멀지 않은 곳으로, 석양이 아름다운 곳이기도 하다. 전망대로 가려면 100여 개의 계단을 올라가야 하는데, 날씨가 맑으면 서쪽으로는 레분 섬, 동쪽으로는 왓카나이 지역이 잘 보인다. 그리 높지 않은 곳에 있지만 사방으로 좋은 전망을 바라볼 수 있어 일출 때 찾아도 좋다. 절벽이 이어지는 풍경도 멋지고 리시리 산도 잘 볼 수 있다.

구글 지도 Yuhigaoka Observation Deck

◉ MAP p.342
- 찾아가기 오시도마리 페리 터미널에서 도보 20분
- 주소 利尻郡夕日ヶ丘展望台
- 시간 일출~일몰
- 가격 무료

9 페시 곶 전망대
ペシ岬展望台

무료 주차

오시도마리 페리 터미널 바로 옆에 있으며, 항구 쪽에서 보면 고릴라의 뒷모습처럼 보이기도 한다. 해발 93m의 바위 곶으로 2개의 산책로가 조성되어 있다. 끝에는 하얀 등대가 있으며 전망대에서는 레분 섬과 왓카나이 지역을 조망할 수 있다.

구글 지도 Peshi Cape

◉ MAP p.342
- 찾아가기 오시도마리 페리 터미널에서 도보 10분, 전망대까지는 입구에서 도보 20분
- 주소 利尻郡ペシ岬展望台
- 시간 일출~일몰
- 가격 무료

10 리시리 가메이치
利尻亀一

★★

오타도마리누마에 있는 휴게소 식당으로, 다양한 메뉴를 맛볼 수 있으며 관광버스도 이곳에 정차한다. 최고 인기 메뉴는 만년설 소프트 아이스크림으로, 우유와 설탕으로 만든 깔끔하고 시원한 맛이 특징이다. 또 리시리 섬에만 있는 고소하고 달콤한 음료수인 미루피스 ミルピス와 한 끼 식사가 될 수 있는 성게 알 스시, 해산물 요리도 판매한다.

구글 지도 Rishiri Kameichi

◉ MAP p.342
- 찾아가기 모시도마리 페리 터미널에서 108번 해안 도로를 따라 자동차로 30분, 타도마리누마 주차장 앞 ● 주소 利尻郡利尻富士町鬼脇157番地
- 전화 0163-83-1446
- 시간 08:30~17:30
- 가격 300~2000¥
- 홈페이지 kameichi.jp

11 미루피스 쇼텐
ミルピス商店

★★

리시리 섬을 찾았다면 꼭 먹어봐야 할 음료수인 미루피스는 홋카이도 어느 곳에서도 맛볼 수 없으니 꼭 마셔보자. 1967년 창업자인 할머니의 개발품으로, 달콤하면서도 고소한 맛이 강한 젖산 음료다. 가게 안에는 이곳을 다녀간 유명인의 사인이 가득하다. 오리지널은 물론 다른 맛도 많다.

구글 지도 Milpis Market

◉ MAP p.342
- 찾아가기 리시리 섬 서쪽 105번 해안 도로 도로변
- 주소 利尻町沓形字新湊150
- 전화 0163-84-2227
- 시간 07:00~20:00
- 가격 미루피스 350¥~

12 이소야키테이
磯焼亭

주차 없음

페리 터미널 앞의 라멘집으로, 신선한 재료를 사용한 리시리 라멘 利尻ラーメン으로 유명하다. 해산물을 듬뿍 넣고 국물 맛도 일품으로, 새우와 굴, 가리비, 참마, 다시마 등을 올린 라면 한 그릇에 행복해지는 느낌이다. 그 밖에도 성게 알 덮밥과 생선 구이 정식 등 메뉴가 다양하다.

구글 지도 isoyakitei
- MAP p.342
- 찾아가기 오시도마리 페리 터미널 앞 상가에 위치
- 주소 利尻郡利尻富士町鴛泊字港町
- 전화 0163-82-2561
- 시간 07:00~19:00
- 휴무 10월 말~3월
- 가격 리시리 라멘 1500¥~

TRAVEL INFO
레분 섬

13 리시리 후레아이 온천
利尻ふれあい温泉

무료 주차

섬에서 숙박하는 느긋한 일정이라면 이곳에 와서 온천욕을 즐겨보자. 리시리 호텔 내에 있는 온천으로 숙박객이 아니더라도 이용할 수 있다. 일본에서도 탄산수소 함유량이 높기로 유명한데 공기에 닿으면 다갈색으로 변하기 때문에 온천물이 갈색을 띠고 있다. 특히 피부 미용에 효과가 좋다고 한다.

구글 지도 Rishiri Fureai Spa
- MAP p.342
- 찾아가기 오시도마리 페리 터미널에서 자동차로 18분
- 주소 利尻郡利尻町沓形富士見町
- 전화 0163-84-2001
- 시간 13:00~21:00
- 가격 어른 650¥, 어린이 250¥

1 미나이 신사
見内神社

무료 주차

관광버스를 타면 옆으로 지나가는 장소지만, 섬사람들의 생활을 볼 수 있다.
순산의 신을 모시는 곳으로 특이하게도 입구가 바다 쪽을 향해 있는데, 사람의 눈을 피해 신이 드나들 수 있게 한 것이라고 한다.

구글 지도 Minai Shrine
- MAP p.343
- 찾아가기 가후카 페리 터미널에서 40번 해안 도로를 따라 자동차로 10분
- 주소 礼文郡礼文町香深
- 시간 24시간
- 가격 무료

14 물개 먹이 주기

무료 주차

섬의 최남단에 있는 미사키 공원 御崎公園 밑의 바다 쪽으로 가면 물개가 머무는 장소가 보인다. 옆의 가게에서 생선 등 물개 먹이를 사서 나무젓가락으로 물개에게 직접 먹이를 줄 수 있다. 물개 옆에는 재빠른 갈매기가 항상 대기하며 먹이를 채 가니 타이밍을 잘 맞춰보자.

구글 지도 Misaki Park Parking Lot
- MAP p.342
- 찾아가기 오타도마리누마에서 자동차로 14분
- 주소 利尻郡利尻
- 시간 주간
- 가격 물개 먹이 250¥

2 일식 관측 기념비
日食観測記念碑

무료 주차

3개의 기둥 끝에 동그란 오브제가 있는 조형물인 기념비는 1948년 5월 9일 오전 11시 50분 37초에 나타난 금환일식을 기념한 것이다. 금환일식은 달이 태양의 가운데 들어가 가운데는 동그랗게 어둡고 가장자리가 밝아 마치 반지처럼 보이는 드문 일식 현상을 말한다. 당시 이 현상을 관찰하려고 미국과 일본 등에서 1500여 명의 과학자가 이곳에 몰렸다고 한다.

구글 지도 Annular Solar Eclipse Observation Memorial Monument
- MAP p.343
- 찾아가기 가후카 터미널에서 40번 해안 도로를 따라 자동차로 13분
- 주소 礼文郡礼文町
- 시간 일출~일몰
- 가격 무료

● 레분 섬은 리시리와 가까우면서도 좀 더 야생적인 풍경을 지니고 있다. 특히 트레킹 하려는 사람들이 많이 방문하며 해안선과 절벽이 어우러져 연출하는 절경으로 유명하다.

3 구슈호수
久種湖

★☆☆ 무료 주차

둘레 약 6km의 호수로 호수 주변으로 산책로가 조성되어 있어 여유롭게 둘러보기 좋다. 봄에는 습지 생물을 관찰할 수 있으며 해오라기 등 섬을 찾아온 철새도 볼 수 있다.
메이지 시대 당시 근처 초등학교 학생들이 방생한 잉어와 붕어, 빙어 등이 서식하며 겨울에는 백조와 청둥오리가 찾아온다.

구글 지도 Kushu Lake

- **MAP** p.343
- **찾아가기** 가후카 페리 터미널에서 자동차로 40번 해안 도로를 따라 북쪽으로 24분
- **주소** 礼文郡礼文町
- **가격** 무료

4 스카이 곶
スカイ岬

★★★ 무료 주차

언덕을 따라 조금 올라가면 기암괴석과 푸르고 투명한 바다가 어우러진 절경을 감상할 수 있는 곳으로 레분 섬의 유명 포인트다. 그야말로 가슴이 탁 트이는 오묘한 대자연의 모습이 저절로 감탄사를 자아낸다. 관광버스에서도 내려서 둘러보는 포인트다.

구글 지도 Cape Sukai-misaki

- **MAP** p.343
- **찾아가기** 가후카 페리 터미널에서 40번 해안 도로와 산길을 따라 자동차로 35분
- **주소** 礼文郡礼文町
- **가격** 무료

5 레분 복주머니꽃 군생지
レブンアツモリソウ群生地

무료 주차

산 경사면에 모여 피어 있는 복주머니꽃을 구경할 수 있는 장소로, 꽃이 피는 6월 1~20일경에만 관광버스가 정차한다. 20분 정도면 군생지를 둘러볼 수 있는데, 10분 정도 자유 시간을 준다.

구글 지도 Rebun Lady's Slipper Preserve

- **MAP** p.343
- **찾아가기** 가후카 페리 터미널에서 40번 해안 도로와 산길을 따라 자동차로 30분
- **주소** 礼文郡礼文町
- **시간** 08:30~17:00
- **가격** 무료
- **홈페이지** www10.plala.or.jp/rebun-hana

6 스코톤 곶
スコトン岬

★★☆ 무료 주차

바람 많은 레분 섬에서도 특히 강한 바람이 부는 곳으로, 사할린과 가깝기 때문에 시야가 좋은 날은 러시아 땅이 보인다.

구글 지도 Cape Sukoton

- **MAP** p.343
- **찾아가기** 가후카 페리 터미널에서 자동차로 40번 해안 도로를 따라 북쪽으로 42분
- **주소** 礼文町大字船泊村字スコトントマリ
- **가격** 무료

7 모모 네코 전망대
桃台猫台展望台

★★☆ 무료 주차

말 그대로 복숭아와 고양이를 닮은 지형을 바라볼 수 있는 곳으로 동그랗게 솟아 있는 쪽이 모모다이, 고양이가 등을 구부린 듯한 모습을 하고 있는 것이 네코다이다. 전망대에서는 이 두 곳이 함께 보인다.

구글 지도 Momodai Nekodai Observatory

- **MAP** p.343
- **찾아가기** 가후카 페리 터미널에서 765번 도로 따라 자동차로 15분
- **주소** 礼文町大礼文町
- **가격** 무료

8 로바타 지도리
炉ばたちどり

★★☆ 무료 주차

된장소스를 발라서 구운 임연수어나 성게 알 요리를 맛볼 수 있는 곳. 육지보다 가성비 좋은 각종 해산물을 즐길 수 있고, 가후카 페리 터미널에서 그리 멀지 않아 레분 섬을 오가며 이용하기에 편하다.

구글 지도 Robata Chidori

- **MAP** p.343
- **찾아가기** 가후카 페리 터미널에서 도보 3분
- **주소** 礼文町香深村トンナイ1115-3
- **전화** 0163-86-2130
- **시간** 11:00~22:00
- **휴무** 부정기
- **가격** 임연수어 된장소스 구이 900¥~

Day-50 무작정 따라하기 여행 준비

D-50
여권 발급

해외로 나가려면 반드시 필요한 여권은 최우선으로 발급받아 놓자. 기존 여권 유효기간이 6개월 미만이라면 갱신 등을 해야한다. 여권은 각 지역 시·도청 및 구청 여권과에서 발급하며, 여권용 사진 1장과 신분증, 여권 발급 수수료가 필요하다. 신청 후 발급받기 까지는 4~7일 정도 소요된다.

여권발급 수수료 나이와 유효기간에 따라 3만 원~5만 3천원

D-48
여행 스타일 & 예산 확정

저예산부터 럭셔리까지 나의 상황과 취향에 맞는 여행 스타일을 정한 후 어느 정도 비용이 들지 가늠해보자.(2인 여행 기준 1인 1일 비용)

	럭셔리	보통	알뜰
항공료	120만 원~	60만 원~	40만 원~
숙박비	20만 원~	8만 원~	4만 원~
식비	20만 원~	8만 원~	3만 원~
입장료 및 체험	10만 원~	7만 원~	5만 원~
교통비	10만 원~	5만 원~	3만 원~

D-45
항공권 예매

항공료는 시즌 및 환율, 국제 유가와 정세 등에 따라 변동이 크다. 홋카이도는 인기 여행지라 비수기라면 1~2개월 전에도 괜찮은 항공권이 있지만 여름 성수기 등에 여행할 생각이라면 2~3개월 이전에 예약하는 것이 좋다. 항공권 예약 시 영문 이름은 여권과 반드시 동일해야 한다.

직항
대한항공·아시아나항공·티웨이항공·진에어·제주항공·에어부산·일본항공(대한항공 공동운항편)이 인천 국제공항에서 출발하는 삿포로 직항편을 운항한다. 부산 김해 국제공항에서는 대한항공과 에어 부산의 삿포로 직항편이 있다.

경유
도쿄나 오사카 등을 1회 경유하면 하코다테나 아사히카와, 왓카나이 등 보다 다양한 도시에서 출도착 할 수 있다.

기간 한정 직항
여행 수요에 따라 여름·겨울 성수기에 한해 아사히카와 또는 하코다테로 가는 직항편이 운항되기도 하니 삿포로와 함께 조회해보자.

D-40
일정 확정 & 기차·버스표 예약

118~125쪽을 참고해 나만의 여행 일정을 계획해보자. 1박 정도 온천 마을에서 머무는 것도 좋다. 참고로 홋카이도 겨울 날씨는 상상 이상으로 추우니 너무 무리한 계획을 세우지는 말자. 필요한 기차나 버스표는 미리 예약이 가능하며, 홋카이도 레일 패스는 미리 구매하면 보다 저렴하다. 버스는 현지 예매도 가능하며 인기 구간은 빨리 마감되니 출발 2~3일 전에 구입해 두는 것이 좋다.

JR 홋카이도 jrhokkaido.co.jp/global/korean

D-35
숙소 예약

여행 일정이 확정되었다면 이제는 숙소 예약을 할 차례! 7~8월과 같은 성수기 여행이라면 더 서둘러 하는 것이 좋다. 예약 시 가격 뿐 아니라 평점과 리뷰를 꼼꼼히 읽은 후 선택하자. 같은 숙소라도 예약 사이트마다

가격이 조금씩 다르며, 호텔 자체 홈페이지 예약이 가장 저렴한 경우도 있으니 가격 비교 사이트와 함께 자체 홈페이지 등을 살펴보는 것도 필수다.

호텔스컴바인 hotelscombined.co.kr
트리바고 trivago.com

> **숙박세 宿泊税**
> 일본 호텔·료칸 등에 숙박 시 지불해야 하는 세금으로 숙박업체에서 1인 1박당 100~500¥정도 지불한다. 도시와 숙박업소에 따라 금액이 달라지는데 도시 크기가 클수록, 숙박업소가 고급스러울수록 세금이 올라간다. 또한 천연온천이 있는 곳에서는 입욕세(100¥~)도 별도 징수된다. 단, 홋카이도의 삿포로, 하코다테, 오타루 등 주요 관광도시는 도쿄나 오사카와는 달리 아직 숙박세를 받고 있지 않지만 2024년 현재 논의 중이라 몇 년 내로 부과될 수도 있다.

D-30
렌터카 예약

예산에 맞는 마음에 드는 차를 확보하려면 되도록 일찍 예약하는 것이 좋으며, 특히 여름 성수기라면 더욱 서둘러야 한다. 렌터카 픽업은 공항이나 기차 역 주변이 편리하다. 렌터카 또한 비교 사이트를 통해 가격을 서로 비교한 후 예약하자.

렌터카 비교 사이트 카모아 carmore.kr/home

D-20
카드 만들기

해외 사용이 가능한 신용카드나 체크카드를 미리 준비하자. 숙소나 렌터카 업체에서 보증용으로 신용카드를 요구하는 경우도 많다.

트래블월렛
최근 많이 사용하는 외화 선불카드는 별도의 가상 계좌에 미리 돈을 충전한 후 충전금액 한도 내에서 결제하는 방식이다. 특히 신용카드나 기존 체크카드와 달리 해외 결제나 ATM 수수료등이 없어 인기가 많다. 대표적으로 트래블월렛(트래블페이)과 하나카드(트래블로그)등이 있다.

D-7
면세점 쇼핑 & 환전

인터넷이나 시내 면세점을 이용해 상품을 구입한 뒤 출국 시 공항 면세점 인도장으로 가서 찾으면 된다. 환전은 출발 전 환율을 체크하며 일본 통화인 엔(¥)화로 하면 된다. 주거래 은행이나 인터넷 환전을 이용하면 수수료를 50~90%까지 할인받을 수 있는 환율 우대는 반드시 챙기자. 또한 공항 환전소는 별도 환율이라 시중 은행보다 비싸니 출국 전에 미리 환전해 두거나 인터넷 또는 모바일 뱅킹에서 미리 환전한 후 해당 은행 공항지점에서 실물을 픽업하는 것이 좋다.

D-6
모바일 인터넷 준비

현지에서도 스마트폰 등을 이용한 인터넷 사용은 필수 중의 필수! 아래와 같은 방법 중 본인에게 맞는 것을 선택해 알뜰하게 이용해보자.

포켓 와이파이
휴대용 모바일 와이파이 장치를 국내에서 대여해가는 방법으로 요금이 그리 비싸지 않고, 기기 한 대로 5명까지 사용가능해 데이터가 많이 필요하거나 여러 명이 함께 여행할 때 더욱 유용하다. 여행 전 전화나 인터넷으로 예약한 뒤 당일 공항의 해당 업체 데스크에서 수령하면 된다.

와이파이도시락 wifidosirak.com

유심 카드
데이터 사용이 가능한 유심 카드를 구매해 내 스마트폰에 끼워 사용하는 방식이다. 나 홀로 여행자나 1주일 이상 여행자에게는 포켓 와이파이보다 저렴하다. 현지 구매도 가능하지만 한국에서 미리 구입해 가면 공항에서부터 바로 사용할 수 있고 현지 가입 및 등록을 하지 않아도 돼 편리하다. 인터넷 쇼핑몰 및 여행사, 여행 액티비티 예약 사이트 등에서 구입할 수 있다. 가격은 상품마다 차이가 있지만 보통 10GB 이용시 2~3만 원 정도다.

이심 카드
유심 교체 필요 없이 QR코드로 개통하는 eSIM 방식은 한국 번호로 전화와 문자를 받을 수 있다. 가격은 유심 카드와 비슷하지만, 현지에서 잘 안된다는 등 사용이 불편하다는 평가도 있으니 반드시 후기를 읽어보고 선택하자.

무제한 데이터 로밍
한국 통신사에서 제공하는 1일 무제한 데이터 로밍 서비스로 공항 로밍 데스크나 고객 센터, 홈페이지 등에서 신청하면 된다. 간편하고 품질도 괜찮고 속도 편하지만 비용이 비싸다는 것이 최대 단점이다.(1일 1만 1천원~) 그 외 무제한이 아니더라도 통신사마다 다양한 상품이 있다.

D-5
여행자 보험 가입

여행 중 일어나는 사건·사고에 대비하는 여행자 보험은 필수다. 국내 여러 보험사에서 상품을 취급하며 항공사 마일리지가 적립되는 상품도 있다. 인터넷이나 애플리케이션으로 가입할 수 있다.

D-3
짐 꾸리기

가방	큰 가방(캐리어 또는 배낭), 크로스 백 등의 작은 보조 가방, 귀국 시 늘어난 짐을 위한 접이식 가방
필수 준비물	지갑(현금, 신용카드, 체크카드), 여권(여권복사본·여권용 사진 3장), 스마트폰(충전기, 휴대용 배터리), 여행 가이드북
각종 서류	항공권·호텔·렌터카 바우처 복사본(스마트폰에 이미지 저장도 가능), 렌터카 여행일 경우 국제운전면허증
카메라·태블릿·노트북	필요한 사람은 챙기기
여행용 멀티어댑터	11자 플러그만 사용가능 할 때 유용
세면도구	치약, 칫솔 등 평소 쓰던 것들
옷	여름이라도 얇은 긴팔은 가져가면 좋다. 격식 있는 자리에 갈 일이 있다면 재킷이나 원피스 등을 챙기자. 양말이나 속옷도 챙긴다.
신발	운동화, 슬리퍼, 격식이 필요한 경우 구두. 특히 눈이 많이 오는 겨울철에는 미끄러지지 않으면서도 방수가 잘 되는 신발이 필수다.
화장품	평소 사용하던 제품을 여행용 케이스에 덜어 가져가자.
수영복	홋카이도는 7월 말부터 1달 정도 해수욕장을 개장한다.
상비약	종합감기약, 진통해열제, 외상용 연고, 반창고, 소화제, 지사제, 알레르기 약, 벌레 물린데 바르는 약, 평소 복용하는 비타민&영양제
선글라스·모자·자외선 차단제	여름철 눈부신 햇빛, 겨울철 눈에서 반사되는 빛
기타	우산, 필요한 문구용품, 얇은 노트, 반짇고리, 비닐봉투, 지퍼백, 손톱깎이, 면봉, 빗, 티슈, 물티슈, 손수건, 마스크팩, 명함
렌즈용품	예비 렌즈, 렌즈 케이스, 식염수, 보존액
여성용품	당연히 현지에서도 구할 수 있고 우리나라와 품질은 비슷하다.

> **tip 짐 꾸릴 때 유의점**
> - 이용할 항공사의 수하물 규정을 체크하자. 일반석의 경우 위탁 수하물은 보통 11~23kg으로 정해져 있다.
> - 출발할 때 가방은 되도록 많이 비워서 가는 것이 좋다. 현지에서 쇼핑을 하다보면 아무래도 짐은 늘어나기 마련이다.
> - 라이터, 스프레이 등의 인화물질과 추가 배터리, 휴대용 배터리는 위탁 수화물로 보낼 수 없다.
> - 기내 휴대용 짐 액체류는 1개당 100ml가 넘지 않는 용량으로 20×20cm 사이즈 지퍼백 하나에 들어갈 정도만 휴대할 수 있다. 또한 칼, 송곳 등도 기내 반입이 금지된다.

D-1
최종 점검

- 여권 및 중요 서류 챙기기
- 지갑(현금, 카드)과 스마트폰 챙기기
- 항공권·호텔 바우처·렌터카 예약 서류·버스 티켓 등 출력 또는 스마트폰에 저장
- 면세점 관련 SMS나 이메일
- 스마트폰 내비게이션, 전자 제품 충전기와 케이블
- 큰 짐 무게 초과 여부, 기내 수화물 금지품 체크

D-DAY
출발

국제선은 최소 출발 2시간 전에 공항에 도착해야 한다. 만약 휴가철이나 명절이라면 3시간 전에 도착하는 것이 좋다.

① 공항으로 이동
공항버스, 공항 철도, 자가용 등으로 이동 시 소요 시간을 미리 체크해두자. 무엇보다 이용하는 항공사가 어느 터미널을 이용하는지는 반드시 체크할 사항이다.

> **인천공항**
> **제1여객터미널** : 아시아나 항공, 저비용 항공사, 기타 외국 항공사
> **제2여객터미널** : 대한항공, 델타항공, 에어프랑스, KLM네덜란드항공, 중화항공, 가루다인도네시아, 샤먼항공

② 탑승 수속
출발 층 로비에 도착하면 전광판에서 체크인 카운터 번호를 확인한 후 해당카운터로 가자. 보딩패스(항공권)를 발급받으면서 수화물을 보내면 된다.

③ 보안 검색
액체류 외에도 칼이나 뾰족한 물건은 기내 반입이 금지다. 노트북이나 태블릿 등은 가방 안에서 따로 꺼내 검색을 받아야 한다.

④ 출국 심사
만 19세 이상 내국인이라면 사전 등록 절차 없이 바로 이용할 수 있는 자동 출입국 심사를 이용하면 편리하다. 만 7~18세는 사전 등록 후 이용해야 한다.

⑤ 면세품 인도장
여행 전 인터넷 등에서 면세품을 구매했다면 인도장으로 가서 물건을 수령한다. 면세점 구입 시 받게 되는 해당 인도장과 인도 방법에 대한 안내 메일을 잘 숙지하고 가자.

⑥ 탑승 준비
보통 출발 시간 30~40분 전부터 시작되며 항공권에 표시된 탑승 시각(BOARDING)에 맞춰 해당 탑승구로 가면 된다.

> **tip 도심 공항 터미널에서 미리 수속하기**
> 도심 공항 터미널에서 사전 탑승 수속을 하면 공항에서 훨씬 시간을 절약할 수 있다. 단, 항공기 출발 3시간 전까지는 탑승 수속을 마쳐야 하니 시간을 넉넉하게 잡고 오자.
>
> **수속 가능 항공사**
> 대한항공, 아시아나 항공, 제주항공, 티웨이항공, 에어부산, 진에어

홋카이도 렌터카 여행 준비

Step 1
렌터카 여행 준비

D-60 드라이브 여행 정보 수집
방문할 도시와 여행지, 특별히 드라이브하고 싶은 도로가 있다면 가이드북 등을 참조해 리스트를 작성해본다.

D-45 여행 일정 확정
여행 루트가 정해졌다면 렌터카 업체와 예산을 책정한다. 하루 이동 거리는 체력에 따라 다르지만 최대 100~150km가 적당하다. 그 이상은 차 안에서 보내는 시간이 너무 길고 체력도 떨어진다. 숙소를 예약할 때는 숙소 내 주차장을 확인하자. 일본 호텔은 투숙객도 따로 주차 요금을 지불하는 곳이 많다.

D-40 렌터카 예약
가능한 한 빨리 예약하는 것이 좋다. 서둘러 예약할수록 컨디션이 좋은 차를 선택할 수 있다. 운행 방향이 달라 고려할 것이 많으니 오토 차량을 예약할 것을 권한다. 인터넷이나 여행사를 통해 예약하면 되고 예약 날짜와 이용 인원수, 이동 거리 등을 고려해 최적의 차를 선택하자. 큰 트렁크를 2개 이상 가지고 다닐 예정이라면 2인 기준 4~5인용 차량을 예약하는 것이 좋다. 예약 취소 수수료 등이 있는지도 반드시 확인한다.

D-7 상세 자료 수집&준비물 챙기기
일본 교통 법규와 내비게이션 사용법 등을 익히고 해당 계절에 따른 홋카이도 드라이브 정보를 수집하자. 선글라스 등 드라이브 할 때 필요한 물건이 있다면 따로 챙겨두자.

D-Day 드라이브 시작
렌터카 픽업과 반납 지점도 체크해두자. 공항부터 렌터카를 이용한다면 공항 내 해당 카운터로 가서 예약을 확인한 후 안내에 따라 사무실로 이동한다. 보통 공항 주차장에서 차량을 픽업한다. 직원에게 내비게이션을 한국어 등 편리한 언어로 맞춰달라고 하고 작동법도 숙지한다. 필수 준비 서류는 여권, 신용카드, 국제운전면허증, 렌터카 예약 확인증&영수증.

> **tip 일본 렌터카업체 안내**
> 도요타 렌타리스 rent.toyota.co.jp/ko
> 도요타 렌타리스 삿포로 toyotarentacar.net/korea
> 닛폰 렌터카 홋카이도 nrh.co.jp/foreign
> 혼다 렌터카 hondarent.com/ver1/english
> 삿포로 렌터카협회 sapporo-renta.com/english/index.html
> 도요타 렌타리스 신삿포로 rent-a-lease.com/korea
> 제이알 홋카이도 렌타리스 jrh-rentacar.com
> 오릭스 렌터카 car.orix.co.jp
> 닛산 렌터카 nissan-rentacar.com/kr
> 스카이 렌터카 hokkaido-sky.jp

Step 2
여행 계획 세우기

일단 홋카이도는 면적 8만 3000km²가 넘는 매우 넓은 지역이라는 것을 기억하자. 우리나라 전국이 9만 8000km²이니 홋카이도 전역을 여행한다면 우리나라 전국을 일주한 것과 거의 같다. 지도상으로는 감도 잘 오지 않고 서로 가까운 듯 느껴져 정확한 드라이브 시간을 체크하지 않으면 무리한 계획을 세우기 십상이다. 홋카이도 도시간 거리 및 드라이브 시간 검색을 구글 지도 홈페이지를 참고하자.

구글 지도 map.google.com

Step 3
렌터카 예약하기

현지에서 좋은 차를 예약하기란 거의 불가능하니 출발 전 렌터카 예약을 마치는 것이 좋다. 인터넷 사이트나 여행사를 통해 예약하면 되고, 예약 사이트는 대부분 한국어 페이지를 운영한다.

요금 체계

회사에 따라 다르지만 기본 1일 요금에 추가 시간, 보험, 옵션을 더해 요금을 계산한다. 인원수와 소지할 짐 크기를 고려해 여유있는 크기의 차종을 선택하는 것이 좋다.

> **tip 편도 대여(원웨이 요금)**
> 차량을 인수하고 반환하는 도시가 다를 경우 부가되는 요금으로 예를 들어 삿포로에서 차를 픽업한 후 여행을 마치고 하코다테나 아사히카와 같은 도시의 같은 업체 지점에 반환한다면 원웨이 요금을 추가로 지불해야 한다. 차량에 따라 1000~9000¥ 정도다.

예약시 필요 정보

회사마다 조금씩 다르지만 기본적인 입력해야 할 항목이 있다. 보통 이름, 전화번호, 출발일/지점, 반환일/지점, 희망 차종, 이용 인원, 희망 옵션 등으로 이름은 여권과 국제 면허증과 동일한 영문 이름을 넣으면 된다.

자동차보험

일본 대형 렌터카 회사는 기본요금에 자동차보험이 포함되어 있다. 대인과 대물 등의 피해가 발생했을 경우 보험 한도 내에서 지불되니 대여 전 내역을 반드시 확인한다. 기본 보험의 대물과 차량 보상에는 렌터카 이용자가 지불해야 하는 면책금(보통 5만¥) 제도가 있고, 사고 발생 시 면책금 이상의 금액에 대해서는 보험사에서 부담한다. 이것이 싫다면 추가 요금을 내고 완전 면책 보험제인 CDW(Collision Damage Waiver)에 가입해야 한다.

> **tip NOC가 뭐에요?**
> 렌터카 예약 시 NOC라는 표시를 볼 수 있을 것이다. 이것은 'Non Operation Charge'의 줄임말로 사고 발생 시 차량 손상으로 렌터카 회사가 영업 손실을 입으니 운전자가 그 부분을 보상해주는 제도다. 운행이 가능하면 2만¥ 내외, 운행이 불가능한 상태라면 5만¥ 정도를 따로 지불해야 한다. 예를 들어 접촉 사고가 났는데 두 차 모두 손상되었고 자신의 렌터카는 운행 불가능 상태가 되었을 때 총 지불할 금액은 대물, 차량 손상에 관한 각각의 면책 금액 5만¥+5만¥과 더불어 NOC 5만¥까지 최대 15만¥ 정도를 물어야 한다. 따라서 결론은 무조건 사고를 내지 않는 것이 상책!

예약하기

위의 모든 조건을 숙지한 후 기입 사항을 적고 해외 사용 가능 신용카드로 결제하면 모든 예약이 완료된다. 차량 픽업 시 필요한 경우가 대부분이니 예약증과 영수증은 반드시 프린트해 지참하자.

Step 4

렌터카 픽업하기

공항이나 시내 렌터카 사무실에 가서 예약증과 국제 운전면허증, 결제 신용카드를 제시하고 설명을 들은 후 차량을 인도받으면 된다.

STEP 1 렌터카 사무실 도착&접수
자국 면허증, 국제 운전면허증, 여권, 신용카드, 예약확인서 제출

STEP 2 수속
신청 내용 확인, NOC 등 중요 설명 듣기, 인도 서류에 사인하기

STEP 3 차량 확인
신청한 옵션 확인, 내비게이션 작동 안내받기(한국어 등 원하는 언어 버전 직원에게 요청해 맞추기), 차량 내·외부 기존 손상 등 확인, 차량검사증, 반환안내서 등 기타 자료 등 받기

STEP 4 자가 체크&출발
운행 전 와이퍼, 방향 지시등 조작해보고 천천히 출발하기. 일본 운전이 처음이라면 반드시 기본 조작을 확인한 후 출발하자. 오른쪽에 운전석이 있기 때문에 와이퍼와 방향 지시등도 반대고, 기어는 왼손으로 조작해야 한다. 급유구도 어느 쪽에 있는지 미리 확인해두자.

Step 5

내비게이션 사용하기

현지에서 길을 찾을 때 내비게이션은 절대적인 것처럼 느껴지지만, 그렇다고 만능은 아니니 100% 신뢰할 수도 없다. 간혹 정확하지 않거나 헤매는 경우도 많으니 내비게이션과 더불어 구글맵 GPS 등도 함께 이용하면 더 정확하다. 또 만약을 대비해 렌터카 회사에서 제공하는 도로 지도가 있다면 반드시 받아두자.

목적지를 입력하면 거리와 소요 시간이 표시되는데, 보통 시속 30~50km를 기준으로 1km당 2분 정도로 소요 시간이 책정된다. 상황상 변수가 있을 수밖에 없으니 여유를 갖고 움직이자.

구글 지도 map.google.com

▶ **목적지 찾는 방법**

A 전화번호로 찾기
전화번호 버튼 터치 → 지역번호 포함 전화번호 입력 → 목적지 터치 → 루트선택 → 안내 시작

B 맵코드로 찾기
맵코드 버튼 터치 → 맵코드 숫자 입력 → 목적지 터치 → 루트 선택 → 안내 시작

C 히라가나로 찾기
히라가나 버튼 터치 → 히라가나 지명 입력 → 목적지 터치 → 루트 선택 → 안내 시작

> **tip 맵코드 Map Code**
> 내비게이션에서 사용하는 것으로 6~10자리 숫자로 고유의 지도 코드를 만든 것이다. 하지만 이 또한 100% 믿을 수 없는 것이 숲이나 호수처럼 지정하기 애매한 곳은 각 도시 관광 안내소로 일률적으로 표시되는 경우도 있어 내비게이션상에서 입력한 후 목적지를 반드시 확인해야 한다.

Step 6

안전 운전

사고 없이 안전하고 즐겁게 여행하려면 무엇보다도 현지 교통 사정과 주행 요령을 특히 잘 숙지해놓는 것이 무엇보다 중요하다.

과속은 금물
넓고 한적한 도로가 많은 홋카이도에서는 빠른 속도로 달리는 차가 흔해 인사 사고가 많다. 과속은 절대 금물이며 무리한 운전으로 주의가 흐트러지거나 졸음운전을 할 수 있으니 중간 휴식은 필수다. 도로마다 지정된 최고 속도를 반드시 준수해야 한다.

초대형 화물차
초대형 화물차는 홋카이도 도로 어디에서나 볼 수 있다. 교차로와 사각지대 등에서는 반드시 정지해 좌우를 살핀 다음 출발하자.

교외 도로 사고
교외의 도로는 교통 신호등이 없는 경우가 많아 접촉 사고가 많이 일어난다. 자칫 대형 사고로 이어지는 일이 많으므로 교차로에서 좌우를 확인하는 것은 필수 중의 필수다.

야간 주행
삿포로나 아사히카와 같은 도시 지역 이외에는 가로등도 적은 어두운 길이 대부분이고 동물들도 자주 출몰한다. 특히 가을과 겨울에는 4~5시면 벌써 해가 저무니 그 전에 운전을 끝내는 것이 안전하다.

Step 7

'왼짧우길!' 자동차 주행 요령

우리와는 다른 일본의 주행 요령은 목숨이 달린 문제이니 반드시 숙지해야 한다. 몸과 신체 반응이 시스템에 적응할 때까지는 더욱 주의를 기울여 천천히 운전하자.

반드시 기억해야 할 네 글자! 왼짧우길!
자동차 주행 방향이 좌측이라 좌우 회전을 할 때 우리와 정반대다. 좌회전은 짧게, 우회전은 길게 돈다는 것을 명심, 또 명심하자. 익숙해질 때까지 운전 시 계속 '왼짧우길'을 되뇌는 것도 방법이다. 아무 생각 없이 버릇대로 운전했다가는 사고가 날 수 있다.

일시 정지 止まれ 표시 & 건널목 멈춤

운전하다 사거리나 골목, 건널목 등 사고가 날 위험이 높은 곳에 표시되어 있는 '일시 정지 止まれ' 문구가 보인다면 차가 없더라도 반드시 일단 멈췄다가 다시 출발해야 한다. 이를 지키지 않았다가 사고가  나거나 딱지를 끊는 경우가 다반사다.

청색 신호 시

우리와 달리 직진뿐 아니라 좌·우회전 모두 상황이 허락하는 한 가능하지만 직진과 좌회전이 우선이다. 신호등은 정면에 보이는 신호등을 기준으로 한다.

우회전 시에는 반드시 대기!
직진과 좌회전이 우선 신호이니 우회전을 할 때는 오른쪽의 우회전 대기 전용 레인에서 반드시 사이드 등을 켜고 대기하고 있다가 맞은편 차가 지나간 후 회전한다.

빨간 신호등에는 멈춤!
빨간 신호등이 켜지면 직진은 물론 좌회전 차도 반드시 정차해야 한다.

녹색 화살표 신호등
빨간 신호등이 켜졌는데, 그 밑에 녹색 화살표가 표시되었다면 화살표 방향 차량은 회전할 수 있다.

자유로운 유턴
우리와 달리 유턴 금지 표시만 없다면 어디서나 유턴이 가능하니 요령껏 적용하자.

제한속도&추월 금지 준수
시가지나 일반 도로는 30~60km/h, 고속도로는 70~100km/h가 제한속도다. 또 추월 금지 구간에서는 절대 앞차를 추월하지 않도록 주의한다.

안전벨트 착용
운전자와 옆자리 동승자는 물론 뒷좌석 동승자도 안전벨트 착용이 의무화되어 있다. 또 6세 미만 어린이 카시트 착용이 의무화되어 있으니 반드시 옵션에 추가한다.

불법 주차 절대 금물
강화된 주차 단속으로 외국인 단속 기록이 현지인보다 8배 높다. 불법 주차를 할 경우 렌터카 회사로 통보가 오며 과태료가 1만~2만¥(한화 20만 원 상당)이니 아무리 짧은 시간이라도 불법 주차는 절대 금물이다. 특히 교외나 작은 식당 등에 갈 때 불법 주차를 하는 경우가 많은데, 반드시 주차할 곳이 있는지 확인하고 그곳에 세워둔다.

혹시 주차 단속에 걸렸다면 주차 위반 스티커에 기재된 연락처에 신속히 연락한 후 경찰에 출두해 납부서를 받는다. 그런 다음 근처 금융기관에서 벌금을 지불하고 영수증을 받는다. 렌터카 반납 시 제시해야 하며, 영수증이 없으면 위약금이 발생한다.

도로변 유료 주차장
짧은 시간 주차 시 도로변에 있는 유료 주차장인 코인 파킹 미터를 찾아보자. 하얀 실선으로 표시되어 있으며 그 안에 주차 한 후 주차 티켓 발행기에 동전을 넣어 요금을 지불하면 주차허가증이 나온다. 이것을 밖에서 보이도록 유리창 안쪽으로 붙여둔 다음 종료 시간까지 반드시 돌아와야 한다. 60분이 한정이라 초과하면 주차 위반이 된다.

도심 유료 주차장
주차장의 위치에 따라 요금이 달라지니 숙소에 주차가 가능하지 않다면 미리 주변의 저렴한 주차장을 체크해둔다. 보통 1시간에 300~500¥ 정도가 많고, 종일 이용하는 1일 요금 1000~2000¥을 적용하는 곳도 있다.

하루에 운전은 최대 150km까지!
장거리 운전을 할 일이 많은 홋카이도에서 1인이 하루 150km 이상 운전하면 체력에 무리가 갈 수 있다. 피곤이 쌓이면 안전상에도 문제가 생길 수 있다는 것을 명심하고 일정을 무리하게 짜지 않는다.

도로 휴게소 道の駅 이용
홋카이도 전역에 100개 정도 있는 휴게소는 각 국도변에 자리한다. 보통 화장실은 물론 지역 특산품과 토산품을 판매하는 상점이 함께 있으며 도로 정보도 제공한다. 또 인터넷을

이용할 수 있는 컴퓨터와 와이파이를 제공하는 곳도 있다. 반드시 식당과 먹거리가 있는 우리와 달리 식당은 없고 음료수 자판기 정도만 설치되어 있는 곳도 많다. 이러한 난점을 해결하는 것이 바로 국도변 편의점!

휴게소 개념의 편의점

장거리 이동 시 음식이나 음료수를 구입하고 싶다면 국도변과 마을에 있는 편의점으로 가자! 물건을 구입하는 고객을 위한 화장실이 있으며 도시락과 각종 먹거리, 커피 전문점 못지않은 다양한 커피를 판매해 장거리 여행에서 오아시스 같은 존재다.

야생동물 주의

산악 도로 중 동물 출현 도로를 달릴 때는 충돌 사고가 날 수 있으니 항상 감속해 천천히 주행하자. 간혹 여우나 사슴 등 야생동물을 만나는 경우가 있는데, 먹이를 달라는 듯 가깝게 접근하기도 하지만, 절대로 가까이

가서는 안 된다. 사람의 손이 닿는 순간 야생성을 잃을 수 있고, 때론 난폭하게 변해 운전자를 위협할 수 있다.

쓰레기 투기

분리수거가 원칙이고 도로변에 쓰레기를 함부로 버리는 것은 절대 금지다. 반드시 지정된 곳에만 버리자.

밭 등의 농지 진입

드라이브를 하다가 멋진 풍경을 발견하고 사진을 찍기 위해 잠시 멈추는 경우가 많은데, 이때 좀 더 잘 찍어보겠다고 함부로 경작지에 들어가는 일이 종종 발생한다. 단순히 농작물을 밟아 망치는 것뿐 아니라 다른 곳의 흙에서 묻은 세균을 옮겨 엄청난 피해를 가져올 수도 있으니 사유지나 농경지 진입은 절대 삼가야 한다.

Step 8
고속도로 이용하기

장거리 이동을 할 때 고속도로를 이용하면 편하고 빨리 이동할 수 있다. 하지만 톨게이트 요금이 우리와는 비교도 되지 않을 정도로 비싸니 상황에 따라 요령껏 이용하자.

고속도로 입구 찾기

도로 간판에서 IC(인터체인지)라고 표시된 것을 찾는다. 일반 도로는 모두 청색 표지판인 반면, 고속도로로 가는 인터체인지는 모두 녹색 표지판이니 이것을 목표로 가면 된다.

게이트 통과

고속도로 게이트에는 우리나라 하이패스 개념과 같은 ETC용과 일반용 一般用, 겸용이 있는데 외국인 여행자는 ETC를 사용할 수 없으므로 녹색으로 표시된 일반용으로 가면 된다. 발매기가 있으면 티켓을 빼서 가지고 있다가 출구에서 직원에게 티켓을 주고 요금을 지불하는 방식은 우리와 같다. 현금은 물론 해외 사용 가능 신용카드로도 지불할 수 있다.

> **tip** Hokkaido Expressway Pass
> ETC를 사용할 수 없는 외국인을 위해 만든 것으로, 홋카이도 고속도로를 정액제로 무제한 이용할 수 있다. 전용 ETC 카드를 받고 ETC 전용 게이트를 이용할 수 있다. 구입 시 여권을 제시해야 한다. 취급점과 사용 가능한 도로 구간은 아래 홈페이지에서 확인할 수 있으며 렌터카 접수 시 함께 신청하면 된다. 통상 신치토세 공항에서 아사히카와까지 편도 톨게이트 요금이 4900¥~이니 9일 이내에 왕복만 해도 본전을 뽑는다.
>
> **홈페이지** kr.driveplaza.com/drawari/hokkaido_expass
>
> | 이용일수 | 2일 | 3일 | 4일 | 5일 | 6일 | 7일 | 8일 |
> |---|---|---|---|---|---|---|---|
> | 가격(¥) | 3700 | 5200 | 6300 | 6800 | 7300 | 7800 | 8400 |
>
> | 이용일수 | 9일 | 10일 | 11일 | 12일 | 13일 | 14일 |
> |---|---|---|---|---|---|---|
> | 가격(¥) | 8900 | 9500 | 10000 | 10500 | 11000 | 11500 |

방향 잡기

게이트를 통과하면 두 방향으로 나뉘는 경우가 많은데, 표지판에 도시명이 적혀있으니 목적지가 위치한 방향의 주요 도시나 종착 도시를 미리 알고 있으면 편리하다.

주행하기

제한속도는 가변적으로 보통 70~100km/h다. 2차선 고속도로의 경우 주행 차선과 추월 차선이 있는데, 우리와 반대로 좌측이 주행 차선이며 철저히 시행하니 추월이 끝나면 다시 원래의 주행 차선으로 반드시 돌아와야 한다.

tip 계절별 유의 사항 - 봄
1) 4월 하순까지 겨울철 통행금지를 실시하는 도로가 있다.
2) 산악 지방은 5월 초순까지 눈이 빙판 등이 있어 매우 미끄럽다.
3) 17:30 내외에 해가 지니 어두워지기 전에 산악 도로에서는 반드시 나오자.

tip 계절별 유의 사항 - 여름
1) 일본 전국 휴가 기간인 오봉절에는 어디에 가나 수많은 사람들로 붐비고, 도로 정체도 심해지며 관광지 주차장도 매우 혼잡하다. 되도록 여유를 갖고 움직이고 일정을 계획하자.
2) 태풍 시즌에는 갑자기 도로 통행을 제한하기도 하고, 운전 시 위험할 수 있으니 되도록 이동을 삼간다.

tip 계절별 유의 사항 - 가을
1) 여름에 비해 일몰 시간이 훨씬 빨라진다. 겨울로 갈수록 17:00 내외로 어두워진다. 북부 지방은 10월 중순~말, 중부와 동부는 10월 말, 남부는 11월 초에 첫눈이 내리니 도로가 미끄럽지는 않은지 살피며 운전한다.
2) 산악 지방은 더 빨리 눈이 내리며 11월 초부터는 겨울철 통행금지가 실시된다.

tip 계절별 유의 사항 - 겨울
1) 다른 기간에 비해 주의할 것이 특히 많은 계절이다. 렌터카를 선택할 때 잠김 방지 브레이크 장치인 ABS가 장착된 것을 선택하고, 산악 도로를 주행할 예정이라면 스노타이어와 체인을 준비하자. 겨울에 눈이 많이 오면 온 세상이 하얗게 변하기 때문에 어디가 도로인지 구분할 수 없다. 이때를 위해 있는 것이 바로 스노폴이다. 아래쪽이 화살표로 된 막대기를 일정한 간격으로 설치해둔 것인데, 화살표 바로 밑이 갓길이기 때문에 이를 기준으로 도로를 구분하면 된다. 눈보라가 휘몰아쳐도 이것만 따라가면 안전하게 운행할 수 있다.
2) 눈 축제 기간은 매우 붐비니 이동 시간에 여유를 둔다.

3) 눈이 녹아 진흙탕과 빙판길이 되어 노면 상태가 매우 나쁘다. 가볍게 젖은 듯 보이는 검은색 빙판길은 실제로 언 길이니 항상 감속한다. 만약의 경우를 대비해 차량 거리는 여유 있게 둔다.
4) 폭설과 눈 폭풍 등으로 공항과 도로가 폐쇄되는 경우가 많다. 장거리는 직접 운전하기보다 기차 등의 대중교통을 이용할 것을 권한다.
5) 눈보라가 몰아치면 바로 앞도 보이지 않는 경우가 많으니 속도를 최대한 낮추거나 잠시 운행을 멈추는 것이 좋다.
6) 함부로 눈이 쌓인 곳에 들어가면 파묻혀 바퀴나 빠지지 않으니 제설된 도로나 차가 다닌 흔적이 있는 곳으로 주행하자. 미끄러운 내리막길에서는 브레이크보다는 엔진브레이크를 사용해 내려오는 것이 좋다.
7) 급가속, 급브레이크, 급핸들은 겨울철 주행에 엄청난 위험 요소다.
8) 맑은 날은 햇빛이 눈에 반사되어 눈이 매우 부시니 선글라스를 꼭 지참하자.

홋카이도 관광청 추천 계절별 드라이브 코스
kr.visit-hokkaido.jp/planyourtrip/modelcourse

홋카이도 고속도로 주요 구간 톨게이트 요금(편도)

구간	요금
신치토세공항→삿포로	1010¥
신치토세공항→오타루	2250¥
삿포로→오타루	1240¥
삿포로→노보리베쓰	2640¥
삿포로→도야 호수	3660¥
삿포로→오누마코엔(하코다테)	6540¥
삿포로→아사히카와	3800¥

Step 9
주유소 이용하기

일본의 주유소는 'ガソリン スタンド(Gasoline Stand 가소린 스탄도)'라 부르며 GS, SS(Service Station) 라 표기한다. 유가는 우리와  비슷하거나 조금 높은 편. 일본도 우리나라처럼 휘발유와 경유가 한 기계에 함께 있으니 혼유 사고가 나지 않도록 항상 주의하자!

주유는 미리미리!
한적한 도로나 근교에서는 주유소를 찾기가 쉽지 않다. 그러니 외곽으로 나가거나 장거리를 이동할 때는 미리 넉넉히 주유해두자. 한적한 곳의 주유소는 18:00 이후나 주말에는 쉬는 곳도 많다.

풀서비스? 셀프서비스?
주유소에 도착하면 종업원이 주문에 따라 급유해주는 풀서비스형과 스스로 주유하는 셀프서비스형이 있는데, 셀프서비스형이 조금 더 저렴하다. 풀서비스형인 경우 양(L)이나 금액(¥)을 말하거나 가득 채우려면 "만탄니 시테 구다사이"라고 말하면 된다.

연료의 종류
휘발유는 고급 휘발유와 보통(레귤러)으로 나뉘며 경유(디젤)도 있다. 홋카이도의 렌터카는 대부분 휘발유 차량으로 주유 시 '보통 普通(레귤러 regular)'을 선택하면 된다. 셀프 주유 시 모든 주유소의 레귤러는 빨간색 노즐이니 이것만 기억하면 된다.

---

tip 셀프서비스로 주유하기

STEP 1 주차
미리 자동차의 주유구 방향을 확인해 급유기 옆에 주차한다. 엔진을 끄고 주유구를 연 후 차에서 나온다.

STEP 2 요금 지불
선불이며 현금 또는 신용카드 지불이 가능하다. 현금 지불 시 넣고 싶은 양에 해당하는 금액을 대강 계산한 후 지폐를 기계에 넣으면 당시 단가×주유량을 계산한 후 거스름돈이 반환된다. 신용카드는 카드 슬릿에 넣고 바로 뽑거나 위에서 아래로 통과시키는 방식으로 인식시키면 된다.

STEP 3 연료와 주유량 선택
세 종류의 연료 중 원하는 버튼을 선택하면 다음으로 주유량은 10~50L 단위로 선택하거나 1000~5000¥의 금액 중 선택할 수 있다. 가득 넣을 때는 '満タン'을 선택하면 된다.

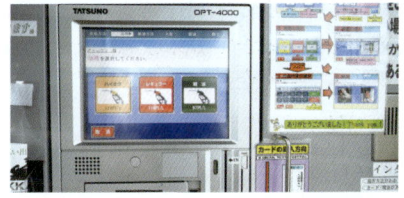

STEP 4 주유하기
급유 캡을 열고 노즐을 들어 급유구 안쪽까지 밀어 넣는다. 한국에서 셀프 주유를 해본 경험이 있다면 그다지 어렵지 않을 것이다.
우리와 마찬가지로 레버를 잡아당기면 주유가 시작되고 지정한 연료가 모두 차면 자동으로 급유가 멈춘다.

STEP 5 주유 끝내기
노즐을 원래 자리에 놓은 후 캡과 주유구를 닫는다. 양과 금액을 확인한 후 거스름돈이나 영수증을 챙기는 것을 잊지 말자.

Step 10

사고 발생 시

교통사고가 발생하면 경미한 사고라도 경찰에 신고하는 것이 원칙이다. 야생동물과 충돌했을 경우도 교통사고로 간주해 대물 손해 사고로 처리할 수 있다. 특히 덩치 큰 에조사슴과 부딪힐 경우 대형 사고가 날 수도 있다. 사슴과 여우 등 동물 표지판이 보인다면 출몰 지역이니 특히 주의하자. 스스로 동물 사체를 처리하지 못할 상황이라면 경찰서나 도로 관리자에게 연락해야 한다. 경찰서에 신고한 후 차량 수리와 보험 처리를 위한 '경찰신고증명서'를 반드시 받아둔다.

사고 처리 순서

부상자를 살핀 후 현장 사진이 필요한 경우 찍어둔다.
→ 차량 통행에 방해되지 않도록 차를 이동한다.
→ 구급차가 필요할 경우 119를 부른다(경찰 신고는 110번), 신고 후 경찰이 올 때까지 기다린다.
→ 사고 현장에서 금전적 협의에 절대 응하지 말고 렌터카 회사에 연락해 지시에 따른다. 대형 회사의 경우 통역이 낀 3자 통화 시스템도 있으니 미리 확인해두자. 차량 견인 등은 렌터카 회사가 처리한다. 또 상대방과 연락처 등의 정보를 교환한다.

병원 진료비 처리

우선 의료비 전액을 지불한 후 보험금 청구 양식을 기입해 발급받고 진단서와 영수증을 받아두자. 집으로 돌아와 여행자보험을 가입한 보험사에 연락해 보험금을 청구하면 된다.

> **tip 고속도로 비상 전화**
> 고속도로에서 사고나 고장이 났을 경우 갓길에 정차해 안전을 확보한 후 고속도로 관리소에 비상 전화로 연락하자. 도로 순찰대에 자동으로 현 위치가 전달되어 일본어를 잘 몰라도 편리하게 신고할 수 있다. 비상 전화는 1km 간격으로 설치되어 있으므로 전후방 500m 내에서 전화기를 발견할 수 있다.

Step 11

반납하기

렌터카를 예약할 때 미리 반납 일시를 지정해 두니 시간에 맞춰 반납할 영업소에 도착하자. 보통 출발 시 기름을 가득 넣은 상태기 때문에 반납할 때도 출발 때와 마찬가지로 기름을 가득 채워 반납하면 된다. 사정이 있어 주유를 하지 못했다면 영업소에서 주유비를 지불할 수 있지만 보통 단가가 비싸니 되도록 사전에 주유를 하고 오는 것이 좋다. 반납할 시에는 영업소 직원과 함께 출발할 때와 차 상태가 변함없는지 체크한 후 반납 사인 등을 하면 된다.

렌터카 반납하기

지정한 시간까지 반납할 사무실로 가면 되고, 도착 후 계약 서류를 가지고 카운터로 가면 된다. 직원과 함께 차로 와서 손상된 곳은 없는지 확인하면 모든 절차는 끝난다. 공항 지점에서 반납한 후 공항으로 바로 갈 경우 무료 셔틀 버스로 타고 이동하면 된다.

> **tip 반납 시 주유**
> 보통 연료가 가득 찬 상태로 렌터카를 픽업하는 경우가 대부분이라 반납 시에도 가득 채워 가는 것이 원칙이다. 상황상 넣지 못했다면 렌터카 회사에서 정한 단가로 휘발유 요금을 지불해야 한다. 보통 주유소보다 비싼 경우가 많으니 반납 전 미리 주유소에 들러 '가득 いっぱい'으로 채워놓자.

주요 명소 맵코드

렌터카 여행시 내비게이션에 맵코드를 입력하면 편리하게 목적지를 찾을 수 있으니 잘 활용하자. 애매한 장소가 나오는 경우도 있지만 이럴 때는 전화번호 등을 입력하면 된다.

삿포로 札幌

명소	현지 표기	맵코드
JR 타워	JRタワー	9 522 826*74
니조 시장	二条市場	9 493 674*74
마루야마 공원	円山公園	9 488 244*77(관리사무소)
마루야마 동물원	札幌市円山動物園	9 457 484*11
모에레누마 공원	モエレ沼公園	9 742 365*85
모이와 산	藻岩山	9 369 273*14
삿포로 가든 파크	サッポガーデンパーク	9 554 261*77
삿포로 예술의 숲	札幌芸術の森	9 040 718*30
삿포로 팩토리 Sapporo Factory	サッポロファクトリー	9 524 541*66
삿포로 돔	札幌ドーム	9 349 527*33
시로이 고이비토 파크	白い恋人パーク	9 603 301*82
시코쓰 호수	支笏湖	708 024 491*06
오쿠라야마 스키 점프장	大倉山ジャンプ競技場	9 455 759*60
장외 시장	場外市場	9 548 178*28
홋카이도 대학	北海道大學	9 581 037*28
히쓰지가오카 전망대	羊ヶ丘展望台	9 287 533*30

오타루 小樽

명소	현지 표기	맵코드
기타이치 홀	北一硝子 北一ホール	493 661 699*11
니신고텐 오타루 귀빈관	にしん御殿小樽貴賓館	493 811 461*00
닛카 위스키 요이치 증류소	ニッカウヰスキー余市蒸留所	164 665 162*41
샤코탄 반도&가무이 곶	積丹岬&神威岬	932 582 665*88
아사리카와 온천	朝里川温泉	493 545 404*06
오타루 수족관	おたる水族館	493 841 146*52
오타루 시 종합 박물관 본관	小樽市総合博物館 本館	493 750 078*55
오타루 시 종합 박물관 운하관	小樽市総合博物館 運河館	493 690 734*77
유노하나 데미야덴	湯の花手宮殿	493 751 164*52
구라무레	藏群	493 515 275*44
덴구야마 로프웨이	天狗山ロープウェイ	164 627 302*00

노보리베쓰 登別

명소	현지 표기	맵코드
곰 목장	登別クマ牧場	603 259 495*71
노보리베쓰 다테 시대 마을	登別伊達時代村	603 169 288*33
무로란 지구 곶	室蘭地球岬	159 165 829*63
센겐 공원	泉源公園	603 287 081*82
오유누마	大湯沼	603 257 859*28
오유누마가와 천연 족욕탕	大湯沼川天然足湯	603 287 859*63

도야 호수 洞爺湖

명소	현지 표기	맵코드
니시야마 화구 산책로	西山火口散策路	321 486 861*28
도야호 하나비 유람선	洞爺湖花火汽船	321 518 618*63
도야 호수 온천	洞爺湖温泉	321 518 337*52
레이크힐 팜	レークヒル・ファーム	321 694 534*55
사이로 전망대	サイロ展望台	321 726 732*66

아사히카와 旭川

명소	현지 표기	맵코드
긴센다이	銀泉台	623 025 202*52
다이세쓰지비루칸	大雪地啤酒館	79 344 183*03
도키와 공원	常磐公園	79 373 828*33
미우라 아야코 기념 문학관	三浦綾子記念文学館	79 312 125*74
소운쿄 온천	層雲峡温泉	623 204 600*03(비지터 센터)
소운쿄	層雲峡	623 204 652*30
아사히야마 동물원	旭山動物園	79 358 812*82
오토코야마 주조 자료관	男山酒造り資料舘	79 469 227*77
외국 수종 견본림	外国樹種見本林	79 312 094*36
우에노 팜	上野ファーム	79 508 652*88
유성 폭포	流星の滝	623 177 822*33
은하 폭포	銀河の滝	623 177 891*30
하치야	蜂屋ラーメン本店	79 345 393*03

비에이 美瑛

명소	현지 표기	맵코드
다쿠신칸	拓真館	349 704 245*28
마일드세븐 언덕	マイルドセブンの丘	389 036 417*36
비바우시 소학교	美馬牛小学校	349 730 066*28
비에이 신사	美瑛神社	389 012 287*63
비에이센카	美瑛選果	389 010 510*25
사계채 언덕	四季彩の丘	349 701 155*36
산아이노오카 전망 공원	三愛の丘展望公園	349 792 446*33
세븐스타의 나무	セブンスターの木	389 157 156*22
시로카네 온천	白金温泉	796 182 547*06
시로히게 폭포	白ひげの滝	796 182 575*30
신에이 언덕 전망 공원	新栄の丘展望公園	349 790 555*41
오야코 나무	親子の木	389 097 860*63
제루부노 언덕	ぜるぶの丘	389 071 414*52
청의 연못	青い池	349 569 814*88
간노 팜	かんのファーム	349 728 753*11
켄과 메리의 나무	ケンとメリーの木	389 071 724*74
크리스마스 나무	クリスマスの木	349 788 203*22
팜 지요다	ファーム千代田	349 734 732*63
호쿠세이노오카 전망 공원	北西の丘展望台	389 070 277*33

후라노 富良野

명소	현지 표기	맵코드
고토 스미오 미술관	後藤純男美術館	349 434 047*63
닝구르 테라스	ニングルテラス	919 553 454*71
이쿠토도라 역	幾寅駅	550 293 114*17
채향 마을	彩香の里	349 244 385*85
도카치다케 온천	十勝岳温泉	901 872 291*28
도카치다케 전망대	十勝岳望岳台	796 093 224*66
팜 도미타	ファーム富田	349 276 804*00
후라노 마르셰	フラノマルシェ	349 001 717*55
후라노 와인 공장	ふらのワイン	349 060 668*77
후라노 치즈 공방	富良野チーズ工房	550 840 171*82

오비히로 帯広

명소	현지 표기	맵코드
구 행복역	旧幸福駅	396 844 863*52
나카사쓰나이 미술촌	中札内美術村	396 604 898*14
도카치 천 년의 숲	十勝千年の森	608 059 862*06
도카치가와 온천	十勝川温泉	369 723 537*03
롯카노모리	六花の森	592 389 730*06
류게쓰 오도리 본점	柳月 大通本店	124 625 421*85
마나베 정원	真鍋庭園	124 474 748*71
미도리가오카 공원	緑ヶ丘公園	124 532 683*85 (주차장)
시치쿠 가든	紫竹ガーデン	124 040 258*30
오비히로 경마장	帯広競馬場	124 622 189*14
이케다 와인 성	池田ワイン城	369 625 011*74
크랑베리 본점	クランベリー本店	124 624 742*58

하코다테 函館

명소	현지 표기	맵코드
가네모리 아카렌카 창고군	金森赤レンガ倉庫	86 041 676*85
고료카쿠	五稜郭	86 166 307*03
오누마 국정 공원	大沼国定公園	86 815 506*74
유노카와 온천	湯の川温泉	86 109 136*55 (노구치료칸)
쓰타야 서점	函館 蔦屋書店	86 283 351*52
하코다테 니시하토바	函館西波止場	86 041 577*33
하코다테 아침 시장	函館朝市	86 072 374*58
하코다테 산 로프웨이	函館山ロープウェイ	86 041 004*55

구시로 釧路

명소	현지 표기	맵코드
구시로 습원 전망대	釧路湿原展望台	149 548 538*17
구시로 습원역	釧路湿原駅	149 654 635*47
구시로 역	釧路駅	149 256 488*74
누사마이바시	幣舞橋	149 226 412*55
무&에그	MOO&EGG	149 226 464*60
온네나이 비지터 센터	温根内ビジター・センター	149 669 832*14
와쇼 시장	和商市場	149 256 331*41
쓰루이 도산코 목장	鶴居どさんこ牧場	900 107 513*85
도로 역	塘路駅	576 810 784*33
학견대	鶴見台	556 353 143*60
호소오카 비지터 센터	細岡ビジター・センター	149 654 644*44
호소오카 역	細岡駅	149 686 294*52
호소오카 전망대	細岡展望台	149 654 431*77

아칸 마슈 국립공원 阿寒摩周国立公園

명소	현지 표기	맵코드
가와유 온천역	川湯温泉駅	731 715 581*14
굿샤로 호수	屈斜路湖	638 084 135*44
노천탕	砂湯	638 148 4373
마슈 호수	摩周湖	613 874 314*11
마슈호 제1 전망대	摩周湖第一展望台	613 781 370*60
모리노 홀	森のホール	731 715 640*52
아이누코탄	アイヌコタン	739 341 665*58
아이슬란드 아칸	あいすランド阿寒	739 341 740*30
아칸 호수	阿寒湖	739 432 538*60
아칸 관광 기선	阿寒観光汽船	739 341 767*63
온네토 호수	オンネト-湖	783 761 771*74
이오 산	硫黄山	731 683 813*25

아바시리 網走

명소	현지 표기	맵코드
노토로 호수	能取湖	305 783 738*28
사로마 호수	サロマ湖	955 171 413*25
쇄빙 유람선	砕氷船	305 678 309*88
아바시리 감동 시장	網走感動朝市食堂	305 649 066*44
아바시리 감옥 박물관	博物館網走監獄	305 582 179*47
덴토 산(오호츠크 유빙관)	オホーツク流氷館	305 584 666*41
홋카이도립 북방 민족 박물관	北海道立北方民族博物館	305 584 277*82

시레토코 知床

명소	현지 표기	맵코드
시레토코 5호	知床五湖	757 730 304*25(파크 서비스 센터)
시레토코 관광선	知床観光船	894 854 404*30
오신코신 폭포	オシンコシンの滝	894 727 261*14
프레페 폭포	フレペの滝	757 632 275*55

왓카나이 稚内

명소	현지 표기	맵코드
JR 왓카나이 역	JR稚内駅	353 876 682*63
구슈 호수	久種湖	854 649 560*60
노샷푸 곶	ノシャップ岬	964 092 657*60
레분 복주머니꽃 군생지	レブンアツモリソウ群生地	854 615 774*00
리시리 산	利尻山	714 344 134*14
리시리 섬 향토 자료관	利尻島郷土資料館	714 202 401*88
모모이와 네코 전망대	桃台猫台展望台	854 138 859*66
북방파제 돔	北防波堤ドーム	964 007 123*33
북벤텐 사원	北のいつくしま弁天宮	714 185 606*58
북 시장	北市場	353 876 683*47
소야 곶	宗谷岬	998 039 605*03
스코톤 곶	スコトン岬	854 761 347*03
오타노마리누마	オタトマリ沼	714 109 833*33
왓카나이 공원	稚内公園	964 005 104*71
유우히가오카 전망대	夕日ヶ丘展望台	714 581 875*60
일식 관측 기념비	日食観測記念碑	854 412 524*88
페시 곶 전망대	ペシ岬展望台	714 582 146*00
후지노엔치 전망대	富士野園地展望台	714 610 130*17
후쿠코 시장	副港市場	353 846 679*14
히메누마	姫沼	714 495 846*14

INDEX

ABC

JR 구시로 역	299
JR 왓카나이 역	25, 346
JR 타워	140
JR 타워 전망실 T38	22, 140
SL 후유노시쓰겐호	79, 93, 301

ㄱ

가네모리 아카렌가 창고군	279
가네모리 요모노칸	282
가니쇼군	157
가니혼케	150
가든 카페 라우라우	267
가라쿠	160
가마에이	192
가마타	164
가미카와 소코 구라이무	219
가외유 온천역	312
가이세키 요리	202
가톨릭 모토마치 교회	283
간노 팜	239
간페키 로바타	298
게야키 라멘(스스키노 본점)	161
고료카쿠	288
고료카쿠 타워	288
고료카쿠 터	289
고토 스미오 미술관	249
고토켄 카레 익스프레스	290
구 113 은행 오타루 지점	187
구 나토리 다카사부로 상점	187
구 데미야센 철길	185
구 야스다 은행 오타루 지점	187
구 일본우선 주식회사 오타루 지점	29, 187
구 하코다테 공회당	283
구 행복역	267
구 홋카이도 다쿠쇼쿠 은행 오타루 지점	187
구 홋카이도 은행 본점	187
구로다케	224
구루마야 겐지	347
구슈호스	351
구시도리	152
구시로 습원	18, 299, 303
구시로 습원 노롯코호	79, 93, 301
구시로 습원 액티비티	301
구시로 습원 전망대	301
구시로 습원역	300
구시로 아부리야	298
구시로 철교	299
굿샤로 호수	311
글라시엘	141
기네야	152
기노쿠니야	155
기쿠요 식당	279
기타노구루메테이	172
기타노야타이	265
기타이치3호관 기타이치 홀	194
기타카로	152, 193
기타카로 삿포로 본점	151
긴센다이	225

ㄴ

나미시부키	333
나야 카페	222
나카사쓰나이 미술촌	267
나카지마 공원	168
노르베사 관람차	166
노보리베쓰 곰 목장	202
노보리베쓰 다테 시대 마을	202
노보리베쓰 온천	79, 86
노보리베쓰 지옥 마쓰리	203
노샤푸 곶	25, 247
노스 사파리 삿포로	174
노천탕	311
노토로 호수	322
누마노야	291
누사마이바시	297
니반칸	280
니세코 유나이티드	80, 95, 176
니시야마 화구 산책로	211
니신코텐 오타루 귀빈관	195
니조 시장	156
닛카 위스키 요이치 증류소	195
닝구르 테라스	27, 251

ㄷ

다누키 코미치	164
다누키코지	167
다루마	157
다방 큐차야테이	286
다이마루	242
다이마루 삿포로점	153
다이몬 요코초	282
다이세쓰 산 국립공원	226
다이세쓰지 비루칸	221
다이세이유	291
다이쇼 유리 홋코리가	194
다이쇼 지옥	201
다이이치 다키모토칸	203
다즈무라	151
다치카와 카페 레스토랑 메종	286
다케찬	347
다쿠신칸	27, 239, 253
닷코부 나뭇길	300
데누키코지	188
덴구야마 로프웨이	194
덴킨 본점	221
덴토 산(오호츠크 유빙관)	321
덴푸라 소요기	192
도구치(스스키노 본점)	161
도라에몽 숍	68
도라에몽 와쿠와쿠 스카이 파크	175
도로 역	300
도리마쓰	298
도리통	42
도리통(마루야마점)	173
도미타 멜론 하우스	250
도야 호수	30, 211, 213
도야 호수 온천	79, 88, 212
도야호 하나비 유람선	81, 103, 212
도카치 도텟포 공방	265
도카치 천 년의 숲(센넨노모리)	266, 268
도카치가와 온천	79, 89, 267
도카치다케 온천	249
도카치다케 전망대	249
도카치무라	265
도쿠미쓰 커피	163
도큐 백화점 삿포로점	153

도키와 공원	219	
돈부리차야	163	
동구리	162	

ㄹ

라멘 고우센	347
라멘 긴스이	298
라멘 다루마야	321
라멘 도조	174
라멘 신겐	162
라멘 요코초	162
라멘야 텐킨	220
러키 피에로	281
레분 복주머니꽃 군생지	351
레스토랑 이즈미야 본점(스파카쓰)	298
레스토랑 제노바	286
레이크힐 팜	212
로바타 지도리	351
로바타야키 우타리	164
로이스 초콜릿 월드	68, 175
로프트	167
롯카노모리	266
롯카테이	193
롯카테이 본점	264
롯카테이 삿포로 본점	154
루스쓰 리조트	80, 95, 176
류게쓰 스위트피아 가든	267
류게쓰 오도리 본점	264
르타오	193
리시리 가메이치	349
리시리 산	348
리시리 섬 향토 자료관	348
리시리 후레아이 온천	350

ㅁ

마나베 정원	263
마루 스시	160
마루야마 공원	168
마루야마 동물원	168
마루야마 팬케이크	174
마루젠&준쿠도	167
마루카쓰 수산	281
마사야	252
마슈 호수	313
마슈호 제1 전망대	313
마슈호 제3 전망대	313

마쓰오 징기스칸	160
마일드세븐 언덕	240
메가 돈키호테(삿포로점)	167
메르헨 교차로	185
멘메	164
멘추보 아지사이	290
모리노 홀	312
모리노토케이	251
모모 네코 전망대	351
모에레누마 공원	169
모이와 산	172
모이와 산 산정 전망대	22
모토마치 공원	284
무&에그	297
무로란	204
무인양품	155
물개 먹이 주기	350
미나이 신사	350
미도리가오카 공원	263
미루피스 쇼텐	349
미사키 공원	348
미우라 아야코 기념 문학관	219
미즈노	221
밀크 무라	164
밀크&파르페 요쓰바 화이트 코지	152
밀키시모	290

ㅂ

바리스타트 커피	163
바이코우켄(본점)	220
백화가도	237
벚꽃길	203
베이 하코다테	279
보요테이 레스토랑	212
부타하게	264
북방파제 돔	346
북벤텐 사원	349
붉은 지붕 집	240
비바우시 소학교	239
비세	163
비어 그릴 캐니언	225
비에이 신사	237
비에이 언덕 풍경	14
비에이 역	27
비에이센카	243
빅 카메라	154

빅토리아 스테이션	322
빅토리안 로즈	285
빔즈	154
빗쿠리동키	151

ㅅ

사계채 언덕	238, 253
사로마 호수	322
사루보 전망대	301
사보 기쿠이즈미	286
사이로 전망대	211
사카나테이 키하치	321
사카이마치도리	185
사테라이트 전망대	302
산도리아	174
산세이도 서점	155
산아이노오카 전망 공원	240
산토우카	220
산향 식당	252
삼각시장	191
삿포로 가니야 본점	157
삿포로 돔	169, 171
삿포로 라일락 축제	165
삿포로 마쓰리(홋카이도 신궁 축제)	174
삿포로 맥주 박물관	140, 144
삿포로 시 시계탑	141, 148
삿포로 시 자료관	156
삿포로 여름 축제	165
삿포로 예술의 숲	172
삿포로 오텀페스트	166
삿포로 유키 마쓰리	78, 165
삿포로 크리스마스 축제	166
삿포로 테이네 스키 리조트	97
삿포로 팩토리	141
삿포로 화이트 일루미네이션	166
삿포로 히쓰지가오카 전망대	24
삿포로 TV 탑	23, 156
샤코탄 반도 & 가무이 곶	195
석양대	333
세븐스타 나무	241
세이류	151
셴겐 공원	202
셋카테이	163
소야 곶	25, 346
소운쿄	224
소운쿄 온천	90, 225

쇄빙선 오로라	322	
쇼와신 산	211	
수아게 플러스	161	
수타 우동 데라야	173	
수프 카레 트레저	161	
수프카레 사무라이	162	
숯불구이 징기스칸 폿케	160	
스기노메 본점	157	
스내플스	280	
스누피 차야 오타루점	194	
스스키노	156	
스시 마루야마	192	
스시 미야가와	42, 173	
스시젠	173	
스카이 곶	351	
스코톤 곶	351	
스텔라 플레이스	153	
시나노	280	
시레토코	17	
시레토코 5호	332	
시레토코 5호 파크 서비스 센터	333	
시레토코 고개	332	
시레토코 관광선 오로라호	81, 105, 334	
시로이 고이비토 파크	168, 170	
시로카네 온천	243	
시로히게 폭포	238	
시치쿠 가든	266	
시코쓰 호수	177	
시코쓰 호수 관광 안내소	177	
시코쓰 호수 관광선	177	
시키 마르셰	152	
식당 요시오카	347	
신야	252	
신에이 언덕 전망 공원	239	
신치토세 국제공항	175	
싱글러즈	282	
쓰루이 도산코 목장	302	
쓰리코인즈	153	
쓰지야 상점·식당	314	
쓰타야 서점	291	

ㅇ

아라이소요리 구마노야	333	
아리오	155	
아바시리 감옥 박물관	321, 323	
아바시리 유빙 관광 쇄빙선 오로라		

	81, 99	
아사이치노 아지토코로자무	279	
아사히가와 이센	221	
아사히다케	224	
아사히야마 동물원	18, 222, 223	
아사히야마 동물원 식당	222	
아사히카와 관광 물산 정보 센터	221	
아사히카와 라멘촌	224	
아스페르주	243	
아오아오 수족관	157	
아이누코탄	315	
아지노 산페이	161	
아지신	315	
아칸 관광 기선	315	
아칸 호수	314	
아칸 호수 온천	89	
아피아	154	
애국역	267	
애프터눈 티 리빙	155	
야키니쿠 아바시리 맥주관	322	
야키다고 기게쓰	291	
에비소바 이치겐	173	
에스타	265	
에키벤노 벤사이테이	150	
오누마 국정 공원	290	
오니하나비	203	
오도리 공원	156	
오로라 타운&폴 타운	167	
오론코 바위	333	
오비히로 경마장	263	
오신코신 폭포	332	
오야코 나무	241	
오유누마	201	
오유누마카와 천연 족욕탕	201	
오이소	163	
오지오	287	
오차드 그라스	312	
오카다야	212	
오쿠노유	201	
오쿠라야마 스키 점프장	23, 169	
오쿠시바 쇼텐 에키마에 소세지	150	
오타루 마사즈시	40	
오타루 마사즈시	191	
오타루 소코 No. 1	191	
오타루 수족관	195	
오타루 스시야도리	31, 191	

오타루 시 종합 박물관	190	
오타루 시 종합 박물관 본관	31, 188	
오타루 시 종합 박물관 운하관	188	
오타루 예술촌	188	
오타루 옛 건축물 기행	185	
오타루 오르골당 본관	185	
오타루 운하	14, 188, 189	
오타루 운하 크루즈	193	
오타루 유키아카리노미치	78	
오타토마리누마	348	
오토코야마 주조 자료관	220	
오호츠크 해 유빙	17	
온네나이 고층 습원 군락지	302	
온네나이 비지터 센터	302	
온네토 호수	315	
온천 시장	203	
와쇼 시장	297	
와카도리 시대 나루토	192	
왓카나이 개척 100주년 기념탑	346	
왓카나이 공원	346	
외국 수종 견본림	29	
외국 수종 견본림	219	
외국인 묘지	285	
요도바시 카메라	154	
요멘카 고에몬	152	
요사코이 소란 마쓰리	165	
요시야마 쇼텐	162	
요요테이	160	
우니 무라카미	280	
우스 산	211	
우스 산 로프웨이	212	
우에노 팜	222	
우오마사	192	
우옷치 라멘 공방	298	
유노카와 온천	88, 288	
유노하나 데미야덴	195	
유모토 다쿠보쿠테이	291	
유빙 워크	81, 100, 334	
유빙 이야기호	81, 101	
유성 폭포	225	
유우히가오카 전망대	349	
유이크	167	
유키아카리노미치	193	
은하 폭포	225	
이소야키테이	350	
이오 산	312	

이온	175
이온 몰	221
이와봇키 수문	299
이제즈시	192
이케다 와인 성	266
이쿠토라 역	29, 251
이타다키마스	157
인력거 타기	193
일본 기독교단 하코다테 교회	284
일본 은행 구 오타루 지점 금융 자료관	187
일식 관측 기념비	350
잇카테이 타비지	280
잇핀	151

ㅈ

장외 시장	172
전망대 기념품점	287
제루부 언덕	241
조잔케이 온천	87, 175
준페이	242
지보	333
지옥 계곡	201
지요켄	280
징기스칸 다이코쿠	220
징기스칸 램	160

ㅊ

청의 연못	16, 237
청의 호수 & 흰 수염 폭포	27
츠루와 드러그	68
츠보야 베이커리	243

ㅋ

카레 숍 인디언	264
카미노코이케	314
카페 드 라 페	242
카페 아루노파인	242
카페&레스토랑 바치	238
카페레스트 기노이이나카마	242
칼 레몬 하우스	285
칼디 커피 팜	153
캘리포니아 베이비	281
켄과 메리의 나무	241
코에루	242
크랑베리 본점	264
크리스마스 나무	27, 239

키노토야 베이크	68
키로로 스키 리조트	96, 176

ㅌ

타르셰	194

ㅍ

파나파나	312
파노라마 로드	238
파티스리 시야	174
판초	264
팜 도미타	250, 354
팜 도미타 상점	250
팜 도미타 식당	250
팜 지요다	243
패치워크 로드	27
패치워크의 길	240
페시 곶 전망대	349
평화 거리 쇼핑 공원	219
폼므노키	151
풋포테이	314
프랑 프랑	154
프레페 폭포	332
프티 메르베유	281
플라워랜드 카미 후라노	253
피칸테 삿포로역점	150

ㅎ

하나마메	265
하루노소라	161
하세가와 스토어	281
하치만자카	283
하치야	220
하코다테 고게이샤	287
하코다테 니시하토바	282
하코다테 명치관	281
하코다테 비어	282
하코다테 산	21, 285
하코다테 산 로프웨이	81, 104, 284
하코다테 성 요하네 교회	284
하코다테 소프트 하우스 모토마치	286
하코다테 시 사진 역사관	283
하코다테 아침 시장	279
하코다테 야경	16
하코다테 일루미네이션	287
하코다테 크리스마스 판타지	282

하코다테 하리스토스 정교회	284
하코다테시 구 영국 영사관	283
하타스시	42, 191
학견대	302
핸즈 삿포로점	153
향토 요리 나베큐	315
헬로 키티 해피 플라이트 숍	68
호빗	243
호소오카 비지터 센터	300
호소오카 역	300
호소오카 전망대	300
호시노 리조트 도마무	80, 94, 176
호쿠세이노오카 전망 공원	241
호쿠토 나뭇길	302
홋카이도 대학	140, 142
홋카이도 대학 식물원	141
홋카이도 도청 구 본청사	141, 146
홋카이도 볼파크 F빌리지	169
홋카이도 불꽃 축제	78
홋카이도 신궁	168
홋카이도립 북방 민족 박물관	321
화인가도 237	253
회전 스시 네무로 하나마루	42, 150
회전 초밥 와라쿠 오타루점	191
후라노 & 비에이	15
후라노 마르셰	252
후라노 맛집	252
후라노 비에이 노롯코호	79, 93
후라노 스키 리조트	96, 176
후라노 와인 공장	251
후라노 치즈 공방	251
후지노엔치 전망대	349
후쿠로우테이	173
후쿠시	252
후쿠코 시장	347
휴먼메이드	166
히구마 요코초 본점	162
히노데 공원	249
히리 히리(2호점)	150
히메누마	348
히쓰지가오카 전망대	169

©littleworry / Shutterstock.com
©I Love Drones / Shutterstock.com
©Narongsak Nagadhana / Shutterstock.com